회복탄력
사회

회복탄력

위기에 강한 사회는
어떻게 만들어지는가

The Resilient Society

마커스 브루너마이어 지음

임경은 옮김 | 최동범 감수

사 회

어크로스

'빨리빨리'에서 '회복탄력'으로, 다가올 충격을 이겨낼 새로운 사회 패러다임

최동범
(서울대학교 경영대학 교수)

"고요한 아침의 나라the land of the morning calm가 아니라 아침에만 고요한 나라the land only clam in the morning라면서?" 오래전 한 지인이 어디서 듣고 왔다면서 해준 말이다. 듣고 나니 과연 우리가 고요한 적이 있기나 했는지 의아해졌다. 혹시 조선 시대 선조들께서 낯선 말을 쓰는 외국인을 마주했을 때 너무 놀란 나머지 얼어붙어 버리신 게 아니었을까. 지금도 여러 사람이 겪고 있는 외국어 울렁증 비슷한 것이었을 수도 있겠다.

아무리 생각해도 우리나라는 고요한 나라라기보다는 '다이내믹 코리아'가 맞는 것 같다. 외국에 오래 나가 있다 돌아오면 너무 많이 변해 있어서 따라가기조차 힘들 지경이다. 혹자는 예스러운 멋을 무시하는 거 아니냐고, 이런 '빨리빨리' 문화는 이제 좀 바꾸자

고도 한다. 안분지족을 모르고 끝없이 남과 비교하는 것이 스트레스 사회의 근원이란다. 다 맞는 말이다.

하지만 이 역동성 덕에 우리가 여러 환란을 큰 탈 없이 넘기고 여기까지 온 것 같기도 하다. 받아든 책을 펼치고 서두를 보니 사회 변화의 역량이 외부 환경의 변화 속도보다 뒤처지지 않는 것이 회복탄력적인 사회의 중요 필요조건이라고 한다. 딴 건 몰라도 이건 우리가 정말 잘하는 것 아니던가? '사촌이 땅을 사면 배가 아프고 남한테 뒤처지는 것을 싫어해서'라고 깎아내릴 수도 있겠지만, 지금 우리가 누리고 있는 '영광'의 비결을 조금은 알 수 있게 된 기분이다. 그러면 앞으로도 하던 대로 계속하면 된다는 건가?

"한국 사람들은 스스로 이뤄낸 것들을 좀 더 자랑스러워해도 될 것 같은데?" 10여 년 전 본인의 박사 과정 지도교수였던 저자가 학회 참석 차 서울을 방문했을 때 같이 시내를 걷다가 한 말이다(많은 청년들이 그렇듯 나는 나라 비판을 열심히 쏟아붓는 중이었다). 그 말을 듣고 보니 고작 백 년 사이에 참 많은 일을 겪었다. 외세의 침략, 전쟁, 대통령 암살과 쿠데타를 포함한 정치적 혼란, 독재, 민주화 운동 그리고 경제위기까지. 최소한 경제성장의 측면에서는 하나하나가 정상궤도로 돌아오는 데만 수십 년이 걸릴 수도 있었을 사건들인데 그리 빨리 털고 여기까지 온 것이 기적처럼 느껴진다. 누구 말대로 정말 우리에게 위기 극복 DNA가 있는 것일까.

하지만 그렇게 생각하고 넘어가자니 변화를 거부하던 지난 수백 년의 세월이 설명이 안 된다. 당장 휴전선 북쪽에는 우리와 같은 DNA를 지녔지만 누구보다 회복탄력성과 거리가 먼 체제가 자리 잡고 있지 않은가? 애초에 민족성이라는 개념이 유효한 것인지조차 모르겠다. 정말 우리가 여기까지 올 수 있었던 비결은 무엇이었으며 앞으로도 가능할 것인지, 아이들을 키우다 보니 더욱 신경이 쓰인다.

2020년 코로나19의 유행은 인류가 예상하지 못했던 새로운 종류의 충격이었고, 그 영향과 해법에 관해 각계 전문가의 중지를 모으는 것이 시급해졌다. 이에 저자는 마커스아카데미Markus Academy라는 온라인 세미나 시리즈를 출범하고 노벨상 수상자, 중앙은행 총재, 고위 정책 입안자, 주요 시장 관계자들을 포함한 오피니언 리더 수십 명을 초빙해 경제, 보건, 불평등, 환경, 기술 혁신 등의 주제에 관해 폭넓은 토론의 장을 마련했다. 이 책은 이러한 논쟁의 결과를 저자 본인의 오랜 연구 주제인 '충격에 대한 회복탄력성'에 초점을 맞춰 재구축하고, 이번 사태의 교훈을 살려 미래에 대비하고자 집필한 산물이다.

저자는 금융 및 거시경제 분야, 특히 시스템 리스크systemic risk의 형성 및 시장과 경제에 미치는 영향에 관한 세계 최고의 권위자다. 저자는 2008년 금융 위기가 발발하기 오래전부터 유동성 위기의 가능성을 경고했으며, 위기 이후에는 어떠한 메커니즘을 통해 충격이 증폭되고 금융 시스템이 마비되며 거시경제가 오랜 슬럼프에 빠지게 되는지 규명했다. 아울러 미국 연방준비은행FRB, 유럽중앙은행ECB, 국제통화기금IMF 등 다양한 정책 기관의 어드바이저로서 금융 위기의 극복 및 방지에 관해 여러 성공적인 정책 조언을 제공해왔다.

이 책은 "바람에 흔들릴지라도 꺾이지 않는 갈대"를 회복탄력성의 예시로 제시한다. 최근 공급망 교란의 여파에서 볼 수 있듯이 모든 것을 타이트하게 계획하는 '적시just in time' 접근법은 전반적으로 효율적일 수는 있으나 예기치 못한 충격에는 오히려 더욱 취약할 수 있다고도 한다. '빨리빨리'를 강조해온 우리에게 제시된 여러 사례들이 당황스러우면서도 걱정스럽게 다가온다.

최근 몇 년간 세계 경제는 전대미문의 충격을 겪었으며, 이와 함께 미증유의 정책 개입이 시행되었다. 대안이 없었다는 이유로 정당화하기에는 이미 목도된 인플레이션의 재림 등 그 부작용에 관한 우려가 만만치 않다. 더 큰 문제는 이 정도 규모의 개입은 전례가 없었기 때문에 그 여파 역시 가늠할 수가 없다는 것이다. 정체 모를 충격에 대한 대처 능력을 나타내는 회복탄력성 개념이 더욱 중요해지는 이유가 여기 있다. 이 책에서 저자는 단순하게 회복탄력성이 중요하다는 원론적인 이야기를 하는 데에서 더 나아가는데, 그중 3부 "거시경제의 회복탄력성"은 책의 백미라고 할 수 있다. 저자는 구체적으로 어떠한 문제들이 우려되는지, 어떻게 대비해야 할지에 관한 유익한 가이드라인을 제시하고 있다.

장기적으로 보면 우리는 세계적으로도 유례없는 저출산 문제를 겪고 있다. 아울러 북한 체제에 이변이 생긴다면 과연 우리 사회가 이를 큰 충격 없이 감당할 수 있을까? 책을 덮고 나니 앞만 보고 달리면 됐던 과거에 비해 우리가 마주하는 불확실성이 너무 크게만 느껴진다. 회복탄력성은 우리가 그동안 이룬 것을 이해하기 위해, 또 앞으로 다가올 미래에 대비하기 위해 반드시 짚고 넘어가야 할 문제다.

아울러 이 책을 번역하느라 수고해주신 임경은 번역가님과 어크로스 출판사 편집부 여러분께 감사의 말씀을 드린다.

2022년 5월 22일

관악캠퍼스 연구실에서

서문

코로나19 위기를 계기로 전 세계는 중요한 문제를 고민하게 되었다. 앞으로도 불가피하게 마주할 대충격을 겪더라도 우리가 회복할 수 있으려면 어떻게 사회를 재편해야 할까? 이 질문에 대한 답으로 이 책에서는 우리의 사고방식과 사회적 상호작용이 달라져야 한다고 제안한다. 무기력하게 위험을 회피하기보다는 부정적 충격에도 탄력 있게 일어서도록 사회를 단련하는, 선제적 방어가 필요하다.

코로나19 팬데믹은 우리가 국내외적 차원에서 미래에 닥칠 위기에 어떻게 더 잘 대비할 것인지 고민하게 하는 기회였다. 여기서 얻은 깨달음을 바탕으로, 나는 특히 전 세계 사회가 현재 직면한 경제적 도전과 다음에 올 충격에 대비하는 방법에 대한 개인적 소견을 이 책에 풀어놓고자 했다. 그리고 팬데믹이 사회에 즉각적이고 장기적으로 미치는 영향도 분석해두었다.

회복탄력성의 개념과 원칙을 체계적으로 제시하여 더 많은 사람들이 이해하고 활용할 수 있기를 바라는 마음에서 이 책을 썼다. 이 목적이 잘 전달되기 바란다. 그러나 모든 내용을 담거나 포괄적이거나 아주 꼼꼼히 설명하지는 않았다. 그보다는 독자들에게 스스로 생각하는 묘미를 자극하기 위한 관점을 제시해보았다. 이 책이 독자들에게 새로운 관점을 제시하고 정치 및 정책에 관심이 많은 시민들 간에 활발한 논쟁을 이끌어내어 더욱 탄력적인 사회를 건설하는 데 기여하기를 소망한다.

1부에서는 회복탄력성의 개념을 살펴보고 예상치 못한 충격에 더 탄력적으로 회복하는 사회를 만들기 위해 사회계약을 재설계하는 방법을 설명한다. 2부에서는 코로나19 팬데믹의 예를 중심으로 회복탄력성 관리의 네 가지 핵심 요소를 설명한다. 3부에서는 상흔효과, 과잉부채, 인플레이션과 같은 미래의 거시경제 문제를 다룬다. 4부에서는 전 세계의 공동 과제를 중점적으로 논한다. 각 장은 독립적이므로 앞 장을 읽지 않아도 이해할 수 있다.

이 책을 쓰면서 다른 학자들의 통찰력을 빌려오기도 했지만, 그 속에서 균형을 잡으려 노력하며 각 관점을 분석하고 요약한 건 결국 내 책임이다. 혹시 어떤 흠이 있더라도 그들 탓을 할 수는 없다고 생각한다. 사실 작금의 충격은 현재진행형이어서 우리는 아직도 힘겹게 분투 중이다. 따라서 이 책은 중간평가를 한다는 마음으로 읽어주면 좋겠다.

2021년 6월, 프린스턴대학에서

마커스 브루너마이어

차례

일러두기

1. 저자의 원주는 번호를 달아 미주로 처리했으며, 각주는 옮긴이 및 감수자의 것이다. 감수자
   가 부연 설명한 것은 [감수자]로 표시했다.

2. 원서의 볼드체는 고딕체로 강조 표시했으며, 이탤릭체의 경우 작은따옴표로 표시했다.

3. 인명 및 단체명 등의 고유명사는 외래어 표기법을 따르되 널리 사용되는 표현이 있는 경우
   그에 따랐다. 필요한 경우 원어를 병기했다.

다시 쉽게 일어서는 사회를 위하여

코로나19 팬데믹으로 우리는 인간의 나약함을 깨달았다. 어느 날 갑자기 정체 모를 질병이 퍼져 한순간에 우리를 덮칠 수도 있다는 사실도 알게 되었다. 의학이 발전하면 이러한 전염병 사태가 더 이상 찾아오지 않을 줄 알았지만 그렇지 않았다. 전 세계는 전례 없는 대혼란을 마주했다. 사람들의 여가 활동은 멈춤 상태가 되었고, 정부의 손길이 거의 전방위로 뻗쳤으며, 가장 취약한 저소득층은 막막한 처지에 몰렸다. 우리가 사는 집이 곧 직장으로 바뀌었고, 아이들은 학교에 가지 못해 가족생활의 경계가 허물어졌으며, 친구들을 화상으로만 만날 수 있게 되었다. 그리고 무엇보다도 많은 사람이 목숨을 잃었다.

하지만 한편으로는 의학과 기술의 힘에 대한 확신이 생기기도 했다. 실제로 우리는 바이러스가 발견된 지 1년도 채 되지 않아 개발된 백신을 보고 그 속도와 효능에 놀라움을 금치 못했다. 그럼에도 여전히 취약하고 불안정한 이 사회는 어떻게 될까? 우리 사회는 곧 회복할 수 있을까 아니면 씻을 수 없는 상처를 안게 될까? 가장 중요한 질문, 앞으로 비슷한 충격이 찾아온다면 우리가 이를 극복할 수 있을까? 이 책은 이 질문에 답하고자 한다.

이 책의 핵심 개념은 **회복탄력성**resilience, 즉 '다시 일어서는 능력'이다. 이는 저항하는 능력을 가리키는 **견고성**robustness 개념과는 다른데, 견고성은 앞으로 나아가기 위한 마냥 최선의 방법이 아닐 수도 있다. 회복탄력성은 프랑스 작가 장 드 라퐁텐의 〈떡갈나무와 갈대Oak and Reed〉라는 유명한 우화에 묘사된 대로 폭풍을 이겨내고 회복할 수 있는 능력이다.' 떡갈나무는 튼튼하고 강인해서 웬만한 바람에도 끄떡없다. 반면에 갈대는 탄력적이어서 가벼운 바람에도 휘어진다. 그러나 거센 폭풍우가 몰아칠 때 갈대는 "나는 흔들리지만 꺾이지는 않아"라고 당당히 말한다.

갈대의 이 한마디에 회복탄력성의 본질이 담겨 있다. 갈대는 폭풍이 지나가면 다시 원래대로 일어나 완전히 회복된다. 반면 튼튼한 떡갈나무는 강한 바람을 견뎌내지만, 더 거센 폭풍을 만나면 꼼짝없이 부러지고 만다. 이처럼 회복탄력성이 없으면 한번 쓰러지고 나면 쉽사리 회복할 수 없다. 항상 움직이는 갈대는 연약해 보여도 떡갈나무보다 훨씬 탄력성이 있다.

이것은 자연에 빗댄 괜찮은 비유지만 우리가 직면한 도전을 완전히 설명해주지는 못한다. 물론 순전히 '물리적' 성질을 띠면서 회복력을 돕는 버팀목도 있다. 예를 들어 우리는 일상생활에서 적절히 작동하는 수많은 네트워크와 인프라에 의존한다. 통신, 인터넷, 도로가 없는 삶을 상상해보라. 이러한 물리적 인프라의 구성 요소가 충격 후에도 정상적으로 작동하려면 가외성redundancy(위기에 대응하기 위한 여분, 반복, 초과분), 완충장치, 중첩 구조, 역량 확충 등이 필요하다. 그러려면 회복탄력성을 키우는 만큼 그 대가로 효율성을 희생해야 할 것이다.

지금까지 사회는 '적시에just in time' 대처한다는 원칙에 따라 생산 시스템을 관리하려고 노력했다. 이는 말하자면 글로벌 가치사슬의 목표인 유동성은 극대화하되 고정성은 최소화하는 것이다. 반면 회복탄력성 개념은 '만약의 경우just in case'를 중요시해서, 우리가 충격을 겪더라도 금방 회복할 수 있게 해준다. 그렇다면 현재 충격을 경험하고 있는 우리는 회복탄력성에 더 우선순위를 두어야 하지 않을까? 따라서 가외성을 빼놓기보다는 오히려 권장해야 할 것이다. 또 완충장치는 충격을 흡수하는 유용한 역할을 수행한다. 여기에 탄력적 사고방식을 갖추면 비용편익분석을 바라보는 관점도 새롭게 바뀐다.

회복탄력성과 견고성의 차이를 이해하려면 전구를 여러 개 연결한 전기회로를 생각해봐도 좋을 것이다. 가장 비용 효율적으로 회로를 설계하는 방법은 옛날식 크리스마스트리 전구와 같이 직렬회로로 만드는 것이다. 다만 직렬회로는 전구 하나가 고장 나면 크리스마스트리 전체가 깜깜해진다. 더 탄력적인 대안은 각 전구가 주회로를 기점으로 분산되는 병렬회로다. 예를 들어 계단 조명에 기본으로 쓰이는 방식이 이에 해당한다. 병렬회로에서는 2층 조명이 꺼지더라도 1층과 3층의 조명이 계속 켜져 있게 된다. 병렬회로는 전선이 더 많이 소요되므로 배선의 전체 비용은 비싸지만 그만큼 더 회복탄력적이다.

또한 회복탄력성은 **위험**risk과도 다르다. 위험이 충격의 빈도와 정도를 가리킨다면, 회복탄력성은 충격에 '대응하는 능력'이다. 다시 일어서는 능력 혹은 전문용어로 '평균회귀mean-revert'라고 한다. 여기에는 수월한 적응이 필요하다는 의미가 내포되어 있다. 적응하고 변화할 수 있다면, 회복탄력성이 강해진다. 회복탄력성이 강해지면 충격의 피해를 덜 입으므로 더 많은 기회를 잡고 활용하기에 유리하다.

나아가 회복탄력성은 **지속가능성**sustainability의 필수 구성 요소다. 회복탄력성이 없는 사회는 지속 불가능하다. 극심한 충격을 몇 번 겪고 나면 벼랑 끝까지 몰리고 점점 더 피해를 키우는 악순환에 빠지기 때문이다.

코로나19 사태는 개인주의적 사고로는 회복력에 한계가 있다는 교훈을 남겼다. 한 사회가 존속하려면 개인을 넘어 집단의 기능이 건강해야 한다. 이는 구성원 간의 **사회계약**social contract이 얼마나 충실한지에 달려 있다. 사회계약의 출발점은 자신의 개인적인 행동이 다른 사람들에게 영향을 미친다는 인식이다. 경제학에서는 이러한 영향을 '외부효과externalities'라고 한다. 사회계약을 통해 질서를 형성하지 않으면, 사람들은 부정적 외부효과를 일으켜 서로 피해를 주기 쉽다. 그 결과 일부 구성원들이 곤경에 처하거나 한계 지점 근처로 밀려난다. 전반적으로 부정적 외부효과는 특히 최근의 팬데믹 같은 충격이 닥칠 때 사회의 취약성을 높이고 회복력을 약화시킨다.

이 책에서 나는 회복탄력성이 포스트 코로나19 사회를 설계하는 데 북극성과 같은 길잡이 역할을 해준다고 주장한다.[2] 이는 무엇보다도 중요한 기본 원칙으로서, 사회가 미래의 충격에 잘 대응할 수 있도록 준비하고 단결력을 모으는 법을 생각할 때 도움이 된다. 전체적으로 나는 경제학자의 관점에서 공중보건과 사회계약을 다루려고 한다.

사회는 각 개인에게 꿈꾸고, 새롭게 시도하고, 전략을 세우고, 계획하고, 심지어 실패할 자유를 부여해야만 발전할 수 있다. 이러한 자유는 인간의 존엄성을 위해서도 필수적이다. 그러나 또 한편으로 사람들이 곤경이나 빈곤에 빠지지 않아야 한다. 그러려면 실패에서 얻은 교훈으로 오뚝이처럼 일어나고 재도전할 수 있는 능력이 필요하다. 예컨대 개인회생이 그 목적에 딱 들어맞는 제도다. 따라서 사회는 어차피 통과의례처럼 겪어야 할 실패로부터 구성원들을 무작정 보호하기보다 그들에게 실험과 호기심을 장려하는 한편 실패에 대처하는 회복력을 각자 다질 수 있게 도와야 한다.

사회계약의 이행

이 책에서는 회복탄력성 있는 사회계약이 정부 또는 사회적 규범에 의해 어떻게 구현되는지 설명한다. 먼저 권위적인 **정부**는 외부효과를 제한하기 위해 직접적으로 강제력을 동원한다. 반면 개방적인 정부라면 설득력에 더 의존한다. 코로나19 사태 이후로는 정부 개입이 증가하고 개인의 자유가 제한되는 추세가 강해질 것이다. 사회계약을 이행하고 외부효과를 내부화하는 또 하나의 방법으로 **사회적 규범**도 있다. 예컨대 일본인들은 사회적 낙인을 두려워하는 성향 때문에 정부의 강제 없이도 대부분 마스크를 착용하고 사회적 거리두기를 준수해왔다.

시장은 사회에 흩어져 있는 정보를 모으는 중요한 역할을 한다. 많은 사람들이 어떤 제품을 좋아하면 그 제품의 수요가 늘어나 가격이 오른다. 그러면 기업은 이를 해당 제품을 더 많이 공급하라는 신호로 받아들인다.

이처럼 정부의 공권력, 사회적 규범, 시장이라는 세 요소 모두 다 사회계약을 이행하는 역할을 할 수 있다. 다만 중요한 사실은 계약이 충격에 '유연하게 대응'할 수 있게 이행되어야 사회와 사회계약의 회복탄력성이 더 높아진다는 점이다. 따라서 위기의 성격에 따라 공권력, 사회적 규범, 시장의 역할 비중을 차등 있게 조정해야 한다. 이는 주의 깊은 분별력을 필요로 한다. 유연성이 지나쳐도 독이 된다. 사람들이 최소한이라도 마음 놓고 예측하고 계획을 세우려면 명확하고 일관된 사회적 규준이 필요하다.

따라서 이번 팬데믹처럼 충격이 파도처럼 밀려올 때 사람들의 행동이 어떻게 바뀌는지 이해하는 것이 특히 중요하다. 위기를 관리하려면 정보가 있어야 한다. 또 새로운 상황을 이해하려면 실험이 필요하다. 의사소통 역시 인간의 행동에 강력한 영향을 미치므로, 정보의 정확한 전달도 어느 정도 필수적이다. 그러나 팬데믹 기간에 가령 방역 지침에 대한 정보를 사실 그대로 전달하기는 어려운 일이다. 어떤 방역 지표가 부재한 상황에서 사람들은 코로나19 사망자 추정치와 같은 눈으로 확인할 수 없는 반사실적counterfactual[*] 시나리오를 분석하느라 애를 먹는다.

마지막으로 위기에 탄력적으로 대응하려면 뉴노멀에 대한 비전도 있어야 한다. 나는 독자들이 미래에 대해 생각할 수 있도록 돕기 위해 이 책을 썼다. 위기가 끝나면 사회는 어떤 모습이 되어 있을까? 다음으로 우리는 어디로 가야 할까?

장기적 영향력과 긴장

우리는 거시경제와 금융의 측면에서 변동성이 커진 현실을 인식하는 동시에 다시 일어서는 능력(회복탄력성)을 키워야 한다. 다시 말

---

[*] 이미 일어난 사실과는 반대 혹은 가상 상황에서의 결과를 상상하는 것. 5장에서 자세히 후술한다.

해 사회가 장기적으로 성장하려면 파괴적 기술에 유연하게 적응하고 이를 수용해야 한다. 역설적이게도 충격에 대한 이러한 탄력적인 접근 방식이 자칫 장기침체로 이어질 수 있는 현상 유지보다 '덜 위험'하다.

최근의 코로나19와 같은 충격은 훗날 회복 단계에서 장기적으로 두 가지 영향을 몰고올 수 있다. 먼저 한편으로 팬데믹은 생활의 여러 분야에서 기술의 발전과 **혁신**을 유도했다. 이러한 신기술은 회복력을 촉진해 미래의 충격에 대한 적응 능력을 향상할 수 있게 해준다.

그러나 다른 한편으로는 회복탄력성을 저해할 수 있는 상처가 장기간 남을 위험이 생기기도 했다. 이러한 **상흔 효과**scarring 때문에 실직자는 기술을 발휘할 기회를 잃어버리고 노동시장으로 다시 돌아오기 어려울지도 모른다. 또 학교 교육이 마비되어 인적자본에 흉터를 남길 수 있다. 마지막으로 기업들은 과도한 부채로 인해 고통받는다. 기업이 커다란 부채 부담 때문에 투자를 기피한다면, 경제는 장기침체에 접어들 것이다.

회복탄력성을 지키려면 **금융시장**의 대붕괴를 막아야 한다. 금융시장은 2020년과 2021년 초에도 회복력을 잃지 않았다. 2020년 3월 처음으로 시장에 공포가 찾아왔지만, 중앙은행이 재빨리 나서 급한 불을 껐다. 덕분에 시장은 깊은 굴곡을 그린 하락 후에도 테일 리스크tail risk* 가능성이 해소되고 자산 가격이 안정되면서 다시 반등하는 패턴을 보였다. 피해가 확산되지 않도록 중앙은행이 위험을 억제하자 기업들은 저금리의 기회를 활용해 필요한 유동성을 확보했다. 미래에도 이러한 유형의 시나리오는 경제 회복에 도움이 되겠지만 중장기적으로는 재정 불안의 원인이 될 수도 있다.

우리가 코로나19 국면을 맞아 경험했듯이, **공공부채**는 대개 위기 시에 급증한다. 이번에는 2008년 금융 위기 때보다 펀더멘털에 가해진 충격이 훨씬 컸음에도, 대대적인 재정 부양책으로 지금까지 2008년의 대침체와 같은 결과는 면할 수 있었다. 그렇기는 하지만 부채의 지속가능성과 장기적인 경제 전망에 대해 우려하는 목소리가 있다. 정부 부채가 장기적으로 지속 가능한 수준이어야만 사회는 회복할 수 있다. 그렇지 않으면 사회는 상당한 인플레이션 위험과 과잉부채로 인한 디플레이션 위험에 동시에 직면하게 된다. 지금까지 미국의 국채 부담은 저금리 정책과 미국 국채의 안전자산 지위 덕분에 감당할 수 있는 수준이었다. 그러나 정부가 금리 인상에 취약해졌기에 향후 치솟을 금리 부담에 시달릴 가능성이 있다. 따라서 금리가 급등할 경우 채권시장에 불게 될 찬바람을 계속 조심하는 것이 중요하다.

또한 중장기적으로 **인플레이션**이 톱니 모양을 띠며 변동성이 커질 위험도 있다. 2020년에는 수요가 위축되어 물가상승률이 낮았다. 그러나 앞으로는 인플레이션을 유발할 요인이 깨어날 수 있다.

---

* 통계학에서 정규분포의 양쪽 극단값을 의미하며, 발생 가능성은 낮으나 한번 발생하면 엄청난 충격을 주는 리스크를 말한다.

중앙은행은 독립 기관으로서 경제의 회복탄력성을 단련하기 위해 디플레이션과 인플레이션의 함정에 빠질 위험을 늘 함께 예의 주시해야 한다. 그리고 고속 경주용 자동차가 강력한 제동장치를 갖추고 있듯이, 경기침체가 지속되면 회복을 촉진해야 하고 반대로 경제가 급성장하면 긴축 정책으로 제동을 걸어야 한다. 그러나 긴축 정책으로 인해 정부의 부채 상환 비용이 증가하면 언제든 중앙은행과 정부 간의 이해가 충돌할 여지가 있다.

사회계약의 회복탄력성은 사회가 공정하고 **불평등**이 최소화될 때만 유지할 수 있다. 최소한 미국에서 코로나19 사태는 사회의 전 영역에 불평등이 미치는 영향을 확인하는 계기가 되었다. 인종 간 불평등은 더욱 뚜렷해졌다. 우리는 의료 접근의 불평등 문제와 그 문제가 여러 지역사회에 각기 다른 영향을 미치는 과정을 목격했다. 코로나19 사태는 마치 엑스레이 사진을 촬영하듯 사회 이면에 숨겨져 있던 여러 문제점을 드러냈다.

글로벌 회복탄력성

마지막으로 이 책은 전 세계가 함께 회복탄력성을 높일 수 있는 방안을 논할 것이다. 코로나19 팬데믹은 우리가 지구촌 사회에 살고 있는 만큼 범지구적 회복력이 필요하다는 것을 일깨워주었다. 우리는 전염병이 전 세계에 얼마나 빨리 퍼질 수 있는지 두 눈으로 확인했다. 놀랍게 들릴지 모르지만, 인수 공통 바이러스가 동물에서 인간으로 전염되는 일은 매주 발생할 정도로 흔한 일이다. 그런데 인간 대 인간으로 전염되는 경우는 훨씬 드물다. 따라서 도축 재래 시장을 금하고, 조기 경보 시스템을 구축하며, 전염병이 발생할 때 발 빠르게 대응하는 것이 글로벌 회복력을 키우기 위한 핵심 역량이다.[3] 또한 이러한 개입은 2020년 말 영국 남동부와 남아프리카공화국에서 발견된 변이 바이러스나 2021년 봄에 발견된 인도발 델타 변이 등을 탐지할 때에도 유용했다.

이처럼 전 세계에 회복탄력성이 필요하다면, **국제 질서**를 어떻게 확립할 것인지에 관한 더 광범위한 질문을 제기할 수 있다. 과거의 보건 위기나 기후 변화와의 전쟁과 마찬가지로, 요즘 세계 인류는 만국 공통의 적인 코로나19와 싸우고 있다. 그러나 코로나19가 발생한 초기부터 정작 전 세계가 힘을 합쳐 위기를 타개하려는 노력은 비교적 우선순위에서 밀려 있었다. 이 글을 쓰는 지금도 여전히 많은 국가들이 백신 협약을 일방적으로 선점하려 하고 있다.

신흥국과 **개발도상국**은 빈곤의 함정*과 중진국의 함정**에서 벗어나는 동시에 회복탄력성을 유지해야 한다는 특별한 과제에 직면해 있다. 개발도상국은 충격에 대응하기 위한 '정책 역량'이 더 제한적이다. 예를 들어 통계에 코로나19 사망자로 잡히지는 않았지만, 위

---

* 정부의 지원을 받던 저소득층이 소득이 증가하면 각종 사회보장의 자격을 잃고 다시 소득이 감소하는 모순을 가리킨다.
** 개도국이 경제 발전 초기에는 높은 성장률을 보이다가 중진국 수준에 이르러서는 성장이 주춤하는 현상을 말한다.

기 동안 봉쇄 조치로 인해 굶주리거나 다른 질병에 대한 예방접종 기회를 놓쳐서 사망하는 아이들도 생겨났다. 게다가 개발도상국은 '재정 여력'이 부족해 회복력을 키울 수 있는 능력에도 한계를 지니고 있다. 재정이 빠듯한 가운데 또 다른 위기가 찾아온다면, 그때는 추가 부양책을 실행할 여력이 거의 남아 있지 않을 것이다.

앞으로 코로나19 이후의 세계를 형성하는 데 국제 관계가 중요한 역할을 할 것이다. 미국과 중국 간의 잠재적인 패권 전쟁은 디지털화, 사이버 보안, 세력권, 무역을 포함한 여러 영역에서 장기전이 될 공산이 크다. 동시에 유럽은 미국과 더 긴밀히 협력할 것인지 아니면 미중 양쪽과 거리를 두며 보다 독자적인 길을 갈 것인지 결정해야 한다. 또한 팬데믹은 긴밀히 통합된 글로벌 가치사슬의 취약성을 드러냈다. 미래에는 회복탄력성을 향상시키기 위해 비용이 좀 더 들더라도 공급망을 더욱 다변화해야 할 것이다.

마지막으로 회복탄력성의 원칙은 기후 변화와 환경의 지속가능성 측면에서도 중요하다. 우리에게는 충격과 역경에 부딪히더라도 탄소 배출량을 줄이려는 혁신이 필요하다. 혁신하지 않으면 사회는 돌이킬 수 없는 위험한 임계점으로 향할 것이며, 우리는 더 취약한 상태에 빠질 것이다. 단 한 번의 충격이나 예상치 못한 사건에 의해 사회는 돌이킬 수 없는 지경에 이르거나 끝없는 내리막길로 빠지기도 한다.

충격은 다양한 요인으로 발생할 수 있다. 전염병은 그중 한 가지일 뿐이다. 코로나19 위기는 위험에 대비하지 않으면 전 세계가 파괴적인 충격을 받을 수 있다는 것을 여실히 보여주었다. 특히 회복 탄력성이 부족한 국가들은 뜻밖의 충격으로 유달리 큰 타격을 입었다. 그런 이유로 이 책의 중심 주제는 더 깊이 생각해볼 가치가 있다. 대규모 전산 장애, 사이버 공격, 생명공학 실험 실패와 그 후 불어올 폭풍, 항생제가 듣지 않는 슈퍼 버그, 기후 재앙 등 예상치 못한 위기가 언젠가 또 닥칠 것이다. 그때 우리에게 넘어져도 다시 일어설 수 있게 해주는 사회계약이 잘 정립되어 있다면, 모든 인류가 무사히 위기를 넘길 수 있을 것이다.

1부
회복탄력 사회의 조건

회복탄력성과 사회계약이 우리가 공동체로 살아가는 방식과 이 사회를 어떻게 이끌어줄까? 1부에서는 이 질문을 자세히 짚어보고자 한다. 우선 1장에서는 회복탄력성의 개념을 정의하고 이를 견고성, 지속가능성, 위험 등 관련 개념과 비교한다. 다음으로 2장에서는 사회계약에서 회복탄력성이 어떤 의미를 지니는지 알아본다. 특히 우리가 공동체로 평화롭게 살아가는 데 회복탄력성이 왜 중요한지, 또 사회계약 자체의 회복력을 키우려면 어떻게 해야 하는지 탐구할 것이다.

1장
회복탄력성이란 무엇인가

회복탄력성은 사회가 충격에 반응하고 대처할 수 있게 한다. 나아가 성장을 촉진하고 지속가능성을 향상할 수 있는 새로운 문을 열어준다.

회복탄력성의 정의

사회는 때로 표류하고 변하기도 하지만, 대체로는 시간이 지날수록 추세를 따라 순조롭게 나아간다. 물론 가끔 충격에 직면하여 정상적인 추세와 예상했던 결과에서 벗어날 때도 있다. 충격은 예컨대 주식시장이나 개인의 삶의 질을 급격히 바꿔놓을 수 있다.

우리는 보통 충격이 닥치기 전에 어떤 갑작스러운 변화가 일어날 수 있음을 감지하고 미래의 방향을 예측하려 한다. 물론 사전적 ex-ante 관점에서 우리는 충격이 현실화할지 알 수 없다. 그저 각 사건이 발생할 확률을 부여할 수 있을 뿐이다. 어떤 충격은 극히 드물거나 가능성이 희박한가 하면 또 어떤 충격은 발생가능성이 더 크다. 또 긍정적인 충격이 있는 반면, 부정적인 충격도 있다. 우리가 코로나19의 충격에서 경험했듯이, 미래를 예상하는 어떤 시나리오에서는 위험하거나 혹은 전혀 생각지도 못했거나 상상조차 할 수 없던 일이 펼쳐질 수도 있다.

충격에는 진폭과 빈도라는 두 가지 중요한 특징이 있다. 큰 충격은 작은 충격보다 더 심각한 피해를 일으킨다. 그림 1-1에서 그 차이를 살펴볼 수 있다. 여기서 오른쪽 패널은 충격이 증폭되는 모습을 보인다.

회복탄력성의 유무에 따라 충격이 발생한 후 전개되는 상황은 달라진다. 그림 1-2의 왼쪽 패널처럼 오래 지속되는 충격을 지속적 충격이라고 한다. 반면 오른쪽 패널에서는 사회가 트램펄린처럼 반등하는 탄력적인 과정이 이어진다. 회복탄력성은 원래 상태로 돌아가려는 성질을 의미한다. 수학 용어로는 '평균으로의 회귀'와 같다. 사실 회복탄력성이라는 개념은 재료과학 분야에서 비롯되었다. 예를 들어 어떤 물질이 응력(충격)으로 변형되었다가 원래 상태로 돌아오면 탄성에너지, 즉 회복탄력성이 있다고 한다.

왼쪽 패널은 충격이 약한 대신 영향이 쭉 지속된다. 반대로 오른쪽 패널은 강한 충격을 받았지만 더 탄력적인 결과를 보여준다. 충

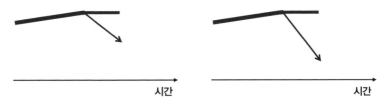

그림 1-1: 각 패널은 부정적 충격의 영향을 보여준다. 왼쪽 패널이 오른쪽 패널보다 충격에 영
향을 덜 받았다.

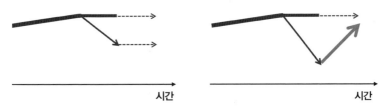

그림 1-2: 두 패널 모두 충격이 발생한 이후의 전개 과정을 보여준다. 왼쪽 패널에서는 충격이
지속되지만 오른쪽 패널에서는 충격에서 벗어나는 회복탄력적인 과정이 나타난다.

격의 영향이 단지 일시적이어서 시스템이 부분적으로나마 원래대
로 돌아온다. 통계학 용어로 표현하자면, 매개변수가 평균으로 되
돌아간다.

더 문제가 되는 시나리오는 충격의 영향이 점점 더 악화하여 거
의 통제가 불가능할 정도로 소용돌이치는 경우다. 이것은 그림 1-2
에는 나와 있지 않지만 회복탄력성과는 반대 경우를 가리킨다.

개인과 사회의 회복탄력성

회복탄력성 개념은 개인, 사회, 심지어 범지구적 차원에도 적용할
수 있다. 위기를 겪고 넘어지더라도 적절히 처신하고 재기할 수 있

는 개인은 회복탄력성이 있는 사람이다. 이처럼 한 개인의 회복력은 대개 충격을 받은 후 어떻게 반응하느냐에 달려 있다. 또 회복탄력성 개념은 사회과학에도 적용할 수 있는데, 사회가 충격을 받은 후에도 혼돈에 빠지지 않고 적응하고 대응하는 역량을 일컫는다. 중요한 점은 회복탄력성이 있는 사람들은 마음가짐을 완전히 새롭게 하고 적극적으로 회복하려는 의지가 있다는 것이다. 충격에 대처할 수 있는 사전 비상 대책을 세워두면 회복탄력성이 향상된다.

모든, 아니 적어도 대부분의 개인에게 재기할 수 있는 자유가 보장된 사회는 회복탄력성이 있는 사회라고 할 수 있다. 회복탄력성이 없는 사회에서는 사람들이 혹독한 위기를 겪은 후 영영 재기하지 못하기도 한다. 이런 사회에서는 예컨대 개인의 일시적 실직이 평생 실업으로 이어지고, 기업은 영원히 문을 닫으며, 가계가 몇 년 동안 거액의 부채에 발목이 잡힐 수도 있다. 보험이라는 완충장치의 도움을 받더라도 이들은 전혀 반등하지 못한다. 또한 사회의 회복탄력성은 개인 간 상호작용이 활발한지 그리고 그 사회가 팬데믹 같은 심각한 위기에 대응할 준비가 잘 되어 있는지에 달려 있기도 하다. 충격에 대한 다양한 반응도를 평가할 시뮬레이션과 스트레스 테스트를 활용하면 사회의 준비성과 회복탄력성을 키울 수 있다. 전반적으로 회복탄력성이 있는 사회는 조정을 통해 대응하고 제도를 재편성할 수 있다.

크고 작은 위기들

역설적일지 모르겠지만 때로는 어느 정도 대가를 치르더라도 작은 위기를 견디는 쪽이 위기를 아예 피하는 것보다 나을 수 있다. 위기는 평소에 필요했던 조정을 실행에 옮길 기회이기 때문이다. 조정을 거치지 않으면 시간이 지날수록 불균형이 누적된다. 불균형이 쌓여서 커질수록, 어차피 발생하기 마련인 위기는 더 가혹하게 다가올 것이고, 체제가 이를 회복하기도 어려울 것이다. 반대로 사소한 위기가 빈번하게 발생하더라도 그때마다 회복이 뒤따르는 체제는 회복력이 좋아서, 겉보기에 쭉 안정적인 체제보다 위험에 덜 취약하다. 이 현상을 종종 변동성 역설volatility paradox이라고 부른다. 변동성이 매우 낮은 시기일수록 가장 조심해야 할 시기다.

위험 노출: 회복탄력성을 학습할 기회

사회나 개인이 재빨리 적응할 수 있는 능력과 지식을 얻으려면 어떻게 해야 할까? 사람들이 회복탄력성을 키우고 충격에 유연하게 적응하고 대처하는 능력을 강화하려면 어떻게 해야 할까? 한 가지 가능한 방법은 비교적 가벼운 충격을 종종 겪으면서 이에 대응하는 법을 배우는 것이다. 인간의 면역체계가 좋은 예다. 병원균에 대한 항체와 내성이 생기려면 면역체계가 먼저 병원균에 노출되어야한다. 무균 상태처럼 지나치게 청결한 환경에 고립된 면역체계는 신체의 회복력을 발달시키지 못한다. 병원균과 싸우도록 훈련받지 못했으므로, 신체는 무균 환경을 벗어나자마자 감염에 더욱 취약해진다. 마찬가지로 실패를 경험한 많은 기업가들이 그 실패를 교훈 삼아 유니콘 비즈니스 모델을 개발하고 대성공을 거둘 수 있었다. 회복탄력성이 있다면, 시련은 통찰력과 역량의 발전으로 이어질 수 있다.

사회 전체도 마찬가지다. 작은 충격을 경험해본 사회가 후속 충격에도 더 잘 대처하는 편이다. 대만은 2003년 사스SARS(중증급성호흡기증후군) 발병 당시 비상 대책을 가동한 경험이 있었기에 그 교훈으로 코로나19 사태에도 성공적으로 대응했다.[1]

어느 정도 위험에 노출된 개인이나 사회는 계획을 조정하고 미래에 비슷한 위험을 대비하는 방법을 학습하면서 회복탄력성을 단련할 기회를 얻는다.

견고성과 가외성

견고성

견고성은 회복탄력성과 달리 충격에 적응하지 않고 저항하는 능력이다. 견고한 체제는 떡갈나무가 웬만한 충격에도 견디는 것처럼 대부분 상황에서 멈추지 않고 무사히 작동한다. 하지만 극한 상황에 이르면 이러한 체제는 무너진다. 게다가 견고한 체제일수록 완충장치가 더 많이 필요하므로 경비도 많이 소요된다. 하지만 어떤 상황에서도 끄떡없는 완벽한 견고성(즉, 어떠한 결함도 허용하지 않는 상태)은 현실에서는 거의 찾아보기 힘들다.

반면에 회복탄력성은 역동적으로 충격을 견디는 능력이다. 즉, 갈대처럼 휘어졌다가도 적응하고 조정해서 다시 일어서는 힘이다. 회복탄력성은 더 다양한 우발적 상황을 처리할 수 있으므로 '견고성의 벽'을 뚫고 들어온 충격도 극복할 수 있다.[2] 그리고 비용을 절감하는 차원에서 어느 정도 '내려놓을' 줄도 알아야 하는데, 이러한 점이야말로 회복탄력성의 중요한 전제조건 중 하나다. 따라서 회복탄력성을 높이면 경제적으로도 더 효율적인 경우가 많다. 비용이 많이 들면서 충분히 견고한 해결책과 비용이 덜 들면서 상황에 따라 탄력적인 해결책 중 어느 것이 좋은지는 선택의 문제다.

견고성과 회복탄력성의 차이를 설명하는 다른 비유를 들어보겠다. 아무리 거친 폭풍에도 흔들리지 않는 견고한 초고층 건물은 막대한 건축 자재를 필요로 하기에 비용이 많이 든다. 또한 워낙 무거워서 자체 하중을 감당하지 못할 가능성도 있다. 반면 회복탄력적으로 지은 초고층 건물은 바람에 약간 흔들린다. 시카고의 명물 윌리스 타워는 바람이 많이 부는 날에는 좌우로 최대 약 1미터까지 흔들리기도 한다.[3] 이처럼 탄력적인 건축 양식에다가 세련된 유리벽 외관이 더해져 더 높고도 경량화된 구조가 가능해졌다.[4]

가외성과 완충장치

가외성은 일종의 완충장치를 말하는데 견고성과 회복탄력성 양쪽에 다 중요하다. 그러나 이 둘에 필요한 완충장치의 유형은 각각 다르다. 견고성에 우선순위를 두면 충격에 대비해 각 장치와 작업의 여분을 구비한다. 하나가 실패하면 즉시 교체하기 위해서다. 반면 회복탄력성을 더 중시하면 일시적으로 후퇴했다가 자원을 재편성하여 충격에 대응한다. 회복탄력적인 시스템에서 민첩성, 유연성, 유동성, 박학다식 따위는 충격 이후 자원을 재배치하는 전략에 필요한 핵심 자질이다.

가장 바람직한 접근법은 회복탄력성과 견고성을 통합하는 것이다. 예를 들어 어떤 사람이 충격을 겪은 후 함정에 빠지거나 회복 불능의 타격을 입지 않고자 한다면, 미리 가외성을 확보해 견고성을 키우는 것이 정답이다. 전열을 재정비하고 적응함으로써 극복할 수 있는 수준의 충격이라면, 자원을 재배치할 수 있는 가외성 전략이 경제적으로도 더 현명하다. 결국 사회와 개인에게는 소위 "우리가 모른다는 사실조차 모르는"* 뜻밖의 충격에 대비할 전반적인 가외성이 필요하다. 또한 예상치 못한 위협에 맞서 사회를 폭넓게 보호하는 쪽에 초점을 맞추자면 유연성과 민첩성이 특히 중요하다.

---

* unknown unknowns, 도널드 럼스펠드 전 미국 국방장관이 이라크의 대량살상무기 보유 여부와 관련해 발언한 것으로부터 유래했다. 그는 정보의 종류를 '알려진 사실known knowns', '알려진 미지known unknowns', '알려지지 않은 미지unknown unknowns', '알려지지 않은 사실unknown knowns'로 나눴다.

지속가능성

회복탄력성 개념은 나중에 기후 변화를 다루는 장에서 핵심 개념으로 언급할 지속가능성과도 연결된다. 지속 가능한 발전은 장기적으로 이어갈 수 있는 발전을 말한다.

회복탄력성은 지속가능성에 필수적이다. 개인이나 사회가 충격을 받았을 때 나락으로 떨어지는 것을 방지하는 역할을 하기 때문이다. 그러나 회복탄력성만으로는 지속 가능한 발전을 이루기에 역부족이다. 사회를 계속 서서히 좀먹는 근본적인 요인이 존재한다면 미래는 끔찍해지고 지속 불가능할 것이다.

역설적이지만 지속 가능한 방향을 추구하려면 회복탄력성을 갖추면서도 어느 정도 위험을 감수할 수밖에 없을 것이다. 뒷문에서 물이 들어와 흘러넘치고 있는 어떤 방을 상상해보자. 두 손 놓고 가만히 있으면 곧 방 전체가 물바다가 된다. 이때 한 가지 방법은 물이 빠져나갈 수 있게 다른 문을 여는 것이다. 혹여 그 문밖에 물이 더 많을 수도 있다. 완전히 불확실한 상황이지만 그렇다고 아무것도 하지 않는 것은 지속 가능한 방법이 아니다. 그러므로 이런 때에는 약간의 위험을 감수할 필요가 있다.

대개 어떤 과정에서든 파괴적 기술 혁신을 수용하지 않고는 지속가능성을 달성하기 어렵다. 파괴적 기술 혁신은 일시적 충격이 따르기도 하지만, 영리하고 창의적으로 대응하면 앞으로 매 충격을 딛고 다시 일어설 만큼 단단하게 성장하는 데 도움이 된다. 이처

럼 파괴적 기술 혁신을 통해 전진하는 것이 궁극적으로 지속가능
성과 그 필수 요소인 회복탄력성을 키우는 유일한 방법이다.

회복탄력적 성장

얼핏 성장을 포기해야 회복탄력성을 얻을 수 있다고 생각하기 쉽
다. 직감적으로는 성장 속도가 빠를수록 사회가 무너지기도 쉬우
리라는 느낌이 든다. 성장에는 '실시간' 공급망 관리가 필요하기에
긴장의 끈을 놓을 수 없고, 빠르고 잦은 인력 재배치가 필요하며,
생산 설비에 과부하를 일으키는 등 성장통이 뒤따르기 때문이다.

그러나 이러한 직감은 오해에 가깝다. 오히려 회복탄력적인 사
회는 충격을 더 잘 흡수해서 장기적으로 더 건실한 성장을 누릴 것
이다. 달리 말하면 다시 일어설 수 있는 사회는 위험을 감수할 준
비가 잘된 사회다. 그리고 위험을 감수하는 자세는 성장에 없어서
는 안 될 원동력이다. 이를 잘 설명한 유명한 문구가 조지프 슘페터
의 "창조적 파괴"다. 혁신을 촉진하면 경제 전체에 파괴적인 변화
가 일어나고 대개 더 높은 성장률로 이어진다는 논리다. 신생 기업
이 시장에 진입해 기존 기업을 밀어내는 과정에서 경제의 변동성
이 더욱 커지기도 한다. 그렇지만 회복탄력적인 경제라면 일시적
혼란에서 금세 벗어날 것이다. 반대로 금융 위기 때 그랬듯이 경제
에 회복탄력성이 부족하고 경기침체가 저성장 경로로 완전히 굳어
진 상태라면, 위험을 감수하려는 결정을 내리려고 할 때 훨씬 더 신

중하게 고려해야 한다.

투자, 혁신, 기업가 정신, R&D(연구개발) 모두 다 위험을 감수해야 한다는 공통점이 있지만 대체로 사회를 이롭게 한다. 독일 스타트업 기업 바이오엔테크BioNTech의 공동 CEO인 우구르 샤힌Ugur Sahin과 외즐렘 튀레치Özlem Türeci가 감수했을 위험을 생각해보자. 그들은 2020년 1월, 코로나19의 새로운 mRNA 백신을 개발하기 위해 기업 전체를 재편성했다.[5]

이러한 혁신은 결과적으로 경제성장을 촉진할 수 있으며 나아가 더 강력한 회복탄력성을 제공한다. 경제라는 자전거는 빨리 달릴수록 옆바람의 위험에 더 탄력 있게 대응한다. 그러나 위험이 현실화되고 큰 손실이 발생할 때도 많다. 이러한 손실이 돌이킬 수 없는 피해를 일으키고, 위험을 감수하는 경제주체들의 생존이 위협받는 환경이라면, 모험을 줄이고 장기적으로 저성장을 수용하는 편이 나을 수 있다.

위험과 회복탄력성의 관계

사회는 충격이 닥치기 전에 위험 요인에 먼저 직면한다. 다시 그림 1-1(본문 35쪽)을 참고하면, 왼쪽 패널은 앞으로 일어나는 충격이 작은 만큼 오른쪽 패널보다 사전 위험이 작다. 이 두 패널에서는 충격이 발생할 가능성이 동일하다고 가정한다. 하지만 현실에서는 충격 발생 가능성이나 빈도가 높을 수도 낮을 수도 있다. 예를 들어 기온이나 주식 가격은 한동안 일정하게 유지되다가 갑자기 오르거나 내려가기도 한다. 통계학 용어로 말하자면 진폭과 확률분포는 '분산variance'이라는 하나의 척도로 합쳐서 취급할 수 있다.[6]

따라서 우리는 위험을 관리할 때 근본적으로 선택의 갈림길에 있다. 첫째 선택은 **위험 회피**다. 이 경우 사회구조는 충격의 빈도와 규모를 줄인다는 목표를 중심으로 편성된다. 사회적 규칙과 규범이 제정되는 목적은 개인과 집단이 위험에 덜 노출되도록 하기 위해서다. 개인은 위험에 빠질 가능성을 최소화하기 위해 특정 활동을 삼가거나 면책을 주장하기도 한다.

다만 위험 회피 전략에는 두 가지 문제가 있다. 첫째, 사회와 경제에 아무리 이롭더라도 특성상 위험한 투자는 사람들이 꺼리기 일쑤다. 사실 사회 입장에서 보자면 모험적 투자는 바람직한 것이다. 그러나 기업 입장에서는 공익에 이로운 R&D 투자를 해봤자 완전한 보상을 얻을 수 없다. 이처럼 위험하다는 이유로 R&D 투자를 회피하는 관행이 널리 형성되면, 개별 기업들에게는 혁신의 동기부여가 떨어질 것이고 그 결과 사회 전체의 이익이 감소할 것이다. 둘째, 위험 회피 전략은 실패할 가능성이 있다. 가급적이면 위험에 노출되지 않으려고 열심히 노력하더라도 어떤 위험은 완전히 예상치 못한 방식으로 전개되기도 한다. 코로나19가 그 대표적 사례다.

장기적으로는 둘째 선택인 **위험의 수용**이 바람직할 수 있다. 하지만 이 방식에는 **회복탄력성이 확보된** 제도, 규칙, 사회화 과정 등 큰 뼈대가 뒷받침되어야 한다. 이것이 효과적이면 잠재적 위험이 현실화되어도 사회를 보호하면서 모험과 성장을 촉진할 수 있다. 강한 회복탄력성은 이례적인 대충격이 발생할 때 중요한 역할을 하며 진가를 발휘한다. 2015년 일본 사회가 쓰나미라는 자연재해와 인간이 초래한 인재가 끔찍하게 결합된 후쿠시마 사태를 겪고서도 결속력을 지켜낸 것이 대표적인 예다.

한마디로 정리하자면 이렇다. 경제활동이 점점 더 복잡해지고 그로 인해 위험도 피할 수 없게 된 만큼, 회복탄력성은 성장의 핵심 요인이 될 수 있고 또 되어야만 한다.

회복탄력적인 위험 감수를 위한 유한 책임

구성원들이 실패를 겪어도 재기할 수 있는 사회는 모험을 포기하지 않도록 계속 장려할 것이다. 이 통찰력은 단순한 것이지만 공공 정책과 관련해서는 많은 의미를 시사한다. 정책 측면에서 한 가지 중요한 접근 방식은 책임에 한계를 두는 유한 책임이다. 자본주의의 시작을 이끈 혁신으로 자주 거론되기도 하는 유한 책임은 손실 위험을 사회 전반에 걸쳐 분산함으로써 일종의 회복탄력성을 제공하는 수단이다. 유한 책임은 손실 위험에 한계를 그어 모험을 독려하는 효과가 있다. 따라서 기업가에게는 손실을 입었을 때의 최대 손실에 상한선이 생긴다. 결과적으로 기업가는 실패하더라도 재기할 수 있는 충분한 자원을 갖게 된다.[7] 이렇게 해서 손실 위험이 처음에 투입한 투자금을 넘어서지 않게 되면, 기업가는 더 높은 수익률을 기대하며 투자에 참여하는 것이 좋다고 판단한다.

이를 개인의 삶에 적용해보자. 일반적으로 개인회생은 가계가 일부 부채를 탕감할 수 있도록 해준다. 채무 잔액은 부채가 없어질 때까지 보통 몇 년에 걸쳐 상환한다. 이는 사람들에게 중장기적으로 개인 파산에서 벗어날 수 있는 발판을 제공해준다. 유한 책임 메커니즘은 부정적인 테일 리스크에 대비해 개인의 회복력을 보장해준다.

물론 유한 책임을 세밀하게 조정할 때는 균형을 잡아서 해야 한다. 한편으로는 R&D 투자를 자극해야 하지만 또 한편으로는 특히 금융 투기처럼 지나친 위험 감수는 피해야 한다.

그림 1-3은 성장의 두 가지 경로를 보여준다. 각 선은 뮤추얼 펀드의 예상 누적 수익률이 될 수도, 혹은 장기적인 경제성장이나 한 스타트업의 성장 궤적을 나타낼 수도 있다(지금 하는 논의는 대체로 이 모든 예에 적용할 수 있다). 의사결정자가 위험 회피에만 치중해서 변동성 낮은 시나리오를 선호한다면 직선 경로(굵은 점선)가 매력적일 것이다. 직선 경로는 변동성이 없는 대신 꽤 괜찮은 성장세를 보인다. 다른 경로(실선)는 더 높은 성장세의 시나리오를 제시하지만, 거기에는 큰 변동성이라는 대가가 따른다. 따라서 위험 회피 성향이 높은 사람들은 둘 중 직선 경로를 선택할 것이다.[8]

그러나 여기서 핵심은 변동성이 큰 경로가 회복탄력성도 좋다는 점이다. 이 경로는 후퇴를 경험해도 매번 완전히 회복해 계속 성장을 이어간다. 회복탄력적 전략은 '변동성의 한가운데'에서도 회복을 돕는 기초를 강화하는 쪽에 초점을 둔다. 장기적으로 더 높은 성장률이 누적되면 두 경로 사이의 격차는 기하급수적으로 벌어질

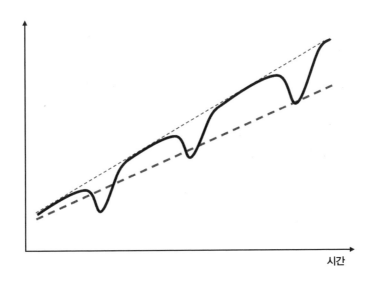

그림 1-3: 위험을 회피하는 경로(굵은 점선) 대 변동성을 수용하되 회복탄력적인 경로.

것이다. 따라서 그림 1-3은 위험 최소화 전략이 큰 이익을 놓칠 수 있는 반면 회복탄력성 관리 전략은 더 훌륭한 성과로 이어질 수 있음을 간략하게 보여준다.

이러한 차이를 구체적으로 보여주는 예로 경기순환의 비용을 경제적으로 분석한 연구가 있다. 경기순환의 진폭을 없애려면 우리가 비용을 지불할 의향을 얼마나 가져야 할까? 노벨경제학상을 수상한 바 있는 로버트 루카스Robert Lucas가 분석한 데 따르면 비용을 치르더라도 실익이 거의 없다고 한다. 바꿔 말하면, 장기적 성장을 희생해가며 경기순환의 진폭을 제거하는 데는 대가가 오히려 더 크다는 것이다. 물론 루카스의 분석에는 경제가 당연히 회복한다는 전제가 깔려 있기 때문에, 회복탄력성 있는 경제를 어떻게 설계할 것인지에 대해서는 논하지 않았다. 반대로 위험을 최소화하려는 사람은 더 낮은 성장률을 감수하더라도 변동성을 제거하기 위해 적잖은 비용을 기꺼이 지불할 용의가 있다(앞쪽 그림 1-3의 직선 참조). 그런데 이러한 접근법은 회복탄력성을 완전히 무시한다. 오랫동안 미국 경제는 침체기가 찾아와도 매번 꾸준히 회복했다. 적어도 2007년까지는 회복력이 아주 좋았다.

분명 전체 통계에는 중요하고도 다양한 개별 값이 잘 드러나지 않는다. 파괴적 혁신에 밀려난 산업군은 경기침체의 타격을 크게 입는다. 따라서 이러한 경기 민감 산업의 종사자는 대개 의사결정 과정에서 경기 방어 산업 종사자보다 경기순환의 진폭을 완만히 하기 위한 대가를 치를 의향이 훨씬 크다. 달리 말하면 거시경제의 회복력으로 충분하지 않을 때가 많다는 것이다. 미시경제 차원에서 개별 주체의 회복력도 아울러 필요하다. 개인을 포용하는 동시에 탄력적인 사회는 모든 구성원이 개인적인 충격을 경험해도 회복할 수 있다.

그림 1-3에서 변동 경로가 직선 경로보다 탄탄하게 성장하려면 반등할 수 있어야 한다. 이때 유한 책임은 사람들이 재정적 충격에 대응하고 회복하도록 돕는 접근법 중 하나다. 반면에 변동 경로에 명백한 **함정**trap이 가로놓여 있다면, 파괴적 혁신은 막대한 비용을 초래할 수 있다. 이 경우는 차라리 직선 경로(약한 변동성)를 택하는 쪽이 더 합리적일 것이다.

외생적 성장 모델은 모두 단순하게 회복탄력적 경로를 기본 가정으로 삼는 데서 그친다. 반면에 내생적 성장 모델에서는 끊임없는 혁신이 일어날수록 더 높은 성장 경로를 이끌 때가 많다. 또 내생적 성장 모델에서는 회복탄력성이 작동하지 않을 때, 빈곤의 함정이나 중진국의 함정이 나타나기도 한다. 이 책 3부에서도 언급하겠지만, 더 일반적인 예로 금융 위기는 대개 회복 불능으로 이어져 경제를 영원한 저성장 경로로 빠뜨린다. 반면 일본의 후쿠시마 원전 사고처럼 외부 충격으로 찾아오는 경기침체는 대개 더 회복탄력적인 결과를 낳는다(적어도 순전히 경제적 관점에서만 보면 그렇다).

회복탄력성과 성장의 상호 보완

사회가 변화하는 '역량'이 외부 환경의 변화 '속도'보다 뒤처지지 않으면, 그 사회는 좀 더 회복탄력적이다. 비유적으로 옆바람이 부는 와중에 자전거를 타는 사람을 생각해보자. 자전거 운전자가 적당히 빠른 속도로 달리고 있다면 갑자기 옆바람이 불더라도 넘어지지 않는다. 다시 말해, 그럴 경우 회복탄력성이 있다는 것이다. 마찬가지로 파괴적 변화가 사회의 일부를 압박해 경제성장을 저해한다면, 이 사회는 회복하기가 더 어렵다. 결국 포용적 성장을 추구하는 사회는 사회계약을 안정시켜 선순환을 이끈다.

위험도 없지 않다. 자전거 운전자가 너무 빨리 달리면 위험에 더 취약해진다. 구덩이를 못 보고 지나쳐 넘어지는 사고를 당하기도 쉽다. 사고로 부상을 입고 나면 다시 자전거를 타기 더 어려워진다.

거기에다가 변화와 기술 발전으로 인해 뒤처지는 사람들이 생겨나서도 안 될 것이다. 이 주제는 혁신과 불평등을 논하는 장에서 다시 이야기하겠다.

사회가 성장하려면 위험을 감수하며 혁신할 수 있어야 한다. 그러나 위험이 정말 현실로 될 수도 있다. 그렇다면 그러한 부정적인 상황이 개인이나 사회를 무너뜨리도록 내버려두어서는 안 된다. 그래서 회복탄력성이 중요하다. 개인, 집단, 사회 모두에 회복탄력성이 있어야 위험을 감수할 수 있을 뿐 아니라 위험을 감수한 결과가 좋지 않더라도 다시 일어설 수 있다.

사회가 위험에 대처하는 다른 방법도 있다. 예를 들어 성장 속도를 늦춤으로써 위험을 완화하려 시도할 수 있다. 보험 제도 또한 하나의 방법이다. 보험은 위험을 공동으로 분담하거나 다른 사람에게 전가하는 절차다. 물론 보험은 도덕적 해이라는 풀기 어려운 숙제를 남기기도 한다. 경제의 관점에서 도덕적 해이는 과도한 위험을 감수하거나 위험을 잘못 배분하는 결과를 초래할 수 있다. 하지만 회복탄력적인 사회라면 최적의 위험 수준을 자연스럽게 찾아냄으로써 본연의 목표를 달성한다. 모든 위험으로부터 구성원을 보호하거나 위험을 완전히 제거한다는 것이 절대 아니다. 다만 위험이 현실화될 때 구성원에게 '다시 일어설 능력'을 부여하는 것을 명확한 목표로 삼는다는 것이다. 그러기 위해서는 복지와 공공 정책에 접근하는 방향도 완전히 달라져야 한다.

2장
회복탄력성과 사회계약

자신의 행동이 다른 사람에게 미치는 영향을 전혀 생각하지 않고 그때그때 필요와 이기심에 따라서만 행동하는 사람들이 있다고 상상해보자. 그들이 사는 세계는 무자비하고 불안정하며, 정글의 법칙이 세상을 지배할 것이다. 여기에 어떤 충격이나 위험이 닥치면, 이를 피하려고 서로 간에 폭탄 돌리기를 하면서 종종 그 악영향이 걷잡을 수 없이 커지기도 한다. 정글의 법칙을 따르면 소수의 삶은 살기 좋아지겠지만 전체 사회 구성원의 삶이 망가질 수 있다. 사실 이러한 무리는 '사회'라고 보기도 어렵다.

게다가 정글의 법칙이 지배하는 사회는 항상 위험에 노출되어 있다. 이와는 달리 현실에서 각 사회가 존속할 수 있는 것은 충격 후에도 자멸하지 않도록 지탱해줄 메커니즘(총칭하여 '사회계약'이라고 한다)을 갖추고 있기 때문이다. 사회계약은 사회의 회복탄력성에 기여하는 모든 힘과 메커니즘을 포함한다.

토머스 홉스, 존 로크, 장자크 루소와 같은 계몽주의 철학자들은 사회계약의 기원에 대해 사유했다. 홉스는 사회가 형성되기 이전의 '자연상태' 또는 사회질서나 법이 없는 세계라면 다른 사람의 행복을 아무렇지 않게 침해하는 일이 빈번할 것이라고 가정했다. 예를 들어 누군가가 다른 사람의 소지품을 훔치거나 멋대로 써버려도 막을 방법이 전혀 없다는 것이다. 이러한 이유로 경제학에서 '호모 이코노미쿠스'로 대변되는 인간의 기본 행동은 홉스의 견해대로 이기적이며 처벌을 받지 않는 한 무엇이든 할 것이라는 가정에 기초하고 있다. 고전파 경제학의 토대가 되기도 했던 홉스의 가설과는 달리, 로크와 루소는 인간에 대해 더 낙관적인 입장을 취했다. 두 사람은 인간은 근본적으로 선하나 사회에 의해 타락할 수도 있다고 강조했다. 한편 비교적 최근의 학문 영역인 행동경제학은 이타주의와 공정성에 대한 인간의 태도를 탐구한다.

인간은 사회 이전의 '자연상태'가 초래할 나쁜 결과를 막기 위해 힘을 합쳐 암묵적인 **사회계약**을 맺기로 합의할 수 있다. 사회계약은 가족 간에 이루어지기도 하고 지역사회, 회사, 국가, 나아가 전 세계로 확대될 수도 있다. 사람들은 이 계약을 거쳐 개별적인 권리를 부여받고 충격에 더욱 잘 대응하는 방법을 터득한다. 간단히 말해 사회계약은 개인의 자유에 경계를 정하는 것이다. 그러면 사람들의 활동 반경은 완전히 달라지게 된다.

사회계약의 회복탄력성은 경제적·사회적·개인적 복지 중 어느 차원에 치중해야 할까? 사실 이 모든 차원 중 어느 것 하나 간과할 수 없다. 무엇보다 먼저 사회계약 자체가 회복탄력적이어야 한다. 외부 충격을 견딜 수 없다면, 사회계약은 별 쓸모가 없다. 실제로 사회계약이 쉽게 깨지는 사회는 충격 후 회복하지 못한다.

사회계약과 회복탄력성 사이의 밀접한 연관성을 더 잘 이해하려면 경제학자들이 흔히 쓰는 용어이자 더 넓은 사회적 맥락에 적용할 수 있는 '외부효과' 개념을 먼저 살펴보는 것이 도움이 되겠다.

외부효과와 사회계약

외부효과는 파급 효과와 비슷하다. 한 개인의 행동이 다른 사람들에게 본의 아니게 영향을 미칠 때 외부효과가 발생한다. 경제학에서 전형적으로 제시하는 예는 어떤 공장이 강을 오염시켜 강 하류에 사는 주민들에게 부정적인 외부효과를 발생시키는 경우다. 외부효과 외에도 고려해야 할 중요한 사항이 또 있다. 외부효과에 영향을 받은 사람들이 발생한 피해에 어떻게 반응할 것이냐다. 이들은 예를 들어 정수 장치를 설치해 대응하거나 위험을 다른 사람에게 전가하는 식으로 행동할 수 있다.

코로나19 시국에서 바로 떠올릴 만한 외부효과의 두드러진 예가 세 가지 있다. 첫째로 마스크는 착용한 본인을 비롯해 주변 사람들의 건강도 지켜주는 효과가 있었다. 또한 마스크를 착용하지 않은 사람은 누구나 눈으로 확인할 수 있으므로 그들에게서 멀리 떨어지는 식으로 반응할 수 있다.

둘째는 사회적 거리두기다. 사회적 거리두기를 지키지 않으면 본인 외에 다른 사람들도 감염 위험에 빠뜨린다. 이러한 부정적인 외부효과는 대개 비용이 들더라도 보호 대책을 취함으로써 부작용을 줄일 수 있는 경우가 많다.

셋째는 백신 접종 거부다. 이는 백신의 효과를 제한하고 다른 사람들을 감염 위험에 빠뜨려 또 다른 부정적 외부효과를 유발한다. 이 경우 누가 백신 접종을 받았는지 알 길이 없기 때문에 많은 낯선 사람들이 한데 모인 상황에서는 적절히 대응하기 어렵다.

이러한 개인 차원의 외부효과 외에 한 국가가 다른 국가로 외부효과를 퍼뜨리기도 한다. 2021년 1월부터 코로나19가 많은 국가에서 통제불능으로 확산되면서 변이 바이러스의 종류도 늘어났다. 이 바이러스들은 현재의 백신 효과를 떨어뜨리거나 심지어 무력화할 정도로 진화할 위험이 있다. 따라서 바이러스를 통제하지 못하는 국가는 전 세계에 퍼질 수 있는 새로운 변이의 온상을 제공함으로써 부정적인 외부효과를 초래할 수 있다.

전염과 외부효과의 확산

바이러스의 감염은 한 사람에게서 시작된 부정적인 외부효과가 다른 사람에게도 영향을 미친다는 사실을 보여준다. 역학적으로 바이러스의 전파력은 먼저 확진된 사람이 신규 확진자를 얼마나 많이 발생시킬 것인지를 가리키는 R0(알제로, 기초감염재생산지수)로 측정하는 경우가 많다. R0가 1을 넘으면 각 확진자가 평균적으로 1명을 초과해 감염시켜 바이러스가 인구 전체에 퍼진다.

바이러스가 기하급수적으로 확산하면 그 영향은 위험해진다. 팬데믹 초기에는 코로나19 확진자가 듬성듬성 발생하며 천천히 증가하기 시작해서 증가세가 선형을 띠었다. 그러나 몇 주 후에 기하급수적인 증가세가 뚜렷해지고 확진자 수가 폭증했다.' 이러한 상황에서는 외부효과가 주춤해지고, 외부효과를 일으킨 사람들이 사회적 거리두기나 백신 접종 등 더 나은 방어책을 갖춰야만 비로소 회복탄력성이 살아난다. 중요한 것은 바이러스가 인구 전체에 걸쳐 균일하게 확산하지 않을 수 있다는 점이다. 예를 들어 한 연령대에서 경각심이 약하면 다른 연령대까지 위험이 전파될 수 있다.

다음 쪽 그림 2-1은 2020년 여름과 가을에 독일에서 나타난 외부효과를 잘 보여준다. 독일에서 2020년 7월에는 바이러스 유입이 대체로 잘 통제되었다. 그러다가 20대들의 느슨해진 행동이 다시 증가세를 촉발했다. 2020년 35~40주 차에 이르자 바이러스는 느린 속도이긴 하나 확실하게 90대를 포함한 전 연령대까지 퍼졌다. 이 패턴은 젊은 층이 시간이 지남에 따라 외부효과를 노령 인구에 전파하는 과정을 명확하게 보여준다. 노년층의 감염률은 매우 높은 수준을 유지했으며 사망률도 상당히 높았다.

또한 외부효과는 인구 집단 전반에 걸쳐 존재하며 심지어 정치적 이유로 유발되기도 한다. 인도에서는 고향을 떠나 대도시에서

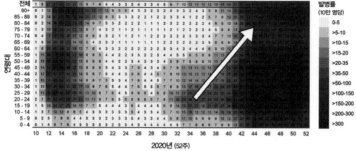

그림 2-1: 2020년 독일에서의 연령대별 코로나19 확산 추이.

출처: 독일질병관리청(2020)

일하던 노동자들이 부유한 여행객들로부터 코로나19에 감염되었다. 그 후 봉쇄령이 내려져 이들은 직장을 잃었고 굶주림을 면하기 위해 고향으로 돌아가야 했다. 이들이 대규모로 귀향길에 오르고 나서 전국 방방곡곡에 바이러스가 퍼졌다.[2]

이러한 예를 염두에 두면, 가령 면역 등을 통해 외부효과가 억제되면 사회가 회복하기 시작한다는 것을 알 수 있다. 기본적인 SIR 모델에 따르면 회복탄력성은 집단면역에서 나온다. 집단면역은 완치자들에게 영구적으로 면역이 생긴다고 가정한다. 대표적인 기본 역학 모델인 SIR 모델은 감염 가능성이 있는S, susceptible 집단 사이에 바이러스가 먼저 퍼지고, 점차 대부분 인구를 감염시킨I, infect 후, 그들이 회복하는R, recover 과정을 보여준다. 이 모델의 핵심 매개변수는 한 감염자가 얼마나 많은 사람을 새로 감염시킬 것인지를 측정하는 바이러스의 재생산율, 즉 R0다. 각 감염자가 한 명을 초과해 감염시킨다면 바이러스가 기하급수적으로 확산하는 결과로 이어질 것이다. 시간이 지날수록 회복한 인구의 비율이 증가하고 감염 가능성이 있는 인구의 비율은 줄어든다. 그 결과 확진자들이 초래하는 외부효과도 약해진다. 바이러스의 확산이 둔화되고 집단면역이 형성되면 회복 단계에 진입한다. 각 감염자가 평균 1명 미만을 감염시키면(R0<1), 바이러스가 서서히 수그러들고 사회는 회복된다.

피드백, 함정 외부효과, 임계점

회복탄력성의 유무는 주로 사람들이 충격에 어떻게 반응하는지 혹은 반응할 수 있는지와 관련이 있다. 여기서 '함정 외부효과Trap externalities'는 사람들의 회복탄력성, 즉 충격을 받은 후 회복하는 능력을 앗아간다. 예를 들어 고용주가 직원을 해고하면, 그 직원은 형편이 어려워져 나중에 자녀를 학교에 보내지 못할 것이다. 그러면 그 자녀의 미래도 심각한 타격을 입는다. 특히 아이들은 충격에 스스로 대응할 방법이 거의 없다. 이러한 결과는 라퐁텐의 우화에 나오는 떡갈나무와 비슷하다. 떡갈나무는 폭풍으로 뿌리가 뽑히면 죽는다.

외부효과에 노출된 사람의 반응 형태에 따라 피드백 루프가 불안정해지고 사회 전반에서 회복탄력성이 약해질 수 있다. 다시 말해 사회 구성원들이 서로에게 해로운 외부효과를 주고받게 되고 이 과정이 누적되면서, 해당 사회를 바람직하지 않은 균형에 빠지게 하고 회복력을 훼손시킨다. 이러한 상황을 '피드백 외부효과feedback externalities'라고 부르기로 하자. 대표적인 예는 뱅크런이다. 많은 예금 고객들이 한꺼번에 돈을 인출하기 시작하면 은행의 건전성이 악화되면서 부정적인 외부효과가 발생한다. 그들의 행동을 보고 다른 사람들도 자극받아 돈을 인출하기 시작하면 더 커다란 '피드백 외부효과'가 뒤따를 것이다. 궁극적으로 이 과정은 전면적인 뱅크런을 초래할 수 있으며, 결국 은행은 충분한 예금이 남아나지 않게 되므로 출금을 중단할 수밖에 없다.

마스크 사재기도 개념상 뱅크런과 비슷하다. 상점에는 마스크가 각 잠재 고객에게 하나씩 공급할 수 있을 만큼 충분히 있겠지만, 일단 사재기 현상이 일어나면 상점에서 마스크 재고를 원활하게 확보하기 어렵다.

두 가지 사례 모두 피드백 외부효과의 커다란 파장을 보여준다. 은행 예금을 전부 인출하거나 마스크를 비축하는 소수의 개인이 많은 다른 사람들에게 부정적인 외부효과를 유발할 수 있다. 경제학에서는 이러한 유형의 피드백이 소위 '전략적 보완성strategic complementarities'*에서 기인한다고 본다. 사재기 행위는 그림 2-2에 나타나 있다. A라는 사람이 평소 필요한 양보다 더 많은 화장지를 구입했다고 가정하자. 그 결과 B를 포함하여 다른 사람들이 사용할 수 있는 화장지가 줄어들 것이다. B는 부정적 외부효과의 피해를

---

* 어떤 경제주체가 의사결정을 할 때 남들과 같은 방향을 따르는 것이 자신에게 더 유리한 경우를 말한다. 그 반대 개념은 '전략적 대체성'이며 3장에서 후술된다.

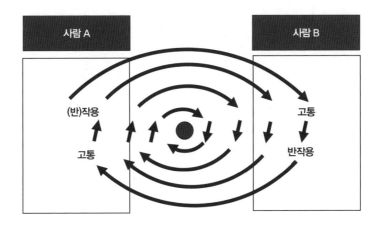

그림 2–2: 피드백 외부효과의 악순환.

입고 있다. 이를 보고 다른 사람들도 화장지가 부족하다고 판단해 덩달아 화장지를 더 구입한다. 이제 A도 자신이 야기한 외부효과의 피해자가 된다. 화장지가 점점 부족해지면 A는 비축량을 더욱 늘리고 B도 이에 질세라 화장지를 더 많이 구매한다. 언젠가 시중의 화장지가 완전히 동나게 되면 비로소 피드백 루프가 멈춘다. 외부효과에 피드백 루프가 결합되면 그야말로 '회복탄력성에는 치명타'가 된다.

피드백 루프가 안정성을 위협하는 반면 반대 방향으로 작용하는 힘은 '안정화 역학stabilizing dynamics'이라는 개념이다. 안정화 역학은 부정적 외부효과에 노출된 사람이 **이단아**maverick처럼 독자적으로 반응할 때 발생한다. 두려움 속에서도 제 갈 길을 가는 이단아는 남들과 달리 화장지를 추가로 사지 않거나 구입한 여분의 화장지를 과감히 환불한다. 그러나 일단 사회에 피드백 루프가 발동하면 이단아 몇 명만으로는 이를 막을 수 없다. 그때에는 정부가 개입해야 할 것이다.

더 깊이 파고들자면, 부정적 피드백 루프에 내재된 파괴적 영향은 이미 수천 년 전 선조들도 인식한 바 있다. 고대사회는 부정적 피드백 루프가 초래할 폭력을 억제하기 위해 정확히 "눈에는 눈, 이에는 이"라는 보복성 율법을 시행했다. 이러한 법이 없으면 한 사건이 더 수위 높은 다른 보복 사건을 낳을 수 있으며, 이는 또 더 많은 보복을 촉발할 수 있다. 보복이 재발하지 않으려면 "이에는 이" 식의 앙갚음 한 번으로 끝나야 한다. 그러나 기왕이면 상대방의 부러진 치아에 가축(또는 돈)으로 배상하는 방법이 더 나을 것이다.

임계점tipping point은 피드백 외부효과가 시작할 때 발생한다. 임계점은 '회복탄력성을 심각하게 위협'한다. 따라서 사회는 임계점의 낌새를 미리 포착해 막아야 한다. 임계점을 넘으면 회복탄력성은 사라진다. 예를 들어 잠재된 불만이 누적된 사회는 사소한 일이 화근이 되어 일촉즉발의 위기로 내몰릴 수 있다. 그러면 사회가 붕괴하고 시민들은 폭동을 일으킬 것이다. 한번 폭동이 일어나면 평화롭게 공존하던 사회로 돌아가기 어렵다.[3]

그러나 사회가 언제 이 임계점을 넘길지 대개는 알기 어렵다. 임계점에 도달하기 직전까지는 모든 것이 평온해 보이다가 어느 순간 급격히 상황이 악화하기 때문이다. 이 임계점 때문에 사회의 역학은 매우 비선형적인 양상을 띤다.

역설적이게도 외부효과나 충격으로 개인이나 사회의 후생이 감소한 부분을 '어느 정도' 흡수해주는 완충장치가 있다면, 그들은 회복할 수 있고 나아가 사회계약도 더 회복탄력적으로 될 것이다. 다시 말해서 개인과 사회가 임계점에서 멀리 떨어질수록 무너질 위험은 줄어들고 더 안정적으로 유지될 것이다.

외부효과를 억제하는 사회계약

사회의 회복탄력성은 사회계약에 기반을 두고 있다. 사회계약은 최소한 두 가지 목적에 기여한다. 하나는 구성원이 서로에게 초래하는 외부효과를 억제하는 것이고, 또 하나는 자연재해의 충격으로부터 구성원을 안전하게 보호하는 것이다. 사회계약이 없다면 사람들은 서로 간에 거리낌 없이 부정적 외부효과를 일으킬 것이다.

사회계약이 없으면 외부효과가 난무하게 된다. 사회계약은 개인의 행동에 허용되는 제한을 설정하기 때문에 함정 외부효과를 피하고 피드백 외부효과를 멈추는 데 도움이 된다. 그러나 사회계약이 개인의 자유를 제한한다고 인식될 가능성이 있다. 일부가 일으킨 외부효과를 해결하느라 선량한 사람들의 행동 범위를 좁힐 수 있기 때문이다. 예를 들어 팬데믹 기간에 전 세계에서 많은 외부효과가 발생하면서 개인의 자유에 대한 진지한 질문이 제기되었다. 다른 사람을 감염시키면서까지 각 개인이 자유를 누려야 하는가? 이 자유를 제한해야 한다면 어떻게 제한할 것이며 그 근거는 무엇인가? 치명적인 질병을 퍼뜨릴 가능성을 무릅쓰더라도 정치 집회에 참여할 자유를 보장해야 하는가? 아니면 감염에 취약한 사람들을 보호하기 위해 개인의 자유를 제한해야 하는가? 이처럼 외부효과가 어떤 충격의 여파에 대한 사람들의 반응에 영향을 미친다는 점에서 회복탄력성과 관련해 특별히 주의를 기울일 필요가 있다.

보험과 사회계약

대자연의 충격

외부효과를 억제하고 외부효과에 사람들이 바람직하게 대응하게끔 행동을 유도하는 것 외에도, 사회계약에는 두 번째 존립 근거가 있다. 바로 자연재해 등 대자연이 야기하는 외부효과에 노출된 사람들에게 버팀목 역할을 하는 것이다.

부정적 충격은 다양한 형태로 나타난다. 이러한 충격은 개인마다 차이가 있으므로 운이 좋은 사람이 불행한 사람을 지켜줄 수 있다. 어떤 사람들은 매년 병에 걸리는가 하면 다른 사람들은 그렇지 않다. 누가 병에 걸릴지는 불확실하지만 치료비가 비싼 만큼, 개인의 질병이 상당한 비용을 수반한다는 점은 확실하다. 그러나 이 비용은 전체 인구 중 병에 걸리는 사람이 극소수이기 때문에 1인당 평균으로 환산하면 상대적으로 낮다.

그렇다면 합리적인 해결책은 보험을 통해 비용을 모든 사람에게 분산하도록 설계하는 것이다. 누구나 보험료를 낸다. 그 대가로 개인의 치료비가 부분적으로 보장된다. 사실상 건강한 사람이 아픈 사람의 병원비를 보조해주는 셈이다. 누구는 막대한 의료비를 내고 누구는 한 푼도 안 내는 것이 아니라 모든 구성원이 십시일반으로 조금씩 의료비를 지불한다.

보험 계약의 형태는 사회계약의 일부일 수도 있고 보험회사를 통한 정식 계약일 수도 있다. 어떤 '보험'은 사회적 규범을 기반으로 하는 형태를 띠기도 한다. 예를 들어 자연재해가 발생하면 사람들은 법으로 명시하지 않았어도 대개 알아서 서로를 돕는다.

자연의 충격으로부터 사람들을 보호하는 데 왜 사회계약이 필요한지 더 잘 이해하기 위해 우리 앞에 **'무지의 베일'**이 펼쳐져 있다는 점을 잠시 떠올리자. 우리는 태어나기 전의 상태와 유사한 무지의 베일 뒤에서 다른 사람들이 어디서 태어날지 또 그들의 강점과 약점이 무엇인지 알지 못한다. 이것이 철학자 존 롤스가 상상한 가상의 경제 상황이다. 이런 맥락에서 미래에 팬데믹과 같은 거대한 자연적 충격이 올 경우, 우리가 사회의 가장 약한 구성원들이 누가 될지도 모르는 상태에서 그들을 보호할 수 있을까? 물론 그들에게도 어느 정도 보호망을 제공해야 한다는 데 많은 사람들이 동의할 것이다. 이것이 코로나19 이전, 사회계약의 본질이었다. 그러나 무지의 베일 뒤에 있는 대부분 사람들은 개인의 노력에 대한 동기부여를 유지하는 차원에서, 완벽한 보장에는 다소 못 미치는 보험 제도를 선택할 것이다.

보험은 자동차 사고와 같은 위험의 완화 수단이 되지만, 평균회귀의 법칙만큼 완벽한 원상 복귀를 보장하지는 않는다. 또한 보험의 효과는 사회의 이질성과 **다양성**에 달려 있다. 동질성이 강한 사회에서는 모든 사람이 비슷한 정도의 충격을 받기 때문에 서로의 위험을 상호 보호해줄 수 있는 범위가 제한적이다. 반면 더 이질적인 사회는 구성원들의 선호도가 다양하기에 사회보험에 더 적합한 편이다. 예를 들어 한 사회에서 모든 구성원이 제조업에 종사한다면 부정적인 충격이 발생할 때 모두 비슷하게 영향을 받을 것이다. 대신 서비스업에 종사하는 사람들도 섞여 있는 사회라면 제조업에 닥친 충격이 모든 사람에게 똑같은 영향을 미치지는 않을 것이다. 따라서 서비스업 종사자가 제조업 종사자를 암묵적으로 보호하는 역할을 한다.

다양성은 사회가 충격을 견딜 수 있는 유연성을 보장한다. 반면 동질성이 강한 사회에서는 구성원들이 서로를 보호하려는 '의향'이 더 강하다. 얼마 전 고인이 된 이탈리아 경제학자 알베르토 알레시나Alberto Alesina는 구성원들의 동질성이 비교적 강한 유럽에서 미국보다 사회보장제도가 더 발달했다고 주장했다. 요컨대 모든 구성원이 동질적이며 같은 충격을 받는 사회에서는 위험의 분산이 불가능하다. 반면에 다양성은 위험의 분산을 가능하게 한다. 즉, 동질적인 문화는 충격에 취약해지는 경향이 있다.

한 종류 나무로만 이루어진 숲은, 그 나무에 치명적인 병충해가 발생하면 숲 자체가 전멸할 수도 있다. 반면 나무 종류가 다양한 숲은 병충해의 충격을 훨씬 더 잘 견뎌낸다. 또한 마치 다종 재배처럼 사회의 문화가 다양하면 구성원이 더 창의적이고 독창적인 사고를 하는 경향이 있다. 이처럼 다양성이 보장된 사회는 이단아의 아이디어에서 비롯된 혜택을 받을 가능성이 더 크다.

역선택과 도덕적 해이: 위험 대 회복탄력성

보험을 통해 위험을 분산하면 개인의 위험이 줄어들고 회복탄력성은 높아진다. 그러나 보험이 기적의 묘약은 아니다. 보험에는 이른바 역선택adverse selection과 도덕적 해이 문제가 따른다. 역선택은 일반적으로 질병이 있는 사람이 건강한 사람보다 건강보험에 가입할 의향이 더 높기에 발생한다. 따라서 보험회사에 고위험 고객만 남게 될 수 있다. 이를 피하기 위해 민간 보험회사가 할 수 있는 일은 가장 덜 위험한 고객만 유치하기 위해 '고객을 걸러내는' 것이다. 하지만 그러다가는 고위험군을 위한 보험 제도가 붕괴할 우려가 있다. 그 결과로 민간 의료보험은 실패하기 쉽고, 민간 보험에서 소외된 사람들은 공공 의료 보장에 기대야만 한다.

도덕적 해이 문제도 있다. 보험에 가입하고 나면 사람들의 행동도 달라진다. 보험은 위험으로부터 보호해주기는 하지만 개인의 노력을 저해하기도 한다. 이는 후한 실업급여 제도에서 자주 거론되는 문제다.

반대로 회복탄력성에는 도덕적 해이 문제가 별로 발생하지 않는다. 회복력 있는 사회는 사람들에게 충격에 더 잘 대응할 수 있는 길을 열어준다. 예를 들어 회복탄력성에 초점을 맞춰 실업 대책을 구상한다면, 실업자들에게 손실된 소득을 현금으로 보상하는 쪽에만 치중하지 않을 것이다. 그보다는 실업자들이 재기할 수 있도록 신기술을 재교육하고자 할 것이다. 회복탄력성 중심의 접근 방식에서 중요한 점은 충격을 겪은 사람들에게 스스로 재기 과정에 적극적으로 참여할 의지를 북돋운다는 것이다. 물론 개인에게 노력을 요구하면 도덕적 해이를 줄일 수 있기는 하다. 그러나 내 생각에는 다른 측면이 훨씬 중요하다고 본다. 사람들은 자기 힘으로 다시 일어설 때 성취에 자부심을 느끼게 마련이며, 이는 개인의 존엄성을 높이므로 특히 의미가 있다.

사회계약 이행의 세 가지 방법

사회는 어떻게 사회계약을 이행하는가? 한 가지 방법으로 국가 및 지역 정부가 **공권력**을 동원해 집행할 수 있을 것이다. 집행하는 방법은 권위주의적인 형태나 개방적인 형태 둘 다 가능하다.

일본 등 일부 국가는 강력한 **사회적 규범**을 통해 외부효과를 내부화한다. 정부가 개입하지 않아도 많은 사람들이 마스크를 착용하고 사회적 거리두기 등 방역 수칙을 준수한다. 사회적 낙인에 대한 두려움이 강력한 제재 효과로 작용하기 때문이다.

사회가 질서를 세우는 또 하나의 흔한 방법은 **시장**을 통하는 것이다. 예를 들어 가격 제도는 경제 체계에서 강력한 조정 도구다. 그러나 시장은 완벽하지 않다. 시장은 작은 충격에는 잘 대처하지만 큰 위기가 발생하면 불안정해지기 쉬워 회복탄력성에는 거의 도움이 되지 못한다.

회복탄력성을 높이려면 인간의 상호작용을 조직화하는 이러한 다양한 방식 사이에서 균형을 잡는 것이 중요하다. 환경에 따라 사회계약을 이행하는 방법을 달리하며 적응할 수 있는 사회가 가장 회복탄력성이 뛰어난 사회다.

이러한 사회계약을 이행하는 방법들 사이에는 상충 관계가 있다. 다시 말해 회복탄력성을 보장하기 위한 각 접근 방식에는 고유한 장단점이 있다. 먼저 **사회적 규범**은 시민들이 자발적으로 지키기 때문에 정부의 공권력만큼 강압적이지 않다. 더군다나 상향식으로 확산하며 사회 구석구석으로 침투하기도 훨씬 더 쉽다. 대신 변화하는 환경에 대응하는 능력은 떨어지는 편이다.

반면 강력한 **공권력**은 하향식으로 전개되기 때문에 국가 또는 지역 전반에 걸쳐 조정된 조치를 시행하기에 좋다. 정부가 규칙을 정해서 하달하면 사회는 새로운 상황에 쉽게 적응할 수 있다. 게다가 명확하고 효율적인 통치 구조가 확립되어 있으면 부정적 파급 효과를 최소화할 수 있다. 다만 하향식 규제의 단점은 정부가 최적의 규칙을 세우기에 앞서 필요한 세부 정보를 확보하지 못할 때가 많다는 것이다. 중국에서는 코로나19 팬데믹 초기 단계에 지방 및 지역 당국에서 중앙정부로 정보가 전달되는 속도가 느렸다. 이로 인해 부정적인 피드백 루프가 생겼고 정부의 대응 속도도 느려졌다. 탄자니아 같은 다른 국가들에서는 지도자들이 국민에게 팬데믹의 심각성을 제때 알리지 못하면서 귀중한 시간을 낭비했다.[4] 또한 정부가 선한 목표를 추구하기보다 로비 단체에 휘둘리거나 부패에 빠질 가능성도 있다. 그뿐 아니라 정부의 감시로 권위주의가 강화될 위험도 있다.

시장도 사회계약을 이행하는 방법이다. 시장은 주로 재산권을 집행할 필요가 있을 때 정부의 힘을 빌린다. 시장의 가장 큰 장점은 정보를 수집하는 기능이며 대개 혁신적이고 창의적인 해결책을 촉진한다는 점이 장점이다. 다만 사회계약을 시장의 자체 장치에 맡길 때 시장이 회복탄력성을 제공하느냐에 대해서는 경제적으로도 여전히 논쟁이 끊이지 않고 있다. 시장은 '평상시'에는 회복에 기여하지만 예상치 못한 큰 충격, 체제의 변화, 불확실성에 직면하면 제대로 작동하지 못하기도 한다. 특히 금융시장은 영구적 하강 국면으로 이어지는 소용돌이에 휘말릴 수 있다. 경제학자들 사이에서도 다양한 학파에 따라 거시경제가 침체 후 저절로 회복되는지에 대해 의견이 엇갈린다. 실물적 경기변동이론Real Business Cycle theory*이 경제 자체의 회복탄력성에 대한 우려를 일축하는 반면, 케인스 학파의 이론은 빠른 반등을 조율하려면 정부가 정책을 들고 개입해야 한다고 주장한다. 이처럼 회복탄력성은 금융시장 및 거시경제 정책을 분석할 때도 빠뜨릴 수 없는 개념이다.

---

* 기술 등 외부의 공급 충격이 경기변동을 일으키는 주된 요인이라고 주장하는 거시경제 이론으로 정부 개입이 불필요하다고 보는 입장이다.

사회적 규범과 관습

암묵적 사회계약

앞에서 사회적 규범을 간략하게 언급했지만, 이를 더 자세히 다룰 필요가 있겠다. 특히 경제학자들이 자주 무시하곤 하지만, 사회적 규범과 관습은 대부분의 의사결정에 영향을 미친다는 점에서 사회계약의 중요한 부분을 차지한다. 사회를 규율하는 국가 헌법이나 법령과 달리 사회적 규범은 법적 구속력이 없다. 즉 정부가 제정한 것도 아니고 규칙, 법률, 규제 등의 형식으로 시행되지도 않는다. 그래도 사람들은 사회적 규범을 일종의 사회계약으로서 암묵적으로 준수한다.

사회적 규범은 사람들에게 공동체 의식을 심어줌으로써 사회통합을 촉진할 수 있다. 그러나 규범이 너무 엄격하면 모험과 위험 감수를 제한할 수 있다. 게다가 독자적 행보를 걷는 이단아들의 경우, 사회적 규범이 크게 지배하는 사회에서는 겉돌기 쉽다. 하지만 그들처럼 종종 무모하더라도 독특하고 획기적인 아이디어를 추구하는 사람이야말로 혁신의 핵심 주역이다. 그들의 존재로 말미암아 사회계약은 장기적으로 지속 가능해진다.

많은 사람들은 아시아 국가들이 첨단 기술을 폭넓게 활용한 덕에 코로나19에 성공적으로 대응했다고 주장한다. 그러나 일본은 첨단 기술에 그다지 의존하지 않은 채 코로나19를 억제했다. 다음 쪽 그림 2-3을 보면 일본이 엄격한 봉쇄 조치조차 취하지 않았음을

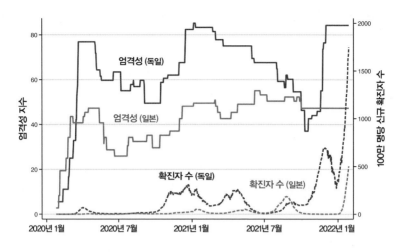

그림 2-3: 일본은 다른 국가보다 엄격성 지수가 낮은 수준임에도 코로나19 확진자 수가 현저히
적었다.

출처: Our World in Data(2021)

알 수 있다.

일본이 정책 조치를 비교적 덜 엄격하게 시행했음에도 어떻게 독
일과 미국보다 팬데믹을 훨씬 더 잘 통제할 수 있었을까? 틀림없
이 암묵적인 사회적 규범이 중요한 역할을 했다. 일본은 사회적 규
범을 고수하는 문화가 강하다. 주변 사람의 부정적 반응이 사람들
의 행동에 영향을 미치는 만큼, 사회적 규범에는 강력한 힘이 있다.
따라서 일본인들은 사회적 질타나 낙인을 피하기 위해 적극적이고
자발적으로 마스크를 착용했다.

마찬가지로 일본에서는 정부 고위 관료가 금품 수수나 간통 등
의 혐의를 받았을 때에도 어떤 행동이 옳다고 누가 일일이 훈계하

지 않는다. 대신 공개적 망신에 대한 일본 특유의 수치심 문화가 매우 강한 탓에 해당 관료들이 스스로 목숨을 끊는 경우가 많다고 한다.[5] 일부 외부인들은 일본의 사회구조가 응집력이 있기 때문에 후쿠시마 원전 사고 때 비상사태를 선포하지 않고도 이를 극복할 수 있었다는 점에 주목하기도 했다.

한편 **한국**은 일본과 사회적 규범이 비슷하면서도 일본보다 코로나19 확진자 수가 더 적었다. 여기에는 첨단 기술의 활용이 한몫했다고 추측할 수 있다. 일본과 달리 한국은 디지털 도구를 광범위하게 사용해 코로나 바이러스 확진자와 접촉자의 동선을 추적했다.

간단한 예를 통해 한국에서 사회적 규범과 낙인이 어떻게 상호작용하는지 알 수 있다. 격리 정책이 시행되기 몇 주 전인 2020년 3월, 한국의 한 미국 유학생이 방학을 맞아 서울로 돌아왔다. 가벼운 증상이 있었지만 학생과 그녀의 어머니는 원래 계획대로 한국에서 가장 인기 있는 휴양지인 제주도 여행을 강행했다. 그러다가 이 모녀가 코로나19 검사에서 양성 판정을 받은 사실이 제주도 지자체와 모녀가 다녀간 가게들에 알려지게 되자, 제주도는 곧바로 10만 달러 상당의 손해배상 소송을 제기했다. 주류 언론과 네이버(구글의 한국 버전)를 통해 이 소식은 서둘러 보도되었다. 그러자 많은 국민이 모녀에게 분노했다. 이 사례는 한국인들이 개인의 '자유'보다 사회 전체의 후생을 보호하는 쪽을 더 중요시하고 있음을 시사한다.

심지어 한 국가 내에서도 사회적 행동을 규율하는 규범이 다를 수 있다. 가령 **미국**에서도 북동부 등 일부 지역에 거주하는 시민이라면, 마스크 의무화 규정이 없더라도 마스크를 착용하지 않은 사람을 보면 눈살을 찌푸릴 것이다. 이처럼 많은 사람들이 법적으로 의무화되지 않아도 주위의 따가운 시선을 의식해 마스크를 착용한다. 그러나 미국의 어떤 지역에서는 마스크를 착용한 사람들을 이상하게 바라보기만 할 뿐이다.

사회적 규범에는 이처럼 보이지 않는 힘이 있지만 몇 가지 단점도 있다. 바로 반대 의견을 억누르거나 이단아를 배제할 수 있다는 점이다. 또 아무도 분명하게 의문을 제기하거나 최선의 중재를 모색하거나 새로운 대안책을 내놓으려 하지 않는다. 따라서 아무도 결정에 책임을 질 필요가 없다.

또한 사회적 규범은 특히 짧은 시간에 바꾸기 쉽지 않다. 대개 수십 년 또는 수세기에 걸쳐 사회가 진화한 결과물이기 때문이다. 사회적 규범은 오랜 습관과 관습을 더욱 굳건히 한다. 하지만 최근의 팬데믹과 같은 대규모 충격을 겪은 이후에는 변화를 위해 정부가 더 신속하게 개입할 필요가 있다.

집단 정체성

집단 정체성은 암묵적인 사회적 규범을 유지하는 데 중요하다. 개인은 집단과 동일시하려는 욕구가 있기 때문에 자발적으로 사회계약을 지키고자 한다. 어떤 집단에 소속되려는 행위를 경제학에서는 "효용을 추구한다"라고 표현한다. 정체성의 확립은 외부효과를 내부화하고 궁극적으로 외부 충격에 대한 사회의 회복력을 강화하는 방법 중 하나다. 구성원이 다양한 사회에서 공통된 정체성을 확립하는 것은 중요한 동시에 많은 정부가 어려워하는 과제다.

아파르트헤이트 체제 이후, 남아프리카공화국은 분열의 위기에 놓였다. 영화 〈우리가 꿈꾸는 기적: 인빅터스〉에 묘사되었듯이, 넬슨 만델라 전 대통령은 1995년 남아공 럭비 월드컵을 통해 흑인과 백인 사이에 공동체 의식을 다졌다. 그의 중요한 노력은 다인종으로 구성된 남아공 럭비 팀이 첫 월드컵 우승을 달성하면서 확실히 힘을 얻었다. 2019년 럭비 월드컵에서 남아공이 우승했을 때도 비슷한 효과가 나타났다.

우리에게는 다른 사람들을 배려하는 마음이 있다. 우리는 순전히 이기적인 개인으로 이루어진 사회에 살지 않는다. 그렇기에 **공동체 의식**이 중요하다. 위기 시기에 공동체 의식은 구성원들을 하나로 똘똘 뭉치게 한다. 예를 들어 2021년 봄 2차 대유행이 인도를 참혹하게 휩쓸었을 때, 뉴델리 주민들은 이웃끼리 서로 음식을 만들어주고 환자의 가족을 위해 일사불란하게 이웃 돕기 운동에 참여했다. 이처럼 위기는 무수한 외부효과를 집단에 녹아들게끔 내부화하는 데 도움이 되는 기회이기도 하다.

정부의 역할

토머스 홉스에 따르면 정부는 국민을 보호하는 데 필수적인 것이다. 반면 존 로크는 국민들이 자신이 받게 될 이득을 고려하여 의도적으로 정부의 존재를 원한다고 강조했다. 장자크 루소는 정부의 주된 역할이 사회계약을 집행하는 것이라고 믿었다.

정부는 위기가 발생하면 법과 규제를 변경할 힘을 가지고 있다. 그렇기에 조직화된 대응이 가능하다. 여기서는 큰 정부와 작은 정부 중 어느 쪽이 옳은지를 논하기보다, 먼저 정부가 정책을 결정할 때 선택할 수 있는 접근법을 분석하는 것으로 논의를 시작하겠다.

정부가 정책을 실행하는 방법에는 세 가지가 있다. 첫째, 권위주의적 규칙을 엄격히 부과할 수 있다. 예컨대 정부는 팬데믹 기간에 감염의 외부효과를 방지하기 위해 회복탄력성을 저해하는 개인의 행동을 사실상 금지하는 엄격한 봉쇄령을 내리기로 선택할 수 있다. 둘째, 다중밀집시설 이용과 같은 특정 행위에 세금을 물릴 수 있다. 세금은 이러한 행위의 비용을 높임으로써 외부효과를 내부화한다. 셋째, 재산권을 부여하고 보장할 수 있다. 재산권이 거래될 수 있다면, 사람들은 이 권리를 더 가치 있게 여기는 다른 사람들에게 양도하여 다른 이익과 교환할 수 있다.

감시 혹은 사생활 침해

첫 번째 접근 방식은 정부가 **강제력**, 법률, 규제를 통해 사회계약을 부과하는 것이다. 외부효과를 내부화하기 위해 정부는 봉쇄 조치, 백신 강제 접종, 엄격한 사회적 거리두기를 시행할 수 있다. 이와 같이 정부가 개입하려면 집행력이 필요하므로 더 강한 권한이 주어져야 한다. 그러면 정부나 통치자는 단순히 특정 행위를 불법으로 규정한 다음, 이를 지키지 않는 사람들에게 벌금을 부과하거나 감금한다. 예를 들어 프랑스에서는 공공장소에서 마스크를 착용하지 않으면 135유로의 벌금이 부과될 수 있다.[6] 이러한 정책은 '채찍'을 동원한 집행 방법에 가장 근접한 것이다.

또한 정부는 백신 접종을 의무화할 수 있다. 그러나 강제로 백신 접종을 실시하면 백신에 대한 신뢰를 훼손할 수 있다는 명백한 우려가 불거질 수 있다. 많은 선진국에서 적잖은 인구(프랑스에서는 무려 50%)가 백신 접종을 원하지 않는다고 보고되었다. 강제 접종은 접종자 수를 늘리는 데는 성공할지 몰라도 백신을 향한 불신을 증폭시킬 수 있다.

정부가 사회계약을 이행할 때 법과 강제력에 크게 의존한다면 정책을 시행할 때 어느 정도의 **감시**를 수반할 수밖에 없다. 예컨대 여행자의 의무 격리는 강제력을 동원해야만 효과를 발휘한다. 그러지 않으면 무임승차자처럼 다른 사람들에 묻어가려는 유인이 지배하게 된다. 그러나 강제로 시행하더라도 사생활 보호가 먼저냐 더욱 효과적인 바이러스 통제가 먼저냐는 두 목표의 상충 문제가 여전히 남는다.

사생활을 감시할지 보호할지의 딜레마는 코로나19를 억제하려고 시도한 중국과 서구 민주국가의 접근법 차이에서 선명하게 드러난다. 이들은 사생활에 대한 관점이 상당히 다르다. 이러한 사회문화적 배경을 보여주는 예가 코로나19를 통제하기 위한 기술적 접근 방식의 차이다. 중국은 색상 시스템을 기반으로 하는 앱을 구현했다. 시민들은 건물에 입장하기 전에 입구에서 QR코드를 스캔해야 한다. 여기서 녹색 표시가 뜨면 그 사람은 코로나 음성이므로 건물에 들어갈 수 있다는 뜻이다. 반면 독일은 데이터 저장이 분산된, 자발적 준수를 전제로 한 코로나19 앱을 출시했다. 이 앱은 사용자가 감염자와 가까운 거리에 접근할 경우 경고 알림이 뜨지만 그렇다고 당국이 격리를 집행하지는 않는다. 얼마나 많은 사람들이 이러한 디지털 도구를 활용할지는 각 정부에 대한 시민들의 **신뢰**에 결정적으로 달려 있지만, 많은 국가에서 이러한 신뢰 수준은 비교적 낮은 편이다.[7] 결국 독일의 코로나19 앱은 그다지 효과적이지 않은 것으로 입증되었다.

금지 대신 보조금

주변에 외부효과를 일으키지 않게끔 사람들의 행동을 바꾸기 위한 또 다른 방법은 외부효과에 가격을 매기는 것이다.[8] 정부는 백신 접종을 거부하는 사람에게 **세금**을 부과하거나 백신을 접종한 사람에게 보조금을 지급할 수 있다. 미접종자들에게 강제력을 행사하는 엄격한 규제를 통해 외부효과를 방지하는 대신 세금으로 접근하는 방법은 외부효과에 암묵적인 가격을 부과한다. 이런 경우라면 백신 접종을 강력히 거부하는 사람들은 접종을 받지 않기로 결정할 수 있지만 그 특권을 위해 대가를 치러야 할 것이다.

재산권 보장

경제가 잘 돌아가려면 법률이 잘 정비되어야만 한다. 또한 재산권이 확실하게 부여되고, 양도 가능하며, 필요시 강제집행도 할 수 있어야 한다. 이 중 마지막 조건이 충족되려면 정부의 개입이 필요하다. 개인에게 재산권을 부여하면 당사자에게는 자유가 생기지만 그 대신 자연스레 타인의 자유를 제약하게 된다. 국가는 외부효과를 최소화하기 위해 재산권을 명확하게 설정할 수 있다. 그러나 정부가 이 재산권을 누구에게 부여해야 하는가? 그리고 개인의 자유를 어떻게 재설정해야 하는가?

어떤 권리가 거래 가능하다면 사람들은 시장에서 상호작용을 통해 자유롭게 의사결정에 참여할 수 있다. 재산권 문제는 허용과 관련한 다른 유형의 문제로 이어진다. 예를 들어 미국이나 프랑스에서는 식당에 들어갈 때 코로나19 검사 결과가 음성이라는 증거나 백신 증명서가 필요하지 않다. 그러나 독일에서는 2021년 6월부터 이러한 증명서 중 하나를 제출해야 했다. 이는 백신 접종을 받았지만 여전히 바이러스에 감염될까봐 걱정하는 사람들에게 큰 차이로 다가왔다. 주변 사람들이 모두 코로나 음성 판정을 받았거나 백신 접종을 받았다는 사실을 알고 있다면 더 마음 편하게 외식을 할 수 있기 때문이다.

연방주의와 회복탄력성

전 세계에서 코로나19가 창궐한 사태는 연방정부와 주, 카운티, 도시 등 더 분권화된 지방정부 간의 관계를 시험대에 올리는 계기가 되었다. 권력의 집중 또는 분산의 기본 원칙은 보조성의 원리subsidiarity principle다. 이 개념에 따르면 각 임무는 이를 효과적으로 처리할 수 있는 가장 기초단위의 정부에 할당되어야 한다. 지방에 새로운 주차미터기를 설치하는 문제는 중앙정부나 연방정부가 아닌 지자체에서 관리해야 마땅하다. 반대로 외교 정책은 연방정부가 맡아야 할 것이다. 지자체장은 사실상 외교 정책을 수행하지 못한다.

위기가 오면 달라진 정세에 따라 사회계약의 조정이 필요해진다. 사회적 규범, 정부, 시장 간에 (그리고 정부 내에서도) 조정을 시행할 때, 상황에 따라 권한을 지방정부에 이양할지 중앙정부에 집중할지 결정해야 한다. 중요한 점은 권력의 배분을 변경할 때는 상황에 따라 유연하게 조정해야 한다는 것이다. 이럴 때 회복탄력성에 부합하는 보조성의 원리는 정부 구조의 융통성을 유지하고 법과 제도에 얽매이거나 갇히는 것을 방지하는 역할을 한다.

코로나19 팬데믹의 맥락에 이를 적용하자면, 연방 구조의 장점은 지역별로 제각각 다른 형태로 퍼져나가는 전염병에 대처할 수 있는 **유연성**이다.' 중앙정부에 비해 지역 정치인들은 그 지역의 취약점을 현지에서 더 잘 체감한다. 2020년 9월 프랑스에서 2차 대유행이 발생했을 때, 정부와 지방 사이에 긴장이 감돈 적이 있었다. 중앙정부가 코로나19 확산의 진원지 중 한 곳인 마르세유의 술집과 식당을 폐쇄하기로 결정하자 지역 소상공인과 지역구 의원들이 마르세유 사정을 파악하지 못하고 내린 과도한 제재라며 반발했기

때문이다.[10]

연방주의의 또 다른 장점은 **지자체 간 경쟁**과 지역 단위의 정책 실험이 가능하다는 점이다. 한편 연방주의 국가에서는 수많은 지방정부가 각자 코로나19 상황을 관리해야 하기 때문에 일반적으로 대응 속도가 느리다. 또한 지방 조례나 규칙이 지역마다 달라서 시민들이 자기네 지역의 규제가 상대적으로 불공정하다고 여기며 혼란스러워 할 수 있다. 반대로 국가법은 지역에 상관없이 전 국민이 익숙하다는 장점이 있다. 독일은 2021년 3월 지역 봉쇄를 해제하고 재개방을 시도할 즈음에 국가적 차원의 규제를 적용하기로 결정했다. 그러나 이는 또 다른 강력한 규제가 등장하면서 주민들의 강한 반대에 직면한 지방정부들 사이에 긴장을 불러일으켰다. 실제로 어떤 지방정부는 일부 정부 지침에서 재빨리 이탈했다.[11]

지금까지 경험으로 보건대 코로나19 팬데믹이 연방주의의 실패를 드러냈는지 판단하기는 시기상조다. 예컨대 독일과 한국은 팬데믹 초기 단계에서 효과적으로 대응했지만 미국, 이탈리아 등 다른 국가는 어려움을 겪었다.

시장의 역할

열린 사회라면 충격이 불러일으키는 소용돌이와 피드백 루프를 피하고자 정보에 입각하여 혁신적이며 창의적으로 대응한다. 이러한 열린 사회에서 시장 메커니즘은 탄력적인 사회계약을 구현하는 데 일조해야 한다. 우선 시장 메커니즘은 경쟁을 촉진하고 경쟁의 장을 평준화하므로 권력의 집중이 덜하다. 경쟁 시장에서는 신생 기업의 진입과 획기적 혁신이 더 활발히 일어난다. 따라서 기존 기업은 언제든지 시장에서 밀려날 위협을 받는다. 역설적이게도 파괴적 혁신은 체제를 더 유연하고 적응력 있게 만들어 회복탄력성을 높이는 데 기여한다. 끊임없이 변화를 겪는 체제는 경직되고 회복탄력성이 결여된 체제보다 적응력이 더 뛰어나다.

시장의 자체 안정화·불안정화와 가격 정보의 가치

시장은 반응 속도가 빠르고 **자체적으로 안정화**된다. 그리고 충격의 규모가 크지 않을 때 회복력을 발휘한다. 세상이 발전할수록 시장은 이에 맞춰 적응하고 변화를 주도한다. 일반적으로 시장은 효율적이지만 언제나 공정한 자원 할당을 보장하는 것은 아니다. 대신 정부의 협력이 더해지면 시장은 사회계약을 뒷받침할 필수적인 역할을 할 수 있다.

경제학자 루트비히 폰 미제스가 처음 강조했듯이, 가격은 어떤 재화가 상대적으로 풍부하거나 부족하다는 **신호**를 보내는 역할을 한다. 2020년 3월에 마스크 가격이 치솟은 현상은 시장에 여기저기 흩어진 정보를 모아 사람들에게 마스크의 희소성과 필요성을 알리는 신호 기능을 했다. 신호를 발견한 기존 제조업체들은 마스크 생산 규모를 늘렸고, 신규 제조업체들이 시장에 진입하기도 했다. 이처럼 마법처럼 작동하는 가격 시스템은 글로벌 수준에서도 작동해

서 세계 각지의 수많은 경제주체가 대거 손발을 맞추게도 한다.[12]

　반면에 시장은 코로나19나 전쟁 발발과 같은 대규모의 극심한 충격에 무방비로 남겨지면 불안정해진다. 결국 상황이 갈수록 악화되면 어쩌면 온 사회가 통제불능 상태에 빠질 수 있다. 반대로 정부는 세금과 자원의 이전을 조정하여 대규모 충격을 통제할 수 있다. 또한 시간이 지날수록 충격을 완화하고 사람들 사이에 자원을 재분배하는 능력도 탁월하다.

　시장은 재화와 서비스에 관해서는 잘 작동하는 편이지만 위험 분담 측면에서는 별로 믿음직하지 못하다. 특히 자산시장은 투기와 버블의 영향을 쉽게 받아서 시장을 불안정하게 만들고 효율적인 자원 배분을 방해하기 일쑤다.

공정성과 시장

마지막으로 시장에는 **공정성** 문제가 따른다. 마스크나 산소호흡기 같은 의료장비를 생산하는 기업은 재고가 부족할 때, 예기치 않게 수요가 급증할 때, 다른 업체가 제때 시장에 진입하지 못할 때 뜻밖의 대박을 터뜨릴 수 있다. 이는 공정성과 관련해 갈등의 소지가 있다. 예상치 못한 가격 인상으로 이득을 얻는 사람과 그러지 못한 사람 간에 무작위로 양극화가 발생하기 때문이다. 이러한 대박의 기회는 사람마다 다르게 찾아온다는 점에서 불공평해 보이지만, 어쨌든 가격 신호는 자유시장에서 더 많은 기업이 시장에 진입하도록 이끄는 중요한 인센티브가 될 수 있다.

물론 시장은 완벽하지 않다. 또한 시장은 당장의 목표와 장기적인 목표 사이의 긴장에 직면하기 쉽다. 신약 개발과 같은 사례가 이러한 긴장을 잘 보여준다. 의약품이나 백신이 개발되고 승인될 즈음에는 이미 사전 고정비용이 막대하게 발생한 뒤이므로 그다음부터는 전체 인구를 대상으로 보급할 수 있을 만큼 생산을 확대해야 한다. 사전적 관점에서 이러한 독점지대는 초기 R&D 비용을 상쇄하기 위해서라도 필요하다. 이러한 이유로 정부는 특허 형태로 개발사에 독점적인 지적재산권을 부여한다.

사회계약의 회복탄력성

회복탄력성을 구현하기 위한 세 가지 접근 방식(사회적 규범, 공권력, 시장)은 각각의 장단점이 상충 관계를 이룬다. 사회적 규범이 엄격한 사회는 구성원들이 스스로 규범을 지킨다. 명시적인 규제가 없더라도 시민들이 알아서 규범을 준수하기 때문에 정부가 개입할 필요가 적다. 그 대신 사회적 규범을 빠르게 변경할 필요가 있을 때 쉽게 바꾸기 힘든 편이며, 구성원이 다양한 사회일수록 공통 규범을 확립하기 어려울 수 있다.

정부는 체계적 방식으로 더욱 효과적으로 조정하고 적응할 수 있지만, 효과적인 개입에 필요한 정보가 부족할 때도 있다. 통상 정부는 공권력을 바탕으로 위협에 체계적이고 신속하게 대처할 수 있는 권한이 있다. 그러나 역시 정보가 여기저기 뿔뿔이 흩어져 있다 보니 정부도 필요한 정보를 충분히 입수하지 못하기 일쑤다.

그에 비해 시장은 정보를 수집하기에는 더 유리한 수단이지만, 극심한 충격이 가해지면 불안정해지기 쉽다.

그렇다면 사회계약을 이행하는 측면에서 사회적 규범, 정부, 시장 간에 최적의 조합은 무엇일까? 이 세 가지는 비중의 차이가 있을 뿐 언제나 붙어다니는 조합이다. 현실에서 시장은 예컨대 재산권을 보장하고 사전에 모든 사람에게 동일한 기회를 제공하는 식으로 공정한 경쟁의 장을 마련하는 기능을 유지해야 한다. 각 사회는 사회계약의 이행에 적합한 균형을 찾아야 한다. 이 개념을 나타낸 다음 쪽 그림 2-4에 나온 점의 위치를 통해 한 사회의 균형점이어디에 비중을 두는지 알 수 있다.

사회계약의 상황 맞춤형 이행

중요한 점으로, 회복탄력성은 상황의 변화에 따라 적절하게 사회계약 이행 방식을 조정할 수 있는 사회적 역량의 존재 여부에 좌우된다. 다시 말해 사회는 상황에 민감하게 대응하고 변화를 기꺼이수용해야 하지만, 일시적인 위협이 사라진 후에는 사전적 대비 태세로 돌아갈 수 있어야 한다. 회복탄력적인 사회는 사회계약을 이행하기 위한 조합 방식을 한 가지만 고수하지 않고 상황에 따라 삼각형(그림 2-4) 내에서 조정할 수 있다. 이렇게 점의 위치를 바꿀 수있다는 것 자체가 회복탄력성의 중요한 요소다. 따라서 구성원들사이에 합의된 사회적 규범을 토대로 발전하되 때로 정부 권력이

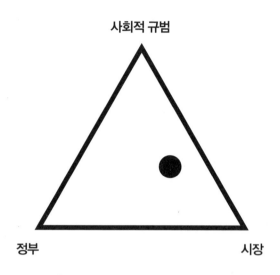

사회적 규범

정부   시장

그림 2-4: 사회계약을 이행하는 세 요소 간의 상충 관계.

일시적으로 커지더라도 이를 수긍할 수 있는 사회라면 당연히 회복탄력성이 있다고 볼 수 있다. 한편 정부 입장에서 이러한 균형을 찾기란 쉽지 않은 과제다. 정부는 필요할 때 언제든 개입할 준비를 하고 있어야 하지만 개입이 필요하지 않을 때는 한발 물러설 줄 알아야 한다.

코로나19 위기에서 좋은 예를 찾자면, 미국이 백신 개발을 촉진하기 위해 군사작전을 방불케 하는 '전시 권한war powers'을 발동한 것을 들 수 있다. 이 움직임은 정부가 거액의 국고를 지출하는 동시에 민관 합작 투자를 통해 민간 부문과 협력할 수 있음을 보여주었다. 미국의 초고속백신개발작전Operation WARP Speed은 코로나19 바이러스의 확산을 억제하기 위해 백신 개발에 약 100억 달러, 치료제 개발에 추가로 10억 달러를 투자했다.[13] 마찬가지로 독일 정부는 백신 개발에 박차를 가하고자 바이오엔테크에 4억 4500만 달러를 투자했다.[14] 더군다나 개인의 자유는 최악의 팬데믹 국면을 맞아 잠시 우선순위에서 밀려났다. 하지만 진정으로 회복력 있는 사회에서는 정부가 영원히 권력을 장악하지 않으며 위협이 수그러듦과 더불어 정부의 권한 역시 축소된다. 그리고 시민들은 이전의 일상으로 돌아간다.

사전적·사후적 회복탄력성

제도, 헌법, 규칙의 견고성이 높으면 위기가 닥쳤을 때 충격에 유연하게 대응하기 어려울 것이다. 상황이 급변하고 예측하기 어려울 때는 적응력이 있어야 회복탄력성 향상에 도움이 된다. 그러나 유연성이 지나치거나 환경이 쉴 새 없이 변하면 회복탄력성이 훼손되기도 한다. 사회계약은 시민들이 이를 '내 것'처럼 여겨야만 잘 이행된다. 그러려면 그들이 수시로 바뀌는 정책으로 혼란을 겪지 않고 어느 정도 확실성에 의거해 미래의 계획을 세울 수 있어야 한다. 다시 말해 정부가 **재량권**을 남용한다면 역효과를 낳을 수 있다는 것이다.

결과적으로 정부는 시간적 일관성time-consistency 문제에 직면한다. 정부는 장기적으로 명확하고 안정적인 정책을 약속해야 한다. 그렇게 해야 사전적 회복탄력성이 향상된다. 그러나 상황이 바뀌면 정부는 원래의 약속을 뒤로하고 다시 제도가 허용하는 범위 안에서 차선책을 짜내야 한다. 이러한 조정 과정은 사후적ex-post 회복탄력성을 향상시킨다. 사전적 회복탄력성과 사후적 회복탄력성 간의 균형을 유지하는 데는 사회의 제도라는 큰 틀이 도움이 될 수 있다. 또한 제도가 뒤에서 중심으로 받쳐주면 소수의 정치인이 '행동가'이자 뛰어난 위기 관리자로 자처하며 도를 넘어 행동하는 경향을 억제할 수 있다.

위기에 효과적으로 대응하는 사회계약은 사회와 개인의 회복탄력성을 더욱 탄탄하게 보장할 수 있다. 여기서 중요한 점으로 사회계약은 공정성, 기회의 평등, 계층 이동성을 포괄함으로써 그 자체의 회복탄력성을 굳건히 지켜야 한다. 이 주제는 12장에서 다시 살펴보기로 하자.

2부

충격의 억제:
팬데믹 사례를 중심으로

코로나19 팬데믹은 세계 사회가 앞으로 마주할 수많은 난관의 전초전과 같다. 앞으로도 생명공학의 재앙, 기후 변화, 사이버 공격 등 다른 문제들이 인류를 덮칠 가능성이 있다. 최근 코로나19 사태에서 자주 그랬듯, 사회가 통제불능의 위기에 빠지면 회복탄력성과는 완전히 멀어지기 마련이다. 대부분 국가가 지금껏 대규모 전염병 사태에 대비해본 경험이 별로 없었던 상황에서 사스와 그 변종이 걷잡을 수 없이 확산했을 때, 각국 정부는 장기적인 해결책을 세우기에 앞서 일단 급한 불을 끄고, 상황을 진정시키고, 시간을 벌면서 신속하고 표적화된 대응을 마련하느라 진땀을 흘렸다.

2부 각 장에서는 위기의 진앙을 통제하는 방법을 개략적으로 설명한다. 여기에는 인간의 행동을 이해하고 정보를 수집하는 것이 중요한 요소로 포함된다. 우리는 장기적으로 뉴노멀을 향하는 적절한 방향을 탐색하면서 정책 대응과 의사소통 방식을 세심하게 조정해야 한다.

충격을 근원부터 통제하려면 먼저 사람들이 위기에 대처하기 위해 어떻게 행동하는지를 이해해야 한다. 사람들의 행동 반응은 이기심에 의해서만 좌우되는 게 아니라 두려움, 불안과 같은 심리적 요인의 영향도 받는다. 그리고 사람들의 행동이 바뀌면 위기의 양상도 달라질 수 있으며, 이는 다시 정책 조치에 영향을 미치기도 한다. 사람들이 회복 단계에 접어들었다고 착각한다면(예: 위기가 끝났다고 잘못 믿는 경우) 충격의 결과는 다르게 나타날 것이다.

코로나19 위기는 흔히 논란이 되는 '국민의 보건이 먼저'냐 '경제가 먼저'냐는 이분법적 사고가 편협한 관점에서 비롯된 것이라는 교훈을 우리에게 가르쳐주었다. 동적인 관점에서 보면 국민의 건강과 경제적 후생은 함께 가야 한다. 봉쇄령을 내려서 당장 경제활동을 억제하면 전염병을 더 빨리 통제할 수 있다. 그러면 사람들은 건강을 회복하게 되고 나아가 장기적으로 경제도 개선된다. 따라서 사회 전체적으로 보건과 경제는 **상충 관계가 아니다**. 전염병을 효과적으로 물리쳐야 더 조속한 경제 회복이 가능하다.

4장에서는 **정보**와 실험의 중요성을 강조한다. 전체 경제를 닫아버리는 봉쇄 조치로 발생하는 비용을 줄이고 억제하기 위해 표적을 정해서 대응책을 강구하려면 정보가 필요하다. 정책 입안자는 상황에 따라 전염병을 통제하는 세 가지 전략 중 하나를 택할 수 있다. 첫째, 장기적인 해결책이 나올 때까지 자국민이 바이러스에 노출되지 않도록 적극적 보호 정책을 펼 수 있다. 이 접근법은 코로나 19 위기 동안 뉴질랜드와 호주가 따른 방식이다. 이 두 나라는 섬나라이기 때문에 입국자를 쉽게 확인하고 통제할 수 있었다. 호주는 2020년 3월에 국경을 폐쇄했으며 일러도 2021년 중반은 되어야 재개방이 가능할 것으로 내다보았다.' 둘째, 바이러스의 확산을 공격적으로 억누르는 전략이다. 일일 확진자 수를 국민 10만 명당 10명대로 매주 낮게 유지하면서 접촉자 추적과 격리를 통해 수집된 정보를 가지고 효과적으로 연쇄 감염을 막을 수 있다. 예를 들어 일본이 초기에 이와 같은 조치를 실험해 성과를 보았다. 셋째, 더 느슨한 방법으로 중증 환자의 수가 병원 중환자실의 수용력을 넘어서지 않도록 유지하는 것을 목표로 하는 것, 즉 의료 체계의 붕괴를 막기 위한 정책을 펴는 것이다. 그렇지만 이 접근 방식을 채택하면 바이러스가 상당히 널리 퍼질 가능성도 있다.

이 세 가지 전략에는 저마다 다른 유형의 정보가 필요하며 임계점이 여러 군데 있을 수 있다. 예를 들어 접촉자 추적은 확진자 수가 폭증할 때는 효과가 없었다. 임계점은 이처럼 접촉자를 더 이상 추적할 수 없다는 한계점을 나타낸다. 바이러스의 확산으로 확진자가 폭증하는 임계점으로 되돌아가지 않도록 사회와 임계점 간의 안전거리를 최대한 확보하려면 바이러스를 적극적으로 통제하려는 노력이 필요하다.

5장은 **의사소통**과 신뢰의 중요한 역할에 초점을 맞춘다. 효과적인 의사소통은 공동체 의식을 키우고 모든 시민이 자신의 역할을 충실히 하도록 함으로써 코로나19 검사와 접촉자 추적 전략을 효과적으로 보완할 수 있다.

마지막으로 6장에서는 드디어 위기가 극복된 후, 사회가 **뉴노멀로 회귀**하기 위한 장기적 해결 방안이 회복탄력성 전략과 어떻게 어우러져야 하는지를 설명한다. 어떻게 보면 시기적절하게 일상으로 복귀하는 것을 회복탄력성이라 봐도 무방하다. 코로나19 위기 상황에서 스웨덴, 영국 등 일부 국가에서는 집단면역이 본격화되면 장기적 뉴노멀이 실현될 것이라고 생각했다. 하지만 감염자들이 회복한 후에도 영구적 면역력이 생성되지 않았다는 점에서 이는 허상으로 드러났다. 게다가 코로나19는 회복 후에도 후유증이 오래 지속되는 이른바 '만성 코로나long Covid' 양상이 나타나기도 했다. 장기적 뉴노멀을 달성하기 위한 더 유망한 접근법은 집단면역의 또 다른 형태인 대규모 백신 접종이었다. 미국 등 일부 국가에서는 백신을 신속히 개발하기 위해 전력을 다했다. 한편 여러 아시아 국가들은 혁신적인 정보 수집과 명확한 의사소통을 통해 일차적인 회복탄력성 전략을 제법 훌륭히 수행했다. 그러나 이 나라들에서는 미국과 유럽에 비해 백신 개발에는 중점을 덜 두기도 했다. 간단히 말해서 그들은 모든 성공적인 회복 전략에 필요한, 뉴노멀에 대한 명확한 비전의 중요성을 과소평가했다.

장기적 뉴노멀에 필요한 또 다른 요소는 정부가 전염병 발생 시 보건 비상사태를 조기에 선포하도록 장려하는 메커니즘이다. 그러나 현재 각국에서 그렇게 해야 할 유인책이 전혀 없는 실정이다. 어떤 국가가 전염병이 발생했다고 발표하면, 다른 국가들은 자국을 보호하려고 빗장을 걸어잠글 테고, 그 결과 막대한 경제적 손실을 입을 수도 있기 때문이다. 결국 각국은 사태가 아직 심각하지 않다면 국제 사회에 보고하기 전에 가능한 한 기다리려고 한다. 그리고 전염병이 대유행으로 번질 수 있음에도 소규모 발병으로 그치고 저절로 잠잠해지기를 희망한다. 그러므로 대유행을 억제하기 위해 조기 봉쇄를 시행한 국가에 그만큼 보상해주는 글로벌 메커니즘이 있다면 강력한 효과를 낼 수 있을 것이다. 자국의 발병 상황을 대외에 알리고 이에 합당한 방역 조치를 시행하는 국가에 보험 제도와 유사하게 재정적 보상을 제공하는 방안을 생각해볼 수 있겠다.

3장
사람들은 대유행에
어떻게 반응하는가

위기가 닥쳤을 때 한 개인이 행동하고 대응하는 방식은 회복탄력성을 관리하는 매 단계에서 아주 중요하다. 개인의 행동은 잠재적으로 정부 정책의 효과를 배가하거나 반대로 무력화할 수도 있다. 예컨대 마스크 착용을 의무화하지 않아도 사람들은 자발적으로 마스크를 쓰고 다니기도 한다. 반대로 정부가 마스크를 의무화해도 사람들이 반발한다면 정부 정책은 효과를 발휘하기 어렵다. 따라서 사람들의 태도와 행동 편향을 이해하는 것은 특히 전염병 확산을 초기에 진압하기 위한 위기 대응 조치를 펼칠 때 필수 요소다.

코로나19 위기는 국가마다 약간의 시차가 있으나 전체적으로 3단계 국면을 거쳐 진행되었다. 그리고 각 단계마다 사람들의 행동 패턴은 다르게 나타났다. 먼저 2020년 3월에 사람들은 두려움에 휩싸여 조심스럽게 행동하기 시작했다. 많은 사람들이 바이러스가 어떻게 퍼지는지 또 치명률이 어느 정도인지 정확한 정보 없이 자신의 안전을 우선시하며 타인과의 접촉을 되도록 자제했다. 그러나 인간은 역시 사회적 존재다. 첫 번째 대유행이 누그러지자마자 일부 국가에서는 일상으로 회복하리라는 기대감이 일었다. 많은 사람들이 사회가 코로나19에서 회복하고 곧 일상을 되찾을 것이라고 믿었다. 그러나 이 믿음은 착각이었다.

2020년 가을이 되자 코로나19에 대한 정보가 더 많이 밝혀졌다. 그럼에도 코로나19가 재유행했을 때, 사람들은 자신의 행동을 적절히 수정해서 대응하는 적응 행동behavioral adjustments을 보이지 않았다. 바이러스를 향한 사람들의 두려움은 팬데믹이 장기화될수록 피로감으로 바뀌었다. 이어서 2021년 봄에 백신이 대량 출시되는 동시에 3차 대유행이 일어났다. 왜 이번에는 사람들의 행동이 달라지지 않았을까? 이 현상은 '라스트 마일 문제last-mile problem'*로 널리 알려져 있다. 조직, 집단, 개인 가릴 것 없이 흔히 사람들은 어떤 계획의 마지막 단계를 완수하는 데 어려움을 겪는다. 이처럼 코로나19의 막바지가 보일 무렵에 일부 유럽 국가를 중심으로 세 번째 봉쇄령이 내려졌다. 2021년 봄, 인도와 같은 일부 신흥국에서는 전염성이 더욱 강해진 변이 바이러스가 등장했다.

---

* 공급망 경로에서 최종 목적지, 즉 소비자에게 물품이 전달되는 마지막 과정에 가장 많은 비용과 시간이 소요되는 것을 말한다. 여기서는 뒷심 부족을 비유적으로 나타내는 의미로 쓰였다.

이제 팬데믹의 격동에 대해 논의하기 전에 대표적인 전염병 예측 모델인 SIR 모델과 이러한 모델을 수정해서 회복탄력성을 높이는 방법을 자세히 설명하겠다.

행동 반응과 SIR 모델

전염병 예측의 대표적인 기본 모델인 SIR 모델은 감염 가능성이 있는 인구(S) 사이에 바이러스가 퍼지고 점차 사람들을 감염시킨(I) 후 그들이 회복하는(R) 과정을 보여준다. 이 모델의 핵심 매개변수는 기존 감염자가 얼마나 많은 신규 감염자 수를 발생시킬 것인지를 측정하는 바이러스의 재생산율(R0)이다. 각 감염자가 평균 1명 미만의 신규 감염자를 발생시킨다면 바이러스는 서서히 사멸할 것이다. 반면에 1명을 초과하여 감염시킨다면 바이러스는 기하급수적으로 확산할 것이다.

바이러스와 관련된 **행동의 외부효과**가 집단적으로 나타나면 감염률에 큰 영향을 미칠 수 있다. 그렇기에 전염병 역학 모델의 설계에도 재생산율은 직접적인 영향을 미친다. R0가 1을 초과하면 임계점을 넘는다. 바이러스가 급격히 확산하고 부정적 피드백 루프가 시작되면서 통제불능이 된다.

이 과정은 미감염자가 거의 남아나지 않을 때가 되어야만 멈춘다. 그때 전염병은 비로소 서서히 잠잠해진다. 다시 말해, 집단면역이 달성되고서야 회복 단계에 들어선다는 것이다. 이러한 모델을 기반으로 한 정책은 사회적 거리두기와 봉쇄 조치를 실행하여 확진자 수의 규모를 중환자실 수용력 범위를 넘지 않게 유지하는 것을 목표로 한다.

그러나 앞서 언급한 사람들의 적응 행동을 고려하지 않으면 기본 SIR 모델에서 예측하는 감염 곡선은 오해를 불러일으킬 수 있다. 실제로 코로나19는 표준 SIR 모델의 예측보다 훨씬 더 일찍 그리고 감염 인구의 비율이 훨씬 낮은 상태에서 정점에 이르렀다. 이후 회복탄력성이 되살아났고 전염병의 거침없는 확산세도 진정되었다. 그러나 이렇게 확산을 억제한 것은 집단면역 덕분이 아니었다. 사실 이 글을 쓰는 현재 기준으로 집단면역은 어느 나라에서든 아직 요원하다. 대신 바이러스의 확산세를 늦춘 것은 사람들의 행동 변화였다. 이 점을 감안해보면 SIR 모델은 **행동 반응**을 포함해야 한다.[1]

일단 행동 반응을 참작하면 바이러스의 R0는 1로 향한다.[2] R0가 1 미만이 되면 사람들은 대개 예방 수칙을 완화한다. 이는 다시 R0가 올라가는 원인이 된다. 반면에 R0가 1을 초과하여 높아지면 사람들은 다시 자신의 행동을 조정하여 바이러스의 확산을 억제하려고 노력한다. 그러면 물리학에서 말하는 소위 정상상태steady state로 돌아간다.

위험을 최소화하고자 하는 접근법이라면 R0를 0으로까지 낮추는 것을 목표로 해야 한다. 이 목표를 달성해 R0가 0이 되면 바이러스가 사실상 사멸했으며 새로운 발병의 위험이 없다는 의미가 된다. 반대로 회복탄력성에 중점을 둔 접근법은 어느 정도 충격을 감수한다. 이때는 R0를 바이러스를 통제 가능한 상태로 유지할 만한 1 미만으로 낮추면 족하다. 그러면 바이러스가 국지적으로 발병하더라도 널리 퍼지지는 않을 것이다. R0가 1 미만으로 유지되는 한 바이러스는 언젠가 소멸할 것이다.

행동 패턴 1: 공포감

팬데믹 초기에는 바이러스에 대한 공포감이 모든 국가를 휩쓸었다. 다음 쪽 그림 3-1은 미국 위스콘신주와 미네소타주 두 지역을 비교하여 경제활동의 변화(2020년 1월 대비 소비 지출의 변화로 측정)를 보여준다.[3] 위스콘신주와 미네소타주는 다른 곳보다 일찍 봉쇄령을 내렸지만, 봉쇄령의 해제는 훨씬 늦었다. 이 그림에서 특히 눈에 띄는 점으로, 공식적인 봉쇄령이 내려지기 전부터 바이러스에 대한 사람들의 공포 심리 때문에 이미 지역경제가 셧다운에 돌입했다는 것을 알 수 있다.[4]

　미네소타주 주민들은 공식 봉쇄령에는 아랑곳하지 않고 이웃 위스콘신주에서 상황이 어떻게 돌아가고 있는지 주시하는 이른바 적응 행동의 패턴을 나타냈다. 역으로 위스콘신주가 재개방했을 때 위스콘신주 주민들의 소비 수준은 미네소타주와 별반 다르지 않았다. 이처럼 미국인들의 소비가 급감한 주요 원인은 봉쇄가 아니었다. 그보다 각 가정은 알아서 사회적 거리두기를 실천하기 시작했

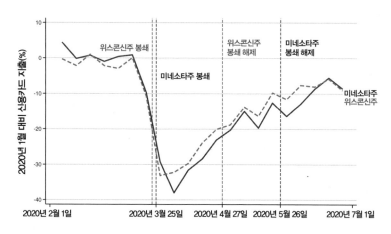

그림 3-1: 미국 위스콘신주와 미네소타주의 소비 지출 추세를 통해 서로 다른 봉쇄 정책에도 두 지역이 지출 면에서 유사한 경제활동을 보이고 있음을 알 수 있다.

출처: Opportunity Insights(2021)

고 대면 접촉이 잦은 서비스업과 관련된 소비를 줄였다.

이처럼 **지출이 감소**한 이유에는 **고소득 직장인**들이 바이러스 감염을 조심하며 재택근무로 돌아섰다는 점이 크게 작용했다.[5] 소득 상위 25% 가구의 지출은 하위 25%보다 감소 폭이 훨씬 컸다. 이는 개인의 우선순위와 위험 인식의 변화가 구매력 감소보다도 경제에 더 큰 영향을 끼쳤음을 시사한다.[6]

시카고대학 경제학 교수 오스탄 굴스비Austan Goolsbee와 채드 사이버슨Chad Syverson도 미국에서 봉쇄된 주의 카운티와 줄곧 개방된 주의 카운티들을 비교한 뒤 비슷한 결론에 도달했다. 개방 상태를 유지한 카운티의 주민들은 스스로 이동량을 줄였다.[7] 이러한 관찰 결과는 사회에 퍼진 공포 심리의 영향력이 크다는 점을 보여준다. 스웨덴과 덴마크가 팬데믹에 대응한 방식이 서로 확연히 달랐음에도 경제활동 면에서는 비교적 비슷한 결과에 이르게 된 이유 또한 사람들의 심리가 한몫했다고 풀이할 수 있겠다.[8]

사회의 공포: 불안의 집합체

사회 전반에 두려움과 불안이 퍼지면, 각 개인이 사회적 거리두기와 백신 접종에 어떤 태도를 보이게 되는지 이해하는 것이 중요해진다. 또한 어떤 사람이 바이러스로부터 자신을 보호하려고 개인 위생수칙을 더 철저히 지키기로 결정했을 때, 이를 본 다른 사람들이 그를 따라 더욱 조심스러워지는지 아니면 반대로 느슨해지는지 알 필요가 있다. 개인의 행동 반응은 이후 그 행동이 사회에 유발하는 외부효과와 상호작용한다.[9]

두 가지 시나리오를 상상해보자. 먼저 대부분 사람들이 바이러스를 조심하고, 마스크를 착용하고, 사회적 거리두기를 준수하는 등 방역 수칙을 광범위하게 실천한다고 가정하자. 여기서 비롯되는 긍정적 외부효과가 일부 사람들에게 '나 하나쯤이야'라는 생각을 일으키기도 한다. 이러한 방식으로 어떤 사람의 행동은 다른 사람의 행동에 대한 **전략적 대체성**strategic substitutes*으로 작용한다. 전략적 대체성이 우세해지면 위생수칙을 완화하는 사람들이 더 늘어날 것

* [감수자] 특정 행동을 취하는 사람이 많아질수록 개인이 동일 행동을 택할 유인이 줄어드는 것을 뜻한다.

이다. 즉, 어떤 사람들의 행동이 다른 사람들의 개인적인 행동과 맞물려 효과가 상쇄될 수 있다는 것이다. 언젠가 외부효과는 줄어들 겠지만 없어지지는 않을 것이다.

개인의 행동에는 **정보 전달의 측면**도 있다. 예를 들어 사람들이 사회적 거리두기를 지킨다는 것은 코로나19가 위험하다는 신호다. 결과적으로 한 개인은 다른 사람의 행동을 보고 바이러스의 심각성을 알게 된다. 그러면 그 사람은 정부의 명시적인 발표가 없더라도 사회적 거리두기 습관을 강화할 것이다. 이 시나리오에서 각 개인의 행동은 다른 사람들의 생활방식에 일련의 조정을 촉발하여 강력한 바이러스 방역 효과를 이끌어낼 수 있다. 이 시나리오의 결과는 분명 **전략적 보완성**strategic complementarities(상호 강화)*을 가정한다. 반면에 성격도 개성도 천차만별인 구성원들이 저마다 다른 행동을 잣대로 삼고 다른 정보를 전달한다면 방역 수칙의 효과가 떨어질 것이다. 대체로 개인의 행동이 다른 사람들에게 영향을 미친다는 점에서 각 구성원의 행동은 모두 합쳐졌을 때 증폭되는 경향이 있다.

전략적 보완성은 요즘의 소셜 미디어와 같이 정보의 반향실 효과echo chamber**가 존재하는 영역에서 증폭된다. 이 이론적 아이디어는 피터 디마조Peter DeMarzo, 디미트리 바야노스Dimitri Vayanos, 제프리 츠비

---

* [감수자] 특정 행동을 취하는 사람이 많아질수록 개인이 동일 행동을 택할 유인도 증가하는 것을 말한다.

** 비슷한 성향의 사람들끼리 모여 소통하면서 자신들의 믿음에 점점 더 갇히게 되는 현상.

벨Jeffrey Zwiebel의 연구까지 거슬러 올라간다.[10] 개인은 정보가 반향되어 자신에게 되돌아온다는 사실을 전혀 인식하지 못한다.[11] 이를 코로나19 사태에 적용해보면, A라는 사람이 사회적 거리두기를 실천하고 이를 본 B라는 사람이 따라한다면, 이어서 그들은 서로의 행동을 바이러스 사태의 심각성을 인식한다는 신호로 해석한다는 것이다. 이는 **피드백 외부효과**의 교과서적인 사례다. A가 B에게 사회적 거리두기를 실천하도록 자극하고, 그 결과 B의 행동에서 다시 자극을 받은 A는 더 열심히 거리두기를 실천한다. 2020년 3월에 있었던 대대적인 사회적 거리두기가 이 피드백 루프를 설명한다.

코로나19 사태의 맥락에서 봉쇄 조치도 이러한 정보의 외부효과 때문에 중요한 신호 역할을 했을 것이다. 한마디로 봉쇄가 위기의 심각성을 알리는 소통의 수단이 되었을 가능성이 크다. 정부가 '무시무시한 조치'를 감행한다는 것은 공중보건이 심각한 위기에 처했다는 인식을 높였을 것이다.[12] 한 가지 예가 발표한 지 불과 4시간 만에 발효된 인도의 봉쇄령이다. 신속하고도 엄격하게 시행된 봉쇄령은 국민들의 주의를 환기하기 위한 신호였다.[13]

두려움은 바이러스의 확산을 막고 회복력을 촉진하는 행동을 유도하는 강력한 메커니즘이 될 수 있다. 그러나 전략적 보완성의 힘은 워낙 강력해서, 자칫 사회를 과잉반응하게 하고 체제를 불안에 빠뜨리기도 한다. 프랭클린 루스벨트 전 미국 대통령이 첫 취임사에서 말했듯 때로는 "우리가 두려워해야 할 유일한 것은 두려움 그 자체"이기도 하다.[14]

슈퍼 전파자를 통한 불안감의 확산

전체 인구가 이질적으로 구성되어 있다는 점도 덧붙여 고려할 가치가 있다. 코로나19는 특정 사건이나 슈퍼 전파자들이 집단감염을 일으키며 불길처럼 번졌다. 일반적으로 슈퍼 전파자는 대면 접촉이 잦은 직업에 종사하거나 아니면 성격상 두려움과 조심성이 무딘 사람들이다. 그만큼 많은 사람에게 피해를 끼칠 수 있는 집단이지만 이들에게 두려움과 조심성을 심어주기란 쉽지 않다. 따라서 이들은 전체 인구에 걸쳐 총체적 불안을 키울 수 있다.

구성원의 이질성과 회복탄력성의 관계

코로나19가 창궐하기 시작한 초기 몇 달 동안 바이러스에 대한 온갖 두려움이 만연한 가운데서도 여전히 사회는 의료 종사자나 슈퍼마켓 점원 등 두려움에 맞서 대면 업무를 담당할 필수 인력을 필요로 했다. 따라서 두려움을 받아들이는 정도의 개인차, 즉 구성원의 이질성이 사회가 회복탄력성을 잃지 않게 하는 기둥 역할을 한다는 점을 알 수 있다.

대안적 방법으로 필수 인력에 더 높은 임금을 지불함으로써 그들이 현재 직업에서 이탈하지 않도록 독려할 수 있다. 그러나 이는 선택의 결과를 엉뚱한 방향으로 유도할 수 있다. 예를 들어 슈퍼 전파자가 의료 종사자로 취업하는 결과를 보고 싶어 하는 사람은 아무도 없을 것이다.

행동 패턴 2: 피로감과 회복탄력성 환상

팬데믹 시국의 불안은 마냥 지속되지 않았다. 유럽의 감염률이 낮아진 예에서 알 수 있듯이, 2020년 여름 동안 상황이 빠르게 정상화되면서 사람들은 긴장을 풀고 행동을 수정했다. 2020년 9월과 10월에 재차 확진자 수가 급증했음에도 사람들 사이에서 전처럼 재차 고삐를 조이는 적응 행동이 거의 관찰되지 않았다. 유럽인들은 감염 위험을 신경 쓰지 않은 채 야외 취식을 계속하고 사적인 파티를 열었다. 왜 이렇게 됐을까? 가을의 대유행에서 나타난 특징은 사람들 사이에 코로나19에 대한 피로감, 부정, 심지어 숙명론이 퍼졌다는 것이다. 2021년 봄 인도의 2차 대유행에서도 비슷한 상황이 관찰되었다. 대규모 종교 모임과 정치 집회가 열리면서 신종 델타 변이가 빠르게 확산되었고 이전의 개인 방역 수칙은 흐지부지되는 경우가 많았다.

사람들은 낙관적으로 생각하는 경향이 있다. 그들은 가만히 좋은 결과를 기대하면서 그 기대감에서 오는 효용을 즐긴다. "기대할 때 느끼는 기쁨이 가장 크다Vorfreude ist die schönste freude"는 독일 속담이 있다. 사람들은 무언가를 되도록 장밋빛으로 보고 싶어 한다. 따라서 사람의 믿음도 낙관적 방향으로 왜곡될 수 있다.[15] 그러나 안타깝게도 기대의 오류는 현실을 바라보는 관점이 왜곡된 상태에서 결정을 내리도록 유도하기 때문에, 그만큼 큰 대가를 치러야 할 수도 있다.

아무리 낙관적인 사람이라도 너무 비현실적인 기대를 할 만큼 멀리 가지 않는 이유는 '현실주의의 힘'도 작용하기 때문이다. 낙관주의와 현실주의라는 두 가지 반대되는 힘 사이에서 균형을 잡는 것을 **최적기대치**optimal expectations라고 한다. 정부가 봉쇄령과 그 외 표적화된 개입을 통해 개인의 행동에 제약을 부과하면 현실주의의 힘이 약해질 수 있다. 또한 어떤 일의 결과가 자신의 의지보다 다른 사람의 행동이 초래하는 외부효과에 좌우되는 경우에도 현실적 사고력이 떨어질 수 있다.

전반적으로 이러한 낙관적 기대 심리는 2020년 가을, 특히 유럽 국가들이 코로나19의 심각한 악화일로에 빠진 이유를 설명해줄 수 있다. 폴란드, 체코 등 1차 대유행이 가장 많이 비껴간 국가들은 도리어 2차 대유행 때 가장 큰 타격을 입었다. 2021년 독일에서 호텔과 레스토랑이 문을 닫았음에도 겨울방학 동안 스키 리조트가 북적였다는 사실은 코로나19에 대한 대중의 피로감을 반영한다.[16]

2020년 가을에 일어난 코로나19 재유행을 설명할 또 다른 가설은 **계절성**이다. 코로나19 이전의 다른 코로나 바이러스들은 모두 강한 계절적 패턴을 보이는 경향이 있었다. 그것들은 여름에 잠잠해졌다가 겨울에 다시 나타났다.[17] 이 패턴을 설명할 만한 근거 중 하나는 여름에 자외선이 더 강하다는 사실이다. 계절적 요인 외에 평균기온도 코로나19 확산에 영향을 미쳤다. 특히나 날씨가 추워지면 사람들이 실내 중심의 사교 활동을 펼치도록 행동을 수정하기 때문에 겨울에 더욱 바이러스가 퍼지기 쉽다.

행동 패턴 3: 라스트 마일

2021년 초, 선진국에서 백신의 생산과 보급이 더욱 활발해졌다. 코로나19 사태가 종식될 고지가 눈앞에 다가온 듯했다. 이론적으로는 몇 달만 더 방역 수칙을 잘 지키면 많은 사람들이 백신 접종을 받을 수 있는 충분한 시간을 벌 수 있었다. 그러면 팬데믹으로 인한 각종 제한 조치를 점진적으로 완화할 수 있는 길이 열릴 것이었다. 그러나 2021년 봄이 되자 특히 유럽뿐만 아니라 인도를 포함한 많은 국가에서 3차 대유행이 일어나고 말았다.

앞서 언급했듯이 이를 라스트 마일 현상이라고도 한다. 어떤 일의 끝이 보일 때, 사람들이 그 일의 매듭을 짓는 과정에서 어려움을 겪는 경우가 많다. 2021년 봄까지 대유행을 통제하고 극복하기 위한 온갖 조치가 동원되어 왔다. 그러나 더 오랜 인내가 필요했다. 2020년 11월을 기점으로 백신 개발에 성공했다는 소식이 발표되자 조속히 일상으로 복귀할 수 있으리라는 기대감이 높아졌다. 그 결과 방역 조치를 완화해야 한다는 여론이 강해졌다.

라스트 마일 현상은 회복에 찬물을 끼얹는다. 회복탄력적인 방역 전략이라도 사람들이 팬데믹이 끝나는 순간까지 이를 온전히 지키지 못하는 바람에 실패할 수 있다. 사람들의 경각심이 느슨해지면 전략적 보완성이 흐름을 반대 방향으로 가져갈 수 있다. 일부 이웃들이 바이러스에 대한 경계심을 낮추면, 예방 수칙을 잘 실천하던 다른 이웃도 슬그머니 초심을 잃게 될 것이다.

지역적 편차

전 세계 많은 국가가 2020년 봄과 여름에 1차 대유행을 겪었다. 그다음 2020년 가을에 더 강력한 2차 대유행이 발생했다. 이 기간 확진자 수는 지역에 따라 큰 차이를 보였다. 예를 들어 미국에서는 봄에 코로나19 발병률이 가장 높았던 북동부 등 일부 지역이 가을 들어서는 '비교적' 피해가 적었다. 2차 대유행 때 확진자 수의 절대적 수치는 1차 대유행 때와 맞먹거나 그 수준을 능가했지만, 1차 대유행이 대체로 비껴간 지역은 2020년 가을에 가장 가파른 확진자 증가세를 보이며 혹독한 2차 대유행에 시달렸다. 사우스다코타주는 2020년 8월 중순만 해도 일일 신규 확진자 수가 100명 정도에 불과했다. 그러나 11월에는 2000명에 달하며 정점을 찍었으며, 미국에서 가장 높은 감염률을 기록한 곳 중 하나가 되었다.[18] 독일 동부에 있는 작센주는 2020년 봄에는 확진자 수가 많지 않다가 12월 들어서 최악의 코로나 온상지로 변했다. 라이프치히와 드레스덴 등 대도시는 가을에는 가장 낮은 감염률을 기록했으나 근교 시골 지역에서 점점 더 바이러스가 확산되면서 덩달아 감염률이 올라갔다.[19] 큐어넌QAnon과 같은 음모론 집단은 이들 지역을 자신들의 근거지로 삼았다.[20]

더 시야를 넓히자면, 코로나19 확산 초기에 도시 지역에서 확진자가 자주 발생한 부분적 이유로 해외여행을 꼽을 수 있다. 그러나 2020년 가을이 되자 지역을 가리지 않고 국가 전역에서 확진자가

속출했다. 2021년 봄의 3차 대유행도 2차 대유행 때처럼 지역을 가리지 않았다. 전염성이 더 강한 변이 바이러스가 등장한 것도 이러한 재유행을 부채질한 큰 요인이었다.

4장
정보, 검사, 추적

뉴노멀에 진입하기 전까지 사회를 지탱할 비용 효율적인 위기 대응책을 마련하려고 할 때, 정보는 매우 중요한 역할을 한다. 그러나 위기 시에는 정보의 도움 없이 미지의 안개 속에서 처신해야 할 때도 많다. 게다가 코로나19 팬데믹의 대응책은 바이러스에 대한 정보가 하나둘 밝혀질수록 방향을 틀어야 하는 경우가 많았다.

정보가 없는 상태에서는 위기의 초기 단계에서 뉴노멀로 이행하는 동안에 일단 표적화되지 않은 가교 전략bridging strategy*을 개발해야 한다. 미지의 안개 속에서 이 전략에는 굉장히 많은 비용이 들 것

---

* 최종 목표를 달성하기 위한 중간 과정으로, 먼저 중간 목표를 낮게 잡아 이를 연결 고리로 삼는 전략을 말한다.

이다. 처음에 정부는 정보가 없다 보니 일단 전국을 봉쇄해야 했다. 이미 감염되었거나 중증에 특히 취약한 인구들만 표적 격리하는 식으로 좀 더 탄력적이고 지속 가능한 해결책을 구현하기에는 적절한 정보가 부족했다.

그러나 코로나19와 같은 전례 없는 충격에서 정보를 수집하기는 녹록치 않다. 어떤 정보든 전략적으로 수집하려면 일반적으로 실험과 새로운 테스트 방식을 개발하는 것이 필수다. 프랭클린 루스벨트 전 미국 대통령은 대공황 동안 여러 정책 도구를 시도했고, 벤 버냉키 전 연방준비제도이사회(이하 연준) 의장도 2008년 금융 위기 때 다양한 정책 도구를 실험했다. 마찬가지로 팬데믹과 같이 세계를 변화시킬 만큼 중대한 사건이 일어났을 때는 가만히 있는 것이 능사가 아니다. 안개를 조금이라도 걷어내려면 새로운 변화에 적응하면서 실험을 망설이지 말아야 한다.

이 장에서는 회복탄력성을 지켜줄 효과적인 가교 전략을 설계하기 위한 정보 수집 도구를 살펴볼 것이다. 이 책의 나머지 부분도 그러하듯, 이번에도 특히 코로나19의 경험을 중심으로 설명할 것이다.

전체 봉쇄와 부분 봉쇄

전체 봉쇄에 따르는 경제적 비용은 엄청나다. 2020년 5월 기준으로 미국에서만 매주 약 800억 달러의 손실이 발생했다.[1] 직접적인 경제 손실은 물론, 경제가 과거의 균형 잡힌 성장 궤도로 되돌아가지 않을 위험도 감당해야 했다. 2008년 금융 위기 때는 경제가 이전의 성장 궤도로 빨리 복귀하지 못해 발생한 비용이 연간 1조 2000억 달러였다.[2] 다시 말해 회복이 지연될수록 경제성장의 손실이 고질적으로 뿌리내릴 위험이 커진다. 이러한 점들을 팬데믹 시국에서 생각해보면 한 가지 질문이 생긴다. 더 나은 경제적 성과를 달성하는 동시에 더 많은 목숨도 구할 수 있는 표적화된 봉쇄 조치를 고안할 방법은 없을까?[3]

부분 봉쇄 전략의 이점

정부는 양질의 정보가 주어지면 특정 대상을 겨냥해 표적화된 봉쇄 조치를 계획할 수 있다. 만약 무증상 감염자까지 포함해 감염자들을 쉽게 구별할 수 있다고 상상해보자. 이 경우 해당 감염자들을 효과적으로 격리하면 바이러스를 통제하는 데 큰 도움이 될 것이다. 이러한 전략은 바이러스의 전염을 억제할 뿐 아니라 경제적으로도 전체 봉쇄에 비해 비용이 적게 든다. 그리고 감염자만 격리하고 다른 사람들에게는 비교적 제한을 적게 가해도 된다.

그러나 완벽한 정보가 없는 상황에서는 누구를 격리해야 할지 모른다. 대신 반半표적화된 봉쇄를 실행할 한 가지 방법으로 비노동력 인구의 이동을 제한할 수 있다. 이는 당장의 경제 손실을 줄이는 간단한 방법이다. 아니면 노년층이나 기저질환이 있는 취약층에게 집에 머물도록 요구하는 방법도 있다.[4] 이렇게 하면 사망률을

제법 낮출 수 있다.[5]

코로나 검사 비용

감염자나 보균자를 대상으로 반표적화 봉쇄를 펼치려면 누가 이미 감염되었는지 혹은 언제든 감염을 일으킬 수 있는지에 대한 정보가 필요하다. 이를 위해 코로나19 검사 체계를 구축해야 한다. 그렇다면 광범위한 검사 체계를 짜는 비용은 얼마일까? 아무런 정보 없이 행해지는 전체 봉쇄에 비하면 매우 적은 비용이 든다. 2020년 봄 기준으로 검사 비용이 합리적인 수준에서 20달러 정도라고 가정해보면, 미국 전체 인구를 검사하는 데 약 70억 달러가 소요된다. 노벨상 수상 경력의 경제학자 폴 로머Paul Romer는 매일 미국 인구의 약 7%(2000만~2300만 명)를 검사하는 방안을 권장했다.[6] 이러한 대규모 검사 프로그램에 드는 비용은 매주 약 4억 달러로, 전체 봉쇄가 초래하는 경제 손실이 매주 800억 달러에 달하는 점과 비교해보면 아주 미미한 액수다. 이 계산 결과를 통해 광범위한 검사 체계를 마련하면 부분 봉쇄를 보완할 수 있음을 알 수 있다. 검사 결과가 양성인 사람들을 일시적으로 격리하면 연쇄 감염을 막을 수 있을 것이다. R0 또한 1 미만으로 떨어질 것으로 예상된다.[7]

코로나 검사가 감염자의 부주의한 행동을 유발할 가능성

코로나19 검사는 개인의 행동을 변화시킬 수 있다는 점에서 또 다른 비용을 발생하게 한다. 어떤 방식이든 코로나19 검사는 위음성

false negative 결과를 생성할 가능성이 있다. 쉽게 말해, 실제로 감염된 사람들이 음성으로 진단받기도 한다는 것이다.[8] 또한 검사 유형에 따라 결과를 받기까지 며칠이 소요될 수도 있다. 따라서 감염자는 검사 결과를 기다리는 동안 자신도 모르게 바이러스를 퍼뜨릴 수 있다. 이처럼 위음성과 검사 결과의 지연은 스스로 안전하다고 생각하는 사람들의 부주의한 행동을 유발해 결국 전염병을 퍼뜨리는 요인이 될 수 있다. 이렇게 되면 사회의 회복탄력성이 망가진다. 팬데믹 초창기에는 이러한 영향이 얼마나 강력한지 알려지지 않았다. 지식이 부족하다 보니 연구원들은 대규모 검사와 사람들의 적응 행동을 관찰해 정보를 모아야 했다. 이 경험은 정책 결정에 더 유익한 정보를 반영하려면 실증적 증거를 확보하는 것이 중요하다는 사실을 일깨워주었다.

부분 봉쇄에 필요한 정보

인구의 특정 집단을 표적화하는 부분 봉쇄에는 감염을 일으킬 가능성이 있거나 감염에 취약한 인구만 격리 대상에 포함된다. 그러나 이에 해당하는 사람들을 표적 식별하려면 구체적이고 적절한 정보를 수집해야 한다. 감염 후 항체검사, 신속항원검사, PCR(중합효소연쇄반응) 검사 등은 감염자를 찾아내거나 현 상황이 집단면역에 얼마나 근접했는지 파악하는 데 도움이 될 수 있다. 감염자와 그들의 접촉자(적어도 접촉자 추적을 통해 찾아낼 수 있는 사람)를 격리

조치하면 될 것이다. 이러한 접근법은 중세 시기 흑사병이 유행했을 때 선원들을 40일 동안 격리시켰던 것과 유사하다.

정보의 유형

부분 봉쇄에 필요한 정보는 누구를 표적화 대상으로 삼을 것인지에 따라 달라진다. 적어도 두 가지 선택지가 있다. 첫째는 중증에 가장 취약한 고위험군에 초점을 맞추는 것이며, 둘째는 전염력이 강한 슈퍼 전파자들에게 초점을 맞추는 것이다. 이에 따라 정부는 부정적 외부효과로 감염 위험에 노출될 가능성이 가장 큰 사람들 혹은 외부효과를 퍼뜨리는 당사자인 슈퍼 전파자들에 대한 정보를 입수해야 한다. 정부가 두 집단 중 어느 쪽에 치중할지에 따라 필요한 정보도 달라진다(다음 쪽 표 4-1 참고).

다양한 유형의 검사

각 유형의 검사들은 장단점이 상충 관계에 있다. PCR 검사는 위음성이 나올 확률이 거의 0에 가까울 정도로 매우 높은 정확도를 자랑한다.' 그러나 바이러스 양이 최고조에 도달한 후 이미 감염성이 한풀 꺾인 환자에게 사용해야만 가장 정확한 결과가 나온다. 따라서 바이러스 유무를 식별하는 측면에서만큼은 PCR 검사보다 덜 정확하더라도 신속항원검사가 실제 전염 능력을 감지하기에 더 적합하다. 효율성을 따지자면 신속항원검사가 코로나19 통제 전략에서 중요한 역할을 한다.

정보의 유형	감염 취약층 (외부효과를 통해 감염됨)	슈퍼 전파자 (외부효과를 일으킴)
무료	연령, 기저질환, 간호사 직군	간호사 직군, 위험 지역에서 온 외부인
고비용	항체검사	항원검사, 추적

표 4-1: 정보를 다양한 유형으로 분류했다. 연령은 취약성을 나타내는 좋은 지표다. 이 정보는 무료로 이용할 수 있다. 의료직 종사자들에게도 마찬가지다. 그에 비해서 검사에는 비용이 많이 든다.

접촉자 추적, 효율적인 검사, 표적검사 시행

부분 봉쇄를 효과적으로 구현하기 위해 필요한 정보를 수집하려면 코로나 검사와 접촉자 추적이 필요하다. 그러나 이 두 가지 방법은 정확도의 수준에서 차이가 난다. 검사는 정확한 신호를 제공하지만(위양성false positive 비율이 낮음) 결과가 나오기까지 시간이 걸린다.

접촉자 추적은 **검사 전**에 예비 도구로 사용할 수 있다. 그렇기 때문에 검사가 여의치 않을 때에는 접촉자 추적의 기능이 더 중요하다. 보건당국이 감염 위험이 더 높은 사람들을 식별할 수 있다면 해당 사람들을 집중적으로 검사하면 된다. 감염자와 접촉한 사람들은 확실히 감염 위험이 더 높으므로 검사를 꼭 받아야 하는 사람들이다. 표적검사는 연쇄 감염을 끊기에는 효과적이지만, 전체 인구에서 실제로 코로나19가 얼마나 널리 퍼져 있는지를 밝혀내지는 못한다. 유행성이 어느 정도 진행되었는지 파악하는 것이 목표라면 광범위한 무작위 검사가 필요할 것이다.

중국 및 기타 일부 아시아 국가에서는 **모바일 앱**으로 접촉자를 추적해 매우 큰 효과를 봤다. 중국 국민들은 건물에 입장하기 전에 휴대전화를 스캔해야 한다. 스캔 결과 코로나19 양성 판정을 받았거나 감염자와 접촉한 적이 있다고 뜨는 사람은 출입이 금지된다. 대만은 타인을 감염시킬 가능성이 가장 높은 개인을 격리한 다음 휴대전화 신호를 이용해 접촉자를 추적하는 전략을 취하고 있다. 해외에서 입국한 유학생들은 2주간 자가격리를 해야 했다. 정부는 삼각측량법을 기반으로 한 휴대전화 위치추적 시스템으로 입국자들이 격리를 잘 준수하고 있는지 감시했다. 그러나 일부 의도하지 않은 결과가 발생했다. 예를 들어 마일로 셰이라는 한 학생의 휴대전화 배터리가 잠시 방전되자 1시간 만에 정부 기관 네 곳에서 소재를 확인하려고 그에게 연락을 시도했다.[10] '전자 울타리electronic fence'라고 불리는 이러한 대만의 시스템은 국가를 더 안전하게 지키긴 했지만 사생활 침해에 대한 논란도 끊이지 않았다. 좀 더 저차원적 기술 도구로 접촉자 추적을 용이하게 하는 다른 방법은 접촉자에게 일지를 기록하게 하는 것이다. 이 방법은 효과는 덜하지만 사생활을 더 보호할 수 있다.[11]

광범위한 검사와 접촉자 추적을 통해 더 많은 코로나19 감염자를 추적할 수 있다면, 경제적 회복탄력성 구축에 엄청나게 기여할 수 있을 것이다. 그러나 접촉자 추적은 두 가지 임계점에 이를 경우 커다란 난항을 겪을 수 있다. 먼저 첫 번째 임계점은 R0가 1을 초과하여 바이러스가 걷잡을 수 없이 퍼지기 시작하는 단계다. 두 번째 임계점은 확진자가 폭증하는 단계다. 이 두 임계점에서는 개인정보 문제로 많은 서구 국가들이 기피하는 기술적 도구의 도움에 조금이라도 기대지 않는 한 접촉자 추적을 실행하기 어렵다.

독일에서 주간 확진자 수는 한동안 인구 10만 명당 50명 이상으로 유지되었다. 그러다 나중에는 35명으로 낮아졌다. 이 임계점을 초과하면 더 이상 접촉자를 효과적으로 추적할 수 없으며, 바이러스가 통제불능 상태가 될 수 있다. 따라서 임계점을 넘을 경우에 회복탄력적인 정책을 펴려면 부정적 피드백 루프를 막기 위한 다양하고 강력한 바이러스 억제 조치를 포함해야 한다.

또 다른 효과적인 수단으로 버블bubble이 있는데, 말하자면 이른바 '소집단pod'을 형성해 집단 간 거리두기를 실천하는 것이다. 이는 소집단을 묶어 집단격리하되 그 안에서는 어느 정도 개방된 생활을 가능하게 하는 것으로, 같은 집단에 속한 구성원끼리만 접촉하기 때문에 바이러스의 확산을 줄일 수 있다. 검사와 접촉자 추적은 특정 연령층을 겨냥한 봉쇄 정책의 장점을 더욱 보강할 수 있다.[12]

사생활 보호와 낙인 효과

모바일 앱을 이용한 접촉자 추적은 개인정보 보호의 중요성뿐 아니라 감염자들의 감염 사실이 널리 알려질 경우의 잠재적 낙인 효과에 대한 우려도 불러일으킬 수 있다.

정보 공유와 개인정보 보호

정부 기관과 민간 부문 간에 정보를 공유하면 어떤 유형의 검사를 택하든 표적검사를 수행하기 한결 수월해질 것이다. 그러나 특정 집단을 선별하는 조치는 사생활을 침해할 우려가 있다.

아시아 국가들에서는 정보를 공유하는 전략이 특히 효과적이었다. 예를 들어 어떤 사람이 확진 판정을 받으면, 한국에서는 지자체에서 병원으로부터 환자에 대한 정보를 보고받는다. 지자체는 확진자의 병원 기록, 모바일 GPS, 신용카드 사용 내역, 인근 건물에서의 CCTV 기록을 수집할 권한이 있다. 이렇게 해서 확진자가 방문한 상점의 기록 등 정보가 모이면, 확진자가 거주하는 지역에 거주하는 주민 전체에게 정보가 널리 공개되었다. 또 확진자 현황에 대한 정보가 정부에서 보내는 긴급재난문자를 통해 매일 배포되었다. 같은 지역의 주민들은 질병관리청 홈페이지를 통해서도 이 정보를 확인할 수 있었다. 또한 확진자와 동 시간대에 상점을 방문한 적이 있는 사람에게도 문자로 통보하고 검사를 권고했다. 그러다가 개인정보 보호 문제가 불거지자 한국 정부는 2020년 10월부터 확진자에 대한 정보 공개를 제한했다.

낙인 효과와 검사에 대한 두려움

개인정보 문제와 낙인 효과에 대한 우려 때문에 정부는 아슬아슬한 줄타기를 할 수밖에 없다. 사람들이 개인정보가 유출되거나 사회적 낙인이 찍힐까봐 신경 쓰여서 검사받기를 꺼리고, 이러한 분

위기가 사회에 만연하게 되면 광범위한 검사 전략의 효과가 약화될 것이다.

특히 확진자들에 대한 낙인은 방역 수칙을 준수하도록 자극하는 효과도 있지만 동시에 역효과를 낳기도 한다. 예를 들어 보육시설에서 집단감염이 일어나면 엄청난 외부효과가 발생한다. 감염된 아이들의 부모는 격리 생활을 해야 하고, 어린이집에 아이를 맡기던 모든 부모는 시설이 문을 닫을 경우 육아 계획을 다시 세워야 한다. 따라서 자녀를 코로나19 검사소로 보내야 하는 부모는 다른 모든 부모에게 큰 '민폐'를 끼치는 셈이다. 그 결과 다른 부모들이 확진 판정을 받은 자녀의 부모를 색안경을 끼고 바라볼지 모른다. 이 경우 낙인에 대한 두려움은 검사를 받으려는 의지를 꺾어 잠재적으로 끔찍한 결과를 초래할 것이다. 사전에 바이러스를 간단히 차단할 수 있었음에도 결국 어린이집 전체에 바이러스가 퍼지게 된다.

요약하면, 뉴노멀이 정착할 때까지 사회를 유지하도록 실행 가능한 통제책을 고안하는 과정에서 가장 중요한 것은 정보다. 무증상 전파, 접촉자 분류, 계절적 영향, 바이러스가 아동에 미치는 영향 등이 최적의 정책을 수립하기 위한 중요한 정보임을 이해하는 것이 중요하다.[13]

5장
소통은 어떻게
과도한 불안을 억제하는가

앞의 두 장에서는 실행 가능한 가교 전략을 정하고 구현하고자 할 때 개인의 행동과 정보가 중요하다고 강조했다. 개인 간 상호 관계를 통한 사회적 학습과 피드백 외부효과는 코로나19에 직면한 사람들의 행동 반응을 강력하게 증폭할 수 있다. 그만큼 인플루언서와 정부가 전달하는 정보는 매우 중요하다. 따라서 **설득**에 의한 효과적인 소통이 관건이며, 여기에는 기본적인 수준의 신뢰가 받쳐줘야 한다.

의사소통 도구를 활용하는 것은 아슬아슬한 줄타기와 비슷하다. 정부에서는 보건 위기의 심각성을 전달하기 위해 **약간의 불안감을 조성하기**를 원하겠지만, 그렇다고 해서 전국적 **공황 상태에 빠지기를 바라지는 않을 것**이기 때문이다. 따라서 국민들 사이에 적당한 두려움을 조성하는 동시에 공황을 막기 위한 균형을 찾아야 한다.

우선 정부는 객관적인 정보를 전달함으로써 초기부터 사람들이 확실한 사실에 입각하여 전염병에 대처할 수 있도록 도와야 할 것이다. 예를 들어 앙겔라 메르켈 전 독일 총리는 오차 범위가 작은 R0를 지표로 삼고 이에 주목하는 것이 중요하다고 말했다. 그러면서 R0가 0.98일 때와 1.02일 때의 차이는 확진자 수의 점진적인 감소와 기하급수적인 증가 사이의 갈림길과 같다고 설명했다. 더 많은 정보를 아는 시민이 더 쉽고 적절하게 위기에 대응할 수 있는 만큼, 소통은 회복탄력성을 구축하는 핵심 요소가 된다. 소통은 정부뿐 아니라 다양한 추가 경로를 통해서도 작동할 수 있다.

공동체 의식 함양

인도는 재빨리(4시간 만에) 봉쇄령을 내려 대중에게 코로나19 위기의 심각성을 효과적으로 알렸다. 틀림없이 이는 약간의 공포를 조장한 측면도 있었다. 앞서 언급했듯이 일각에서 이러한 봉쇄 조치가 **신호 역할**을 했다고 생각하는 견해도 있다. 이처럼 봉쇄가 두려움을 조성할 목적으로 쓰인다고 해석하는 방식은 마키아벨리즘의 관점을 나타낸다. 한편 스펙트럼에서 인도의 반대쪽 끝에 해당하는 방법으로, 모든 시민이 한 배를 탔다는 사고방식을 전파하고 **공동체 의식**을 함양하기 위해 맞춤형 소통을 추구하는 정부도 있다. 공포심을 불러일으켜 바이러스를 통제하기보다 공동체 의식에 집중하는 것은 사람들이 공익을 먼저 생각하며 방역 수칙을 지키도록 독려하는 '온정적' 접근법이다. 경제학에서는 자신의 효용이 다른 사람의 효용과 연결되어 있을 때 이타심이 생긴다고 가정한다.[1] 쉽게 말하자면 사람들은 서로 배려하는 습성이 있다.

공통된 정체성이라는 의식을 형성하려면 다양한 경로를 통해 소통하는 것이 좋다.[2] 저신다 아던 뉴질랜드 총리는 '의회 성명, 일일 브리핑, 페이스북 라이브 방송, 팟캐스트'와 같은 다양한 경로를 통해 국민과 소통한 것으로 명성이 자자하다.[3] 활발한 의사소통은 장기적으로 사람들의 기대에 탄력 있게 부응할 수 있는 버팀목 역할을 한다.

또한 인플루언서를 섭외하여 정부의 메시지를 강력히 전달하는 방법도 효과적이다. 인도에서는 발리우드 배우들이 방역 조치를 준수하며 팬데믹을 막기 위한 노력에 동참하자는 영상을 공개했다. 이러한 방법은 팔로워들에게 강력한 영향을 끼칠 수 있다.

많은 정치인들은 이 두 경로의 교차점에서 코로나19를 전쟁에 비유하며 공동체 의식(일종의 '대동단결'을 유도하는 방식)과 공포심을 함께 이끌어낸다.[4] **전시 상황**과 마찬가지로, 전염병의 확산에 맞서 싸우려는 단결력을 모으려면 국민이 사기를 잃지 않게 하는 것이 중요하다.[5] 코로나19 사태로 전 세계 인류는 공동의 적에 직면한 셈이 되었다. 공동체 의식은 국경을 가로질러 공통의 메시지를 효과적으로 형성하기도 하지만, 자칫 한 국가 안에서 하위집단들 사이에 분열이 일어나 서로 간에 반목을 일으킬 수도 있다.[6]

신뢰의 역할

정부가 소통이라는 도구를 활용해 대중을 효과적으로 설득할 수 있을지 여부는 정부에 대한 국민의 **신뢰**, 더 넓게는 과학에 대한 신뢰에 달려 있다.[7] 지나치게 범람하는 정보 때문에 일부 시민들은 정작 중요한 정보를 놓치기도 한다. 정보의 홍수 속에서 하루하루 과다하게 쏟아지는 정보는 뉴스를 무시하거나 대수롭지 않게 여기는 원인이 되기도 한다. 그럼에도 코로나19는 이러한 필터버블을 뚫고서 중요한 정보가 전 세계 다양한 인구에 침투하게 했을 정도로 큰 사건이었다.

코로나19 통계

사람마다 지지하는 당파적 의제가 다른 만큼, 통계도 목적에 따라 취사선택될 수 있다. 이 개념은 1954년 저널리스트 대럴 허프Darrell Huff의 명저《새빨간 거짓말, 통계How to Lie with Statistics》가 출판된 이래로 상당한 호소력을 얻었다.[8] 이러한 가능성이 안타까운 이유는 일반 대중이 방역 수칙을 받아들이고 실천하도록 설득하려면 통계의 신뢰성이 필수적이기 때문이다.

우리 사회가 과학과 통계를 신뢰해야 할 필요성을 보여주는 한 가지 예는 **코로나19 사망자 통계**와 관련이 있다. 코로나19가 어떻게 사망으로까지 이어지는지는 명확하지 않다. 사망자들이 코로나19에 감염되어 사망했을까 아니면 감염 후 합병증과 같은 다른 원인으로 사망했을까?' 게다가 모든 사망 원인을 종합하면 사망률은 대개 경기침체기에는 떨어지며, 봉쇄 기간에는 우발적 사망 건수가 감소하기 때문에 더욱 떨어지는 것으로 추정된다.[10] 또한 애초에 남은 수명이 얼마 되지 않았던 고령층이 코로나19에 감염되고 더욱 쇠약해져 사망함에 따라 "코로나19 사망자에 뭉뚱그려 포함"되는 일명 '수확 효과harvesting effect'가 나타날 가능성도 배제할 수 없다. 단기적으로 사망자 수의 급증이 충격적으로 보일지라도 장기적으로 전체 사망률은 덜 위협적으로 보일 수 있다.[11]

이번 팬데믹 동안 코로나19 검사를 둘러싸고 몇몇 아리송한 점이 있었다. 제기된 많은 질문 가운데 하나는 이것이다. 검사 건수가 늘어날수록 확진자 수도 많아질까? 물론 그렇지 않다. 검사를 하지 않으면 발견되지 않을 뿐이지 확진자는 어차피 계속 생겨난다. 게다가 사람들이 검사를 받지 않으면, 자기도 모르게 더 많은 사람들을 감염시킬 수 있다. 따라서 눈에 보이지는 않더라도 중장기적으로 보면 검사 건수가 늘어날수록 전체 확진자 수는 줄어들 것이다. 그러나 단기적으로는 검사를 받는 사람이 많으면 확진자 수도 증가한다. 앞서 언급했듯이 부정적인 낙인 효과는 사람들이 검사받기를 꺼리거나 감염 사실을 은폐하게 할 수 있다. 이 점 역시 우리가 통계를 이해하는 관점에 왜곡 효과를 일으킨다.

소통의 과학

위와 같은 상황에서 과학적 소통은 강력한 힘을 발휘한다. 노벨경제학상을 수상한 경제학자 아브히지트 바네르지Abhijit Banerjee는 코로나19 대유행 시기에 인도의 지역 주민들에게 문자 메시지를 전송하는 실험을 했다. 출처를 신뢰할 수 있고 중요한 정보가 담긴 메시지이다 보니 이 메시지를 받은 주민 중에서 당국에 의심 증상을 보고하고 방역 수칙을 따르는 사람들이 훨씬 많아졌다.[12] 이처럼 신뢰할 수 있는 소통은 사람들의 참여를 이끌어내고 회복탄력성을 높일 수 있다.

음모론과의 싸움

어찌 보면 교묘하기도 한 이 같은 발상은 반대로 과학과 통계에 대한 일부의 불신과 얽히면서 이번 대유행 동안 **음모론**을 부채질하기도 했다. 큐어넌 같은 음모론 집단, 혹은 사실을 왜곡해 그릇된 정보를 전달하는 영화 〈플랜데믹Plandemic〉 등이 그러한 예다. 희한하게도 큐어넌이 널리 퍼진 방식도 바이러스와 닮았다. 독일은 미국보다 양극화가 훨씬 덜한 다당제 체제이지만, 현재 큐어넌의 발원지인 미국에 이어 두 번째로 이 집단의 지지자가 많은 국가로 추정된다.[13] 이러한 음모론들 속에서도 흔들리지 않게 사회의 결속을 유지하는 것은 여전히 해결하기 어려운 숙제 중 하나다.

반사실적 접근법을 통한 신뢰 획득

위기관리에 맞는 역동적인 소통을 위해서는 때로 **반사실적 시나리오**

를 기반으로 신뢰할 수 있는 소통이 필요하다. 그러나 반사실적 시나리오를 분석하는 일은 가상의 상황을 상정해야 하는 특성상 한계가 따른다. 소통과 관련한 반사실적 접근법에는 다음과 같은 질문이 포함된다. 봉쇄나 사회적 거리두기 조치가 없었다면 지금쯤 어떻게 되었을까?

다음 쪽 그림 5-1은 2020년 1월 이후 독일의 주간 초과 사망자*수를 보여준다. 음영 처리된 영역은 팬데믹 이전인 2016년부터 2019년까지 매주 사망자 수의 최대치와 최소치 사이의 범위를 나타낸다. 많은 음모론자들은 이 수치를 들어 2020년 가을(40주 차)까지 사망률이 실제로 역사적 데이터에 비해 과하지 않았기 때문에 코로나 위기가 가짜라고 주장한다. 2020년 가을부터 이 수치는 초과 사망자 수에 대한 분명한 증거를 보여준다. 물론 바이러스 통제 조치가 없었다면 실제 사망자 수는 역사적 평균은 물론 현재의 수준보다도 훨씬 많았을 것이다.

반사실적 시나리오를 알기 어렵다면, 정책 입안자들은 국민들과 어떻게 소통해야 할까? 팬데믹 상황에서 반사실적 시나리오를 설명하는 한 가지 방법은 봉쇄 조치를 내리지 않았을 경우 사망자가 얼마나 많았을지 상상해보도록 하는 것이다. 아마도 시간이 지날수록 사망자 수는 정부에서 봉쇄를 얼마나 엄격하게 시행하는지에 달려 있을 것이다. 역설적이게도 봉쇄가 극도로 엄격하고 그 덕에

---

* 통상 수준을 초과하여 발생하는 사망자.

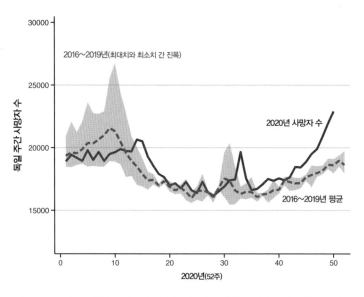

그림 5-1: 코로나19로 인한 초과 사망자 수를 강조하기 위해 독일의 주간 전체 사망자 숫자를 나란히 제시한 그래프.

출처: 독일연방통계청(2021)

감염자 수가 매우 낮은 수준으로 유지되면, 오히려 사람들은 이 통계를 들먹이며 정부를 비판하고 음모론을 부채질할 수 있다. 즉, 문제가 심각하지 않은데도 정부가 사악한 목적으로 봉쇄령을 내렸다고 그릇된 주장을 할 수 있다는 것이다. 정부가 신뢰를 잃으면 사람들은 봉쇄 조치를 비껴가는 편법을 찾으려 할 것이다. 이런 경우에는 때로 위기의 악영향을 살짝 방치하는 편이 위기의 심각성을 확실하게 전달할 유일한 방책일지도 모른다. 이는 정보가 부족한 시민들에게 반사실적 시나리오를 분명히 각인시킬 수 있는 방법이다. 그러나 이 전략은 전염병의 기하급수적인 확산을 유발할 위험이 있어 윤리적 문제를 제기한다.

그래서 역동적 소통은 쉽지 않은 일이다. 현재 '사망자 수'가 얼마인지 항상 신경 쓰며 관리해야 할까 아니면 상황이 심각하다는 메시지를 대중에 뚜렷이 전하기 위해 가끔 대유행의 흐름에 맡겨야 할까? 다시 말하자면, 정부는 신뢰할 수 있는 소통 창구를 구축하기 위해 끊임없이 한계를 실험하고 테스트해야 한다. 예컨대 독일에서는 봉쇄령이 비교적 성공적이었기에 오히려 시민들 사이에 전반적으로 코로나19의 위협이 예상보다 심각하지 않다는 잘못된 인식이 퍼졌다.

정부가 앞으로 나서기보다 **뒤에서 이끌어야** 한다는 논거도 일리가 있다. 이 접근법에서라면 정부는 확진자 수가 특정 수준에 도달하지 않는 한 봉쇄 조치를 유보하고 기다릴 것이다. 너무 일찍 봉쇄령을 내리면, 결과가 성공적이더라도 그 성과 자체에 정부 스스로 발목이 잡힐 수 있기 때문이다. 조기에 봉쇄하면 당연히 전염병의 확산은 막겠지만, 영문을 모르는 시민들은 봉쇄를 꼭 해야 하는지 고개를 갸웃거릴 것이다. 그렇게 되면 사회의 회복탄력성을 강화하는 데 도움이 되지 않는다.

마찬가지로 브라질이나 스웨덴과 같이 코로나19의 위험성을 **간과한 외국의 사례**를 타산지석으로 삼으면 국민들과의 **소통에 도움**이 된다. 팬데믹을 잘못 관리한 국가들이 맞이한 끔찍한 결과는 반사실적 시나리오를 여실히 보여주었다. 경제학 용어로 말하자면, 정책이 부실했던 국가들의 사례는 소통에 노력하던 다른 국가에는 긍정적인 외부효과로 작용했다.

비전과 내러티브

정치 지도자는 장기적인 비전을 공개해야 할까 공개하지 말아야 할까? 이 질문을 전략적으로 고려해보면, 간단한 정답은 없다고 할 수 있겠다. 비전을 공개적으로 밝히면 반발과 비판을 불러일으킬 수 있다. 그러나 비공개로 유지하면 명확한 계획이 없다는 이유로 또 공격을 받을 수 있다. 엄청난 비판을 불러일으키는 것과 너무 애매해 보이는 것 사이에서 줄타기를 한 유명한 사례로 유로 위기가 한창이던 2012년, 마리오 드라기Mario Draghi 전 유럽중앙은행ECB 총재가 런던에서 연설 중 "무엇이든 하겠다whatever it takes"라고 발표한 사례를 들 수 있다. 그는 비판을 불러일으키지 않을 만큼 충분히 애매하게 표현하면서도 유로존을 지키겠다는 분명한 의지를 내비 쳤다.

대공황 중 루스벨트 대통령이 취한 조치도 실행할 수 있는 접근 법으로 눈여겨볼 만하다. 그는 각료들과 다양한 정책을 이리저리 시도하며 위기를 극복할 효과적인 구제책을 모색했다. 동시에 밖 으로는 자신이 현실적인 안정화 대책을 마련하고 있다는 의지도 분명히 내비침으로써 국민들을 안심시키려 했다.[14]

"이야기를 말하는 자가 세상을 지배한다." 이 인용문은 아메리카 원주민 호피족에게서 유래됐다는 설도 있고 플라톤이 원조라는 설도 있다. 어쨌든 **단순한 이야기**나 경제 모델은 복잡한 현실을 쉽게 이해할 수 있게 윤곽을 제시하는 기능이 있기에 대중에게도 설득력을 발휘하기 쉽다. 그러나 이야기는 지나치게 사태를 단순화하거나 관련된 맥락을 왜곡하기도 한다. 경제학적 관점에서 볼 때, 모델과 이야기의 내적 및 외적 일관성 간에는 중요한 상충 관계가 생겨난다. 내적 일관성을 갖춘 모델은 완전히 합리적인 경제주체와 논리적으로 일관된 추론을 전제로 한다. 그러나 그 모델은 현실을 완벽하게 반영하지 않을 수 있다. 반면에 외적 타당도에 중점을 둔 모델은 현실과 더 가깝게 일치하지만 일반 대중이 이해하기에는 너무 복잡한 모델이 될 가능성이 크다.

세상이 복잡해질수록 **지나친 단순화**와 **포용성** 사이의 상충 관계는 더욱 커진다. 음모론이 대표적인 예다. 음모론은 사람들이 도저히 믿기 힘들 만한 다양한 사실들을 '합리화'하기 위해 단순한 관점을 고안하고 제시한다. 따라서 코로나19 대유행의 복잡성(및 불확실성)은 2020년과 2021년에 음모론이 부상한 이유 중 하나가 되었다고 볼 수 있다.

내러티브를 제어하는 것도 중요하다. 바이러스는 어디에서 시작되었는가? 최초 발병은 누구의 잘못인가?[15] 일부 사람들은 팬데믹 초기 때 대외적으로 제대로 보고하지 않은 중국을 비난했다. 한편 중국은 세계의 비난을 뒤집어쓰지 않기 위해 다른 국가들보다 위기에 잘 대응하는 체제의 모습을 보여주려 했다. 중국의 마스크 외교에 대해서는 14장에서 다시 논의할 것이다.

6장
뉴노멀의 준비와 백신의 역할

어떤 위기에 대응하든 간에 장기적이고 지속 가능한 뉴노멀로 나아가는 것은 필수 요소다. 결국 회복탄력성은 사회가 필요한 조치를 차차 시행할 준비가 되었을 때 효과가 나타나기 시작한다.

코로나19 팬데믹의 경우, 처음 한동안은 특히 스웨덴과 영국을 중심으로 집단면역이 장기적인 해결책 중 하나로 여겨졌다. 그러나 결코 실행 가능한 선택이 될 수 없는 이유가 세 가지 있었다. 첫째, 코로나19가 생존자들의 건강에 장기적으로 악영향을 미친다는 중요한 증거가 있었다.[1] 따라서 집단면역을 추구하면 많은 사람들이 불치의 후유증, 즉 이른바 만성 코로나에 시달릴 수밖에 없다. 둘째, 코로나19에 대한 면역이 일시적일 가능성이 있어 집단면역에 절대 이르지 못할 수도 있다. 셋째, 새로운 변이 바이러스가 계속 등장하고 있다. 이런 이유로 현실적으로 유일한 방법은 백신 개발이었다.

특히 미국과 유럽에서는 과학 기술에 기대를 걸며 전례 없는 투자로 코로나19 백신 개발에 전념했다. 통상 백신 개발에는 10년 이상이 소요되지만 이번에는 첫 번째 백신 후보가 1년 만에 대량생산되기에 이르렀다. 아시아 국가들은 회복탄력성 전략 중 바이러스를 통제하는 쪽을 우선시했고 뉴노멀로의 복귀라는 또 다른 과제에는 비교적 중점을 덜 두었다.

몇몇 새로운 백신이 우수한 효능을 보인 덕에 많은 국가에서 바이러스의 확산세와 사망자 수가 (이 글을 쓰는 현재 기준으로) 감소하는 추세를 보였다. 인구의 약 60%에게 백신을 접종하면 R0를 바이러스가 저절로 소멸하는 마지노선인 1 미만으로 꾸준히 낮추기에 충분할 것이다. 현재 백신의 생산과 유통 속도에 비추어 볼 때, 일각에서는 2022년까지 전 세계 대부분 지역에서 코로나19가 종식될 것으로 기대하는 사람들도 있다. 그러나 백신은 중증과 사망을 억제하는 데는 매우 효과적이겠지만 무증상 전파 가능성에는 거의 영향을 미치지 못할 것이다. 그렇다면 팬데믹을 종식하기 위해 훨씬 더 많은 인구가 백신 접종을 받아야 한다. 화이자-바이오엔테크 백신에 대한 초기 데이터에 따르면 접종 인구가 늘수록 전염력도 감소한다고 한다. 그러나 이 효과가 어느 정도인지는 아직 잘 알려지지 않았다.[2] 게다가 새로운 변이가 백신을 무력화한다면, 우리가 품은 일말의 희망은 산산조각 날지도 모른다.

더 커다란 교훈은 다음에 또 다른 바이러스가 출현할 때를 대비하여 우리가 사전에 회복탄력성을 구축해놓아야 한다는 것이다. 동물 바이러스가 사람에게 전염되는 일은 흔하기 때문에 코로나19가 통제된 후에도 팬데믹의 위험은 계속 도사리고 있을 것이다. 우리가 앞으로 팬데믹에 더 잘 대비할 수 있다면, 이는 회복탄력성을 높이는 중요한 첫걸음이 될 것이다.

백신의 비용과 편익

앞서 검사와 접촉자 추적에 대한 비용편익분석을 설명했지만, 이는 백신 개발에 더욱 잘 적용된다. 백신 개발에 조기 투자할 경우 한계편익은 백신 개발이 성공할 확률, 미국에서만 월 3750억 달러에 달하는 경제적 출혈 만회, 백신 가용성의 6개월 시간 단축 등을 참작해 계산한 편익 증가분을 곱해서 근사치를 구할 수 있다. 백신의 한계비용은 종류에 따라 다르지만 1회 투여량당 생산비인 약 1달러에 총 생산 단위 수를 곱한 값이다.[3] 이제 생산 설비의 대체 가능성을 고려해야 한다. 백신 제조 시설은 다른 백신을 생산하기 위해 비교적 빠르게 용도 변경이 가능하다. 그렇게 해서 전 세계 80억 인구에게 백신을 접종한다고 계획하면 각 백신의 비용은 80억 달러가 된다.[4]

화이자-바이오엔테크와 모더나 등 mRNA 백신의 가격은 자릿수가 바뀔 만큼 다른 유형의 백신보다 훨씬 비싸서 1회 투여량당

약 15달러라고 한다. 그러나 봉쇄로 인한 경제적 손실이 더 크기 때문에 비용편익 계산의 기본적인 결론은 역시 동일하다. 팬데믹 초기에 유럽연합에서 더 비싼 mRNA 백신이라도 당장 구매해야 하는지 아니면 나중에 더 저렴한 대체 백신이 나오면 그때 구매해야 하는지를 논의한 적이 있다. 그러나 더 저렴한 백신이 잠재적으로 절감할 비용은 봉쇄의 장기화가 초래할 경제적 비용에 비하면 미미했다.[5]

백신 개발: 가외성, 다각화, 회복탄력성

백신 개발을 장려하는 방법은 두 가지다. 첫째는 백신 개발에 성공하면 높은 이윤을 보장받도록 기업에 한시적 독점권을 부여하는 것이다. 둘째는 정부가 실패로 인한 손실에 대비해 보험을 제공하는 것이다.[6]

제약회사들은 백신 후보에 대한 중요한 정보를 공개하지 않는다. 그래서 2020년 5월 경제학자 마이클 크레이머Michael Kremer는 80-20 자금 조달 계획을 제안했다. 정부에서 백신 생산 시설을 구축하는 비용의 최소 80%를 담당하고 민간 기업은 20%를 부담함으로써 '본격적으로' 투자의 책임을 맡자는 것이다. 백신 개발이 성공하면 정부는 투자를 지원한 대가로 백신 구매를 계약할 수 있는 선택권을 얻게 될 것이다.[7]

백신 개발에는 세 가지 원칙이 필요하다. 첫째, 가외성의 원리에 따라 실제로 필요한 수준 이상으로 백신 생산 여력을 확보해야 한다. 가외성은 일부 기업이 백신 개발 계획에 실패하더라도 사회를 보호하는 역할을 한다. 둘째, 다각화다. 다양한 기술에 걸쳐 백신 개발을 다각화함으로써 각 기술의 성패에 대한 의존도를 낮출 수 있다. 다각화의 범위를 넓히면 여러 기업 중 누군가는 먼저 백신 개발에 성공할 가능성이 높아진다. 마지막으로 셋째, 백신 개발에도 회복탄력성이 필요하다. 그래야 새로운 변이 바이러스가 출현하더라도 쉽게 적응하고 확산을 막을 수 있다.

가외성과 다각화: 백신의 동시 개발

백신 개발에는 리스크와 실패 가능성이 있으므로 여러 기업이 동시에 참여해야 한다.[8] 처음에 각국 정부는 어떤 백신이 가장 성공할지 잘 몰랐다. 그래서 많은 정부는 만약에 대비하는 차원에서 여러 제조사와 백신 계약을 맺었다(그림 6-1). 그러다 보니 자국 인구에 필요한 양보다 더 많은 백신을 확보하게 되었다.

2020년 5월 당시 기준으로, 2021년 가을까지 적어도 한 가지 백신이 개발에 성공할 확률이 대략 90%에 이르기 위해서는 14번의 임상실험이 필요할 것으로 추정되었다.[9] 여기서 14라는 숫자는 다양한 백신 간의 상호 상관관계를 기반으로 도출되었다. 기술이 유사한 백신끼리는 상호 상관관계가 높기 때문에 기존 백신과 유사한 백신을 추가로 개발하는 것은 완전히 다른 기술을 기반으로 하는 백신을 개발하는 것에 비하면 다각화의 취지와는 거리가 멀다.

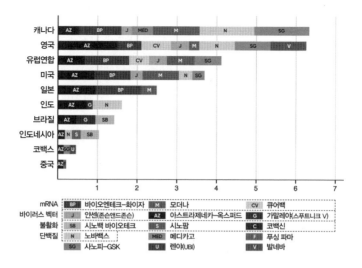

그림 6-1: 백신 공급의 가외성, 다각화, 회복탄력성.

출처: 블룸버그(2021)

2020년 5월, 정부 관점에서 일반적으로 다각화를 추구한 동기는 여러 가지 백신을 후보군에 올릴 수 있다는 점이었다. 백신 개발의 기본이 되는 **생명공학 기술**은 크게 네 가지로 나뉜다. 유전자 기반 mRNA 백신(화이자, 모더나, 큐어백, 사노피), 바이러스 벡터 백신(아스트라제네카, 얀센, 스푸트니크), 불활화 백신(시노백 바이오테크, 시노팜, 코백신), 단백질 기반 백신(노바백스) 등이다. **다각화**를 위해서는 저마다 다른 유형의 백신을 생산하는 여러 제약사와 구매 계약을 체결해야 하는데, 이는 단순한 가외성보다도 한 단계 더 나아간 접근법이다. 그림 6-1처럼 실제로 대부분 국가들이 이러한 전략을 추구했지만 불활화 백신을 포트폴리오에 포함한 국가는 거의 없었다.

2020년 말과 2021년에 변이 바이러스가 출현하자 다각화를 고려해야 하는 또 하나의 이유가 조명되었다. 2021년 4월 현재 기준으로 우리는 이러한 변이 바이러스에 어떤 백신이 가장 효과적인지 알지 못한다. 따라서 백신을 다각화하고 각 변이에 대해 이들의 효능이 어떤지 연구하는 것이 중요하다.

백신 자금의 국제적 공조

백신 자금의 조달은 원칙적으로 국제적 차원에서 전략을 세울 수 있다. 예를 들면 백신 개발을 돕기 위해 각 국가가 GDP의 약 0.15%를 공여하는 식이다. 적어도 초기에는 국가들이 자체적으로 백신 후보를 개발하다가 실패할 위험을 방어하고자 하므로 이와 같은 자금 지원 프로그램에 참여하려는 동기가 강할 것이다.[10] 범세계적 전략이 여의치 않다면 국내 정부가 좀 더 부담이 덜한 형태로 협력을 제공하는 대안이 있다. 외국 기업에 초과 생산 능력을 구축할 수 있게 자금을 지원하는 것이다.[11] 국제적 차원에서 백신 자금을 조달하기 위해 협력한 공동 프로젝트의 한 예로는 코백스COVAX가 있다.

데이터로 지불하는 백신 비용

통상 경제적 거래는 재화나 서비스를 대가로 돈을 지불하는 방식으로 이루어진다. 그러나 백신의 국제적 유통과 관련하여 일부 국가에서는 백신 제조사에 데이터를 제공하고 있다. 2021년 1월 말 현재 백신 접종률 세계 1위인 **이스라엘**은 백신 접종 현황에 관한 주간 데이터 보고서를 화이자-바이오엔테크 측에 전달해왔다. 이 보고서에는 백신 접종을 받은 국민에 대한 인구통계학적 데이터가 담겨 있다.[12] 그러므로 가령 이스라엘은 1회 투여량당 지불하는 비용이 다른 유럽국들보다 더 높다고 봐야 할 것이다.

백신의 임상실험

역설적이기는 하지만 세계의 특정 지역에서 코로나19 방역 조치가 실패하게 되면, 그곳은 백신 **임상실험**이 더 수월한 곳이 될 수 있다. 원래 대규모 임상은 일반적으로 수만 명을 대상으로 백신과 위약을 접종해야 효과적이다. 그런 다음 연구자는 백신 접종군과 위약 접종군의 감염률을 비교한다. 그런데 브라질과 미국은 코로나19 확진자 수가 워낙 급증해 실험군과 대조군에 대한 각 백신 후보의 효능을 시험하기에 충분한 환경이 조성되었다. 실제로 2020년 하반기에 남미 지역은 높은 감염률과 더불어 많은 자원봉사자가 백신 임상에 기꺼이 참여하면서 백신 임상이 가장 활발한 장소로 떠올랐다.[13]

백신의 보급

백신이 상용화되고 나면 이번에는 여러 윤리적 문제가 발생한다. 어떤 국가에 먼저 백신을 공급해야 하는가? 또 각 국가 내에서 누가 먼저 접종을 받아야 하는가? 이 문제에 대해서 국제적 리더 역할을 하는 나라가 부재하다 보니 이러한 질문들은 특히 심각하게

다가온다.[14]

백신의 국제 분배

간단한 사고실험을 해보면 전 세계가 무엇을 고민해야 하는지 명확히 알 수 있다. A와 B라는 두 국가가 각각 백신을 성공적으로 개발했다고 가정하자. 이 국가들이 각자 자국의 백신을 국민에게 공급해야 할까 아니면 백신을 절반씩 맞교환해야 할까? 일반적인 위험 회피 논거에 따르면 후자에 찬성할 것이다. 왜냐하면 두 가지 백신 중 하나에 부작용이 있다고 가정할 때, 두 백신을 모두 들여와 반씩 나누면 그나마 인구의 50%는 부작용을 겪지 않을 것이기 때문이다. 그러나 이러한 접근법은 국민을 설득해야 하기에 소통에서 애로점이 생긴다.

백신을 할당할 때는 국제적 파급 효과도 고려해야 한다. 예를 들어 신흥 개도국EMDE의 열악한 보건 수준은 각국이 연결된 글로벌 공급망과 관광 및 해외여행에 제동을 거는 외부효과를 초래하며 선진국에도 영향을 미쳤다.

많은 신흥 개도국은 진퇴양난에 빠져 있다. 그들은 설상가상으로 나중에 멀쩡한 백신을 구하려 할 때 우선순위에서 밀리게 될 것이다. 우리는 13장에서 신흥 개도국이 직면한 특정 난제를, 14장에서 백신의 수출 통제라는 주제를 다시 논할 것이다.

백신의 국내 분배: 누구에게 어떤 백신을 접종할 것인가?

시선을 국내로 돌리면 두 가지 시나리오가 가능하다. 첫째, 백신의 수요량이 공급량을 능가하면 백신 품귀 현상이 벌어진다. 둘째, 반대로 수요가 제한적이라면 백신은 넉넉할 것이다. 아마도 알려지지 않은 부작용을 걱정하는 사람이 많다면 백신 수요량은 많지 않을 것이다. 게다가 엉뚱한 부류가 백신 접종을 원할 가능성도 있다. 이를테면 취약계층에 비해 더 풍부한 민간 의료 혜택을 누리고 그만큼 백신의 비용을 지불할 의향이 강한 사람들이 백신 접종에 더 적극적일 수 있다는 얘기다.

정부는 백신이라는 희소한 자원을 중앙에서 어떻게 할당할 수 있을까? 사람들이 행동 반응을 바꾸지 않는다고 가정할 때 현재로서는 외부효과를 받는 사람(취약계층)과 외부효과를 퍼뜨리는 사람, 특히 슈퍼 전파자 사이에 중요한 구분선이 있음을 알 수 있다.

정부는 의료진과 같이 중요한 사회 서비스를 제공하는 **필수 인력**에 최우선으로 백신을 접종할 수 있다. **사회복지 업무**와 관련도가 높은 직군 종사자, 특히 직업상 바이러스에 노출될 기회가 잦은 노동자를 우선시할 수도 있다.

외견상 확실한 해결책은 바이러스로 사망할 위험에 가장 취약한 고위험군에 먼저 백신을 접종하는 것이다. 취약계층은 백신을 접종받으려는 개인적 동기부여가 특히 강하므로 정부로서는 백신 접종을 유인할 '넛지$_{nudge}$'가 따로 필요하지 않을 것이다.

그러나 취약계층이 사회적으로 경제활동이 가장 활발한 인구가 아닐 공산이 크다. 취약계층에 백신을 접종하면 이들 개개인을 보호할 수는 있지만 전염병의 확산을 줄이는 데는 그다지 도움이 되지 않을 것이다. 아주 대조적으로 **슈퍼 전파자**들에게 백신을 접종할 때는 다양한 이점이 있다. 이 접근 방식은 슈퍼 전파자를 보호하면 그들 주위에 확진자가 추가로 발생하지 않도록 막을 수 있기 때문에 연쇄 감염의 고리를 끊을 수 있다는 논리다. 슈퍼 전파자들에게 백신을 우선 접종하면 R0를 1 미만, 즉 바이러스가 서서히 물러가고 소멸하는 **임계점**으로 낮추는 데 도움이 될 것이다.

어쩌면 직관에 어긋나는 듯하지만, 상황에 따라서는 취약계층보다 슈퍼 전파자들에게 백신 접종의 기회를 먼저 주는 편이 사회적 이득이 더 클 수도 있다.[15] 슈퍼 전파자가 야기하는 감염의 외부효과를 일찌감치 제거하는 것이 취약계층에게 백신을 접종하는 것보다 더 효과가 좋을 것이기 때문이다. 그러나 슈퍼 전파자를 어떻게 찾아낼 것이냐는 문제가 남는다. 청년층이나 재택근무를 하지 못하는 직장인을 대리 지표로 삼는 방법도 있다. 그러나 슈퍼 전파자가 되는 데는 생물학적 특징도 부분적으로 기인하기 때문에 이를 사전에 식별하기란 어렵다.

취약계층과는 반대로 슈퍼 전파자들은 백신을 맞으려는 개인적 동기부여가 그들에게 백신을 접종함으로써 생기는 총 사회적 가치보다 훨씬 더 적을 것이다. 그래서 정부는 슈퍼 전파자들에게 백신을 접종받도록 '넛지'하는 데 어려움을 겪을 것이다. 게다가 슈퍼 전파자는 찾아내기도 훨씬 어렵다.

아니면 생명의 가치가 높은 사람들을 우선시하는 방법도 있다. 만약 생명의 가치가 가치를 매길 수 없을 만큼 무한하다면, 감염에 가장 취약한 노년층이 먼저 백신 접종을 받아야 할 것이다. 그러나 생명의 가치를 소득이나 기대수명에 따라 매긴다면 어린 연령대가 먼저 접종을 받아야 한다. 이처럼 경제학의 비용편익분석에는 윤리적 고려사항이 복잡하게 얽혀 있다. 마지막으로 고려해야 할 측면은 경제학에서 흔히 말하는 소비평탄화*라는 동기다. 예컨대 노년층은 여생이 길지 않기 때문에 '미래의 휴가 기회'가 주는 보상효과가 거의 없다. 반면에 젊은 층은 현재 가치와 미래 가치를 비교하는 이른바 시점 간intertemporal 선택을 통해 남은 생애에 걸쳐 소비를 평탄화할 수 있다. 예를 들면 2020년에 휴가를 가지 않았어도 2021년, 2022년, 심지어 2025년에도 기회는 또 찾아온다. 이 논거를 백신 접종에 적용하면 노년층에 먼저 접종의 기회를 부여해야 한다는 주장이 더욱 힘을 얻는다.

또 다른 전략은 인도네시아에서 택한 방법으로, 생산가능인구에 먼저 접종 기회를 주는 것이다.[16] 이 접근법은 일단 백신 접종을 받은 노동자라면 안심하고 일할 수 있도록 함으로써 경제 위기가 확대될 가능성을 억제하는 것을 목표로 한다.

---

* 소득이 줄어들 미래를 대비해 소득 수준이 높을 때 미리 씀씀이를 적게 유지하는 습관을 들이는 것을 말한다.

행동 반응

행동 반응은 바이러스의 확산을 통제하는 데 중요한 역할을 한다. 효능이 100%에 가까운 고품질의 백신이 있다면, 이 백신을 접종받은 사람은 완벽히 안전할 것이므로 그의 행동 반응은 문제가 되지 않는다. 그러나 백신의 효능이 50%에 불과하다면 논리가 상당히 다르게 전개된다. 백신을 맞고 면역력이 50% 생긴 상태에서 슈퍼 전파자가 사회 활동을 늘리고 파티에 가는 횟수도 예컨대 두 배 늘릴 수 있다. 이 경우 슈퍼 전파자가 파티에 한 번 갈 때마다 바이러스를 퍼뜨릴 확률은 절반으로 줄겠지만, 파티의 참석 빈도가 두 배 늘어난 만큼 바이러스의 유행을 억제하는 측면에서 보면 그 효과는 무용지물이 될 것이다.

백신의 효능 차이와 전략적 비축

효능이 제각각인 여러 백신이 승인을 받았다. 그러면 누가 어떤 백신을 맞아야 할까? 여기에는 아직 확실한 정답이 없다.

정부가 고려해야 할 또 다른 요소는 백신의 일부를 비축해 둘지 결정하는 것이다. 백신을 비축해놓으면 나중에 다시 집단감염이 발발할 경우 신속하게 대응할 수 있다. 하지만 여기에는 본질적으로 다른 시점 간의 상충 관계가 있다. 당장 백신을 아끼기 위한 전략적 비축량이 많을수록 미래에 집단감염이 더 자주 발생할 수 있다. 그러나 또 한편으로는 이처럼 집단감염이 발생하면 그동안 전략적으로 비축한 백신을 가지고 더욱 효과적으로 진압할 수 있기도 하다. 이 질문에 대한 정답은 접촉자 추적이 가능한 범위와 다른 치료제의 확보 여부에 달려 있다.

매개변수의 불확실성

지금까지 살펴본 모든 시나리오에는 매개변수의 확실성이 상대적으로 높다는 암묵적 전제가 깔려 있다. 그러나 매개변수의 불확실성은 매개변수를 최적화하는 과정에서 커다란 걸림돌이 된다. 백신의 효능이나 혹시 있을지 모를 부작용이 불확실한 초기에는 전체 인구에 걸쳐 백신을 무작위로 분배함으로써 다양한 하위집단에 대한 백신의 효능을 더 자세히 알아보는 것이 최선의 방법일 수 있다.[17] 이 초기 학습 과정의 데이터를 이용해 나중에 백신 보급 메커니즘을 보강하면 된다. 아니면 지난 10년 동안 보건 데이터를 디지털화한 이스라엘과 같은 작은 국가들의 사례를 눈여겨보면서 이러한 매개변수에 대해 더 많이 학습하는 방법도 있다.

백신에 대한 거부감 해소

많은 국가에서 백신에 대한 불신이 널리 퍼져 있다. 프랑스에서는 2020년 11월 기준으로 백신 접종을 받기 원하는 인구가 절반을 겨우 넘는 것으로 보고되었다.[18] 백신이 더 널리 보급되면 백신 접종을 주저하는 인구의 비율이 줄어들겠지만, 사람들이 백신에 마음을 열도록 독려하는 방법이 무엇이냐는 문제에는 여전히 뾰족한 묘안이 떠오르지 않는다. 집단면역을 달성하려면 인구의 60~70%

가 백신 접종을 받아야 하는데 말이다.

백신 접종에 대한 국민들의 시선을 긍정적으로 돌릴 한 가지 방법은 정치인들이 솔선수범해서 공개적으로 백신을 맞는 것이다. 조 바이든 미국 대통령과 베냐민 네타냐후 전 이스라엘 총리가 이 방식을 택했다.[19, 20] 그러나 앙겔라 메르켈 전 독일 총리 등 세계의 다른 지도자들은 자국의 백신 계획에 따라 남들과 똑같이 순서를 기다려야 했다.[21] 어떤 접근법이 더 정치적으로 현명한지는 확실하지 않다. 국가 지도자들은 백신 접종에 대한 긍정적 여론을 끌어모으기를 바라지만 접종 순서를 놓고 특혜에 대한 불만을 불러일으킬 가능성도 염두에 둬야 한다.

백신 여권

백신을 장려하는 한 가지 적절한 접근법은 백신 접종자에게 특혜를 제공하는 것이다. 기업이나 기관이 백신 접종을 증명한 사람에게 자체적으로 특혜를 부여할 수 있느냐는 공론이 활발히 일었던 적이 있다. 적어도 유럽과 북미에서는 점차 모든 인구가 접종받을 수 있을 만큼 백신 물량을 확보하고 있기에 접종자에게 특권을 제공하는 것이 접종률을 높이는 중요한 도구가 될 수 있다.[22] 개인들에게 접종 완료 사실을 증명할 백신 여권을 발급해주는 것이 그 예가 될 것이다. 유럽연합과 중국을 비롯한 여러 국가에서 현재 백신 여권을 도입하기 위해 노력하고 있다.[23, 24, 25] 이스라엘은 2021년 3월부터 백신 여권의 적용을 확대하여 접종 완료자들이 일상으로 복귀할 수 있도록 허용했다.

국내외용 백신 여권은 누가 백신을 맞았는지 알 수 없다는 정보의 비대칭성 문제를 해소하는 점에서 경제 회복을 촉진하며 회복 탄력성을 한층 강화하는 도구가 될 것이다. 백신을 접종한 사람에 한해 다시 다중시설을 이용할 수 있게 허용하면 정보의 비대칭성 문제가 줄어든다. 예를 들어 모든 영화 관람객이 스스로 감염의 위험으로부터 비교적 안전하다고 느낀다면 영화관을 찾는 빈도가 급증할 것이다.

결론적으로 코로나19와 같은 위기를 근본부터 통제하려면 심리적 편향, 두려움, 불안 등 인간의 행동을 깊이 이해해야 한다. 또한 전염병이라는 위기와 싸우고 경제를 안정시키는 두 목표가 양립할 수 없다는 편견을 버려야 한다. 사실 이 두 목표는 상호의존적이다. 그리고 정보와 소통은 봉쇄 전략의 비용을 줄이고 위기를 종식하기 위해 가장 중요하다. 신뢰를 유지하면서 음모론을 막기는 어려운 일이지만, 반사실적 시나리오를 확실하게 전달하면 사회의 신뢰를 높일 수 있다. 마지막으로 위기 전략을 세울 때는 장기적 뉴노멀에 대한 비전을 포함해야 사회를 궁극적인 회복으로 이끌어갈 수 있다.

3부
거시경제의 회복탄력성

한 사회의 회복탄력성은 충격을 경험한 후 이전의 성장 경로로 되돌아가는 것을 목표로 적절히 대응하는 능력이 좌우한다. 그동안은 눈앞에 닥친 위기를 통제하며 대응했다면, 이제는 사회에서 새로운 장기적 해결책으로 이행하기 위한 디딤돌을 놓아야 할 때다. 회복탄력적인 사회계약은 경제를 안정화하는 과정에서 중요하며 이는 다시 사회계약을 안정화하는 선순환으로 이어진다.

코로나19로 인한 경기침체는 제2차 세계대전 이래 가장 심각한 수준이었다. 2020년 3월 일부 관측통은 1929년 대공황에 버금가는 위기가 찾아올 것이라고 우려했다. 다행히도 그와 같은 예상은 빗나갔고 경제는 빠르게 반등했다. 우리는 경제가 상당히 회복한 모습을 확인했다. 그렇다면 미래는 어떤 모습일까?

3부에서는 혁신, 상흔 효과, 금융시장, 재정 및 통화 정책, 불평등과 관련된 주요 거시경제적 질문을 탐구한다. 예를 들면 경기침체기와 그 이후에 경제적 상흔 효과로 인한 함정을 피하는 방법에 중점을 둘 것이다.

먼저 경제가 침체기에 진입하는 과정과 침체에 대처하는 방법 간의 관계를 이해하는 것이 중요하다. 경제학자 폴 크루그먼은 경기침체를 크게 두 가지 유형으로 구분한다. 첫째는 민간 부문의 지속 불가능한 지출이나 잘못된 투자와 같은 **내부** 불균형으로 발생하는 침체이고,[1] 둘째는 **외부** 역풍으로 발생하는 침체다.[2] 역사적으로 외부 요인에 의한 경기침체는 주로 강경한 긴축 통화 정책 후에 발생했는데, 그 시기가 지나면 경제 고용 지표는 빠른 회복세를 보였다.³ 또 예를 들자면 최근 팬데믹으로 인한 경기침체가 있다. 팬데 믹 이전부터 펀더멘털이 건전했던 덕에, 경제는 재빨리 반등할 수 있었다.

반대로 민간 부문에 과도한 부채가 쌓이고 금융기관이 어느 순 간 이를 감당할 수 없게 되면서 발생한 경기침체(이를 가리켜 '민 스키 모멘트Minsky moment'라고 한다)는 통상 굼뜬 회복으로 이어졌다.⁴ 2007~2008년 경기침체가 그 예다. 2008년에는 무리해서 내 집을 마련한 가계들이 집값 폭락으로 큰 타격을 입었는가 하면 자금이 부족해진 은행들의 회복탄력성이 거의 바닥을 드러냈다.⁵ 그 결과 디레버리징deleveraging(부채 축소)에 돌입할 수밖에 없었고 이는 장기 침체로 이어졌다. 크루그먼의 구분법이 옳다면, 2020~2021년 경 기침체는 '나이키 로고swoosh' 모양의 반등이 뒤따랐던 1979~1982 년의 경기침체와 유사하게 보인다.⁶

다음 쪽 그림 III-1은 장기간에 걸쳐 성장을 이어가기가 얼마나 녹록지 않은 일인지 보여준다. 이 그림은 1990년대 초반 이후 일 본의 실질 GDP를 나타낸다. 여기서 1990년대 일본의 은행 위기와 2007년 글로벌 금융 위기가 성장 속도를 크게 떨어뜨렸다는 사실 을 알 수 있다. 당시 경제에 회복력이 없다 보니 2000년대 초반부터 세계는 저성장 경로로 들어서야 했다.

회복세도 두 가지 형태를 띤다. 첫째, 경제가 반등해 이전의 성장 궤도로 돌아갈 수 있다. 혹은 둘째, 위기 이전 수준으로 반등했다가 장기적 성장 추세를 다시 형성할 수 있다. 길게 보면 이전의 성장률

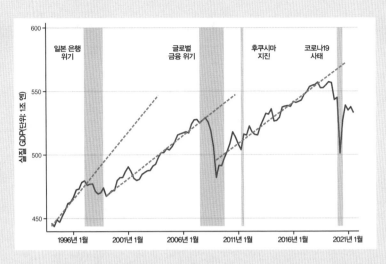

그림 Ⅲ-1: 일본의 실질 GDP와 선형의 성장 경로(점선)를 나란히 표시했다. 1990년대 후반과 2000년대의 두 차례 금융 위기로 실질 GDP와 (더 중요하게는) GDP 성장률이 영구적으로 하락했지만, 후쿠시마 지진이라는 외부 충격이 경제에 미친 효과는 오래가지 않았다.[7]

출처: 연방준비은행 경제 데이터(FRED, 2021)

(점선의 기울기)로 되돌아가는 것이 더 중요하다. 그러나 일본 경제는 다시는 은행 위기 이전의 성장률을 회복하지 못했다.

이에 반해 2011년 후쿠시마 지진은 펀더멘털에 훨씬 큰 충격을 가했으나 기대성장률(점선의 기울기)에는 눈에 띄는 영향을 미치지 않았다. 일본 경제는 자연재해가 휩쓸고 지나간 후에도 강한 회복탄력성을 입증하며 빠르게 반등했다. 문제는 코로나19 팬데믹이 어느 유형의 충격과 더 유사한 결과로 이어질 것이냐다. 금융 위기에 더 가까울까 아니면 자연재해에 더 가까울까?

또한 경기침체는 가장 큰 타격을 받은 부문과 비교적 회복력이 좋은 부문에 따라 양상이 달리 나타난다. 보통 경기침체기에는 냉장고, 자동차와 같은 내구재 소비는 급감하는 반면 이·미용, 외식과 같은 비내구재 소비는 상대적으로 안정적이다. 이는 거시경제학적으로는 익숙한 패턴이었지만 코로나19 팬데믹으로 인해 이 구도는 뒤집혔다. **내구재**의 구매력은 팬데믹의 직접적인 영향을 받지 않았지만 비내구재는 소비 활동이 곧 감염으로 이어질 우려를 일으키는 경우가 많았다. 그 결과, 대개 비내구재 소비와 관련된 대면 접촉 중심의 업종이 가장 큰 영향을 받았다. 그에 반해 내구재 소비 활동은 코로나19에 감염될 위험과 별 관계가 없었다.

다음 쪽 그림 III-2를 통해 미국의 모든 주요 산업에서 전년 대비 매출의 변화를 알 수 있다. 다소 의외로 2008년 경기침체의 영향을 가장 크게 받은 두 산업인 건설업과 제조업은 오히려 매출이 대폭 증가했다. 반면에 예술, 엔터테인먼트, 숙박업, 요식업은 크게 하락했다.

이처럼 코로나19 경기침체는 시간이 흐를수록 부문에 따라 적어도 두 가지 방향으로 갈라져서 K자 양극화라고 부르기도 한다. 2020년 3월 이후 나스닥의 반등에서 알 수 있듯이 재화나 서비스를 온라인으로 쉽게 제공할 수 있는 기업들은 경기 회복의 흐름에 올라탈 수 있었다. 따라서 그들은 K자의 위쪽을 대표한다. 그러나 대면 접촉이 불가피하거나 대규모 군중을 동원해야 하는 업종은 어려움을 겪었다. 놀이공원, 영화관, 레스토랑 체인은 적어도 이 글을 쓰는 현재 기준으로는 모두 K자의 아래쪽에 속해 있다.

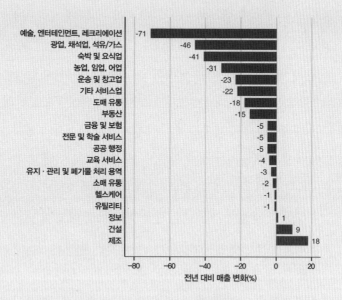

그림 III-2: 미국 경제를 구성하는 다양한 업종의 매출 변화를 보여준다.

출처: Greenwood, Iverson, and Thesmar(2020)

대면 업종과 비대면 업종에 따라 총요소생산성TFP, Total factor productivity *은 다르지만, 팬데믹이 제법 장기화되면 이 책에서 곧이어 언급할 혁신의 붐이 일어나기도 한다. 그렇다면 장기적으로 산업 간에 자원을 재배치해야 할까? 우리는 다음 장에서 이 질문을 탐구할 것이다.

코로나19가 우리의 일상에 가져온 또 한 가지 극적인 변화는 과

---

* 자본, 노동 투입량과 함께 경제의 총생산량을 구성하는 변수로 자본과 노동의 생산성의 척도이자 기술의 수준을 나타낸다.

거의 습관을 되돌아볼 기회를 제공했다는 점이다. 먼저 사람들이 재택근무의 가능성을 실험했다는 점이 가장 주목할 만하다. 코로나19 사태는 의료, 유통, 고등교육과 같은 부문에서 혁신을 촉발했다. 이 혁신의 붐은 장기적으로 경제를 지속 가능한 성장으로 끌어올릴 수 있다.

반면에 많은 기업과 노동자들은 팬데믹으로 큰 타격을 입었다. 그나마 막대한 대출로 가까스로 살아남은 기업들도 조만간 지급불능이나 파산에 직면할지 모른다. 마찬가지로 노동자들은 실업 기간이 길어지면서 향후 재취업 전망이 어두워지거나 기술이 퇴보하게 된다면 피해를 입을 것이다.

K자형 경기침체에 대응하려면 코로나19 팬데믹이라는 상황의 특수성을 생각해서 정책을 세워야 한다. 포괄적인 부양 정책은 별효과가 없었다. 봉쇄령으로 식당이 문을 닫는 마당에 식당에 가지 못하는 소비자들에게는 재난지원금도 무용지물이었다. 이처럼 돈쓸 곳이 제한적이다 보니(게다가 위기 이전에 미리 충분히 저축하지도 못했다) 미국 시민들은 경기부양법CARES Act으로 풀린 돈의 대부분을 저축으로 돌렸다.[8] 그렇다면 더욱 표적화된 개입으로 중국 항저우에서 실험한 바 있는 디지털 쿠폰이 대안이 될 수 있다.[9] 항저우 시민들은 휴대전화로 디지털 쿠폰을 받았는데, 이는 재난지원금과 달리 오직 소비 목적으로만 써야 했다. 게다가 사용 기한이 정해져 있어 단기적인 소비 진작 효과가 있었다. 또 쿠폰을 특정 업종이나 특정 지역에서만 사용하도록 제한함으로써 고도로 표적화된 재정

정책 개입이 가능했다.

불확실한 환경에다 특히 여러 변이 바이러스까지 출현하자 팬데 믹 이후 회복의 경로는 불투명해졌다. 그 결과 정책 입안자들은 경기침체의 진행 상황에 따라 유연하게 정책을 조정할 수 있도록 다양한 **선택 가치**option value*를 중요하게 따져봐야 했다. 2020년 3월 팬데믹 초기의 "무엇이든 하겠다"는 식의 접근법 이후에 "지금까지 무슨 짓을 한 거지?"라는 소리가 나오지 않으려면 **'만일의 사태에 대비'**하는 것이 중요하다. 이러한 유연성은 정책 입안자가 함정에 빠지지 않게 해준다. 정책 입안자가 함정을 피하면 상황의 전개에 따라 유연하게 경로를 조정할 수 있으므로 사회의 회복탄력성이 강화된다.

---

* 현재와 불확실한 미래 사이에서 선택의 여지에 따르는 경제적 가치를 말한다.

7장
장기 성장을 촉진하는 혁신

2020년 4월 말 마이크로소프트의 CEO 사티아 나델라Satya Nadella는 "우리는 지난 두 달 만에 2년에 걸쳐 일어날 법한 디지털 전환을 목격했다"라고 말했다.' 코로나19는 경제활동에 광범위하고 **근본적인 구조적 변화**를 일으켰다. 사회적 거리두기가 단기적 조치로 끝나지 않자 사람들은 팬데믹의 압박 속에서 경제활동을 적응시킬 방법을 강구하면서 혁신에 돌입해야 한다는 자극을 더욱 강하게 받게 되었다. 이렇게 해서 코로나19는 기존 추세를 더욱 가속화했다.

또한 대규모 충격은 어떤 일련의 과정을 뒤흔들기도 한다. 현재의 위기가 오기 전에 사회가 함정, 즉 최적이 아닌 균형에 머물러 있었다면, 이제는 그 함정에서 벗어나 새로운 균형점을 향해 나아가고 있다. 지금 우리가 보다시피, 어떤 충격은 그것이 영원히 지속되지 않는 한 사회를 기존의 함정에서 꺼내주기도 한다.

지난 수십 년 동안 주가가 크게 오른 두 업종인 **원격의료**와 **온라인 교육**이 급부상하면서 사람들은 코로나19 사태로 달라진 환경에 적응력을 키워나갔다.[2] 코로나19 이전에는 종종 못마땅한 시선을 받았던 재택근무가 2020년 3월부터는 몇 주 만에 수많은 직장인들에게 일상으로 자리 잡았다. 일부 직장인들은 그동안의 고정관념과는 달리 집에서 일하기 시작한 후 사무실에서 일할 때보다 생산성이 높아졌다는 것을 깨달았다.

한편 팬데믹 이후 R&D 지출은 평소보다 감소했다. 여기에는 적어도 두 가지 이유가 있다. 첫째, 민간 기업이 R&D에 투자하면 긍정적 외부효과가 크게 발생한다. 예를 들어 코로나19 백신 개발에 성공하면, 개발자 본인도 이득이지만 다른 회사가 백신 개발의 R&D 비용에 전혀 보탬이 되지 않았음에도 사회 전체에까지 광범위한 경제적 이익을 창출한다. 이러한 이유로 R&D 투자는 사회에서 필요한 수준보다 부족하게 실행되는 것이 일반적이다. R&D 투자가 활발해질수록 사회는 많은 이득을 얻을 수 있지만, 개별 기업 입장에서는 사회적 이익이 자기네 몫으로 내부화되지 않으므로 득보다 실이 크다.

둘째, R&D에 성공한 기업은 자사의 기존 제품과 비즈니스 모델에 자기잠식cannibalization을 일으킬 수 있다. 예를 들어 성능 좋은 전기차를 개발한 자동차 제조업체는 내연기관 자동차 위주의 기존 비즈니스 모델을 잠식해야 할 수도 있다. 이 문제는 나중에 조정에 관한 문제와 함께 다룰 것이다.

혁신은 장기 성장의 중요한 엔진이다. 혁신의 붐은 장기적인 성장에 기여하여 사회계약의 회복탄력성을 더욱 강화한다. 미래의 위기가 마치 옆바람처럼 경제를 방해할지라도, 포용적 성장을 바탕으로 빠르게 성장하는 경제는 더 순탄하게 견딜 수 있다. 반면 변화와 추세가 너무 빠르게 가속화되면 적응하지 못하고 소외되는 사람이 늘어난다. 이런 식으로 코로나19 팬데믹 같은 대규모 충격은 사회계약의 회복탄력성을 시험대에 올리는 계기가 된다.

기존 추세의 가속화

코로나19 사태로 촉진된 다양한 혁신은 기존의 여러 추세를 가속화했다. 앞서 언급한 재택근무, 온라인 학습, 원격의료 등은 모두 전부터 천천히 진행하던 추세였다가 팬데믹을 기점으로 과거의 생활방식을 수정할 수밖에 없게 되면서 급부상한 사례들이다. 이 분야들에는 잠재적인 기회가 열려 있다. 근본적으로 위기는 **우리의 생각을 흔들어 깨우고 해묵은 습관을 되돌아보게 한다**. 일상에서 새로운 기술과 새로운 접근 방식을 실험하지 않을 수 없으므로 결과적으로 생활 수준이 상당히 개선될 것이다. 그러면 일과 삶의 균형이 달성되고 기술 혁신에 속도가 붙을 것이다.

그러나 경제는 일반적으로 급격한 변화보다 느린 변화에 더 회복탄력적이다. 급변하는 세상에서는 사람들이 적응하느라 애를 먹고 회복탄력성이 떨어질 수 있다. 앞서 강조했듯이, 자전거 페달을 빨리 밟을수록 옆바람에 더 탄력적으로 대응하게 되지만 동시에 구덩이에 빠지기도 쉬운 법이다. 마찬가지로 사회가 지나치게 빨리 변하면 많은 사람들이 변화의 속도를 따라잡지 못해 결국 사회 전체가 혼란스러워진다. 우리도 옆바람의 위험을 피하려다 구덩이에 빠질지 모른다.

예를 들어 20세기 후반에 많은 선진국에서 제조업이 무너지면서 경제의 중심이 서비스업으로 옮겨갔다는 점을 떠올려보자. 좀 더 구체적으로 독일의 광산 노동자를 생각해보자. 광업이 점차 쇠퇴하고 탄광이 대부분 폐쇄되자 광부들은 직업을 바꾸고 새로운 기술을 습득해야 했다. 젊은 세대는 이러한 시대의 변화에 적응하기가 더 수월했다. 그들은 새로운 기술을 더 쉽게 습득하고 광업 이외의 분야로 진출해 경력을 다시 시작할 수 있었다. 그러나 나이 든 세대는 훨씬 더 복잡한 적응기를 보내야 했다. 숙련된 광부들이 하루아침에 소프트웨어 엔지니어가 되는 것은 불가능하다. 이처럼 어떤 사람들에게는 새로운 기술을 다시 배우고 훈련하는 데 많은 시간이 필요하다. 게다가 새로운 기술을 배우기를 꺼리는 사람들도 꽤 있다.

21세기 노동자들은 평생 재교육을 여러 번 받아야 할 것이라는 말이 격언처럼 흔히 들리게 되면서 많은 사람들이 걱정하고 있다. 노동시장의 구조적 변화 때문에라도 이는 피할 수 없는 현실이 될 것이다. 이처럼 노동시장의 구조가 달라지면 빠르게 변화하는 노동시장에 발맞춰 노동자 개인이 회복탄력성을 구축하기 위한 훈련 방법도 바뀔 것이다. 고도로 전문화된 직업 훈련을 받은 노동자는 경제구조가 대대적으로 변화했을 때 유연하게 대처하기 어렵다. 따라서 개인의 회복탄력성을 개발한다는 측면에서 보았을 때, 여러 부문에 걸쳐 융통성 있게 일할 수 있는 유연한 기술을 습득하는 편이 더 유리할 것이다.

사회가 급격한 변화에 대처하는 과정은 고난이 따른다. 따라서 코로나19와 같은 큰 충격을 이겨내려면 더 회복탄력적인 사회가 되어야 한다. 그러나 우리는 또한 현대 사회를 형성하며 느릿느릿 (때로는 급속도로) 진행하는 변화에 대한 회복력을 키우는 것도 잊지 말아야 한다.

혁신의 원칙: 자기잠식과 쿼티

새로운 기술을 채택하는 과정에서는 일반적으로 그 편익이 뚜렷이 나타나기 전까지 초기 고정비용이 발생한다.[3] 따라서 팬데믹과 같은 대변동이 일어나지 않는 이상 당장 변화를 추진하려는 동기부여는 선뜻 생기지 않는다.

소비자가 새로운 기술을 받아들이기를 꺼리는 면도 있지만, 기업도 기존 기술과 사업 모델의 자기잠식 비용 때문에 새로운 기술을 제공하기를 꺼릴 수 있다. 예를 들어 2000년대 초반 세계 최대 휴대전화 제조사였던 노키아는 통신 시장에서 스마트폰으로 무게 중심이 이동하는 추세를 따르지 않다가 결국 통신 인프라 기업으로 재편을 맞이해야 했다. 또 다른 예로는 실물 매장 중심의 오프라인 쇼핑을 들 수 있는데, 이 방식도 현재 코로나19로 인해 온라인 쇼핑에 자리를 내주고 있다. 이러한 유통 방식의 변화는 이미 진행 중이었지만 팬데믹은 달리는 말에 채찍질하듯 이 추세를 가속화했다. 그 결과 많은 유통업체들이 매장 중심의 초기 사업 모델을 자기 잠식하는 대가를 치르게 되었다.

기술이 발전하면서 해결해야 할 또 다른 과제는 기업과 소비자 사이를 조정하는 문제다. 잘 알려진 예는 **쿼티**QWERTY 문제다. 쿼티 문제는 때로 닭과 달걀의 문제라고도 한다. 19세기에 쿼티 자판은 영미권 국가에서 등장한 유일한 자판이었다. 타자기 해머가 서로 충돌하는 속도를 최소화하여 타자기의 고장(!)을 줄여야 한다는 필요성에 따라 배열한 구조였다. 사실 컴퓨터 자판으로 쓰기에 이런 방식은 비효율적인 배열이지만 이 배열을 새삼 바꾸려면 비용이 너무 많이 든다.⁴

그림 7-1이 그 딜레마를 보여준다. 타자기가 처음 도입되었을 때 사람들은 다양한 자판을 실험했다. 그러다 등장한 쿼티 형식의 자판이 다른 모든 배열 방식을 제치고 더 대중화되었다. **쿼티** 자판은 타자기 시대에나 효율적인 방식이었지만, 컴퓨터가 등장한 후에도 우리는 그림의 B점을 벗어나지 못했다. 반면에 점 C는 쿼티 배열 방식과 사뭇 다른 키보드를 개발해야 할 새로운 전체 최적값을 나타낸다. 이 새로운 전체 최적값에 도달하려면 느리게 움직이는 추

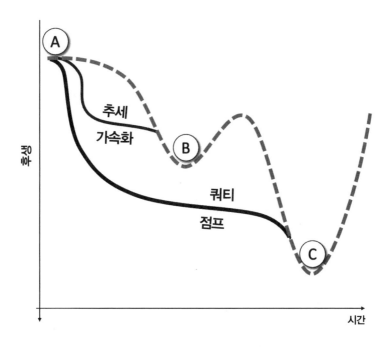

그림 7-1: 부분 최적값에 갇힌 상태와 코로나19 위기가 불러온 파괴적 혁신의 쿼티 점프.

세 이상의 자극이 필요하다. 그래서 쿼티 점프QWERTY jump라고 부를 만한 진정한 도약이 필요하다. 이 도약은 경제를 뒤흔들고 사회가 현재의 부분 최적값에서 새로운 전체 최적값으로 이동할 수 있게 한다.

따라서 코로나19는 혁신에 두 가지 영향을 미칠 수 있다. 한편으로 일부 추세는 가속화되고 있다(예: 재택근무).[5] 그림 7-1에 비유하면, 이때 공은 어두운 실선을 따라 천천히 굴러가지 않는다. 그보다 밝은 점선을 따라 점 B를 향해 이동할 것이며 특히 기울기가 가파른 초기에 이동 속도가 더 빠를 것이다. 그렇기는 하지만 코로나19는 한발 더 나아가 단순히 추세를 가속화하는 그 이상의 충격이 될 것이다.

재택근무가 장기적으로 지속된다면 퀀티 점프가 일어날지도 모른다. 사회에서 팬데믹이 발생하지 않았을 경우보다 재택근무 제도가 훨씬 더 활성화된 새로운 균형(점 C)으로 전환할 수 있다. 결과적으로 재택근무는 경제의 생산성을 상당히 향상할 수 있다. 이번 절에서 논의했듯이 팬데믹이 몰고온 지각 변동은 길게 보면 더 나은 결과를 가져올 수도 있다.

규제의 족쇄가 풀리다

규제는 기술 발전을 제약하기도 한다. 그러나 코로나19가 대유행하는 바람에 정부는 조정과 규제에서 잠시 손을 떼야 했다.[6] 일각에서는 원격의료나 인공지능과 같이 사회적 혜택을 개선할 잠재력이 큰 영역에서 변화의 속도가 충분히 빠르지 않다는 의견도 있다.[7] 예전 같았으면 이런 변화가 발생하기까지 몇 년, 심지어 수십 년이 걸렸을 테지만 결국 급박한 위기 상황이 변화를 앞당겼다. 원격의료에 대해서는 나중에 다시 살펴보기로 하겠다. 우선은 사회적 거리두기를 시행하는 과정에서 원격의료가 대면 진료를 일부 대체하며 불가피하게 급부상했다는 점에 집중하도록 하자.

디지털 시대에 규제는 혁신과 상호작용한다. 우리가 스스로를 과도하게 규제하고 창의성을 억누르면 중요한 혁신의 기회를 놓칠수 있다. 규제 기관이 현상 유지에 갇힌 채 혁신을 방해한다면, 개인의 독창성이 아무리 출중하더라도 새로운 아이디어에 열린 마음이 부족한 탓에 우리는 절대 새로운 기술을 개발하지 못할 것이다.[8]

혁신 사례

코로나19가 혁신을 계속해서 가속화할 수 있는 영역이 많이 있다. 지금부터는 회복탄력성과 관련된 혁신의 몇 가지 주요 추세를 다루고자 한다.

생명과학, 원격의료, 백신 기술의 발전

미래의 회복탄력성에 기여할 혁신의 두드러진 예는 백신, 특히 mRNA 백신의 개발이다. **mRNA 기술**은 수년 동안 암 치료법 개발을 목적으로 연구되어 왔다. 이제 mRNA 기술이 성공적으로 구현되었기 때문에 연구자들은 이 기술을 암의 표적 치료법에 응용하여 유전학에 혁신을 일으킬 가능성을 기대하고 있다.[9] 또한 mRNA 기술은 말라리아 퇴치에 대한 비전도 제공한다. 2021년까지 말라리아 백신은 단 한 가지만 출시되었으며 그 효능은 39%로 비교적 낮다. 이에 바이오엔테크는 2022년까지 임상 단계에서 90% 효능의 백신 후보를 확보하는 목표를 세워놓고 있다.[10]

디지털화 역시 정보 수집을 더 수월하게 하여 공중보건의 회복탄력성을 향상시킨다. 예를 들어 보건당국이 양질의 데이터를 수집할 도구를 잘 갖추게 된다면 향후 전염병에 더 효과적으로 대응할 것이다. 또한 유연성이 향상되면 가장 필요한 곳에 의료 자원을 재배치할 수 있다.

장기적으로 보았을 때, 인공지능은 잠재적으로 의료 진단 및 치료에 막대한 이점을 제공할 것으로 보인다. 빅데이터를 기반으로 하는 인공지능은 환자가 의사를 만나기에 앞서 질병을 일으킨 요인의 상호 상관관계를 파악하는 데 도움이 될 수 있다.[11] 그러면 의사는 더 유익한 정보를 얻고 올바른 진단을 내릴 수 있으므로 치료 과정이 더 효율적으로 된다.

원격의료도 급속도로 대중화되고 있다. 개인정보 보호 문제와 광범위한 규제로 인해 보건 분야에서 혁신은 일반적으로 다른 분야보다 진전 속도가 더딘 편이다.[12] 그러나 코로나19 사태를 계기로 온라인 진료가 거의 일상화되었을 만큼 보건 분야도 규제의 족쇄가 제법 풀렸다.[13] 처방약을 받는 것도 그동안은 오프라인 고유의 영역이었지만 이제는 아마존이 고객에게서 처방전을 전달받아 처방약을 배송하는 서비스를 선보이기에 이르렀다.

경영 관리: 새로운 직장 질서

각종 회의 방식이 온라인으로 전환함에 따라 기존의 **직급제**와 **정보 전달 방식**도 완전히 달라졌다. 예를 들어 코로나19 사태 이전에는 은행 간에 인수 합병 등을 논하는 중요한 회의 때에는 고위 임원들만 참석해 진행하는 경우가 많았다. 그러나 이러한 회의가 2020년 3월부터 온라인 화상회의로 전환되었다. 화상회의는 10명이 하든 100명이 하든 사실상 별 차이가 없다. 이제 하급 직원도 이러한 임원 회의에 초대받고 고위 임원들에게서 직접 많은 것을 배울 수 있다. 여기에는 다양한 장점이 있다. 첫째, 하급 직원은 중요한 자리에서 대화나 협상에 노련하게 임하는 경험 많은 선배 직원들을 생생히 관찰하며 그들의 노하우를 더 빨리 배울 수 있다. 둘째, 하급 직원이 중요한 회의를 일찌감치 경험해보면 동기부여가 높아질 수 있다.

온라인 회의는 덤으로 효율적이기까지 하다. 전에는 최고 경영진이 회의에 대표로 참석하고, 나머지 직원들에게 회의 결과를 요약해 전달하곤 했다. 하지만 이제는 이 단계를 거치지 않아도 되므로 시간이 절약되고 정보를 전달하기 용이해진다. 총평하자면 온라인 회의는 기본적으로 신입 사원도 리더 역할을 할 수 있는 지름길을 개척할 수 있다.

많은 절차가 점점 더 민주적으로 바뀌면서 직장 내 직급 간에도 정보 격차가 상당히 줄어들었다. 그러나 분명히 말하지만, 이러한 변화가 곧 수평적 조직문화의 확산을 나타내지는 않는다. 위계질서를 지키고자 하는 조직문화는 여전하다. 그러나 동시에 이제는 모든 직급의 구성원이 특정 사내 이슈에 대한 정보에 더 동등하게 접근할 수 있게 되었다.

이와 관련하여 조직에서 관리자 회의를 온라인으로 진행하는 경우도 증가하고 있다. 팬데믹 이전에 조직들은 일반적으로 회의 참석자가 출장에 나서야 하는 대면 회의에 의존했다.[14] 이러한 암묵적인 장벽은 곧 선택이 따른다는 의미였다. 즉, 선택받은 일부 구성원만 관리자 회의에 참석할 수 있었다. 하지만 이제는 모든 사람이 온라인으로 회의에 참석하고 현안을 듣고 의견을 개진할 수 있다. 물론 장단점은 분명히 있다. 모든 구성원이 회의에 참여하고 출석하는 만큼 분위기는 더 민주적으로 되었을지 몰라도, 회의 주재자로서는 그만큼 다양한 의견을 수렴해야 해서 일이 더 복잡해질 수 있다. 다른 커다란 단점이 또 있다. 흔히 대면 회의 형식으로 진행되는 비공식적, 비공개적 회의는 화상회의 플랫폼에 녹화될 우려 때문에 개최하기 어렵다.

재택근무

코로나19 사태는 재택근무에 대한 관점을 완전히 바꿔놓았다. 이전에는 집에서 일하면 생산성이 다소 떨어진다는 인식이 있었지만, 이제는 업무의 상당 부분을 재택근무로 돌리는 것이 당연시되고 있다.[15] 재택근무는 업무 분장이나 직원 배치를 더 쉽게 재조정할 수 있다는 점에서 직원에게 더 많은 유연성을 제공하여 회복탄력성에 도움이 된다. 이번 팬데믹은 재택근무를 향한 사람들의 부정적 **선입견**을 말끔히 씻어내는 데 일조했다.[16]

반면에 대인 간 격식 없는 상호작용에 재택근무가 미치는 영향은 비교적 연구가 덜 된 주제다. 동료들끼리 정수기 옆에 **삼삼오오**

모여 커피를 한잔하거나 사무실 복도를 지나다가 도란도란 대화하는 풍경은 화상회의 중심의 요즘 세계에서는 자취를 감추고 있다. 서로 이리저리 부대끼며 대화하는 사무실과 달리 화상회의는 사전에 목표를 명확히 정해놓고 진행된다. 한편으로 잡담이 없어지면 오롯이 업무에만 집중할 수 있어서 생산성을 높이는 측면도 있다. 많은 경영진은 구성원들의 집중력을 유도하기 쉬운 온라인 회의가 더 효율적이라는 사실을 발견했다. 그러나 일상적인 상호작용은 돈독한 업무 관계를 유지하거나 어떤 프로젝트에 대한 아이디어를 브레인스토밍할 때 중요한 기능을 한다. 정수기 옆에 모여 잡담한다고 해서 마냥 시간 낭비로 치부할 수 없는 이유가 바로 이것이다. 이러한 상호작용에는 정보를 공유하고 아이디어를 주고받는 목적도 들어 있다. 또한 사무직 업무에도 직접 현장에 나가야 할 경우가 자주 생긴다. 예를 들어 엔지니어는 화이트보드를 가지고 협업해야 할 때가 많고, 건축가는 실물 설계도나 모델을 사용하여 작업하는 경우가 많다. 이러한 활동은 가상으로 수행하기 훨씬 어렵다.

미래에 재택근무는 어떤 모습으로 진화할까? 재택근무의 실질적인 난제는 직원이 업무에 전념하도록 감독하고 단속하기 어렵다는 점이다. 직원의 데스크톱 화면을 캡처하거나 키보드 타자 내역을 기록하는 소프트웨어도 존재하지만 이러한 감시는 개인정보 보호에 대한 문제를 야기한다.[17]

따라서 감독 업무의 추세는 **입력 제어**input control에서 **출력 제어**output control 방식으로 옮겨갈 가능성이 높다. 출력 제어 접근법에서 관리자는 직원의 출력, 즉 결과물을 확인하고 업무의 완료 여부에 따라 직원을 평가한다. 그러나 여기에도 그 자체로 문제가 딸려온다. 출력 제어 접근법은 각 직원에게 업무가 명확하게 할당되면 비교적 단순하게 일을 처리할 수 있겠지만, 협동이 필요한 팀 프로젝트라면 일부 팀원의 태만을 유발할 수 있다.

한 연구의 추정치에 따르면 미국의 직업 중 약 40%만이 재택근무가 가능하다고 한다.[18] 더욱이 이 40%는 고숙련 직종에 쏠려 있다. 그렇다면 재택근무자 대부분이 자동화와 같이 서서히 진행하는 다른 추세의 영향을 덜 받는 직종에 종사하고 있다는 해석이 가능하다. 따라서 재택근무가 부상하면 기존의 불평등이 심화될 수 있다.[19] 결국 대면적, 물리적 상호작용이 필요하거나 어떤 고정 설비를 다뤄야 하는 직업은 재택근무로 전환하기가 훨씬 곤란하다. 또한 재택근무가 가능한 직업 중에서도 상담 서비스나 고객 관계와 관련된 일부 업종은 효율성이 떨어질 수 있다.

전반적으로 재택근무의 가능성이 가장 큰 분야는 금융, 보험, 운영, 전문 서비스 업종이다. 그러나 스펙트럼의 반대편에 있는 제조업, 건설업, 농업은 재택근무 가능성이 거의 없다고 봐야 한다.

이러한 고려사항을 뒷받침하는 설문조사 결과가 실제로 나와 있다. 그림 7-2의 패널 A와 B는 재택근무가 미래에 어떤 모습으로 유지될 것인지 가늠할 단서가 된다.[20] 그림에서 패널 A는 팬데믹 기간에 유급 재택근무 일수의 현황과 앞으로 포스트 코로나 시대에 고용주가 허용할 것으로 예상되는 재택근무 일수를 함께 나타내고

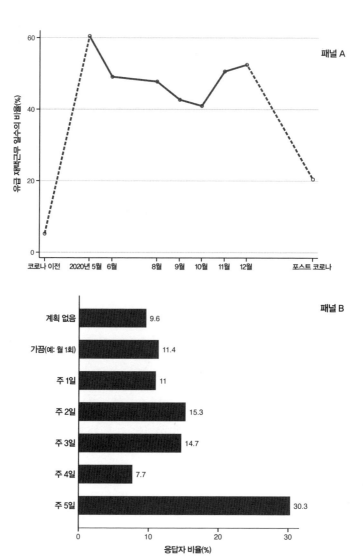

그림 7-2: 상단 패널 A는 팬데믹 기간 및 전후에 유급 근무일수 중 재택근무의 비율을 보여준다. 하단 패널 B는 직장인들이 포스트 코로나 시대에 원하는 주간 재택근무 일수를 나타낸다.

출처: Bloom, Markus Academy(2020)

있다. 고용주들은 팬데믹이 끝나면 직원들에게 주 하루이틀 정도 재택근무를 허용할 계획이지만 직원의 30%는 주 5일 재택근무를 선호한다(패널 B). 따라서 출퇴근과 재택근무를 병행하는 하이브리드 근무 형태가 향후 몇 년 안에 부상할 것으로 예상된다. 많은 직장인이 일주일 중 하루이틀은 집에서 일하고 그 외 나머지 시간은 사무실에서 보내는 것이 일상이 될 수도 있다.[21]

전 세계 각 나라들은 저마다 다양한 산업 분야에 특화되어 있다. 그중 신흥 경제국의 주력 산업은 원격으로 수행하기 곤란한 산업에 몰려 있는 경향이 있다. 이 때문에 재택근무 문화는 선진국에서 더욱 두드러진 특징이 될 것으로 보인다.

구글의 CEO 순다르 피차이는 자사에 하이브리드 모델을 도입하는 방안을 구상하고 있다. 일부 직원은 한동안 다시 출퇴근을 계속하겠지만 다른 직원은 아예 재택근무에 정착할 수도 있다. 그러면 매일 긴 통근 시간(때로 하루에 3~4시간)과 씨름하는 직장인들의 부담이 한결 완화될 것이다. 이러한 변화는 노동자의 생산성과 삶의 질을 크게 향상할 것이다.

도시화: 도넛 효과

근무 장소에 대한 선호도가 변하면 도시의 지리는 어떤 영향을 받을까? 교외에 거주하려는 경향이 뿌리를 내릴까 아니면 기존 생활 방식으로 되돌아갈까? 아무리 백신이 광범위하게 보급되더라도 재택근무가 점점 늘어나면 전반적으로 도심 공동화, 즉 **'도넛 효과**

donut effect'가 나타날 수 있다.[22] 많은 사람들이 긴 통근 시간에 시달리며 붐비는 사무실로 나갈 필요가 줄어들면서, 이제 도심 속 고층빌딩의 사무실 수요가 감소하고 있다. 이에 맞춰 기업들도 시내 한복판에 있던 사무실을 교외 업무지구로 이전하고 있다. 많은 직장인들이 도심의 작은 주택을 벗어나 교외의 더 큰 주택으로 이사하고 있다.[23] 일부 증거로 보건대 코로나19 팬데믹은 "고도로 집중화된 도시"의 매력을 떨어뜨릴 것으로 보인다.[24]

위기 이전, 미국과 전 세계 주요 도시의 **부동산 시장**은 매우 고가로 형성되어 있었다. 따라서 특히 코로나 시국을 맞아 도시에서의 사회생활이 계속 제약을 받는 마당에 꼭 대도시에 살아야 할 직업상의 이유가 없다면 저렴한 집값에 이끌려 교외나 시골 지역으로 관심을 돌리는 사람이 많아질지도 모른다.[25] 유럽에서는 재택근무 개념이 지리적 제한을 허물면서, 이탈리아 토스카나 지역에 살고 싶어하는 많은 커플들이 그 꿈을 실행에 옮길 기회를 엿보고 있다.[26]

캘리포니아주 실리콘밸리도 전면 재검토의 대상이 될 것이다. 샌프란시스코의 집값과 임대료가 치솟자, 이곳에 입주한 기업들은 직원을 고용하거나 유지하는 비용에 오랫동안 부담을 느껴왔다. 직장에 직접 출근해야 할 필요성이 사라지자 직장인들은 집값이 더 저렴한 지역으로 뿔뿔이 흩어지기 시작했다. 그 결과 캘리포니아주 새크라멘토, 네바다주 리노, 아이다호주 보이시와 같은 도시에서는 임대료가 급등한 반면 캘리포니아주 샌프란시스코와 새너제이에서는 임대 수요가 감소했다. 이러한 추세는 실리콘밸리가 마주할 불확실한 미래와 함께 앞으로 더 큰 변화가 찾아올 가능성을 암시한다. 일각에서는 지리적 근접성으로 인한 빈번한 상호작용에서 파생된 경제적 파급 효과가 줄어들 것이라고 우려하기도 한다. 그러나 실리콘밸리는 놀라운 성장을 이어가기 위해 역으로 외부에서 인재들을 유치함으로써 본연의 장점을 더 광범위하게 어필할 수 있다.

교외로 이주하는 추세가 계속되면 시내 중심에 있는 상점들은 역풍을 맞을 수 있다. 재택근무하는 사람들 대부분은 전에는 도심으로 나가서 일하던 직장인들이다. 경제학자 니콜라스 블룸Nicholas Bloom은 맨해튼을 예로 들어 평가하면서 오프라인 상점의 매출이 10%(100억 달러) 감소할 것으로 내다봤다.[27] 또한 쇼핑의 중심이 온라인으로 이동하면 도시의 풍경도 달라질 것이다. 예를 들어 독일의 많은 중소도시에서는 대형 유통업체들이 속속 매장을 폐쇄하고 있으며, 미국에서는 쇼핑몰의 장점이 완전히 사라질 수 있다.

코로나19는 도시와 대중교통의 재설계를 촉발했다. 예를 들어 뉴욕은 자전거도로를 추가로 신설하고 일부 도로의 교통을 폐쇄했다. 리스본, 바르셀로나, 파리는 수십 킬로미터에 달하는 자전거도로를 추가하고 있다.[28] 도시 공간의 재생과 역도시화라는 두 가지 흐름이 앞으로 어떻게 작용할지는 분명하지 않다. 새로운 천 년과 함께 들이닥친 인터넷 혁명과 9·11 테러로 인해 많은 관측통들은 대도시의 미래가 어두울 것이라 믿게 되었다. 하지만 정반대의 일이 벌어지자, 코로나19에는 왜 영향이 다르게 나타났는지 의아하게 생각하는 사람들이 많아졌다.

오프라인 쇼핑 대 온라인 쇼핑

코로나19 이전에도 이미 온라인 쇼핑은 시대의 흐름이었다. 그러나 반대 방향의 움직임도 있었다. 온라인 상점으로 시작한 아마존은 나중에 오프라인 매장으로 진출해 자동 결제 시스템을 기반으로 앞서가는 고객 경험을 제공하기 시작했다.

그런가 하면 니먼 마커스나 JC 페니 백화점 등 미국의 전통적인 유통업체들은 팬데믹 이전에도 이미 압박을 받고 있었다. 시대 흐름이 이미 그들의 핵심 비즈니스 모델과는 점점 멀어지는 방향으로 가고 있었지만, 그 추세가 더 가속화되자 이 업체들은 끝내 파산하고 말았다. 여기서 우리는 K자를 띤 코로나19 경기침체의 특징을 재확인한다. 아마존은 팬데믹 기간에 증가한 주문량을 처리하기 위해 미국 내에서만 10만 명의 직원을 추가로 고용했다. 소비자들이 온라인 쇼핑으로 전환하면 미래의 전염병에 대한 회복탄력성은 높아지지만 특히 온라인 쇼핑이 소수의 대기업에 유독 집중되어 있다는 사실에 비추어볼 때, 대규모 사이버 공격이 증가할 수 있으므로 이에 대한 취약성이 숙제로 남기도 한다.

온라인 교육

온라인 교육도 재택근무처럼 전에는 많은 사람들 사이에서 비효율적이라는 고정관념이 있었다. 일부 교사들은 교실에서도 주의가

산만한 학생들이 온라인에서는 얼마나 더할지 우려했다. 그들은 교실 환경과 달리 어느 정도의 기강이 잡혀 있지 않은 온라인 교육이 실패하거나 잘해야 그저 그럴 것이라고 예상했다. 그러나 다른 한편에서는 온라인 교육을 평생교육의 필요성에 부응하며 회복탄력성에 이바지하는 유연한 학습 방법으로 보는 사람들도 있었다.

이러한 해묵은 우려에도 불구하고 2010년대에는 몇 가지 추세가 눈에 띄었다. 코세라Coursera, 이디엑스EdX, 린다닷컴Lynda, 링크드인 러닝LinkedIn Learning과 같은 대규모 온라인 공개강좌MOOC가 전 세계에 장벽 없는 교육을 제공했다. 인터넷만 연결되어 있으면 수천 명에 달하는 사람들이 이러한 온라인 강좌에 참여할 수 있다. 그런 맥락에서 코로나19 팬데믹은 교육 분야에서도 전부터 서서히 다가오던 기존의 추세를 채찍질했다. 교실 안의 경험을 디지털화하는 것은 교육위원회에서 수년간 단골로 다뤄온 중요한 논제였다. 그러나 코로나19 위기로 인해 교육 시스템은 단 몇 주 만에 완전히 온라인으로 전환되며 평소 같았으면 수십 년이 걸렸을 추세를 앞당겼다.[29]

이 대규모 교육 실험의 효과는 앞으로 수년간 엄청난 양의 연구에 불을 지필 것이다. 여기서 특히 개인 간 상호작용과 또래의 영향이 지닌 중요성이 중요한 문제로 다루어질 것이다. 학생들이 교실 안 친구들에게서 얼마나 배우는가? 그중 가상 환경에서 놓치는 부분은 얼마나 될까? 또 고등교육 수준에서는 인맥 활동의 중요성과 관련된 질문이 제기될 것이다. 가상 환경에서 전문적으로 형성한 인맥이 직접 대면하며 형성한 인맥 못지않게 탄탄할까?

온라인 교육은 특유의 이점도 있다. 지리적 제약이 없어서 학생들의 기회비용을 크게 줄여준다는 것이다. 힘들게 왔다 갔다 하지 않아도 서부 해안 소재의 대학이 개설한 파트타임 MBA 과정을 들으며 시카고의 직장에서 근무하는 것이 가능하다. 또한 학생들은 잠깐의 강의를 위해 장거리 이동을 꺼리는 유명 연사의 초청 강연도 들을 수 있다.

요즘 MBA 프로그램들은 온라인 교육과 대면 상호작용의 필요성 간의 균형을 맞추기 위해 하이브리드 솔루션을 제공하고 있다. 듀크대학 푸쿠아 경영대학원의 글로벌 MBA 과정은 수년 동안 전 세계의 학생들이 원하는 시간대에 야간 MBA를 들을 수 있게 하는 동시에 이따금 대면 회의 자리를 마련한다. MIT(매사추세츠공과대학)는 금융 분야에서 온라인으로 마이크로 석사* 학위를 제공하며, 이는 성적이 특출한 학생들이 금융 전공의 정규 석사 과정에 입학할 수 있는 발판으로 삼을 기회가 된다. 온라인으로 취득하는 마이크로 석사 학위는 5만 명의 온라인 수강생 중 최고의 인재를 선별하는 장치 역할을 한다.

또 다른 잠재적인 추세는 **거꾸로 교실**flipped classroom 형식의 교육이다. 대개 강의는 미리 준비한 내용을 녹화해서 온라인으로 진행하는 것이 더 쉽다. 이에 비해 보조교사와 함께하거나 소집단별 상호

---

* 온라인 강의를 듣고 시험을 통과하면 수여하는 간소화된 석사 과정을 말한다.

작용이 필요한 수업은 서로 직접 대면하여 진행해야 더 효과적인 편이다. 온라인 강의도 깊이 있게 진행하면 대규모 오프라인 강의와 비교해도 질적으로 큰 차이가 없으므로, 대면적 상호작용은 소집단 활동으로 보완하면 된다. 이는 21세기 들어 등장한 혁신적 개념이 아니다. 예를 들어 옥스퍼드, 케임브리지, 프린스턴 대학에서는 오래전부터 소수의 학생들을 데리고 집중 학습과 소집단 회의를 진행해왔다.

위에서 언급했듯이 온라인 교육이 널리 보급되면 평생교육이 촉진될 수 있다. 과거에는 직업 경력으로 보통 한 회사에서 40년 동안 일하는 것이 전통적이었다면, 이제는 유연한 경력으로 바뀌었다. 이에 따라 노동자는 직업을 바꿀 때마다 새로운 기술을 배워야 한다. 또한 기술 발전도 노동자에게 적응력이 필요한 이유 중 하나다. 온라인 교육은 대면 교육을 보완할 수 있다. 사람들은 평생교육과 재교육을 통해 구조적 변화에 적응하고 더 탄력적으로 대처할 수 있다.

디지털 화폐와 데이터

온라인 쇼핑이 대세가 되면 현금을 휴대할 필요가 줄어든다. 여기서도 코로나19 위기는 디지털 결제로 전환하던 기존의 추세를 더욱 가속화했다. 그렇다고 현금이 사라진 것은 아니다. 팬데믹 초기 몇 주 동안 오프라인 상점과 은행이 셧다운에 돌입하자, 특히 유럽을 중심으로 일부 사람들이 가치의 저장 수단으로 화폐를 인출하

기도 했다.[30]

전통적인 금융 모델은 예금을 모아 대출을 제공하는 은행이 중심이었다. 반면 결제 부문의 대규모 변화에 대한 관심은 비교적 적었다. 그에 비해 알리페이, 위챗페이와 같은 중국의 온라인 결제 플랫폼은 철저히 결제 서비스를 중심으로 한다. 결제 플랫폼은 엄청난 양의 데이터를 수집할 수 있다. 시간이 지남에 따라 알리페이가 수집한 수십억 건의 거래는 기계학습 알고리즘으로 분석되어 개인의 성향과 신용불량자가 될 확률 간의 관계를 최대한 정확하게 도출한다. 거래 내역 데이터를 개인의 다양한 다른 특성과 연결하면 이러한 예측의 정확도를 개선하는 데 큰 도움이 된다. 마지막에 고객 정보는 은행이나 자산 관리 기업에 판매되기도 한다.

전 세계에서 디지털 결제를 선도하는 중심국은 신분증, 결제 시스템, 통신, 실물 등 모든 부문이 중앙집중화된 중국이다. 중국에서는 기본적으로 현금이 필요없다.[31] 게다가 코로나19 위기로 인해 이러한 전환은 모든 곳에서 가속화되고 있다. 많은 신흥국과 개발도상국에서도 수수료 인하나 규제 완화 등의 조치를 내걸며 디지털 거래를 촉진하고자 노력했다.[32]

결제 내역이 담긴 데이터가 온라인 플랫폼에서 다른 유형의 데이터와 결합되면 상당한 가치가 생긴다. 예컨대 머신러닝을 이용하여 더 개선된 맞춤 추천 서비스를 제공할 수 있다. 이 데이터를 활용할 또 다른 영역은 기계학습 알고리즘을 무기로 기존의 신용조사기관과 겨뤄볼 만한 신용평가 분야다.[33] 수많은 금융 데이터를 쉽게 입수할 수 있게 된 요즘, 정보 우위는 서비스 소비자에서 서비스 공급자로 옮겨가고 있다.[34] 전통적으로 경제학에는 개인이나 기업이 은행보다 자신의 신용 능력을 더 잘 안다는 가설이 기본으로 깔려 있었다. 그러나 이제 은행들은 빅데이터와 머신러닝 알고리즘을 통해 각 개인이 신용불량자가 될 확률을 더 정확히 예측할 수 있다. 한편 소셜 미디어에서 추출한 데이터는 당사자도 모르게 개인정보를 유출할 수도 있다.

정보는 보험업계에서도 중요하다. 통상 보험 가입자는 자신의 위험이 어느 정도 수준인지 보험회사보다도 더 잘 알고 있다. 그러나 정보 우위가 소비자에게서 멀어짐에 따라 정보의 지대 추구 주체도 빅데이터를 취급하는 플랫폼으로 이동하고 있다.

그 밖의 디지털 트렌드

디지털 도구는 노동시장의 구인 구직을 원활히 하기 위한 목적으로도 사용되는 추세다. 예를 들어 인도에서는 봉쇄령이 내려지자 많은 도시 이주 노동자들이 고향으로 돌아갔다. 일자리가 없는 대도시로 다시 돌아갈 수도 없는 노릇이었다. 그러다가 인도의 가난한 노동자를 위한 링크드인과 비슷한 새로운 디지털 명함 서비스가 등장해 현재까지 100만 건 이상의 구인 구직을 성사시켰다.[35] 이러한 변화는 노동자가 코로나19 위기에 적응하는 데 도움이 되었으며, 덕분에 미래에 위기가 닥칠 때도 그들은 더 단단한 회복탄력성으로 무장되어 있을 것이다.

링크드인과 같은 온라인 도구는 새로운 일자리를 수월하게 검색하도록 돕는 역할도 했다. 컨설팅 기업인 가트너Gartner의 조사에 따르면, 많은 직장인들이 온라인 구인 포털에서 보내는 시간이 점점 늘어나고 있다.[36] 재택근무의 가치를 충분히 인정하지 않는 회사에서 근무하는 직장인은 팬데믹이 끝나고 채용시장이 다시 기지개를 켜면 가장 먼저 현 직장을 떠날 가능성이 있다.

사회 활동을 할 수 있는 광범위한 통로가 팬데믹 때문에 계속 막히다 보니, 가상 세계에서 상호작용하는 활동으로 눈을 돌리는 추세도 급격히 탄력을 받았다. 그 결과 전통적인 비디오 게임, 온라인 콘서트, 영화 스트리밍은 물론 친구들과 즐기는 포커 게임 등 여가 활동에서도 여러 화상 통화 플랫폼이 중심적 역할을 하게 되었다.

컨설팅 업체 딜로이트Deloitte의 조사에 따르면 "이들 플랫폼 소비자의 3분의 1이 신규 가입자로, 이들은 주로 비디오 게임 서비스에 가입하거나 클라우드 게임 서비스를 이용하고 실제 및 가상의 스포츠 경기를 시청한 것"으로 나타났다.[37] 마찬가지로 인터넷 방송 플랫폼 트위치Twitch의 스포츠 생중계 서비스를 시청한 이용자 수는 역대 최고를 기록했다.[38] 한국은 많은 사람들이 가상현실 체험에 참여하면서 이 분야에서 다른 국가들보다 앞서갔다.

대신 앞으로 사람들은 소셜 미디어 활동과 동시에 수행하기 어려운 일, 즉 어떤 글을 정독하거나 무언가를 분석하는 등 집중력을 요하는 작업을 하는 데 점점 애를 먹을 것이다. 비디오 게임이나 가상 환경에 중독되는 것도 어떻게 보면 일종의 함정이다. 사람들이 일터로 다시 복귀하고 충격으로부터 회복하는 능력에 방해가 될 수 있기 때문이다.[39]

8장
상흔 효과

코로나19 위기는 그 직전에 경제의 특정 영역에 대한 쏠림 현상이 없었다는 점에서 2000년대 초반 있었던 집값 버블과 극명한 대조를 이룬다. 그러므로 포스트 코로나 시대가 되면 10년 전의 위기보다 회복이 빠를 것으로 예상하는 사람도 있을 듯하다. 그러나 코로나19로 인한 경기침체는 그 심각성으로 보건대 노동자와 기업에 움푹 팬 상처를 남길 수 있다. 이 같은 **상흔 효과의 장기화**는 경제적, 재정적으로 회복을 가로막는다. 깊은 상처는 경제를 함정에 빠뜨리고 경제활동을 기나긴 쇠퇴의 길로 쭉 이끌지도 모른다. 팬데믹으로 많은 기업이 정상 운영되지 못하거나 문을 닫았다. 이러한 결과로 다른 기업들도 일시적으로는 유동성 부족을 겪었고, 중장기적으로는 지급불능의 위험에 처하게 되었다.' 이는 2008년 금융 위기 때 비금융권 기업보다 금융권 기업들을 살리는 데 많은 노력이 집중되었다는 점과 비교해 또 하나의 결정적인 차이점이다.

혹독한 위기는 적어도 세 가지 측면에서 경제에 상흔 효과를 발생시킬 수 있다. 첫째, 사람들 사이에서 위험을 감수할 의지와 낙관론을 꺾어버려 개인에게 상처를 남긴다. 둘째, 실업자의 실업 기간이 길어질수록 인적자본이 쇠퇴하므로 노동시장에 상처를 남긴다. 셋째, 특히 기업 파산 절차가 차일피일 길어지면 과잉부채의 압박으로 기업들에 상처를 남긴다. 이 세 가지 모두 경제 회복을 저해하고 장기 성장률을 떨어뜨릴 수 있다.

낙관론, 선호도, 위험에 대한 태도 변화

팬데믹 같은 극심한 위기는 드물게 발생한다. 전 세계의 주요 팬데믹 중 마지막 사례는 1918년 있었던 인플루엔자(스페인 독감) 위기였다.[2] 코로나19 위기는 전염병의 전 세계적 대유행이 역사에서 아직 끝나지 않은 심각한 위험이라는 강력한 깨달음을 우리에게 남겼다. 합리적 **학습** 가설에 따르면 사람들은 어떤 경험을 겪고 나면 자신의 믿음을 업데이트하기 때문에 팬데믹 이후 세상을 더 위험한 곳으로 인식하게 된다고 한다.[3] 그렇기에 결과적으로 사람들은 예비적 저축을 늘린다.[4] 이러한 의미에서 그들이 인식하는 **위험**의 **정도와 위험 회피 성향**이 더 높아지면 이는 경제가 막 회복에 시동을 걸려던 참에 별개로 수요를 위축시키는 걸림돌이 된다.[5] 역사적으로 보면 대공황을 경험해본 사람들은 나중에 위험을 덜 감수하는 직종에 취업했다. 또 1970년대에 높은 인플레이션을 겪은 세대는 이후 세대보다 한결같이 인플레이션에 대한 예상치가 더 높았다.[6]

검은 백조black swan(예측할 수 없는 사건)의 위험을 경험해보고 나면 합리적 사고를 하기 어려워진다. 확률이 낮은 사건에서는 행동 편향이 많이 나타난다. 행동경제학의 두 개척자 대니얼 카너먼Daniel Kahneman과 아모스 트버스키Amos Tversky의 수많은 실험 결과는 작은 확률은 완전히 무시되기도 쉽고 반대로 필요 이상으로 과대평가되기도 쉽다고 강조한다. 코로나19가 발발하기 전에 사람들은 전염병의 위험을 생각하지 않고 살았다. 팬데믹 후에도 대유행이 연이어 재발할 수 있음에도 많은 사람들이 그 위험성을 과소평가했고, 결국 사회의 회복탄력성은 손상되었다. 이 현상을 "회복탄력성 환상 resilience illusion"이라고 한다. 그러나 가까운 장래에는 반대로 사람들이 팬데믹이 발생할 가능성을 과대평가할 것이다.

시간이 지날수록 이 **두 편향**은 서로 돌고 도는 **순환 관계**를 이룰 것이다. 처음에는 테일 리스크를 과소평가하다가 나중에는 심히 과대평가하기에 이른다. 일반적으로 금융 위기의 위험에 대한 인식이 왜곡되는 방식도 이와 비슷하다. 금융 위기가 전 세계에서 정기적으로 발생하는데도, 대개 드문 사건으로 간주하기 십상이다. 이것은 **최신 편향**recency biases 때문이다. 금융 위기가 한번 터지면 경제 주체들은 금방이라도 금융 위기가 재발할 듯 확률을 부풀려 강조하는 비약적 추론에 빠진다. 그러나 나중에 계속 경기 흐름이 좋으면 사람들은 언제 그랬냐는 듯 위험을 잊고 지낸다. 그런 다음 이 믿음이 또다시 바뀌려면 한 번의 어마어마한 충격이 닥치든지 몇 차례의 부정적 충격이 일어나야 한다.' 이러한 편향은 상흔 효과가 시간이 지남에 따라 **치유**되기도 하고 **회복탄력성이 되살아날** 수도 있음을 시사한다.

그림 8-1은 장기적 상흔 효과의 가능성과 함께 사람들의 위험 회피 성향을 또 다른 차원에서 보여준다. 설문조사 응답자들은 "나는 백신이 보급되면 코로나 이전의 활동으로 OOO 돌아갈 것이다"라는 문장의 빈칸을 완성해달라고 요청받았다.' 그 결과 응답자의 27.5%만이 팬데믹 이전의 일상을 '완전히' 되찾을 것이라고 답했다. 지하철, 택시, 북적이는 엘리베이터, 외식을 피하는 습관은 앞으로도 몇 년 동안 계속되어 사람들의 행동을 변화시키고 경제의 여러 부문을 재편할 것이다.

위험 회피 성향이 점점 퍼지고 일상생활에 스며든다면 앞으로 전염병을 바라보는 많은 사람들의 인식도 바뀔 것이다. 2019년까지만 해도 웬만한 독감에 걸리더라도 사람들이 사회적 낙인 따위 신경쓰지 않고 어떻게든 '기운을 차려서' 출근하는 것이 일반적이었다. 그러나 이제는 사람들이 코로나19와 관련해 전염병의 외부 효과를 더 많이 의식하므로 그런 행동은 앞으로 용인되기 어려울 것이다. 이제 독감에 걸린 사람들은 직장 동료와 공익을 위해서라도 집에 머무르려 할 것이다.

고령의 노동자라면 일터에서 코로나 바이러스에 노출되지 않으

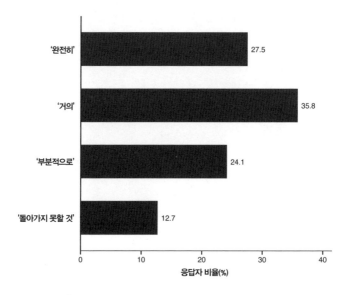

그림 8-1: 백신이 보급되면 얼마만큼 팬데믹 이전으로 돌아갈 것인지에 대한 사람들의 예상.

출처: Bloom, Markus' Academy(2020)

려는 욕구가 특히 강하다. 게다가 그들이 보유한 주식 포트폴리오는 2020년의 심각한 경기침체 속에서도 대체로 성과가 쏠쏠했기 때문에, 이들은 조기 은퇴가 건강상으로나 재정상으로나 바람직한 선택지라는 것을 깨달았다. 이는 팬데믹 이후에 패러다임의 전환을 촉발할 것이다. 즉, 일하기 위해 사는 삶보다 '삶 그 자체를 중시하는 삶'을 추구하는 사람이 더 많아질 것이다.

역사를 돌이켜보면 14세기 유럽의 흑사병은 생존자들의 삶에 대한 태도를 근본적으로 뒤바꿔놓았다.' 일부 역사가들은 이때부터 사람들의 우선순위가 변화하면서 르네상스의 길이 열렸다고 주장한다. 생존자들은 삶을 더 소중히 여기고 현재의 순간을 즐기고 싶어 했다. 이 시기에 메디치 가문 등이 최초로 예술을 후원하기 시작했다.

노동시장의 상흔 효과

구인 구직의 상흔 효과

미국의 실업률은 코로나19 팬데믹의 여파로 급등했다가 곧 뚝 떨어졌다. 그러나 도표만 봐서는 다소 오해하기 쉽다. 이를 보고 미국 노동시장이 강력한 회복력을 지녔다는 표시로 해석해서는 안 된다는 뜻이다. 실제로는 많은 노동자들이 일시적으로 해고되었다가 사업장이 다시 문을 열면서 복직한 것이었다. 이 패턴은 경기침체가 일어나고 처음 몇 달 동안 실업률이 이례적으로 급등한 사실을 뒷받침할 뿐이다. 팬데믹의 특수성을 차치하고 더 큰 그림을 본다면, 이번 경기침체에서의 고용 회복은 과거의 회복과 비슷한 패턴으로 보일 수 있다. 실제로 경제학자 로버트 홀Robert Hall과 마리아나 쿠들리약Marianna Kudlyak은 기본적으로 미국에서 경기 침체 이후의 고용 회복세는 대공황 때부터 매번 꾸준히 같은 속도로 전개됐다는 연구 결과를 내놓았다.[10]

그림 8-2는 2008년 금융 위기 이후 미국과 유럽의 실업률 추이를 나타낸다. 코로나19 위기 동안 미국 실업률이 급등한 것이 확연히 눈에 띈다. 미국이 주로 노동자를 일시 해고하고 후한 실업수당

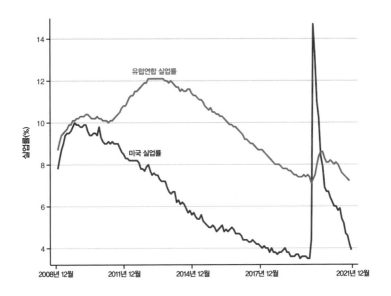

그림 8-2: 미국과 유럽의 실업률.

출처: FRED(2021)

을 제공하는 방법에 의존했다면, 유럽은 쿠르츠아르바이트Kurzarbeit에 중점을 두었다. 쿠르츠아르바이트란 노동자가 일하지 않는 동안에도 일자리를 보전하고 정부가 임금의 상당 부분을 부담해주는 제도를 의미한다(쿠르츠아르바이트의 소득 보전율은 일반적으로 임금의 100% 미만이다). 훗날 코로나가 종식한 후 장기적인 경제활동의 분포도를 보면 이들 정책 중 어느 접근 방식이 더 성공적인지 판가름 날 것이다. 쿠르츠아르바이트는 노동자의 **고용 상태**를 유지해주지만 동시에 팬데믹 같은 충격 이후 경제에서 필요로 하는 일자리 형태가 달라지더라도 노동력이 재배치되지 못하게 한다. 유럽 국가들은 쿠르츠아르바이트가 적용된 많은 노동자들이 복직하지 못한다면 적잖은 규모의 **위장실업**hidden unemployment*에 마주할 것이다.[11] 반면 미국의 **전략적 실업** 모델은 고용 상태의 유지를 보장하지 않으므로 노동시장에 상당한 상흔 효과를 남길 수 있다.

또한 쿠르츠아르바이트는 고용 상태를 유지하는 것 외에도 노동자들이 거시경제적 충격을 받지 않도록 보호한다. 덕분에 노동자들은 대부분 급여와 기타 수혜 자격을 잃지 않는다. 이 접근 방식은 노동자에게 보호 장치와 회복탄력성을 제공한다는 사회적 목표에 부합한다.[12]

장기적 회복탄력성과 관련하여 각 접근 방식의 우열을 가리기 위한 핵심 요인은 기술 진보의 특성이다. 기존 부문이 쇠퇴하고 새로운 부문이 부상하면서 큰 폭의 퀀티 점프가 일어나는 경우, 미국의 접근 방식은 노동력의 재배치를 촉진할 것이다. 다시 말해 사람들의 줄어든 외식 빈도가 영영 회복되지 않거나 쇼핑의 추세가 온라인으로 이동해 완전히 정착한다면, 쿠르츠아르바이트는 결과적으로 쇠퇴 업종에 노동자를 너무 오랫동안 가두는 셈이 될 것이다. 반면 충격이 단기적으로 끝난다면 고용 관계를 유지하는 것이 바람직할 것이다.

2020년 6월까지 미국에서 나타난 고용 증가세는 대개 일시 해고

---

* 사실상 실업이나 마찬가지이나 취업 인구로 분류되어 실업률 통계에 잡히지 않는 상태를 말한다.

된 직원들이 재고용되어 발생한 결과였다. 이는 고용주와 직원 간에 고용 관계가 유지되는 것이 얼마나 중요한지를 나타낸다.[13] 그러나 팬데믹이 제법 장기화된 만큼, 노동자와 기업을 지원하는 정책을 각 부문 간 노동력의 재배치를 촉진하는 방향으로 전환해야 할수도 있다. 포스트 코로나 시대의 경제가 코로나 이전과 크게 달라진다면 고용 관계를 유지하기 위해 그동안 대대적으로 예산을 쏟아부은 노력이 도리어 신규 부문이나 성장 중인 부문으로 노동력을 재배치하는 것을 방해할 것이다.

전반적으로 미국에서는 고용 관계를 보호하기 위한 대책이 별로 없었다.[14] 그나마 고용주와 직원 간의 고용 관계를 유지하기 위한 대표적인 정책을 꼽자면 급여보호프로그램PPP이 있는데, 이는 주로 급여 지급 목적을 전제 조건으로 고용주들에게 상환면제가능대출forgivable loan을 확대 제공한다는 내용이었다. 그러나 이 프로그램은 수혜 대상이 적절치 못했다. 대출 대부분이 대기업으로 갔고 교육 기관, 연구 기관, 지자체 등은 소외되었기 때문이다.[15] 또한 대출을 받은 기업 중 다수가 애초에 직원을 일시 해고할 계획이 없었다는 점도 PPP가 고용에 미치는 영향이 제한적이었던 한 가지 이유였을 것이다.[16]

인적자본의 상흔 효과

대학생을 표본 대상으로 한 몇몇 연구들에 따르면, 졸업 연도의 경제 상황이 졸업생들의 취업 시기는 물론 취업 후 몇 년이 지나서도 경력에 상당한 영향을 미치는 요인이었다.[17] 경기침체기에 대학을 졸업한 취업자 상당수가 노동시장에 먼저 진입한 선배들을 따라잡지 못하고 오랫동안 상흔 효과를 경험했다. 마찬가지로 실직도 인적자본을 잠식한다. 자신의 기술이 무용지물이 되거나 새로운 추세를 따라가지 못하면, 실직자들은 그 후로도 노동시장의 상흔 효과에서 좀처럼 벗어나기 힘들 수 있다.[18]

이력 현상: 회복의 지연

경제학자 올리비에 블랑샤르Olivier Blanchard와 래리 서머스Larry Summers는 노동경제학에서 '이력 현상hysteresis'이라는 용어를 고안했다. 이는 실업률이 이전 수준으로 완전히 회복하지 않은 채 노동시장에 또 다른 위기가 닥치면서 설상가상으로 실업률이 더 오르는 상황을 일컫는다.[19] 일반적으로 이력 현상은 물리학과 재료과학에서는 회복의 지연을 의미한다.

더 최근에 블랑샤르는, 결정적인 증거를 제시하지는 않았으나 다른 연구에서 노동시장에 이력 현상이 존재할 수 있다는 결론을 내리기도 했다.[20] 그러므로 경기침체기에는 상흔 효과나 기술의 발전이 노동시장에서 이력 현상을 초래할 가능성이 있다. 이러한 효과는 경기침체로부터 회복하는 데 상당히 오랜 시간이 걸릴 수 있음을 시사하며, 어쩌면 장기적으로 더 높은 실업률로 이어질 수도 있다.

기업의 상흔 효과

2008년 금융 위기 직후 미국 정부는 주로 가계를 집중적으로 지원하려 노력했다. 그중에는 부동산 버블 붕괴로 집값을 초과하는 빚을 떠안게 된 가구들이 많이 포함되었다. 그 외 많은 국가에서 경제 회복 속도가 더뎠는데, 특히 금융 위기의 충격에 이어 유로 위기도 발생한 유럽이 더욱 심했다. 요컨대 회복은 지지부진했고 일부 신흥국만 강하게 반등했다. 반면 2020년 초의 충격은 2008년과 달리 주로 기업 부문에서 타격을 입었다. 미국의 경기부양법에 따라 가계에 넉넉한 지원이 돌아간 것도 그 부분적 이유였다.

과잉부채

코로나19 위기는 특히 대면 접촉이 잦은 서비스 업종을 중심으로 현금 흐름에 전례 없는 충격을 안겼다. 2020년 3월 현금 흐름이 고갈되자 금융시장에서는 '현금 쏠림 수요dash for cash' 현상이 나타났다. 기업들은 유동성 완충장치를 구축하기 위해 주어진 신용 한도만큼 현금을 인출하기 시작했다.[21] 일반적으로 신용 한도는 미리 명시된 조건과 한도를 가지고 기업이 은행에서 차입할 수 있도록 허용되는 수준이다. 따라서 신용 한도에서 아직 차입하지 않은 잔여 부분은 기업이 급히 현금이 필요할 때 쉽게 접근할 수 있는 완충장치였다.

   팬데믹이 초기에는 기업의 재무적 의사결정에 영향을 미쳤다면, 2차 대유행 때는 특히 실제 투자를 비롯한 실물적 측면의 의사결정에 영향을 미치면서 위험 요인이 나타났다. 현금 흐름이 끊겨 재무적 제약에 시달리는 기업은 통상 투자를 줄이는데, 이는 기업이 자사의 비즈니스 모델이 향후 불확실하다고 예상할 때 대응하는 방식과 유사하다.

레버리지 수준이 과도한 기업은 팬데믹 이후 장기간 고질적인 저성장을 면치 못하고 회복에 어려움을 겪을 것이다. 부채가 쌓이고 쌓여 **과잉부채**에 시달리는 기업은 현금 흐름을 투자 대신 부채 상환에 사용할 수밖에 없다. 그 결과 투자는 활기를 잃고 회복은 더 지연되며 장기적인 상흔 효과의 악순환으로 이어질 위험이 커진다.

전반적으로 기업과 가계를 함께 지원하는 조치가 중요하다. 이러한 정책적 개입은 중소기업의 자본금과 가계의 인적자본을 보호한다는 점에서 일반적인 케인스식 승수 효과보다 파급 효과가 훨씬 클 수 있다.[22]

중소기업과 대기업의 비교

코로나19 경기침체의 K자 모양이 보여주듯, 팬데믹의 충격은 다양한 경제 부문에 각기 다른 방식으로 영향을 미쳤다. 또한 중소기업과 대기업에도 서로 다른 영향을 미쳤다.

그림 8-3을 보면 2020년 3월에 대기업의 신용 스프레드가 크게 확대되었음을 알 수 있다. 이후에는 거의 팬데믹 이전 수준으로 되돌아갔다. 하지만 중소기업이 외부에서 자금을 조달하는 중요한

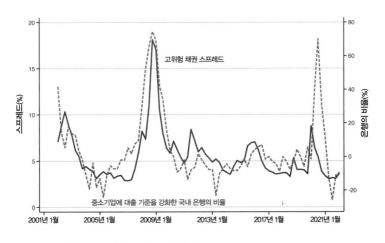

그림 8-3: 대기업과 중소기업의 자금 조달 여건.

출처: FRED(2021)

원천인 은행들은 코로나19 위기 초기에 이들에 대한 대출 기준을 한층 강화했다. 그러다가 연준이 회사채 시장에 개입하면서 채권 스프레드가 안정되었고, 이어서 은행들도 자금 사정이 나아지자 대출 기준을 다시 완화했다. 따라서 산업 전반에 걸친 K자 형태의 경기침체가 중소기업과 대기업 간 자금 융통 여건의 차이에도 부분적으로 반영되었다고 볼 수 있다. 중소기업들은 대부분 팬데믹의 영향을 받는 업종에 속했던 만큼 이중고에 시달려야 했다. 그들은 영업제한에 묶인 데다가 살아남기 위해 은행으로부터 고금리로 자금을 대출받아야 했다. 다음 장에서 다시 논의하겠지만, 미국 연준의 회사채 매입 프로그램은 중소기업보다 대기업에 훨씬 큰 혜택을 안겼다.

기업의 회복탄력성과 전체 경제의 회복탄력성: 다윈의 자연선택

자본주의 사회에서의 기업 부문과 다윈의 자연선택 사이에는 얼핏 직접적인 연관이 없어 보일 것이다. 그러나 신규 기업이 기존 기업의 시장점유율에 도전하며 경쟁 시장에 진입하는 끊임없는 순환 구조는 자본주의의 생명줄인 동시에 적자생존의 원칙과 유사하다. 예를 들어 스마트폰 혁명으로 기존 비즈니스 모델에 도전을 받은 기업들은 제품 라인을 재정비하든지 아예 시장에서 사라지든지 둘 중 하나였다. 예를 들어 사진 시장의 선두주자였던 코닥은 디지털 카메라와 스마트폰으로 옮겨가던 시대의 흐름을 놓쳤다. 코닥은 이에 대응하고자 디지털 인화 서비스를 중심으로 비즈니스 모델을 재조정했다. 이러한 일화는 슘페터식 창조적 파괴의 중요한 역할을 보여주는 증거다. 신규 진입한 기업은 기존 기업에 도전장을 내밀고 혁신을 주도하는데, 이들의 혁신이 경제성장의 원동력이었다. 첨단 산업 중심의 경제에서 혁신은 기업 리더들을 끊임없이 위협하는 동시에 혁신에서 손을 놓지 못하도록 재촉한다.

그림 8-4는 상장 기업 중 주당순이익EPS이 마이너스인 기업의 비율을 나타낸다. 많은 신생 기업이 초기에 적자를 기록한다는 점을 감안해 이 수치에는 최소 5년 이상 된 기업만 포함했다. 성숙기의 미국 상장 기업 중 일반적으로 최소 20%는 마이너스 EPS를 공시한다. 이 비율을 구성하는 기업은 소규모 기업이 많지만, 대기업 중에서도 분기마다 약 10%는 마이너스 EPS를 발표한다. 더욱이 적자에 허덕이는 중소기업을 중심으로 마이너스 EPS를 기록하는 기업의

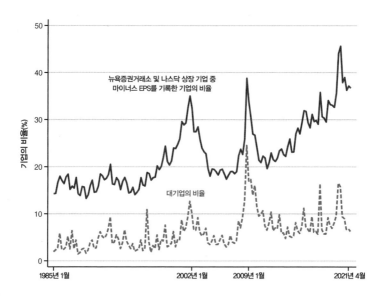

그림 8-4: 성숙기(설립 후 5년 이상)에 있는 기업 중 마이너스 실적을 기록한 기업의 비율. 실선은 미국의 주요 증권거래소에 상장된 5년 이상 된 기업 중 이익이 마이너스인 기업의 비율이다. 점선은 동일한 내용에 해당하는 대기업만 추출한 값이다.

출처: WRDS, CRSP-Computat(2021)

비율은 계속 증가하고 있다.

자본주의 경제가 돌아가려면 위험을 감수하려는 정신이 매우 중요하다. 경제에 마이너스 EPS를 기록하는 기업이 없다면 기뻐해야 할 일일까? 아마 아닐 것이다. 오히려 위험을 감수하려는 기업이 부족하다는 표시일 것이다. 또한 부실기업을 솎아내는 것도 중요하다. 앞날이 캄캄한 기업에 갇혀 있는 유휴자원은 결국 더 생산적인 기업으로 재할당되어야 한다. 이 책 앞부분에서 강조했듯이 경제는 비록 일부 부실기업을 시장에서 퇴출하는 한이 있더라도 창의적이고 파괴적인 혁신이 일어나야 더 빨리 회복된다. 미국에서는 코로나19 위기의 초창기 이후, 온라인 쇼핑을 포함해 비교적 팬데믹의 영향을 받지 않는 부문에 신규 진입한 기업 수가 사상 최대치를 기록했다.[23]

파산과 구조조정: 중소기업과 대기업의 비교

어쩌면 의외로 보이겠지만, 2020년에 많은 국가에서 기업의 파산 건수는 크게 증가하지 않았다. 독일에서도 그랬지만, 도산 위기에 처한 기업을 살리기 위해 지급유예를 허용해주는 경우가 적잖아서 실제로 파산 건수가 감소했다.[24] 하지만 불붙은 경제 회복에 초를 치지 않게끔 기업들의 **연쇄 도산**을 막아야 할지 아니면 **창조적 파괴**의 희생에 따른 장기적인 손실을 감내할 것인지, 두 선택 사이에 상충 관계가 있다. 슘페터는 창조적 파괴가 장기적 성장의 주요 엔진이라고 말했다. 따라서 **한계 기업**zombie firm(채산성이 낮은 기업)을 너무 많이 살려두면 각 기업 입장에서는 좋겠지만 전체 경제에는 함정이 될 수 있다.[25] 다시 말해 은행들이 한계 기업을 보호하겠다는 명목으로 기존 대출의 만기를 자꾸 연장해주면, 비생산적인 기업에 자원이 방치되게 된다. 한계 기업이 지나치게 많으면 경제는 영영 성장 궤도로 돌아오지 못하고 회복탄력성도 약해진다.

이러한 점을 고려하면 앞서 논의한 유한 책임도 같은 맥락에서 생각할 수 있다. 유한 책임은 한편으로 기업가에게 손실에 대한 보호 장치를 제공해 위험을 감수하도록 장려하는 기능을 한다. 그러나 다른 한편으로 비효율적인 한계 기업의 수명이 쓸데없이 늘어나는 빌미를 제공하므로 전체 경제의 숨통을 조이는 결과를 낳을 수도 있다.

또한 이 상충 관계는 충격이 얼마나 오래 지속될지에 따라 달리 나타난다. 충격이 일시적이어서 경제가 곧 이전의 균형으로 돌아간다면, 쿠르츠아르바이트가 고용 관계를 보호했듯이 지급유예는 기업을 회생시켜 회복을 촉진하는 역할을 한다. 그러나 충격이 오래 지속된다면 미련 없이 자원을 재배치하고 기업의 구조조정에 돌입해야 한다.

다음 쪽 그림 8-5는 미국에서 자금난에 처한 기업이 통상 거치는 절차를 그린 것이다.[26] 부실기업은 기본적으로 두 가지 갈림길에 서게 된다. 부채 재조정을 거쳐 회생하든지 아니면 청산 절차를 밟는 것이다. 두 과정 모두 공식적으로 회생법원을 통해도 되고 개별 협상으로 해결해도 된다. 다만 전자는 채권자와의 협상에서 강력한 외부 위협으로 작용할 수 있다.

놀랍게도 문을 닫은 기업의 91.7%는 법원을 거치지 않고 청산 절차를 완료했다. 지급불능이 항상 공식적인 파산을 의미하는 것은 아니다. 지급불능 문제를 법적으로 해결하기로 택한 기업 중 대다수인 84.4%가 파산법 제7장(기업 청산 절차 조항)을 신청한다. 반대로 파산법 제11장(파산 보호 신청 조항)을 신청하는 나머지 기업은 판사의 결정에 따라 청산 과정으로 보내질지 또는 구조조정 및 존속 과정으로 보내질지 운명이 정해진다. 파산법 제11장의 취지는

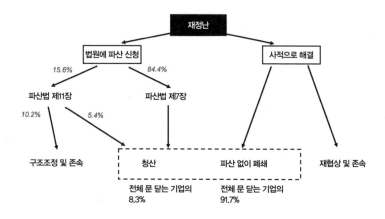

그림 8-5: 기업의 구조조정 절차 개요도.

출처: Greenwood, Iverson, and Thesmar(2020)

부실기업이더라도 그 기업의 생존이 경제 전체에 이롭다고 판단되면 부채를 재조정하고 그렇지 않은 기업은 청산하는 것이다.*

넉넉한 현금 완충장치가 주로 대기업들에 쏠리며 기업 부문이 양극화된 까닭에, 유동성이 낮고 자본이 부족한 중소기업보다 대기업이 충격에 훨씬 잘 대비할 수 있다.[27] 또한 중소기업은 대개 파산법 제7장에 따라 청산의 운명에 직면하는 반면, 대기업에서는 파산법 제11장에 따라 수월한 구조조정이 이루어진다.

이런 이유로 기업 가치의 침식을 막기 위해서는 중소기업을 구

---

* 미국의 'Bankruptcy Code'(참고로 영국은 'Insolvency Act')라 하면 흔히 '파산법'으로 번역되나 여기서 사용된 단어 'bankruptcy'는 위와 같이 회생 신청과 파산 신청을 둘 다 포함한다. 우리나라는 〈채무자 회생 및 파산에 관한 법률〉에서 회생 신청 절차(제34조~제293조)와 파산 신청 절차(제294조~제578조)로 구별한다. 회생 신청이 폐지되거나 기각될 경우 대개 파산으로 넘어간다.

제할 필요성이 있다. 부채 탕감 제도가 없으면 이들 기업은 얼마 남지 않은 유동성을 노동력과 자본을 유지하기보다 주로 부채를 상환하는 데 써버리므로 충격 이후 곧바로 기업 활동을 정상화할 수 없다.[28] 많은 기업이 결국 부채 상환 의무에 굴복하고 파산법 제7장에 따라 청산의 운명을 맞이한다. 이는 높은 가치를 지닌 기업이 충격 후 유동성이 부족해져 결국 청산에 이르는 비효율적 파산으로 이어질 수 있다. 청산을 면한 기업이라도 부채가 과하면 회복기 동안 경영을 정상화하기 어렵다.[29] **결국 두 경로 모두 경제의 회복탄력성을 손상시킨다.**

반대로 파산법 제11장의 파산 보호를 신청할 수 있는 대기업을 굳이 구제하는 것이 돈 낭비인 이유는 주주가 평소 기업 운영에 필수적인 주체가 아니기 때문이다. 요즘 주주는 그저 기업의 소유자일 뿐이고, 기업 운영은 경영진에게 맡긴다. 반면 중소기업은 소유자가 경영을 겸한다. 그러므로 대기업에 구제금융을 제공하면 주주들에게 사회적으로 바람직한 수준보다 더 늦게까지 파산 보호 신청을 질질 끌 수 있게 시간을 벌어다줄 뿐이다. 이 방법은 특히 파산과 구조조정에 소요되는 비용이 상대적으로 적은 경우라면 좋지 않다.[30] 이처럼 파산 제도는 비효율적이기는 하지만 특히 대부분의 경기침체기에 파산 신청의 급증이 따른다는 점을 고려할 때 매우 중요한 역할을 한다.[31]

또 하나의 복잡한 문제는 파산법원이 담당하는 사건 수가 증가할 가능성이다. 이를 해결하려면 방법은 두 가지다. 법원의 역량을 키우든지 기업이 법원 밖에서 구조조정을 해결하도록 촉진하는 것이다.[32] 이 중에서도 후자는 당사자가 법원 밖에서 구조조정을 해결할 수 있도록 지원하는 세금 인센티브를 활용할 수 있다. 예를 들어 청구권을 일부 포기한 채권자는 그 대가로 세금 공제 혜택을 받을 수 있다. 이러한 접근법은 위험 분담을 핵심으로 강조한다. 채무의 일부를 세금으로 충당하기도 하지만, 채권자도 일부 손실을 떠안는다.

법원의 역량을 늘리는 몇 가지 방법으로 파산 전담 판사를 추가로 늘리거나 임시 판사를 배정하거나 파산 신청이 많은 지역으로 판사를 집중 재배치하는 것 등이 있다. 아니면 파산 절차를 간소화하는 방법도 있다.

미국과 달리 많은 유럽 국가들은 파산 신청 요건을 일시적으로 완화하는 파산 유예 조치를 취했다. 그 결과 코로나19 위기 동안 역설적이게도 파산 건수가 적었다. 그러나 한편으로 이러한 접근 방식으로는 지급유예가 해제된 후 한계 기업들이 한꺼번에 파산 신청을 시작할 때 거센 후폭풍이 밀려올 가능성이 있다고 우려하는 목소리도 있다.[33]

9장
금융 회복탄력성의 강화와
중앙은행의 역할

코로나19 팬데믹 기간에 금융시장은 전례 없는 회복탄력성을 보여주었다. 처음에 급락을 겪기는 했지만 2020년 말에는 최고치를 경신할 정도로 회복세가 이어졌다. 이 반등은 또한 2020년 여름까지 기록적인 IPO(기업 공개) 건수를 달성하며 정점에 달했다. 이 롤러코스터 같은 급등락 패턴은 톱니whipsaw를 닮았다.

금융시장이 실물시장보다 훨씬 빠르게 회복된 이유를 설명할 요인으로는 다음과 같이 여러 가지가 있다. 저금리 기조, 대기업과 기술 기업에 편중된 주식시장, 코로나19가 초래한 사회 변화의 수혜자인 기술 기업들의 호실적, 테일 리스크를 제거한 중앙은행의 개입, 그리고 수수료 없는 주식 거래 앱의 등장이 한몫했을 것으로 보이는 주식시장의 잠재적 거품 등이다. 이 모든 요인들을 이 장에서 탐구할 것이다.

회사채 시장에서 신용 스프레드(상대적으로 건전한 회사와 위험한 회사가 지불하는 이자율의 차이)는 초기의 충격 때와 비교해보면 축소되었다. 그리고 2020년 여름이 되자 대규모 채권 발행 계획이 발표되었다. 기록적인 저금리에 힘입어 기업들은 역대급 규모로 부채를 재융자했다. 이러한 패턴은 2021년 초에도 계속되었다. 주식과 채권시장 양쪽에서 기업들은 전례 없는 규모의 자금을 조달했다. 주식시장의 호황과 낮은 회사채 금리는 기업들이 꾸준히 자금을 조달하게 하는 유인으로 작용했다.[1]

비트코인 같은 디지털 화폐도 마찬가지로 톱니형의 급등락을 보여주었다. 비트코인은 2020년 3월에 하락한 이후 약 100% 상승하더니 2021년 초에는 신고가를 찍었다.[2]

이러한 톱니 패턴이 나타난 데는 2020년 3월 금융시장이 출렁거렸을 때 신속히 개입한 중앙은행의 공이 컸다. 중앙은행의 안정화 정책은 강력한 효과를 내며 금융시장의 빠른 반등에 기여해 시장의 놀라운 회복탄력성을 입증했다.

주식시장과 대기업: K자 침체

금리가 사상 최저 수준으로 떨어지면 회사채 시장에서 부채를 늘리는 비용이 낮아지고 나아가 기업의 자본에도 도움이 된다. 낮은 할인율(시간의 기회비용이 작음)은 미래에 예상되는 현금 흐름의 가

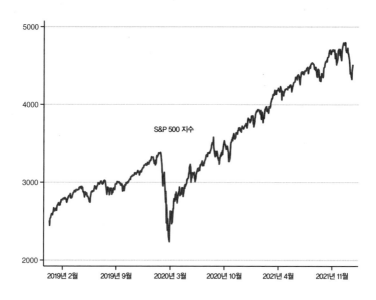

그림 9-1: 미국의 S&P 500 주가지수.

출처: WRDS, CRSP-Computat(2021)

치를 높여 주가를 상승시킨다.

2020년 3월의 하락

그림 9-1은 미국 주식시장을 광범위하게 대표하는 지수인 S&P 500의 2019년 9월 이후 움직임을 나타낸다. 2020년 3월에는 지수가 30% 이상 하락했으나 2020년 나머지 기간과 2021년 초에 걸쳐 점차 회복되는 것을 볼 수 있다. 한 가지 예외는 은행 부문으로, 이들은 좀처럼 회복하지 못하다가 2021년 후반에야 반등했다. 2020년 하반기에 주가지수는 높은 수준을 유지했지만 경제는 2020년

거의 내내 상당한 규모의 비자발적 실업과 함께 깊은 불황 속에 갇혀 있었다. 주가지수는 선행지표의 특성이 있으므로 현재보다는 앞으로 경제가 어떻게 될 것인지를 예측하기에 더 나은 지표가 될 수 있다. 한편 채권 가격은 단기 경제활동을 더 잘 예측하는 경향이 있다. 폴 새뮤얼슨의 오래된 격언을 인용하자면 주식시장은 기업의 단면은 잘 예측하지만 시간 범위를 더 넓혀 경제 전반에 대해서는 "지난 5번의 경기침체기 동안 9번의 경기침체를 예측"할 만큼 과민 반응하는 경향이 있었다.[3]

2020년 여름의 반등

2020년 여름, 대공황에 버금가는 실업률 속에서도 주식시장은 빠르게 회복되면서 **금융시장과 실물경제 간의 단절**이 어느 정도 현실화되었다.[4] 본질적으로 주식시장이 실물경제보다 호황을 누리는 데는 몇 가지 이유가 있다. 한쪽에서는 펀더멘털이 일반적으로 생각하는 것보다 더 견고해서라고 주장하는 반면, 다른 쪽에서는 거품 요소가 존재한다고 지적하는 의견도 있다.[5] 여기에 코로나19 위기의 대부분 기간에 소비가 억눌려 있다 보니 개인이 그간 많이 비축한 돈의 일부가 자산시장에 풀렸다는 점을 근거로 꼽을 수 있겠다.

첫째, 주식시장과 전체 경제 사이에 **구성적 편향**이 있다. 대면 접촉 위주의 서비스를 제공하는 기업은 주식시장에서 대표성이 미미하다. 무엇보다 주식시장에 상장되지 않은 중소기업이 많다. 게다가 주식시장은 주가지수 산정에서 가중치가 주어지는 대형주에 의해 주도되어 왔으며 특히 대형 기술주는 매우 좋은 실적을 보였다. 특히 아마존의 비즈니스 모델은 팬데믹 기간에 명백한 승자였다.

둘째, 각국 중앙은행이 다양한 자산을 매입하여 자산시장 전반에 걸쳐 테일 리스크를 체계적으로 제거했다. 일본 중앙은행은 주식까지 매입해 일본 ETF 시장의 90%를 보유하고 있다.[6] 스위스 중앙은행은 스위스 프랑을 평가절하하기 위해 미국 주식을 매입하기 시작했다. 2018년에는 이 은행이 페이스북 주식을 창립자 마크 저커버그보다 더 많이 보유했다.[7]

셋째, 중앙은행의 개입이 코로나19 팬데믹 동안 할인율을 낮추는 역할을 했을 가능성이 있다. 그러면 현금 흐름이 변동하지 않더라도 주식 가치가 올라간다. 간단한 **고든의 배당성장률모델**Gordon growth model에 따르면 주식 가치를 결정하는 것은 요구 수익률(r)에서 배당성장률(g)을 뺀 값이다($P_0 = D_1 /(r-g)$에서 D1은 배당금을 나타냄을 기억하라). 만약 g가 약간 하락해도 실질 요구 수익률(r)의 하락 폭이 더 크면 주식 가치는 과도하게 올라간다. 덧붙여 경기침체 후에도 장기적 상흔 효과가 없이 V자형 반등이 온다고 전제한다면 배당금(D1)은 중장기적으로 안정적으로 증가할 것이라 기대할 수 있다.[8]

넷째, 주식시장이 급속히 회복한 이유를 설명할 대안적 방법은 비이성적 과열 때문이라는 것이다. 여기에 '**회복의 기회를 놓칠지 모른다는 두려움**'이 강력한 역할을 했을 수 있다.[9] 2008년에 주식시장은 처음에는 폭락했다가 이후 강하게 반등했다. 당시 저점에서 매도한 많은 투자자들은 2008년 이후 강력한 반등의 기회를 놓쳤기 때문에 이번에는 같은 실수를 반복하고 싶어 하지 않았다.

　주식 거래가 활발해진 것은 로빈후드Robinhood와 같은 **주식 앱**과도 관련이 있다. 개인 투자자들도 앱을 통해 매일, 그것도 전보다 빠르게 주식을 사고팔 수 있게 되었다. 2020년 3월 코로나19의 확산으로 많은 도박시장과 카지노가 문을 닫으면서 이러한 앱들에 사용자가 급격히 몰렸다.[10]

　로빈후드 같은 앱으로 거래하는 투자자들은 평소에 보기 드문 현상을 빚어내기도 했다. 레딧Reddit의 온라인 토론방 월스트리트베츠WallStreetBets에서 정보를 주고받은 개인 투자자들은 2021년 1월 26일에 힘을 모아 비디오게임 소매업체 게임스톱GameStop의 주가를 100% 이상 올려놓기에 이른다. 이로 인해 게임스톱 주식을 공매도한 헤지펀드는 큰 손실을 입었다.[11] 게임스톱은 소매 의존도가 높은 사업 특성상 최근 들어 매장과 쇼핑몰의 지속적인 폐쇄와 경영난을 겪었음에도 주가가 2021년 1월 29일까지 1700% 올랐다. 광란의 물결은 공매도의 또 다른 주된 먹잇감이었던 영화관 체인 AMC를 포함한 다른 종목까지 확장되었다. 그러나 이들 주식의 승승장구는 대부분 오래가지 못했다. 덴마크의 경제학자 라세 페데르센Lasse Pedersen은 이 같은 사태를 자세히 설명하며 밈 투자meme-investing 혹은 약육강식의 거래 메커니즘이라는 표현을 언급했다. 약육강식의 거래 행태는 다른 투자자들을 압박하고 그들이 불리한 가격에서 주식시장을 떠날 수밖에 없게 한다.[12]

IPO 열풍

이번 팬데믹 기간에 파산 직전의 기업들은 자금을 조달해 기사회생했고, 스타트업들은 상장 행렬에 새로이 뛰어들었다. 전통적인 IPO는 투자은행이 주간사로 관여해 기업이 증권거래소에 상장되는 과정을 감독한다. 2020년에는 암울한 경제 전망에도 전통적인 IPO들의 열풍이 유난히 뜨거웠다. 명목상으로는 2020년의 IPO 열기가 2000년 닷컴 버블이 정점에 달했을 때의 IPO 열풍을 능가했다(그림 9-2). 가장 급성장한 분야는 의료, 금융, 전자 업종이었다. 에어비앤비Airbnb와 도어대시DoorDash 등 2020년 일부 기업의 IPO는 상장

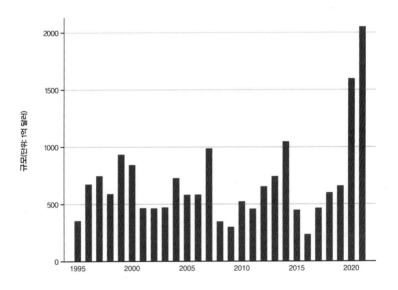

그림 9-2: 미국의 연도별 IPO 규모.

출처: WRDS, CRSP-Computat(2021), SDC

첫날 주가가 폭등했을 만큼 닷컴 버블 이후로는 보기 힘들었던 진풍경을 연출했다. 하지만 이는 잠재적으로 불길한 징조다.[13]

미국에서는 IPO 시장에 접근하는 새로운 방식이 등장했다. IPO는 투자은행이 공모 금액의 약 7%에 해당하는 수수료를 챙기기 때문에 일반적으로 비용이 많이 든다. 그래서 2020년에 더 인기 있었던 대안은 전통적인 IPO 과정을 우회하는 방식으로, **특수목적인수회사**SPAC가 주선한 직접 상장 과정을 통해 주식시장에 접근하는 것이었다. SPAC는 상장을 원하는 다른 회사의 인수 및 합병을 목적으로 자금을 조달하는 유령 회사를 말한다. 일종의 우회 상장인 이 과정은 점점 더 대중화되더니 2020년에 SPAC 상장의 총 규모가 700억 달러에 달했다.[14] SPAC 상장의 매력이 비용 절감에만 있다면 어폐가 있을 것이다. 전통적인 IPO보다 비용이 약간 덜 드는 편이기는 하지만, 여러 규제 요건과 관련된 비용을 포함해 추가 수수료도 필요할 수 있기 때문이다.[15, 16]

채권시장

코로나19 위기 동안 주식시장은 놀라운 회복탄력성을 과시했다. 채권시장도 마찬가지였다.

주주가 상장 기업의 부분적인 소유권을 부여받는 반면, 채권 투자자는 기업의 의사결정에 직접적으로 관여할 권리는 없고 채무액을 상환받을 권리만 지닌다. 그러나 기업이 재정난에 처해 있을 때

수익을 배분한다면, 주주에게 보상하기 전에 채무를 먼저 변제한다. 이러한 이유로 통상 채권이 주식보다 덜 위험하다고 여겨진다. 대개 재정난에 처하더라도 기업은 채무자에게 비록 일부나마 빚을 상환할 수 있다. 그 대신 주주에게 돌아가는 몫이 얼마 안 될 테지만 말이다. 그렇지만 구글의 100달러짜리 채권자 지분은 A라는 사람이 B라는 사람에게 유통시장에서 미결제 채권을 매각할 시점에 가치가 변동하기도 한다. 채권자 지분의 가치는 흔히 회사가 완전히 상환할 능력이 있는지 불확실할 때 변동한다.

주주에 대한 보수는 기업 실적에 따라 크게 달라진다. 실적이 좋으면 주주들은 많은 이익을 얻지만 실적이 안 좋으면 한 푼도 받지 못할 수도 있다. 그에 반해 채권 보유자는 실적이 좋을 때는 그 혜택을 누리지 못하고, 실적이 안 좋아 기업이 채권을 액면가로 상환하지 못하고 도산까지 이른다면 덩달아 피해를 입을 수 있다. 이 후자의 위험을 채무불이행 위험이라고 한다.

그러면 이제 정부 부채부터 살펴보고 이어서 기업이 사모로 발행하는 회사채를 다루기로 하자.

국채시장과 최종 시장 조성자

공채는 중앙정부나 지방정부에서 발행한다. 미국에서는 국채를 미국재무부증권US Treasuries이라고 한다. 독일 국채는 '분트Bund'라고 한다. 일본에는 일본국채JGB가 있다.

경제 교과서에서는 시장을 구매자와 판매자가 동시에 만나 재화, 서비스, 자산 등을 화폐로 교환하는 장소라고 가정한다. 그러나 예를 들어 현실에서는 미국 국채의 보유자가 매도하고자 하는 시점과 다른 투자자가 그 국채를 매수하고자 하는 시점 사이에 시차가 있을 수 있다. 이 두 시점 사이의 간격을 메우기 위해 제삼자인 **시장 조성자**Market Maker가 채권을 일시적으로 '보관'해야 한다.

역사적으로 미국 국채시장에서는 대형 은행들이 시장 조성자 역할을 맡아왔다. 그들은 매수자와 매도자 간 중개자 역할을 하느라 자기네 대차대조표에 다량의 미국 국채를 담아야 했다. 그러나 2008년 금융 위기 이후 규제가 강화되면서, 시장 조성자 역할을 하려면 상당한 자본이 필요하게 되었고 그에 따라 은행들은 시장 조성자 역할을 맡지 못하게 되었다. 그런 이유 때문에 은행은 규제가 덜 엄격하고 더 높은 이윤이 보장되는 다른 업무에 전념하는 쪽을 선호한다. 그림 9-3은 대형 은행들의 대차대조표를 보여준다. 총자산은 2008년 금융 위기 이후 안정적으로 유지되었으며 국채 공급은 꾸준히 증가했다. 그 대신 헤지펀드들이 지난 10년 동안 시장 조성 부문에 진출했다.

2020년 3월, 세계에서 가장 크고 일반적으로 유동성이 가장 높은 금융시장 중 하나인 미국 국채시장이 유동성 선호로 수요가 현금에 몰리면서 '경색'되었다. 그래서 미국 연준은 회복탄력성을 복구하기 위해 **최종 시장 조성자**로서 시장에 개입해야 했다. 은행들이 중개와 거래를 겸하는 시장 조성자 역할을 하기엔 거래량이 압도적이었기 때문에 아무도 시장 조성자가 되기를 원하지 않았다. 은행

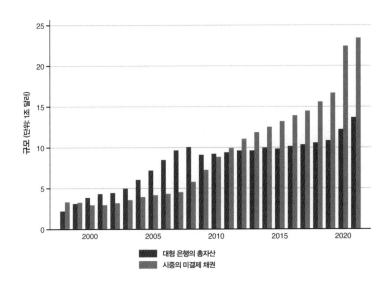

그림 9-3: 시중에 유통되는 미국재무부증권(국채)의 증가세가 대형 은행의 자산 수준을 능가한다.

출처: Darrell Duffie, Markus' Academy(2020)

들도 주어진 역할을 그럭저럭 수행하고 중개를 확대하긴 했지만, 그들의 대차대조표 규모로는 엄청난 거래량을 충분히 신속하게 중개할 수 없었다.[17]

결국 연준은 2조 달러에 가까운 국채를 매입했다. 연준의 개입은 양적완화 프로그램의 일환으로 다량의 채권을 장기적으로 보유했다는 점에서 시장 조성자의 역할 그 이상이었다. 상황이 안정되면서 국채 가격이 올랐다. 그러나 코로나19 위기의 첫 주 동안 미국 국채 가격은 하락하기 시작했다.[18]

이러한 시장 실패는 앞으로 다시, 어쩌면 더 자주 발생할 것으로 예상된다. GDP 대비 미국 부채 비율이 계속 엄청나게 증가함에 따라 더 많은 재무부증권이 시장에서 거래되어야 한다.[19]

대럴 더피는 중앙집중식 대형 청산소를 주축으로 하는 국채시장 구조를 제안했다. 그는 개별 은행의 대차대조표로 전체 국채시장을 운영하는 것은 실효성이 떨어진다고 주장했다.[20] 중앙집중식 대형 청산소를 두자는 주장은 각 시장 참가자의 손익을 서로 상계함으로써 시장 결제의 안전성을 개선한다는 논리다. 이렇게 하면 시장 조성자의 대차대조표 규모가 작더라도 주어진 거래량을 소화하기에 무리가 없을 것이다.[21] 최종 정산 업무는 중앙청산소CCP에서 수행할 수 있다.

더피가 제안한 이 새로운 시장구조에서 연준이 하는 역할은 세 가지다. 첫째, 연준은 필요하다면 언제든 개입해 유동성을 되살릴 수 있다. 둘째는 아마도 더 논란이 될 수 있겠지만, CCP에 국채 담보를 매개로 최후방에서 장중 유동성을 제공할 수 있다. 즉, CCP는 미국 국채를 담보로 연준에서 쉽게 돈을 빌릴 수 있다. 셋째, 이 신설된 CCP를 감독하고 규제하는 일은 연준이나 증권거래위원회SEC가 맡으면 된다.[22]

회사채 시장, 그리고 테일 리스크를 막아주는 중앙은행

회사채는 기업이 발행하는 장기 고정수익증권이다. 예를 들어 어떤 기업이 90달러에 채권을 팔면서 5년 후 채권 보유자에게 100달러를 지불하기로 약정할 수 있다. 발행 시점에서 이 채권의 연 수익률은 약 2%다.[23] 이런 식으로 회사채와 국채는 작동 원리가 유사하다. 다만 회사채는 채무불이행 위험이 더 크고 담보 가치는 낮다. 또한 덜 유동적이어서 다른 사람에게 전가하기가 더 어렵다. 미국에서는 채권시장이 꽤 크게 발달했지만 유럽과 아시아에서는 여전히 은행이 회사채 금융을 주도하고 있다.

채권 등급은 채권시장에서 매우 중요하다. 신용평가기관은 채권 발행자를 심사하고 각 채권에 등급을 매긴다. 등급이 높은 채권을 투자적격채권이라 하고, 그 외 위험이 높은 채권을 정크본드라고 한다.

2020년 3월 금융시장이 무너질 뻔했다. 고위험 채권 금리가 치솟았고(다음 쪽 그림 9-4), 국제 자본 흐름이 위축되며 안전자산, 특히 미국 단기국채 중심으로 자본이 몰렸다. 3월 들어 변동성이 커졌고, 자금 조달 여건이 까다로워졌으며, 가장 안전한 기업들까지 **회사채 수익률이 급등**했다.[24] 게다가 파급 효과의 위험이 있었다. 간신히 투자 적격 등급(BBB 이상)을 받은 많은 기업이 일본 또는 유럽 투자자의 포트폴리오에 포함되어 있었다. 이 투자자들은 대개 투자적격채권만 보유할 수 있도록 위임되어 있다. 따라서 이러한 기업들의 신용등급이 하향 조정되는 순간 그 여파가 전 세계로 퍼질 수 있었다.[25] 2008년 금융 위기 때도 비슷한 시나리오가 전개된 바 있다.

그러나 정책적 개입은 그림 9-4에서 강조 표시된 것처럼 2008년보다 훨씬 빠르게 시장을 안정화하는 데 성공했다. 채무불이행 위

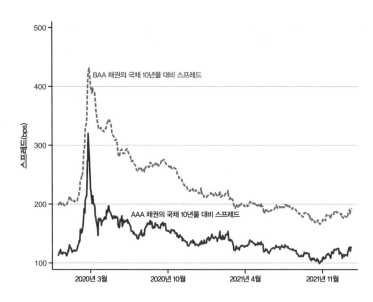

그림 9-4: 채권 스프레드는 AAA(및 BAA) 등급 채권 금리에서 미국 국채 10년물 금리를 뺀 값으로 정의한다.

출처: FRED(2021)

험은 여전히 컸지만, **위험의 대가**는 낮아졌다. 또한 그림 9-4에서 2020년 3월에 비교적 위험하지만 고수익을 내는 고위험 회사채와 비교적 안전한 투자적격채권 간의 스프레드가 크게 벌어졌다는 점도 볼 수 있다. 그러다가 이 스프레드는 2020년 3월 최고치를 찍은 후 빠르게 좁혀졌다. 직관적으로 봐도 두 곡선은 위험을 감수하는 대가를 측정하는 지표라는 것을 알 수 있다. 즉, 스프레드는 (회사채가 국채보다 더 위험하다는 점을 감안할 때) 투자자들이 국채 대신 회사채를 선택하는 위험의 대가에 주어지는 추가 보상의 지표다.

통화 정책의 역할은 위험이 없는 단기 금리를 통제하는 것에 그치지 않는다. 2020년 3월과 같은 위기 상황에서 위험의 대가를 낮추고 금융 안정성을 보장하는 힘도 있다. 많은 채권시장에는 **두 가지 균형**이 있다. 첫째는 투자자들이 채권을 안전하다고 인식하여 낮은 이자율을 수용하는 '좋은' 균형이다. 둘째는 같은 부채를 투자자가 안전하지 않다고 인식해서 스프레드가 벌어지고 고위험 프리미엄*이 요구되는 '나쁜' 균형이다. 금리가 높으면 기업은 부채 상환에 어려움을 겪기 때문에 채무불이행 가능성이 커진다. 즉, 고수익, 고위험이라는 결과는 자기충족적 예언이다.

중앙은행은 내생적(자가발전된) 위험을 제거함으로써 이 나쁜 균형을 방어할 수 있다. 반면 새로운 팬데믹이 발생하는 등의 외생적 위험은 중앙은행이 막을 수 있는 성질이 아니다. 그래도 중앙은행은 재정적 위험을 직접 감수함으로써 위험의 대가를 낮출 수 있는 힘이 있다.

또한 중앙은행은 경제 전반에 걸쳐 위험이 잘못 배분된 탓에 부정적 충격이 '증폭'되는 것을 방지한다. 시장은 작은 경제적 충격에는 강력하게 대처할 수 있지만 큰 충격을 받고 나면, 특히 금융시장의 경우 스스로 안정을 되찾지 못한다. 그래서 중앙은행이 표적화된 개입으로 시장의 회복탄력성을 되살릴 수 있다. 중앙은행은 경

---

* 투자자가 위험자산을 기꺼이 보유하려면 추가 금리를 얼마나 필요로 하는지를 가리키는 스프레드.

제 회복을 위한 길을 닦고 **방어벽**을 제공해 테일 리스크를 제거함으로써 경제주체가 위기에서 회복할 수 있도록 돕는다.

2020년 연준은 경제적 피해를 최소화하고 경제를 재빨리 정상 궤도로 되돌리는 것을 목표로 집중적인 신용 지원책을 펼쳤다.[26] 전례 없는 펀더멘털 충격의 특성을 감안할 때, 연준은 기업에 보호 장치를 제공함으로써 위기 이후 상흔 효과를[27] 남기지 않도록 하는 데 중점을 두었다.[28]

구체적으로 코로나19 위기 동안 연준이 시행한 지원책에는 상업용 부동산을 담보로 하는 부동산 저당 증권과 회사채의 매입, 중소기업 대출 등이 포함되었다.[29] 또한 기업 신용대출은 배당이나 자사주 매입 등에 제한을 걸고 기업에 중기 자금을 제공했다.[30] 연준은 기업에 직접 자금을 지원할 수 없기 때문에 대신 **특수목적기구**SPV를 설립하였고, 재무부는 주식 트랑슈tranche*를 인수하여 손실을 가장 먼저 흡수하는 역할을 맡았다.[31]

중앙은행은 상황이 더 악화될 경우를 대비해 더 위험한 자산을 매입함으로써 위험을 떠안는 새로운 지원책을 들고 시장에 개입할 준비를 한다. 지금까지 연준이 매입한 회사채 규모는 매우 적었지만 연준이 (필요한 경우) 개입하겠다는 약속 그 자체만으로도 시장을 안정화하기에는 충분했다.[32] 지금까지 중앙은행의 개입은 궁극적으로 위험의 대가를 낮추는 결과를 낳았다.[33] 그리고 2021년 4월

---

* 손실 부담의 우선순위에 따라 분할해서 발행한 증권. 14장에서 더 자세히 후술한다.

현재, 연준은 유동성을 유지하기 위해 고안한 이들 비상조치 중 일부를 하나둘 중단한 상태다. 예를 들어 이제는 은행이 초과지급준비금에서 국채 보유분과 초과 예금을 제외하는 것을 더 이상 허용하지 않는다. 그러면 은행들이 은행 운영을 위해 레버리지와 대출 자금을 끌어쓰는 데 제약이 생긴다.[34]

회사채에 의존도가 높은 미국 기업들과 대조적으로 아시아와 유럽의 기업들은 자금 조달원으로 은행에 훨씬 더 의존하고 있다. 회사채에 의존하는 기업은 은행의 중개 없이 외부 자본에 직접 접근할 수 있다. 그러나 채권 금리는 등급에 매우 민감하다. 반면에 은행 금융은 금융 중개자를 거쳐 제공되므로 해당 기업을 유심히 감시할 유인이 더 크다.

2020년 3월, 유럽 시장에서 채권과 주식[35]을 대량 매도한 주체는 기관 투자자였으며 보험사도 조금이나마 가담했다.[36] 이와 대조적으로 중앙은행은 채권을 순매수했다.[37] 또한 2020년 3월에 유럽에서는 다시 한 번 국경을 넘어 해외 자산의 대량 매도가 이루어졌다. 4월이 되자 이러한 후퇴 전략은 덜 취약한 국가와 더 취약한 국가 가릴 것 없이 거의 사라졌다. 각국은 곧 안정을 되찾았다.[38]

ECB의 **팬데믹 긴급 자산매입 프로그램**PEPP, Pandemic Emergency Buy Programme의 주요 목표는 부채 시장의 안정화였다. 이와 달리 ECB의 양적완화 프로그램은 디플레이션을 막는 것이 목표였다. ECB의 공식적인 권한이 금융 안정화가 아니라는 점을 감안하면 이 점은 눈길이 간다.[39] 그래도 통화 정책 메커니즘이 제대로 작동하도록 해야 할 필요성을 생각해보면 ECB의 조치는 정당화될 만하다.

PEPP가 시장 안정화에 기여했다는 많은 증거가 있다. 몇 가지 지표상으로 유로 지역은 상당히 안정화되었다.[40] 예를 들어 국채 금리는 은행의 자금 조달에 밀접하게 반영되고, 가계의 대출 부담에 전가되기 때문에 ECB가 중요하게 여기는 지표다.[41]

그러나 이처럼 효과적인 방어벽을 중앙은행이 대가 없이 제공해주지는 않는다. 중앙은행은 테일 리스크를 체계적으로 제거하는 대신 그만큼 은행들에 **위험을 감수하라고** 북돋우는 역할을 한다. 하지만 이는 향후 중앙은행이라는 믿는 구석이 생기게 된 은행들의 도덕적 해이에 대한 우려를 불러일으키기도 한다.[42] 이러한 우려를 완화하려면 금융시장에서 시스템적으로 중요한systemically important 금융기관*을 추가로 규제하고, 레버리지가 높은 기업에 대한 유동성 완충장치 요건을 강화하면 될 것이다.[43]

2020년 여름의 대규모 채권 발행 계획

코로나19의 경제적 충격이 안정되자 형세는 역전되었다. 지금부터 하는 논의는 미국의 경험을 중심으로 하고 있지만 전 세계 다른 나라들에서도 상황은 비슷하게 전개되었다. 2020년 여름, 전례 없는 '**대규모 채권 발행 계획**'이 발표되었다. 저금리 기조에 힘입어 회사채

---

* 흔히 대마불사 문제를 불러일으킬 수 있다고 할 만큼 경제에서 차지하는 비중이 크다고 금융안정감독위원회FSOC에서 지정한 금융기관을 말한다.

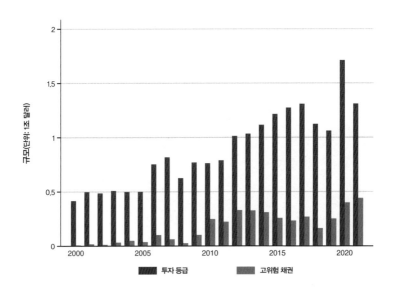

규모(단위: 1조 달러)

▨▨▨ 투자 등급	■ 고위험 채권

그림 9-5: 2020년에 미국의 회사채 발행 규모는 사상 최고치를 기록했다.

출처: Mergent FISD(WRDS)

발행이 크게 늘어난 것이다. 기업들은 여분의 현금이라는 완충장치를 확보했고 일부 기업은 자사주를 매입했다. 이 중 자사주 매입은 재무 안정성 측면에서 몹시 골치 아픈 일이다. 예를 들어 기업들의 레버리지가 높아짐에 따라 향후 금리 인상에 더욱 취약해지며, 이는 기업의 회복탄력성을 약화시키기 때문이다.

그림 9-5를 보면 2020년에 회사채 발행이 급증했다는 것을 알 수 있다." 이전 최고치를 훨씬 웃도는 수준이다. 이같이 채권시장이 활기를 띤 것은 역대급 저금리로 기업들이 부채를 재융자하고자 한 것도 부분적인 이유였다. 기존의 고금리 채권에서 새로운 채

권으로 갈아타면 기업은 당분간 저금리의 채무에 묶여 부담을 덜 게 된다.

2020년 초에 시장이 처음 폭락했을 때는 2008년 위기를 연상시 켰지만 이번에는 중앙은행이 훨씬 발 빠르게 대응했다. 그 효과는 회사채 거래가 활기를 띠면서 나타났다. 중앙은행이 얼른 개입한 덕에 시장은 몇 주 만에 안정을 되찾았고, 기업들은 회사채 시장에 서 자금을 조달할 수 있었다. 시장은 금세 반등했다. 회복탄력성 측 면에서 2020년은 2008년에 대응 방식이 어땠어야 했는지 우리에 게 교훈을 주었다고 해도 틀린 말이 아닐 것이다.

은행 대출

중앙은행이 회사채 시장에 개입한다고 해서 모든 기업이 직접적인 영향을 받는 것은 절대 아니다. 특히 유럽과 아시아는 물론 미국에 서도 많은 중소기업들이 은행 대출에 의존하고 있다. 2020년 3월, 기업들이 기존의 대출 약정(**신용 한도**라고도 함)만큼 인출하기 시작 했을 때, 우리는 '**현금 쏠림 수요**'를 목격했다. 은행은 기업에 막대한 자금을 제공했다. 그러나 신용경색이 눈앞에 다가왔다. 은행은 미 리 약정된 신용 한도에 나가는 자금이 너무 많아서 신규 대출을 할 수 있는 충분한 여유 자금이 없었다. 이처럼 신규 투자를 위한 자금 여력이 남아나지 않으니 실물경제의 투자가 위축되었다.

기존 은행과 달리 헤지펀드 같은 그림자 금융, 머니마켓펀드MMF, 구조화 투자기관SIV은 2008년 금융 위기 이후로도 더 엄격한 규제

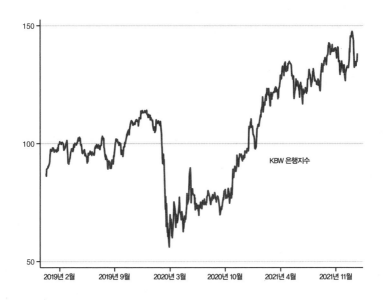

그림 9-6: 2020년 회복세가 더뎠던 KBW 은행주 지수.

출처: KBW 나스닥 은행지수

를 받기는커녕 항상 비교적 가볍게 규제받았다. 은행은 전부터 믿을 만한 신용 공급원으로 검증되었지만, 그림자 금융 부문은 코로나19 위기 동안 안정성도 떨어졌고 금융시장의 회복탄력성에 기여한 바도 적었다.

　특히 은행들은 코로나19 충격으로 큰 타격을 받았다. 은행주 주가는 주식시장 평균보다 더 많이 떨어졌다. 그림 9-6은 전체 주가지수가 위기 이전 수준으로 훨씬 더 일찍 복귀한 반면 은행주는 2020년 말 내지 2021년 초가 되어서야 위기 이전 수준에 복귀했음을 보여준다.

최종 대부자

은행 부문에 많은 관심이 필요한 주된 이유는 자금이 부족해 잠재된 생산성을 발휘하지 못하는 기업에 은행이 자금을 연결해주는 역할을 하기 때문이다. 은행이 기업의 실물 투자를 촉진하게끔 대출을 연장해주도록 유인할 방책에는 어떤 것이 있을까? 이때 중앙은행의 일부 전략은 은행이 부채를 재융자하고 대출을 담보로 삼을 수 있게 하는 것이다.

중앙은행은 **최종 대부자**lender of last resort로서 은행들에 대출을 제공해 시장과 은행을 안정시킬 수 있다. 19세기 영국의 언론인이자 금융인 월터 배젓Walter Bagehot은 안전한 담보를 내건다는 조건이 충족되면 일시적으로 유동성이 부족한 '은행들'에 대출을 허용하자는 아이디어를 제안했다. 비슷한 방식으로 이번 코로나19 위기 때 중앙은행은 대대적으로 개입하여 은행들이 2008년보다 더 원활히 회복할 수 있도록 도왔다. 그래서 은행들은 가령 앞서 언급한 기업의 현금 쏠림 현상에도 대처할 수 있었다.

코로나19 위기에서 볼 수 있었듯, 위기에 빠진 기업을 위해 긴급 대출을 제공하는 방안을 모색할 수 있겠다. 그 기본 원칙은 배젓의 말을 약간 수정해서 "믿음직한 담보가 있다면 지급 능력이 있는 '기업들'에 가산 금리를 전제로 마음껏 대출하라"가 될 것이다. 이렇게 하면 중앙은행은 은행뿐 아니라 기업을 위한 최종 대부자가 될 수 있다.[45]

최종 벤처 캐피털리스트

중앙은행이 기업을 직접 지원하는 방법에 관한 원칙을 탐구하기 전에 먼저 은행이 기업들에 더 많은 지원을 제공하지 않는 이유부터 짚어보겠다. 한 가지 논거는 은행이 필요 자본량을 유지하면서 대출을 더 확대하기 위해 자본을 늘려야 할 수 있다는 것이다. 그러나 실제로 은행은 경기침체기에는 자본을 늘리지 않는다. 부분적 이유는 주가가 하락하기 때문이다. 실제로 은행주는 2020년 주식시장에서 가장 큰 손실을 입었으므로 추가 자본을 확보하기 어려웠다. 또한 주주들도 자사주 가치를 떨어뜨린다는 이유로 주식을 추가 발행하는 증자에 반대할 가능성이 높다. 결과적으로 기업을 직접적으로 지원할 다른 방법이 필요할 것이다.

중앙은행이 은행 부문을 통한 간접적 방식이 아니라 기업을 직접 지원해야 한다는 제안이 제기된 적도 있었다. 그러나 **과잉부채**라는 위험의 문제가 장기간 지속되고 있는 만큼 부채 문제를 악화하지 않으면서 기업을 지원하기는 쉽지 않은 일이다. 기업에 대출을 늘리는 것은 과잉부채 상황에서는 엎친 데 덮친 격이므로 적합하지 않다. 대신 제러미 스타인Jeremy Stein 전 연준 이사가 강조했듯이 **자기 자본 주입**이 포함된 개입 정책이 필요하다. 채권자와 주주 지분의 중요한 차이는 기업의 실적이 저조하면 주주 지분은 가치가 줄어드는 반면 채권자 지분은 그에 구애받지 않는다는 점이다.

기업을 지원해야 한다는 주된 논거를 미시경제 측면에서 보면, 장기적으로 생존 가능한 기업이라면 일시적으로 유동성이 부족하더라도 그 기업을 보호해야 하며, 이때 과도한 부채를 발생시키지 않아야 한다는 것이다. 거시경제 측면에서는 금융가속도효과financial accelerator*의 외부효과 확산, 자산의 헐값 매매, 총수요 억제 등의 논거가 거론되고 있다.[46]

제러미 스타인은 '**최종 벤처 캐피털리스트**'가 정책을 주도할 수 있다고 주장한다. 이 경우 자금 조달 지원은 **단계적으로 실적 여하에 따라** 제공된다. 중앙은행은 허약해진 **기업들의 대차대조표**를 안정시킬 것이다. 불확실성이 크다는 점을 감안할 때, 자금 조달은 구조조정으로 회생될 가능성이 낮은 기업들을 포함해 광범위하게 지원함으로써 기업들이 무거운 빚을 지지 않게 해야 한다.[47] 즉, 중앙은행은 기업의 후순위 채권, 비교적 위험한 채권 또는 심지어 주식도 보유할 것이다.

이러한 새로운 정책을 시도하려면 중앙은행에 명확한 지침이 필요하다. 최후의 단계에서 벤처 캐피털리스트의 역할을 수행하려면 어떤 기업을 지속적인 자금 지원으로 살려야 하고 어떤 기업을 지원에서 배제해야 할지 결정해야 한다. 이것은 적어도 두 가지 질문을 더 제기한다. 첫째, 벤처 캐피털 단계라는 기준은 어디까지여야 할까? 둘째, 자금을 회수할 실적 개선 전환점은 언제가 될까? 이후 단계에서 자금 지원을 중단할 때면 논란의 여지가 생길 것이므로 **정치 경제적** 고려 사항도 영향을 미칠 것이다. 또 중앙은행이 이러

---

* 금융시장이 악화되었을 때 전체 경제에 미치는 악영향이 증폭되는 현상을 말한다.

한 유형의 정책을 맡게 되면 활동 반경이 전보다 훨씬 넓어지므로 상당한 위험을 추가로 떠안게 된다. 그러나 기업의 실적에 따른 조건부 지원을 통해 과잉부채를 막을 수 있다면 기업의 회복탄력성은 향상할 것이다. 그러한 계획을 실행한다면 아마도 중앙은행보다 재무부에서 맡는 쪽이 더 적합할 것이다.

이 장의 주요 교훈은 중앙은행이 금융시장의 회복탄력성을 보호하는 데 도움이 될 다양하고 강력한 역할을 수행할 수 있다는 것이다. 중앙은행은 시장 조성자, 대출 기관, 벤처 캐피털리스트, 자산 매수자로서 (모두 최종 단계에서) 코로나19 위기와 같은 심각한 혼란 후에도 금융시장이 회복하는 데 중요한 기능을 수행할 수 있다. 그러나 그러기 위해서는 중앙은행이 정치적 위험을 포함한 상당한 위험을 감수해야 한다. 이 모든 역할은 현재 그들의 형식적 권한 밖에 있다고 볼 수 있다.

10장
정부 부채와 저금리

재정 부양책과 회복탄력성 강화

2008년에는 미국에서 일어난 서브프라임 모기지 사태라는 비교적 작은 펀더멘털 충격이 불씨가 되어 세계 금융 위기를 촉발했다. 그러다가 2020년에 팬데믹이라는 대규모 펀더멘털 충격이 발생하자 일부 관측통들은 미국의 2분기 GDP가 30% 감소한 데 이어 극심한 경기침체가 뒤따를 것이라고 우려했다.

그러나 2020년에는 확장적 재정 정책과 통화 정책을 적극적으로 펼쳐 위험을 피했다. 팬데믹 초기 미국에서 실업률이 치솟았지만 빠르게 안정되었다. 많은 유럽 국가에서 실업률은 지난 그리스발 유로 위기의 최고치까지 도달하지 않았고 GDP는 3분기에 반등했다. 이 글을 쓰는 현재 기준으로 여전히 전망은 불투명하지만 대공황이 일어날 시나리오는 일단 막은 것으로 보인다.

최근 팬데믹 충격에서 (지금까지) 회복된 것을 보면, 경제의 회복탄력성을 높일 수 있는 정부 역량의 중요성을 실감하는 동시에 2008년 위기의 대응이 어땠는지 새삼 돌아보게 된다. 2008년 금융위기 당시 중국은 미국보다 훨씬 더 공격적인 재정 정책을 펼쳤다. 엄청난 규모의 경기 부양 프로그램은 중국 경제의 회복력을 키웠고 이는 세계 경제에도 도움이 되었다.

만약 2008년에도 선진국들이 더 공격적인 정책을 적용했다면 어땠을까? 그랬다면 경기침체를 피하고 경제의 회복탄력성을 더욱 키울 수 있었을까? 아니면 2008년 경기침체와 2020년 위기 사이에 근본적인 차이가 있는 것일까? 먼저 한 가지 차이는 2008년 충격은 금융 위기, 2020년 충격은 전염병 발생으로 촉발됐다는 점을 꼽을 수 있겠다.

아니면 정책 입안자들이 2008년 금융 위기에서 교훈을 얻었다고 풀이할 수도 있다. 2020년 3월 금융시장이 휘청이자 중앙은행은 2008년의 경험을 바탕으로 비상 대책을 세울 수 있었다. 그래서 2020년에는 중앙은행의 정책 개입이 엄청나게 빨랐다. 신속히 조치하고 나니 확실히 회복력이 되살아났다. 중앙은행은 경기 하강의 규모와 기간을 줄임으로써 장기적으로 상흔 효과를 남길 위험을 누그러뜨리고 경제주체들이 다시 일어설 수 있는 유리한 여건을 조성했다.

코로나19 위기는 2011~2012년 유로존 위기와도 다르다. 팬데믹 위기는 정부들의 실책에서 비롯된 것이 아니었다. 2020년 코로나19 충격이 시작되었을 때 모든 유로존 국가는 권역 내 재정 정책의 프레임워크를 '다 같이 준수'하고 있었다. 그리고 2014년에 단일 감독 메커니즘이 시행되면서 은행들에 대한 감시도 강화된 터였다.[1]

대체로 우리는 **정책**이 장기적 상흔 효과를 예방하는 데 중요한 역할을 한다는 것을 확인했다. 사후적 보호 수단을 제공하면 충격을 완화하고 더 빠른 회복의 길을 열 수 있다. 보호 장치가 탄탄할수록 과도한 위험 감수를 조장한다는 도덕적 해이에 관한 세간의 우려는 코로나19 위기의 경우 적용되지 않는다. 전염병은 누구의 잘못으로 생겨난 사건이 아니기 때문이다.

지금까지 코로나19 충격에 대처하기 위한 정부 시책은 대부분 **"무엇이든 하겠다"***는 원칙을 따르다 보니 막대한 정부 부채를 낳았다. 그로 인해 자칫 "맙소사, 지금까지 무슨 짓을 한 거지?"라고 말할 날이 올지도 모르겠다. 회복탄력성을 위해서는 어려운 시기에도 어느 정도 지출 여력이 있어야 하므로 여유로운 시기에 미리 가외성을 확보할 필요가 있다. 다시 말해 여유가 있을 때 검약을 실천하는 것이 회복탄력성의 필수적인 요소다.

---

* [감수자] 유로존 위기 당시 ECB 총재 마리오 드라기가 한 말에서 비롯된 표현이다.

높은 공공부채 부담

오늘날의 높은 공공부채 수준이 앞으로 경제성장을 둔화시켜 문제가 될 가능성은 없을까? 지금 부채를 늘리면 미래 위기에 대처할 재정의 여력에 제약이 생길까? 만약 그렇다면 거시경제의 회복력이 감소할 것이다. 아니면 요즘 금리가 낮아서 공공부채의 금리 부담이 줄어들었다는 점을 감안하면 지금은 이례적인 상황이라고 봐야 할까?

미국의 정부 부채는 지난 20년 동안 GDP 대비 약 60%에서 100% 이상으로 급증했으며(다음 쪽 그림 10-1) 향후 몇 년 동안 사상 최고치를 기록할 전망이다. 전시 상황도 아닌 때에 미국이 이토록 거액의 공공부채에 직면한 적은 없었다. 일본의 재정 상황은 더욱 심각하다. GDP 대비 정부 부채 비율이 200%를 초과했으며 지난 60년 중 50년 동안 재정 적자를 기록했다.[2] 그리고 **일본 정부 부채의 약 절반을 일본 중앙은행이 보유**하고 있다.[3] 곧 논의하겠지만, 이 부채를 조달하기 위해 발행한 지급준비금도 역시 정부의 총부채에 포함해야 한다.

여러 유럽 국가에서도 먼저 2008년 경기침체기 그리고 이어서 유로존 위기를 맞아 정부 부채가 상당히 증가했다. 여기에 이제 코로나19 위기 때문에 유럽 국가의 부채는 더 늘어났다. 프랑스는 GDP 대비 정부 부채 비율이 100%를 넘었고 이탈리아는 150%를 넘어섰다.

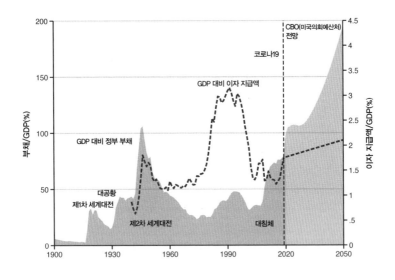

그림 10-1: 미국의 GDP 대비 정부 부채 비율 및 이자 지급액과 2020년 이후 미국의회예산처
의 전망치.

출처: FRED(2021), 미국의회예산처

저금리의 원인

오래전부터 공공부채는 꾸준히 증가 추세에 있었으며 팬데믹을 통
해 오늘날의 높은 부채 수준에 도달하게 되었다. 그럼에도 실질금
리는 역대급으로 낮은 수준으로 유지되고 있어 이는 재정 당국으
로 하여금 공공부채의 유지 및 정책 여력 확보를 가능케 하였다. 그
러나 이러한 재정 당국 입장에서의 축복은 거시경제에 관한 더 넓
은 함의를 제시한다.

그림 10-1은 미국의 GDP 대비 정부 부채 비율(음영 부분)과

GDP 대비 이자 지급 비율(점선)의 추이를 나타낸다. 1990년대 이후 GDP 대비 이자 지급액은 크게 감소한 반면 정부 부채는 거의 두 배로 늘어났다.

정부 부채에 대한 큰 그림을 이해하려면 먼저 요즘 금리가 낮은 이유를 알아야 한다. 우리가 이미 명백한 증거를 보았듯이 **예비적 저축의 증가**는 안전자산, 특히 국채 금리에 하방 압력을 가했다. 위험을 감수하려는 시장의 의지가 위축되어 안전자산의 가격이 상승하고 수익률은 하락했으며, 위험자산의 위험 프리미엄은 높아졌다. 또한 **인구통계학적 변화**, 특히 평균수명이 연장된 점도 저금리에 한몫했다. 고령 가구는 일반적으로 위험자산보다 안전자산을 선호하기 때문이다. 그리고 노년층은 대체로 길어진 평균수명만큼 은퇴 후 더 오랜 시간, 더 많은 금액을 저축한다. 그 결과 안전자산에 대한 수요가 증가하여 국채 금리는 하락한다.

저성장(장기침체 가설)도 금리에 추가로 하방 압력을 가할 가능성이 있다.[4] 중앙은행은 향후 저성장이 예상되면 현재 금리를 인하하는 경향이 있다. 금리는 결국 경제의 생산성에 달려 있으며 생산성은 경제성장으로 이어지기 때문이다.

그러나 아주 장기적인 관점에서 보면 금리가 꾸준히 하락해도 별로 놀랄 일은 아니다. 금리는 지난 800년 동안 하락세였다.[5] 다음 쪽 그림 10-2는 시간의 경과에 따른 미국 실질금리(명목금리에서 물가상승률을 뺀 값)를 나타낸다. 19세기 초반에는 실질금리가 5%대를 맴돌았고 현재는 거의 0%에 가깝다. 분명 초기에는 채권 투자가

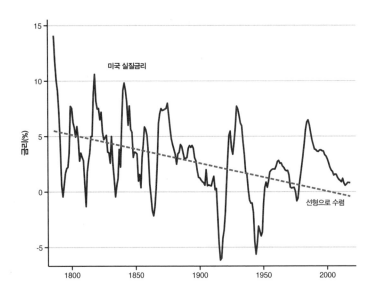

그림 10-2: 미국의 실질금리는 오랜 기간 하락하고 있었다.

출처: Paul Schmelzing, Bank of England Staff Working Paper(2020)

요즘보다 위험도가 높고 유동성도 떨어졌다. 따라서 금리의 하락세는 세월이 흐르면서 위험이 감소하고 유동성이 증가했다는 점을 일부 반영하기도 한다.

마지막으로 **불평등의 심화**도 금리에 영향을 미칠 수 있다. 부유층은 빈곤층보다 더 많은 돈을 저축하는 편이다. 부유층이 차지하는 부의 몫이 커질수록 경제에 총 저축 공급량이 증가하고, 이는 금리 인하로 이어지는 경향이 있다. 그러나 이러한 저축 중 일부가 위험 자산으로 흘러가기도 하므로 국채 수익률에 미치는 영향은 그다지 명확하지 않다. 따라서 실질금리 하락에 관해서는 가계 저축의 증가보다는 기업의 현금 보유 및 저축의 증가가 중요한 역할을 한다.

이것이 원동력이 되어 채권의 수요량이 늘어난다. 그러면 채권 가격이 상승하며, 바꿔 말하면 채권 금리가 낮아진다. 한편 공공부채 수준이 높으면 채권 공급량이 늘어난다.

높은 저축률은 저금리로 이어지기 때문에 부작용이 나타날 수 있다. 예컨대 레버리지가 과도하게 누적되거나 토지나 부동산 등 자산 가격에 거품이 낄 위험이 생긴다.[6]

안전자산으로서 국채와 저금리

지난 수십 년 동안 공공부채 수준이 꾸준히 높아지면서 정부 차입의 지속가능성에 관한 다양한 의문이 제기되었다. 그러나 투자자들이 어떤 종류의 채권이든 낮은 금리에도 보유할 의향이 있다면, 부채 수준이 높다고 해서 무조건 문제가 되는 것은 아니다.

국채가 인기 있는 부분적인 이유는 **안전자산 지위**로 설명할 수 있다. 가계와 기업은 국채 수익률이 낮아도 안전하다는 이유로 국채를 선호한다. 안전자산은 소비나 투자를 위한 자금 조달력이 특히 중요한 위급한 시기에 낮은 혹은 제로 할인율로 매각해 현금화할 수 있다. 금융경제학에서는 이처럼 전체 주식시장에 비해 변동성이 적은 자산을 "베타계수가 낮은 자산"이라고 부른다.

국채가 안전자산 지위를 상실하면 어떻게 될까? 더 안 좋은 상황으로, 투자자들이 명시적 채무불이행이나 인플레이션에 의한 암묵적 채무불이행을 걱정하기 시작하면 어떻게 될까? 세계적인 코로나19 위기를 겪으며 더욱 심각해진 기록적인 부채의 시대를 살고 있는 우리에게 이는 그야말로 가장 중요한 경제적 질문이라고 할 수 있다.[7]

안전자산의 두 가지 중요한 특성을 설명하자면 하나는 "든든한 친구"에 비유할 수 있고, 또 하나는 안전자산이라는 단어 자체에서 답을 찾아볼 수 있다. 첫째, 안전자산은 어려울 때 좋은 친구와 같다. 개인이나 경제 전체가 충격을 받았을 때도 변함없이 곁에 있고 가치를 유지하기 때문이다. 사람들은 예상치 못한 우발적 상황이 발생했을 때 안전자산을 별로 할인하지 않고도 매도할 수 있다.

개인적인 충격을 피할 수 있는 투자자들은 흔히 안전자산을 기꺼이 매수한다. 안전자산은 거래 비용이 적고 미래의 충격에 대비하기에 유용할 수 있기 때문이다. 우리는 안전자산을 언제라도 거래할 수 있다는 것을 직감적으로 안다. 부정적 충격을 겪은 가계는 힘든 시기를 견디기 위해 안전자산을 매도한다. 또 어떤 사람들은 미래의 충격이 걱정되면 망설임 없이 안전자산을 미리 사 둔다. 그들은 훗날 충격을 겪으면 그 자산을 다시 팔 것이다. 이런 식으로 안전자산은 돌고 돈다. 안전자산의 둘째 특성은 동어반복으로 설명된다. 즉, 세간에서 안전하다고 '인식'되기 때문에 안전하다. 이것이 경제에 둘 이상의 균형점이 생길 수 있는 이유다. 첫 번째 균형에서 안전자산은 안전하다는 세간의 인식 때문에 고가에 거래된다. 그러나 안전자산 지위가 상실될 때는 두 번째 균형으로 균형점이 이동한다.

사람들은 유사시에 안전자산을 매각해서 스스로를 보호하고 위험을 줄일 수 있다. 즉, 안전자산은 현금 흐름을 가져다줄 뿐만 아니라 위험에 대비하기 위한 보험으로서의 역할도 하는 것이다. 이러한 유형의 이점을 '편익 흐름service flow'*이라고 한다. 또 다른 유형의 편익 흐름은 국채가 좋은 담보로 인정되어 담보대출을 용이하게 한다는 사실에서 비롯된다. 이를 반영하기 위해서는 기존의 자산 가격 결정 모형을 수정해야만 한다. 고전적인 자산 가격 책정 공식이 적절한 할인율이 적용된 현금 흐름만을 변수로 했다면, 여기에 현재 가치로 할인된 편익 흐름을 포함해 보완해야 한다.[8]

또한 편익 흐름은 위험도가 높은 위기 상황에서 특히 중요하다. 경기침체기에 가치가 올라가는 편익 흐름은 안전자산의 지위와 든든한 친구로서의 기능으로 그 진가를 발휘한다. 안전자산이 위기 시 반드시 그 가치가 상승한다는 사실은 안전자산 보유에 더욱 구미가 당기게 하는 요인이다. 다시 말해 사람들은 다른 편익을 얻을 수 있기에 저금리를 감수하고 안전자산을 보유하려 한다.[9]

높은 부채 부담과 금리 급등에 대한 취약성

안전자산 지위가 유지되는 한 정부는 유리한 금리에 채권을 발행

---

* 통상적으로는 보유 편익convenience yield이라고 한다. 실물자산을 단순히 보유함으로써 그 자체로 얻는 이득을 말한다.

할 수 있다. 시민들은 앞서 설명한 편익 흐름을 누리기 때문에 기꺼이 낮은 금리를 받아들이고자 한다. 미래의 불확실성과 그로 인해 예비적 저축이 증가하는 경향은 금리를 떨어뜨리는 요인이다. 중요한 점으로 정부는 금리가 경제성장률보다 낮은 한에서 **폰지 사기** Ponzi scheme식 돌려막기 수법을 쓸 수도 있다. 말하자면 채권을 새로 발행해 만기 채권을 갚고 이렇게 추가된 빚을 갚기 위해 더 많은 채권을 찍는 식으로 말이다. 정부 부채는 본질적으로 거품이다. 그래도 GDP의 성장 속도가 이자를 상환하기 위해 신규 부채를 발행하는 속도보다 빠르다면 GDP 대비 부채 비율은 감소할 수 있다.

정부는 심지어 '버블을 터뜨릴' 가능성도 있다. 채권을 더 빈번히 발행하게 되면 채권 보유자에게 인플레이션 세금을 부과하는 셈이다. 그러나 이는 또한 채권의 발행 가격을 잠식하고 결과적으로 채권의 '과세표준'의 가치를 낮춘다. 세액은 세율에 과세표준을 곱한 값이다. 일정 수준 이상으로 세율을 높이거나 채권을 지나치게 급히 다량으로 발행하면 과세표준이 과하게 침식되어 버블을 터뜨렸을 때 전체 수익이 감소한다. 이것은 현대통화이론MMT*에서 주장하는 내용과는 상반된다. 실질금리가 경제성장률보다 낮은 유리한 상황이라 하더라도 신규 부채를 늘리는 데에는 한계가 있다.[10]

이처럼 거품이 잔뜩 낀 폰지 사기성 부채 전략은 위험하다. 왜냐

---

* 과도한 인플레이션만 없다면 정부가 경기 부양을 위해 화폐를 얼마든지 발행해도 된다는 이론. [감수자] 이 부분에서는 부채 발행의 실질적 상한을 부정한다는 맥락에서 쓴 것으로 보인다.

하면 국채 금리가 언제까지나 경제성장률 이하로 유지된다는 보장이 없기 때문이다. 예를 들어 불확실성이 해소되어 예비적 저축의 동기가 사라지면 금리는 상승할 것이다."

높은 공공부채 수준이 우려스러운 또 다른 중요한 이유는 **다중 균형**이 생길 위험이다. 즉, 언젠가 거품이 터질지 모른다는 태생적 위험이 있다. 좋은 균형에서는 경제주체들이 해당 채권을 안전하다고 인식하므로 낮은 금리에서 채권 수요가 형성된다. 그러나 똑같은 수준의 공공부채에 나쁜 균형이 형성될 수도 있다. 이때는 채권이 안전하지 않다고 인식되므로 투자자는 위험을 감수하는 대가로 높은 보상을 요구한다. 역사적 맥락에서 이것이 현 상황에 시사하는 바는 애초의 초확장적 재정 정책에 이어서 "맙소사 우리가 지금까지 무슨 짓을 하고 있었던 거지?"라고 느끼기 시작하는 국면에 들어갈 수 있다는 것이다. 그런 경우 경제는 좋은 균형에서 나쁜 균형으로 이행하게 되며, 이때 기존의 재정 확장은 향후 정부 재정에 재앙으로 다가오게 된다.

따라서 정부는 회복탄력성을 유지하는 차원에서 정부 부채가 안전자산 지위에 있다고 방심해서는 안 된다. 한순간에 균형이 나쁜 균형으로 이동하고 국채가 안전자산 지위를 박탈당하면 회복은 거의 불가능해진다. 이는 재정 정책의 함정을 초래할 것이다. 금리는 치솟고 정부는 상당한 이자 부담에 직면할 것이다.

이러한 상황에서 중앙은행이 막중한 임무를 수행한다. 중앙은행의 본원통화(현금 및 지급준비금)는 특별한 형태의 정부 부채다. 본원통화는 시장 거래에서 교환의 매개체로서 또 다른 형태의 편익 흐름을 제공한다. 그럼에도 본원통화는 궁극적으로 정부 부채이기 때문에 특별한 특징이 있다. 만기가 무한해서 갚을 필요가 없다는 점이 바로 그것이다. 본원통화는 정기적으로 이자를 지급하다가 미리 지정된 만기일에 원금을 상환하는 국채와는 다르다. 우선 현금은 이자라는 현금 흐름도 지급하지 않는다. 한편 지급준비금에 대해서는 정책 금리에 따라 변하는 변동금리 기준으로 이자를 지급한다. 이렇게 해서 듀레이션*이 매우 짧으면서도(금리 민감도는 높음) 만기가 무한한 특성이 있다. 그래서 중앙은행의 양적완화는 만기가 무한한 통화와 만기가 유한한 국채를 맞바꾸는 것과 같다. 이들을 포함해 그 밖의 통화 정책은 다음 장에서 살펴보기로 하자.

암묵적 정부 부채들

명시적 및 암묵적 정부 부채

한 가지를 더 짚고 넘어가는 것이 좋겠다. 국가가 져야 할 총부채는 명시적 부채(대부분 미결제 국채)와 연금과 같은 암묵적 부채로 구성된다. 암묵적 부채는 자유롭게 거래되지 않으므로 안전자산으로 볼 수 없다. 그래서 정부는 부채를 상환할지 연금을 지급할지 하나

---

* 채권 보유자가 원리금을 지급받는 평균 소요 기간을 뜻하며 금리 변동에 대한 채권의 민감도(금리 리스크)를 나타내는 척도가 된다. 채권 만기에 비례하여 듀레이션이 길고 금리 민감도도 높아지는 것이 원칙이나 여기서는 본원통화의 특수성을 설명하고 있다.

를 선택해야 할 때 복잡한 정치 경제적 고려 사항과 맞닥뜨린다. 시장 논리에 따르면 정부가 사회보장과 같은 혜택을 줄이고 명시적 정부 부채에 우선순위를 둘 것이라고 가정할 수 있다. 그러나 정치 경제적 고려 사항을 따지면 그리 쉽게 결정할 문제가 아니다. 게다가 특히 고령화 사회에서 연금 수급자들은 막강한 유권자 기반을 형성한다.[12]

저금리 시대에 재정 정책과 통화 정책의 여지

저금리 시대에는 재정 정책으로 정부가 개입할 여지와 빠른 경제 반등을 꾀할 가능성이 비교적 큰 반면, 통화 정책에는 한계가 있다. 먼저 실질금리가 낮을 때는 정부의 이자 부담이 적다. 그래서 정부가 재정 정책을 확대할 여유가 생긴다. 정부는 위기 시에 지출을 수월하게 늘려 경제의 빠른 반등을 도모할 수 있다. 다른 한편으로 물가상승률이 일정하다고 가정하면 저금리 환경에서는 명목금리도 낮다. 특히 금리가 마이너스로 한없이 떨어질 수는 없으므로, 명목금리가 이미 낮다면 중앙은행은 경제를 활성화하고 싶어도 금리를 더 인하할 여지가 없게 된다. 요약하자면 저금리 환경에서는 충격 이후 경기 회복을 자극하는 통화 정책의 위력이 강하지 않다. 통화 정책에 관하여 고려해야 할 사항은 다음 장에서 중점적으로 다룰 것이다.

11장
톱니형 인플레이션

회복탄력성은 충격을 받은 후 되돌아오는 능력이다. 통화 정책은 회복탄력성에 기여할 중요한 역할을 할 수 있다. 그 과정에서 함정을 피하는 것 역시 중요하다. 이전 장에서 논의한 높은 부채 수준은 **디플레이션 함정**과 **인플레이션 함정**이라는 두 가지 유형의 함정에 빠질 수 있다. 이때 중앙은행은 신중하게 처신해야 한다. 한계를 벗어나면 지나치게 낮은 물가상승률에 영원히 갇혀 성장이 저해되거나 높은 물가상승률에 갇혀 물가 목표치, 즉 **임계점**이 깨질 수 있는 '위험'에 직면하게 된다. 중앙은행은 한 가지 유형의 함정에만 집중해서는 안 되고 두 가지 위험을 동시에 경계해야 한다. 따라서 회복탄력성을 관리하려면 함정을 회피할 방법을 분석하는 작업이 보완책으로 마련되어야 한다.

앞서 사회계약의 회복탄력성을 설명하기 위해 들었던 자전거 타기 비유는 인플레이션에도 적용할 수 있다. 자전거는 디플레이션이라는 바람을 맞아 오른쪽으로 넘어지기도 하고 **인플레이션**에 중심을 잃고 왼쪽으로 넘어지기도 한다. 결과적으로 회복탄력적인 정책은 인플레이션과 디플레이션의 함정 사이에서 균형을 잡고 자전거를 탈 수 있는 유연성을 필요로 한다.

동적 관점으로 본 톱니형 인플레이션

다음 쪽 그림 11-1은 '톱니형 인플레이션'을 보여준다. 저인플레이션이나 나아가 디플레이션 형국이 단기간 고개를 내민 뒤에는 더 긴 기간에 걸쳐 인플레이션이 초기 기세를 능가하는 수준으로 오버슈팅한다. 이러한 인플레이션은 현재의 코로나19 시국에서 일어날 법한 시나리오다. 조만간 인플레이션 함정이 찾아올지도 모른다.

봉쇄 기간에는 추후에 설명할 요인으로 인해 (측정에 어려움이 있기는 하였으나) 인플레이션이 전반적으로 하락함을 목도하였다. 따라서 물가 상승이 억제되고 경기침체가 오랫동안 이어지는 장기 디플레이션 함정이 당면한 관심사였다. 이를 가리켜 1990년대 이후 일본 거시경제의 역사에서 착안해 '일본화Japanification'라고 부른다. 일부 관측통들은 일본화의 특징을 "저성장, 저금리, 저물가"로 요약한다.

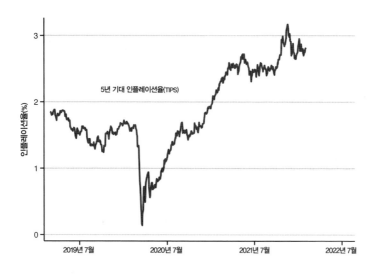

그림 11-1: 이 추세선은 미국 물가연동국채(TIPS)와 일반 국채의 금리 차에서 도출한 미국의 5년 기대 인플레이션을 나타낸다.

출처: FRED(2021)

오늘날 우리가 처한 상황은 더 심각한 문제로 이어질 수 있다. 즉, 인플레이션과 디플레이션 함정이라는 두 가지 함정에 순차적으로 직면하여 톱니형 인플레이션이 나타날지도 모른다. 이는 단기적으로는 디플레이션 압력이 우세하다가도 장기적으로는 인플레이션 압력이 예상될 때 발생한다. 이러한 흐름을 헤쳐나가려면 매우 섬세한 균형감이 필요하다. 즉, 9장에서 논의한 톱니형 금융시장에 덧붙여 경제에 또 하나의 톱니 패턴이 나타날지 모른다.

기대 인플레이션

코로나19 충격 이후 우리가 어떤 유형의 함정에 직면할지 상당히 불확실하다. 따라서 기대 인플레이션 및 그 전망에 관해서도 개개인의 의견 차이가 확대되고 있음이 반영되어야 한다. 마찬가지로 우리가 직면한 상황이 인플레이션 함정에 가까운지 디플레이션 함정에 가까운지도 사람마다 의견이 다르기 때문에 미래를 예측할 때는 구성원 간 관점의 차이가 확대되는 것도 고려해야 한다.

다음 쪽 그림 11-2의 패널 A를 보면 인플레이션을 예측한 전문가들 사이에서 기대 인플레이션의 **불확실성**이 상당히 증가했음을 알 수 있다. 또한 전문가들 사이에서 의견이 **불일치**하는 편차도 2019년 4분기부터 2020년 2분기까지 확대되었다. 그래서 2020년을 가리키는 밝은색 막대가 더 넓게 분산되어 있다. 그러나 패널 A에서 패널 B까지 관찰되는 한 가지 모습은 톱니형 패턴이다. 기대 인플레이션은 2020년 2분기부터 4분기까지 다시 증가했다.

그다음 그림 11-3은 미국 가계들의 인플레이션 예측치를 나타낸다. 몇 가지 패턴이 눈에 띈다. 첫째, 가계는 언제나 인플레이션을 과하게 예상한다. 가계들은 평균적으로 3%의 물가상승률을 예상했지만 지난 30년 동안 실제 물가상승률은 약 2%였다. 둘째, 가계는 인플레이션을 불확실하게 여긴다. 점선은 가계의 신뢰 구간을 나타낸다. 2020년 초에 더 넓게 벌어진 두 점선 간 격차를 통해 불확실성이 크게 증가했고 여전히 높은 수준을 유지하고 있음을 알 수 있다. 그러나 셋째, 더 넓게 퍼져 있는 음영 영역에서 볼 수 있듯

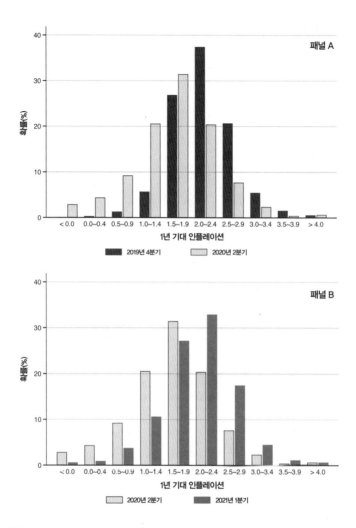

그림 11-2:

패널 A: 예측 전문가들이 내놓은 1년 기대 인플레이션. 코로나19 위기가 시작될 무렵 예측 전문가들이 전망하는 인플레이션 수준이 전체적으로 낮아진 동시에 그들 사이의 견해차가 더 벌어진 양상을 보여준다.

패널 B: 차트를 보면 2020년 하반기와 2021년 초에는 기대 인플레이션이 다시 높아졌다는 사실을 알 수 있다.

출처: Federal Reserve Bank of Philadelphia(2020), Survey of Professional Forecasters

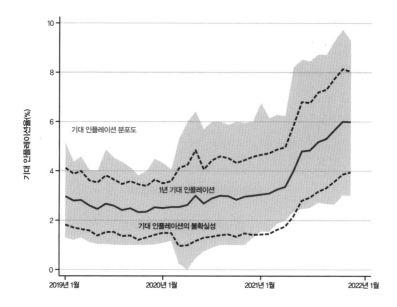

그림 11-3: 시간의 경과에 따른 가계들의 기대 인플레이션 추이. 2020년 봄에는 가계의 기대 인플레이션이 상승하고 미래의 기대 인플레이션에 대한 불확실성이 커졌으며, 기대 인플레이션에 대한 가계 간 견해차가 벌어졌다(음영 부분).

출처: 뉴욕 연방준비은행 가계조사(2020)[1]

이 가계들 사이에서 예측의 견해차도 커지고 있다. 어떤 가계는 인플레이션을 예상하는가 하면 또 어떤 가계는 디플레이션을 더 우려한다.

응답자 간 견해차가 확대되는 양상은 장기적으로 톱니형 인플레이션에 대한 우려를 반영한다고 볼 수 있다. 또한 어떤 가계는 디플레이션 함정을 더 걱정하는 반면 다른 가계는 인플레이션 함정을 더 걱정하고 있다는 점도 알 수 있다.

인플레이션의 측정

물가상승률을 계산하는 일은 어려운 작업이다. 경제에서 거래되는 수백 가지 재화와 서비스를 고려해야 한다. 이러한 문제를 해결하기 위해 통계학자들은 일반적으로 소비자의 평균 소비 품목을 바스켓으로 규정한 다음, 해당 품목의 가격 변동을 추적하여 물가상승률의 주요 측정 지표 중 하나인 소비자물가지수CPI를 도출한다.

물가상승률을 계산하는 정석은 평균적 시민들의 평균적 소비 품목을 바스켓에 포함하고 해당 품목별로 가중치를 부여해 가격 변동을 측정하는 것이다. 코로나19가 물가상승률에 미친 영향을 이론적으로 탐구하기 전에, 먼저 봉쇄 조치가 시작된 지 몇 주 내에 소비자들의 소비 품목이 대폭 바뀌었다는 점을 인식하는 것이 중요하다.

팬데믹 기간에 영화관, 외식, 여행 및 기타 소비 바스켓에서 큰 비중을 차지하던 품목에서 지출이 급감했다.[2] 따라서 기존 품목을 기반으로 물가상승률을 측정하면 오류가 생길 소지가 있다.[3] 자전거, 의료, 케이블 TV 부문의 가격 변동은 2020년 8월까지 전년 대비 약 5% 증가했다. 따라서 팬데믹 이전에 사용하던 가중치를 팬데믹 기간에 그대로 적용하기에는 너무 적은 수치일 것이다. 반면에 교통, 호텔, 정장 의류, 항공 등은 팬데믹 기간에 가격이 두 자릿수대만큼 급락했다.[4] 결과적으로 이들 품목은 새로운 '코로나19 시대의 소비 바스켓'에서는 가중치가 줄어들었기 때문에 가격 하락이 과대평가 될 것이다. 그림 11-4는 다양한 소비 품목의 지출액에 나타난 커다

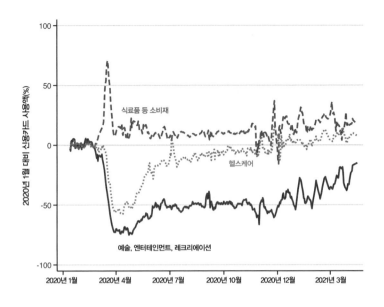

그림 11-4: CPI 바스켓 품목의 소비 변화. 2020년 1월 대비 미국의 신용카드 사용액.

출처: Opportunity Insights(2021)

란 변화를 보여준다. 2020년 12월 예술, 엔터테인먼트, 레크리에이션 활동에 지출한 신용카드 사용액은 팬데믹 이전에 비해 50% 감소했다. 반면 식료품 지출은 팬데믹 이전보다 계속 증가했다.

미국 CPI 바스켓 품목의 40%를 차지하는 임대료의 변동도 물가상승률의 측정에 큰 영향을 미친다. 맨해튼의 임대료 중위값은 2020년 3500달러에서 2700달러로 떨어졌다.[5] 다만 이 효과는 일시적일 가능성도 있다. 뉴욕을 떠난 사람들이 2021년에 다시 돌아온다면, 임대료가 인상되고 생활비와 CPI도 크게 상승할 것이다.

물가지수를 측정하려면 '재화goods'를 정확하게 정의내리는 것이 매우 중요하다. 또한 이는 코로나19 경제 위기가 수요 충격과 공급 충격 중 어디에 해당하는지 명확히 밝히는 데도 도움이 된다. 얼핏 보면 코로나19 충격이 요식업의 수요에 부정적인 영향을 미쳤다고 생각하기 쉽다. 그럴싸한 레스토랑에서 즐기는 양질의 식사를 재화로 정의한다면, 특히 실내에서 이 재화는 한마디로 '구할 수 없는 재화'인 셈이었다. 이 재화의 수요, 즉 잠재적 가격은 줄곧 매우 높은 수준이었다.[6] 그러나 어떤 식당도 이 식사라는 재화를 공급할 수 없었다. 다시 말해 코로나19 충격은 전적으로 공급 충격이었다. 이 점은 공식 통계가 인플레이션을 과소평가할 수 있음을 시사한다.

단기 효과

지금부터는 코로나19 팬데믹 단계에서 나타난 단기적인 인플레이션과 디플레이션 압력 요인을 먼저 살펴보고 이어서 포스트 코로나 시대에 예상되는 인플레이션 압력 요인을 개략적으로 설명하겠다.

인플레이션 압력

2020년 말까지 **단기 인플레이션 압력**은 몇몇 이유로 잠잠했다.[7] 먼저 소비자들이 사실상 어느 정도의 **강제 저축**을 할 수밖에 없었다. 많은 업종이 문을 닫거나 정상 운영하지 못했기 때문이다. 강제 저축은 특히 고소득 가구에 영향을 미쳤다. 일반적으로 부유층이 대면 접촉이 잦은 부문에서 더 활발히 지출하기 때문이다.[8] 시장 위험이

클수록 저축을 늘리고 지출을 줄이는 경향이 있는 만큼, 강제 저축은 디플레이션 압력을 생성하기 쉽다.

또 다른 요인으로 업종 간 자본이 **잘못 할당되어** 공급이 감소하고 물가가 상승하는 경향이 있었다. 비대면 업종에서 필요로 하는 자본이 대면 위주 업종으로부터 쉽사리 재배치되지 않으면 물가가 상승할 수 있다.

예비적 저축과 안전자산으로의 도피

코로나19 충격으로 봉쇄 조치에 돌입하면서 불확실성이 커지자 **안전자산에 대한 수요**가 증가했다. 그 결과 2020년 3월 투자자들이 포트폴리오 종목을 위험자산보다 안전자산 중심으로 비중을 재조정하는, 전형적인 안전자산으로의 도피flight-to-safety 현상이 나타났다. 가계들도 환금성 좋은 유동자산 보유량을 대폭 늘렸다. 또 2020년 4월 미국의 가계 저축은 전년 대비 20%, 요구불예금 잔액은 30% 증가했다.' 이처럼 안전자산과 현금에 수요가 몰리다 보니 소비재 수요가 감소하면서 단기적으로 디플레이션 압력이 발생했다.

다음 쪽 그림 11-5를 보면 특히 2020년 봄에 저축이 급증한 양상이 두드러진다. 앞의 그림 11-4에 표시된 여가 활동에 대한 지출 급감이 이러한 효과를 더욱 잘 보여준다. 박물관, 극장, 오페라 하우스가 연달아 문을 닫는 바람에 예술 애호가들은 취미 활동에 쓸 돈을 본의 아니게 저축해야 했다. 2020년 말과 2021년 초 미국에서 저축이 급증한 것은 정부가 가계에 제공한 재난지원금의 영향 때

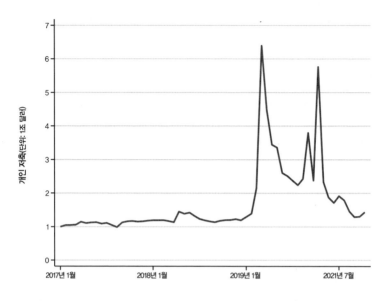

그림 11-5: 미국 가계의 개인 저축(연간 금액).

출처: FRED(2021)

문이었다.

기업은 또 다른 방식으로 현금 보유에 열중했다. 특히 대기업을 필두로 기업들은 팬데믹 기간에 기존의 신용 한도만큼 현금을 인출하고 필요할 경우 쉽게 현금으로 전환할 수 있는 단기 유동자산의 보유 비중을 높였다. 기업에서 **현금 쏠림 수요** 현상이 나타나면 화폐 수요가 증가하므로 인플레이션 압력이 감소한다.

글로벌 공급망의 붕괴와 유휴 생산 설비

팬데믹 기간 인플레이션과 디플레이션에 영향을 미친 또 다른 요인은 **글로벌 공급망**의 붕괴였다. 공급망의 세계화로부터 온 생산성에 부분적인 차질이 빚어졌고, 그 결과 일부 교역재의 가격이 상승했다.[10] 다른 한편으로는 **유휴 생산 설비**가 늘어나고 실업률이 상승하면서 물가에 하방 압력을 더했다.[11] 한편 2021년 여름에는 전 세계에서 목재와 반도체 품귀 현상이 일어나 이들 재화는 상당한 가격 상승 압력을 받았다.

중앙은행과 비전통적인 통화 정책

정책과 부작용

케인스주의 경제학에 따르면 인플레이션과 실업률은 상충 관계에 있다. 이 이론은 (적어도) 단기적으로 인플레이션을 감수하면 실업률을 낮출 수 있다고 강조한다. 이러한 인플레이션과 실업률의 반비례 관계를 나타낸 것이 필립스 곡선이다. 저금리를 위시한 확장적 통화 정책이 총수요를 자극하면 경제는 더 많은 노동자를 고용해야 할 것이다. 그러면 실업률이 지나치게 높은 수준이 아닌 이상 노동시장에서는 임금 인상이 불가피하다. 중앙은행이 금리를 인상하지 않는다면, 그다음에는 실업률이 하락하고 물가는 상승하기 마련이다. 따라서 정책 입안자들은 물가 안정과 낮은 실업률 중 어느 쪽을 택할지 결정해야 한다.

그러나 2000년대 동안(일본에서는 더 오랫동안) 필립스 곡선은 눈에 띄게 평평했다. 물가상승률이 높지 않은데도 실업률도 낮았다.

덕분에 노동시장은 활기를 띠었지만 정부가 물가를 관리하기는 더 어려워졌다.

많은 선진국 정부들이 중앙은행에 특정 물가 목표치를 정해서 이를 달성하게 했다. 가령 미국 연준은 약 2%의 대칭적 인플레이션율을 목표로 하고 있다. 인플레이션율이 2%라면, 채권자들은 물가가 상승한 만큼 보상을 받고자 하므로 명목금리는 더 높은 수준에서 형성된다. 결과적으로 명목금리가 제로 수준에 도달하기 전까지는 금리를 인하할 수 있는 여지가 충분하다. 2020년 8월, 연준은 2%의 유연한 평균물가목표제Flexible Average Inflation Target를 새로이 발표했다. 유연하다는 것은 물가상승률이 한동안 너무 저조하면 평균 물가상승률을 2%에 맞추기 위해 목표치를 2% 넘게 올려 잡을 수도 있다는 것을 의미한다. ECB는 (얼마 전까지) 2%를 살짝 밑도는 인플레이션율을 목표로 했다. 그러다 2021년 여름에는 약 2%의 대칭적 인플레이션율로 목표를 전환했다.

그러나 2008년 금융 위기 이후 선진국의 중앙은행들에서 2% 혹은 그 이상의 물가상승률이라는 목표를 달성하는 데 어려움을 겪었다. 이 명시적 목표를 달성하는 데 계속 실패하자 중앙은행은 비전통적인 통화 정책에 더욱 노력을 집중해왔다. 그러나 지난 10년간 지속된 경기 부양책은 물가상승률에 큰 영향을 미치지 못했다.

하버드대학 경제학 교수 제러미 스타인은 대규모 확장적 통화 정책에도 물가상승률이 계속 낮은 것은 의사가 처음에 처방한 약이 환자에게 듣지 않으면 약을 증량하는 것과 비슷한 원리라고 지적한다. 의사는 두 번째 처방도 모자라 세 번째 처방까지도 내릴 수 있지만, 자꾸 복용량을 늘리면 환자에게 부작용이 따를 것이다. 통화 정책도 마찬가지로 자산 가격에 거품이 끼는 부작용을 일으킬 수 있는 만큼 금융 안정성에 대한 우려도 함께 고려해야 한다.

인플레이션 효과를 겨냥하는 양적완화

전통적으로 중앙은행은 단기 금리를 결정한다. 21세기 초인 2008년 글로벌 금융 위기 당시, 중앙은행은 금리 인하 효과의 약발에 한계를 느끼고 파격적인 통화 정책 수단을 사용하기 시작했다. 그중 하나가 양적완화였다. 이는 수익률 곡선에 따라 장기 금리에 직접 영향을 미치는 것을 목표로 만기가 긴 자산을 대규모로 매입하는 것을 포함한다. 안전자산의 장기 금리를 더 낮추는 것은 위험 추구를 장려하겠다는 목적이다. 이론적으로 안전자산에서 얻는 이자 수익이 적다면 투자자는 회사채와 같은 더 위험한 투자로 갈아탈 것이기 때문이다. 그러면 결과적으로 기업 입장에서는 자금을 조달하는 부담이 낮아질 것이다.

　구체적으로 양적완화는 중앙은행이 지급준비금과 교환하여 장기채권을 매입하는 것과 같다. 중앙은행의 지급준비금은 만기가 무한하므로 개념상 영구채와 유사하다. 말하자면 영원히 정기적으로 이자를 지급하지만 원금은 갚지 않는다. 오늘날 지급준비금은 정책 금리에 따라 변동하는 이자를 지급한다. 즉, 중앙은행의 지급준비금은 만기가 무한하지만 금리 민감도가 높다(즉, 듀레이션이 짧다).

중앙은행의 대차대조표

양적완화는 중앙은행의 대차대조표에 영향을 미친다. 이때 추가로 매입한 자산은 중앙은행의 자산 측에 표기된다. 이와 더불어 중앙은행의 부채 측에는 지급준비금의 총량이 같은 액수만큼 증가한다.

그림 11-6은 21세기 들어 현재까지 미국 연준의 대차대조표 추이를 개략적으로 보여준다. 그림 11-7은 동일한 정보를 담은 ECB의 대차대조표다. 두 표에서 자산은 0을 기준선으로 위쪽에 표시된다. 주로 유가증권이 대부분이지만 각 중앙은행이 통화 정책을 운용하면서 확보한 금 보유고와 대출 등도 포함된다. 가로축 아래에 표시된 중앙은행의 부채 중 중요한 두 가지는 현금통화와 지급준비금이다. 레포repurchase agreements(환매조건부채권)와 미국 재무부일반계정Treasury General Account이 나머지 부채를 구성한다. 중앙은행의 자산에서 부채를 뺀 값은 자본이다. 대차대조표는 당연히 균형을 유지해야 하므로 자산은 부채 및 자본과 대칭을 이뤄야 한다.

2008년 대침체, 2011년 유로 위기, 2020년 코로나19 충격이 차례로 가져온 가장 중요한 결과는 2008년 이후 두 중앙은행의 대차대조표 규모가 급증한 것이다. 그림 11-6은 미국에서 세 번에 걸쳐 시행된 양적완화의 물결을 나타낸다. 그때마다 중앙은행은 거액의 지급준비금을 발행해 국채를 매입했다. 2020년 3월, 그들이 자산을 매입한 규모는 2008년 금융 위기 동안 있었던 세 번의 양적완화 물결을 능가할 정도로 증가했다. 재무부의 대대적인 개입으로 재무부일반계정이 크게 확대되었다는 점 역시 주목할 만하다.

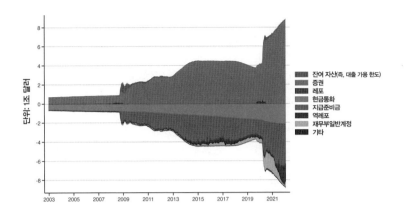

그림 11-6: 미국 연준의 대차대조표. 0을 기준선으로 자산은 위쪽에 부채는 아래쪽에 표시되어 있다.

출처: FRED(2021)

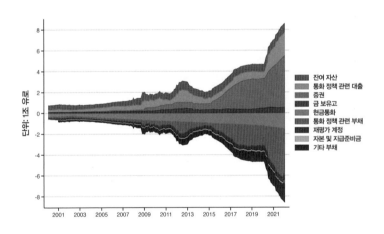

그림 11-7: ECB의 대차대조표. 0을 기준선으로 자산은 위쪽에 부채는 아래쪽에 표시되어 있다.

출처: ECB(2021)

ECB는 일종의 단기 담보대출인 레포와 양적완화를 모두 활용했다. 특히 2015년 이후 자산(주로 국채이지만 일부 회사채도 포함)을 꾸준히 매입하면서 대차대조표의 몸집을 키웠다. 아울러 그림 11-7에서 볼 수 있듯이 2020년 개시한 긴급 자산매입 프로그램 역시 ECB의 보유 유가증권을 크게 증가시켰다.

중앙은행 대차대조표의 위험

채권 매입으로 대차대조표를 확대하면 중앙은행은 상당한 위험을 감수해야 한다. 한 가지 위험은 금리가 상승하여 채권 가격이 폭락할 가능성이다.[12] 여기에는 채무불이행 및 신용 위험도 있다. 유럽에서 어떤 국가는 국채의 신용 위험이 다른 국가보다 크다. 그런데 모든 유로존 국가는 단일 통화로 차입하기 때문에, 어떤 상황에서도 부채를 상환하기 위해 일방적으로 자국 통화를 평가절하할 수 없다. 이 문제는 지난 유로 위기 때 여실히 드러났다.

이와 관련하여 중앙은행은 국채가 **안전자산 지위**를 상실할 위험을 고려해야 한다. 이러한 함정이 발생하면 거시경제 정책이 훨씬 더 복잡해질 것이다. 특히 세금 인상으로 세수를 늘리기 어렵거나 재정력에 한계가 있는 국가에서는 금융 당국이 부채를 재조달하는 비용을 안정적으로 유지할 방법을 찾느라 분주해질 것이다.

마지막으로 우리는 더욱 총체적인 관점에서 중앙은행도 일종의 정부 기관이라는 사실을 기억해야 한다. 물론 이는 정부와 중앙은행 간에 제도적 마찰 요인이 없음을 전제로 한다. 그러나 여기서 중

요한 사실은 양적완화가 결국에는 장기 국채라는 한 가지 형태의
공공부채를 중앙은행 지급준비금이라는 다른 형태의 부채로 대체
했을 뿐이라는 점이다.

유연한 평균물가목표제

2020년 연준은 약 2%의 고정물가목표제에서 평균물가목표제로
전환했다. 이 새로운 체제에서 연준은 더 이상 매 순간 물가 목표치
에 머무를 필요가 없어졌다. 대신 물가상승률이 한동안 2%를 밑돌
았다면 그다음에는 목표치에서 오버슈팅하더라도 연준은 전체 평
균이 약 2%가 되게끔 놔둘 수 있다.[13]

언뜻 보기에 이 접근 방식은 직관에 반하는 것처럼 보일 수 있
다. 연준이 2%의 물가상승률조차 달성하지 못한다면 유연하게 새
로운 목표를 정하고 달성하기는 더 어려울 것으로 보이기 때문이
다. 그러나 연준이 바라는 속뜻은 사람들이 금리 인상이 나중으로
미뤄질 것이라는 사실을 깨닫는 것이다. 이는 금리 인상을 뒤로 미
루는 것이 필요하다면, 물가가 한동안 2%를 초과하여 상승하더라
도 그냥 두겠다는 연준의 명시적 방침과 일치한다. 이렇게 되면 기
대 인플레이션을 높이는 요인으로 작용한다.

헬리콥터 머니

다수의 미국인들이 재무부가 지급한 재난지원금을 2020년 4월에
1인당 1200달러, 이후 2020년 12월에 600달러씩 받았다. 바이든

정부가 집권한 후 2021년 봄에도 1400달러를 추가로 지급받았다. 개념상 이러한 조치는 중앙은행이 인플레이션을 자극할 목적으로 사람들에게 돈을 뿌린다는 밀턴 프리드먼의 유명한 표현 "헬리콥터 머니"와 유사했다. 오랫동안 이것은 인플레이션을 초래하는 가장 직접적인 정부 개입으로 여겨져 왔다.

이 글을 쓰는 시점에서 이처럼 팬데믹 침체를 극복하려는 정부의 노력이 물가 상승을 얼마나 유발할지 완전히 알기는 어렵다. 처음에는 이러한 재난지원금 대부분이 지출되지 않고 저축되었다. 이는 어떤 의미에서 가계가 새로 생긴 돈을 은행으로 가져갔고, 은행은 그 돈을 연준에 초과 지급준비금으로 보유하였으며, 연준은 이를 이용해 재난지원금을 조달할 목적으로 발행된 미국 정부 국채를 사들였다는 것이다. 그러나 가계가 재난지원금을 소비에 풀기 시작하면 본격적으로 물가가 상승할 것이다. 래리 서머스와 올리비에 블랑샤르는 바이든 대통령의 경기 부양책이 미국 경제를 과열시키고 인플레이션을 유발할 것이라고 주장한다. 이 주제는 추후에 다시 논의하겠다.

신흥국의 상황

양적완화는 여러 국가에서 다양한 형태로 시행되었다. 예를 들어 브라질은 부채의 만기 구조를 단축하는 **'열대성**tropical* **양적완화'**에 착

---

* '맹렬하다'는 뜻도 있다.

수했다. 단기채권의 금리는 일반적으로 장기채권의 연 금리보다 낮다. 따라서 브라질 재무부는 채권을 단기물로 전환하면 이자 비용을 줄일 수 있다. 사실상 이 전략은 수익률 곡선의 가파른 기울기, 즉 장단기 금리차를 활용하겠다는 시도다. 정부가 단기채권을 발행하는 것은 양적완화와는 다르다. 양적완화는 중앙은행이 장기채권을 중앙은행 지급준비금으로 교환해주는 것이다.

브라질의 열대성 양적완화에는 궁극적으로 중앙은행도 가담한다. 시장에서 단기 국채를 매입해 재융자를 도울 세력이 아무도 없다면, 결국 브라질 중앙은행이 개입하여 새로 발행한 은행 준비금으로 채권을 사주고 채권 보유자에게 돈을 지불해야 할 것이다. 이는 인플레이션 압력과 환율 약세를 유발할 수 있다. 브라질 정부가 시장에서 신용을 잃는다면 외환 보유고가 풍부하더라도 위험한 상황에 처할 수 있다.[14] 부채의 만기 구조를 단축하면 단기적으로는 이득이 되지만 대신 만기가 도래할 때 부채를 이월할 수 없다는 점에서 잠재적 비용을 초래한다.

장기 효과

현재로서는 단기적으로 디플레이션이 전망되지만, 장기적으로는 앞으로 다른 요인이 작용해 톱니 패턴을 일으킬 가능성이 있다. 재분배 정책, 정부의 공약, 억눌린 수요, 대기업의 독과점 등은 인플레이션의 잠재 요인이 된다. 게다가 전 세계 정부가 마련한 대출 프로그램은 팬데믹의 지속 기간에 따라 인플레이션을 부채질하든지 아니면 적어도 미래의 디플레이션을 억제할 것이다.[15]

재분배와 정부의 공약은 가계의 구매력을 지탱하는 역할을 한다. 소비가 위축되지 않게 하고 기업의 자금력을 유지하기 때문이다. 그러면서 이 두 가지 요인은 물가 상승에도 일조할 것이다. 그러면 잠시 여기서 억눌린 수요에 대해 좀 더 자세히 살펴보자.

경기 회복과 소비로의 도피

경제가 회복되고 위험이 해소될수록 '안전자산으로의 도피' 추세는 역전될 것이다. 개인 투자자들은 현금과 안전자산 위주였던 포트폴리오에서 위험자산의 비중을 늘리는 쪽으로 이를 재조정할 것이다. 소비 증가로 수요가 늘어나 총 물가 수준에 압력을 가하면 이는 또 하나의 장기적 인플레이션 요인이 된다.

억눌린 수요와 수요−공급의 상호작용

더 많은 소비를 진작할 수 있는 가장 두드러진 잠재적 요인은 봉쇄령으로 억눌려 있던 수요가 나중에 분출한다는 점이다. 2020년 휴가 계획을 취소해야 했던 많은 여행자들이 팬데믹이 어느 정도 극복되면 여행 붐을 촉발할 가능성이 있다. 영화관, 극장, 레스토랑 등 다른 부문도 유사하게 소비자 수요가 급증할 것이다.

봉쇄 조치는 전반적으로 공급 충격에 가깝지만 수요 충격으로 해석될 수도 있다.[16] 예를 들어 왼쪽 신발의 생산이 중단되었지만 오른쪽 신발은 평소대로 계속 생산된다고 가정하자. 왼쪽 신발과 별도로 판매되는 오른쪽 신발은 누가 봐도 대부분 소비자에게 별 가치가 없다. 따라서 왼쪽 신발 생산이 중단되면 오른쪽 신발 부문도 영향을 받게 마련이다. 결국 소비자들은 신발 구매를 단념하고 신발에 쓰려던 돈을 모아둔다. 그러다가 나중에 셧다운이 풀리면 신발 수요가 급증할 것이다. 이것은 왼쪽 신발에는 공급 충격을 오른쪽 신발에는 수요 충격을 일으킨다. 팬데믹 기간 이러한 유형의 시나리오를 서로 보완재 성격이 강한 제품들, 예컨대 고급 와인과 레스토랑, 예식장과 결혼식 사진사, 영화관과 팝콘 등의 사례에서 확인할 수 있었다.

경제학에서 '시점 간 대체탄력성intertemporal elasticity of substitution'은 소비자가 저축으로 얻을 수 있는 이자 수익에 대한 대가로 소비를 얼마나 연기할 의사가 있는지를 나타내는 척도다. 또 '부문 간 대체탄력성cross-sectoral elasticity of substitution'은 소비자가 특정 시점에 한 부문의 상품을 다른 부문의 상품으로 대체하려는 의사를 가리킨다. 이 두 가지 중요한 힘은 봉쇄 조치의 맥락에서도 일맥상통할 수 있다."

부문 간 대체탄력성이 매우 낮다면, 소비자는 봉쇄 기간에 어떤 제품군의 상품을 구하지 못하더라도 다른 제품군에서 대체재를 찾으려 하지 않는다. 이 경우 봉쇄 조치는 소비 지출을 대폭 감소하게 한다. 그러면 가계들이 본의 아니게 강제 저축으로 더 많은 부를 축적하기 때문에, 봉쇄가 해제되면 그동안의 억눌린 수요가 폭발하게 될 것이다.

이러한 원리로 단기적인 수요 감소는 미래에 수요 증가와 물가 상승의 원인이 될 수 있으며, 이는 톱니형 인플레이션 메커니즘을 정확하게 설명한다. 물가상승률은 의아할 정도로 낮았다가 때가 되면 강력하게 솟구칠 것이다.

바이든 정부의 경기 부양책과 과열 논쟁

트럼프 정부는 법인세 인하라는 공격적인 카드를 꺼내며 확장적 재정 정책에 돌입했다. 이어 코로나19 위기 때도 2020년 7월의 경기부양법을 포함해 대규모 재정 정책으로 대응했다. 이러한 확장적 재정 정책은 1조 9000억 달러의 부양책 패키지를 내놓은 바이든 정부에서도 계속되었다. 2021년 7월 말에는 대규모 인프라 패키지와 같은 더 많은 재정 지출이 뒤따를 것으로 보인다.

게다가 2020년 12월과 2021년 3월 정부가 재난지원금으로 지출한 금액이 최대 2조 8000억 달러에 달하는 반면, GDP 갭은 9000억 달러 이하로 추산된다.[18] GDP 갭은 완전고용 경제에서 잠재 GDP와 실질 GDP 간의 차이를 측정한 값이다. 재난지원금이 GDP 갭을 초과할 것인지 여부는 재정승수에 달려 있다. 재정승수는 가계가 재난지원금을 전부 저축하면 0이 되지만, 전부 소비에 지출하면 1보다 클 것이다.[19] 승수 값은 아주 불확실하지만 대부분 전문가는 0.3보다는 충분히 크다고 추정한다. 0.3은 정부 지출 금액으로는 2조 8000억 달러로 9000억 달러의 GDP 갭을 메울 수 있는 대략적인 승수 값이다.

따라서 2021년에 래리 서머스를 비롯한 몇몇 저명한 경제학자들이 경기 부양책은 불가피하지만 재난지원금이라는 구호 패키지는 규모와 속도 면에서 경기 과열과 인플레이션을 촉발할 우려가 있으므로 과한 것 아니냐는 주장을 내놓았다. 워런 버핏도 2021년 봄 경제가 "달아오르자red hot" 버크셔 해서웨이의 보유 종목 전체에 걸쳐 여러 원자재 가격이 치솟고 있음을 체감했다.[20]

마찬가지로 2021년 경제학자 폴 크루그먼은 경기 과열을 피하려면 바이든 정부가 각 가계를 지원하고자 지급한 3차 재난지원금 1400달러가 "경기를 자극하지 않아야" 한다고 말했다. 즉, 그 돈이 소비보다 저축으로 가야 한다는 뜻이다.[21] 국채를 더 많이 발행하여 재원을 조달해야 하는 재난지원금의 경우, 사람들이 그 돈을 은행에 예치하면 경기 부양 효과를 일으키지 못한다. 단지 연준의 초과 지급준비금을 증가하게 할 뿐이며, 이는 다시 연준이 양적완화를 통해 국채 보유량을 늘리는 결과를 낳는다. 즉, 미국 재무부에서 단순히 국채를 더 많이 발행하고 있다는 것이고, 이것이 결국 간접적으로 가계의 저축 증가로 흘러가는 셈이다. 앞서 언급했듯이 이 자체적인 자금 조달 메커니즘은 왜 헬리콥터 머니가 코로나19 위기 정점에 경기 부양 효과를 일으키지 않았는지를 설명해준다. 반면에 사람들이 재난지원금을 쓴다면 그 소비가 경기 부양 효과를 일으키며 경제를 과열시킬 가능성이 있다. 그렇기는 하지만 폴 크루그먼은 나라의 분열을 치유하기 위한 정치적인 이유에서라도 바이든 정부의 대규모 부양책을 지지한다.

물가 목표치의 이탈

시민들이 소비를 언제까지 연기할 의향이 있는지는 '기대' 인플레이션에 달려 있다. 미래에 높은 인플레이션이 예상된다면 일찍 소비하는 쪽을 선호할 것이다. 이러한 이유로 사람들의 기대 심리가 중요하다. 기대 인플레이션이 변함없는 한, 소비량은 크게 변화하지 않을 것이다. 그러나 기대 인플레이션은 바뀔 수 있다. 진짜 위험은 장기적인 물가 목표치가 깨질 때 발생한다. 물가 목표치는 사람들이 인플레이션을 어느 정도로 예상하는지에 달려 있다. 또한 그들이 스스로 생각하는 '다른 사람들'의 현재 및 '미래'의 기대 인플레이션에도 역시 영향을 받는다.

2013년 '긴축 발작Taper Tantrum'*이 일어났을 때처럼, 경제가 과열되면 연준은 금리를 인상하고 공개 시장 조작을 늦추거나 심지어 중단함으로써 인플레이션을 신속히 막으려는 조치를 취한다. 실제로 그간 연준의 행보가 비둘기파에 매우 가까웠음에도, 2021년 2월 미국 장기물 금리는 반짝 상승했다. 미국 경기 부양 패키지는 갑작스럽고도 대규모로 행해졌다는 점에서 여러 위험을 내포하고 있으므로, 앞으로는 더 점진적이고 단계적인 경기 부양책으로 선회하는 편이 더 안전할 것으로 보인다.

그에 반해 물가 목표치는 디플레이션으로 경제가 휘청일 때도

---

* 연준이 양적완화를 축소하겠다고 발표하자 채권시장이 요동치며 투자자들이 자본을 회수하여 신흥국의 통화 가치와 증시가 급락한 현상을 말한다.

하방으로 깨질 수 있다. 모든 사람이 내년에 물가가 약간 떨어질 것으로 예상한다면, 물가 하락이 현실화될 때까지 굵직굵직한 소비는 자제하는 사람이 많을 것이다. 다시 말해 디플레이션 기대 심리는 자기충족적 예언이 될 수 있다. 사람들이 특히 고가의 내구재를 비롯해 소비를 뒤로 미루면 경제에 수요가 부족해져 물가는 더 떨어진다. 가계가 디플레이션을 예상할수록, 돈을 쓰지 않고 기다리는 시간이 늘어나 디플레이션을 가속화하고 디플레이션 함정을 계속 생성할 것이다.

통화 정책, 재정 정책, 금융 정책의 우위

인플레이션과 정부 예산

인플레이션은 정부 예산과 어떤 연관이 있을까? 통화주의자 밀턴 프리드먼은 "인플레이션은 언제 어디서나 통화적 현상이다"라고 말한 것으로 유명하지만, 뉴욕대학 교수 토머스 사전트Thomas Sargent는 인플레이션은 언제 어디서나 재정적 현상이라고 주장했다. 다시 말해 인플레이션은 현재 및 미래의 정부 조세와 부채가 합쳐져 결정된다. 프린스턴대학 교수 크리스토퍼 심스Christopher Sims 등이 주창한 **물가 수준의 재정이론**FTPL, fiscal theory of the price level은 정부 부채와 본원통화를 포괄한 총부채의 실질가치는 현재 또는 미래의 기본적 재정 흑자가 받쳐줘야 한다고 강조한다. 정부가 계속 만성 적자에 시달리고 미래의 세수로 명목 부채를 갚을 수 없게 되면 물가가 올라야 한다. 심스는 이 상황이 정부가 '실질' 부채를 갚고 채무불이행을 피할 유일한 방법이라고 말한다. 그렇다면 정부는 물가 상승을 유발하거나 방치함으로써 명목 부채의 가치를 "인플레이션으로 절하시켜야inflate away" 한다. 따라서 물가 안정은 장기적으로 정부의 균형예산에 달려 있다는 것이다. 이는 인플레이션의 원인을 재정 정책이 아닌 통화 정책에만 국한하고 화폐 공급을 현금, 은행 예금, 지급준비금으로 정의하는 통화주의자들의 견해와 대조된다.

물가 수준의 재정이론이 시사하는 바는 단순하다. 국가의 명목 부채가 고정된 상황에서 재정건전성이 항구적으로 악화될 경우, 국가 부도를 막기 위해서는 인플레이션의 가속이라는 가격 수준의 조정이 이뤄져야만 한다는 것이다.

또한 물가 수준의 재정이론은 정부가 국채를 상환하기 위해 언제든 돈을 찍어낼 수 있으므로 자국 통화로 부채를 발행할 때는 채무불이행이 되는 일이 없다고 가정한다. 그러나 외화표시채권의 경우라면 정부는 뚜렷한 난관에 직면하게 된다. 더 많은 돈을 찍어 부채를 상환하는 직접적인 방법이 통하지 않기 때문이다. 예를 들어 유로존에서 이탈리아가 국채를 새로 발행한다면, 그 부채를 상환하려고 일방적으로 유로를 더 많이 발행하는 것은 불가능한 일이다.

현대통화이론은 한 단계 더 나아간다. 이 이론은 실업률이 자연실업률*을 초과하지 않는 한 재정 지출을 전혀 걱정할 필요가 없다고 주장한다. 이 이론의 옹호자들에게 스태그플레이션이란 있을 수 없는 일이다.

역사적으로 대규모 재정 지출은 대체로 물가 상승을 부채질해 왔다. 다음 쪽 그림 11-8은 미국 남북전쟁 이후 미국의 재정 적자를 실선으로, 물가상승률을 어두운 점선으로 표시한 것이다. 높은 물가상승률과 대규모 재정 적자 사이의 상관관계가 눈에 띈다. 또한 밝은 점선은 비금융기업의 만기 3개월짜리 단기채권 금리를 가중 평균하여 계산한 명목금리를 나타낸다.

남북전쟁, 제1차 세계대전, 제2차 세계대전, 베트남전쟁과 같은 큰 전쟁이 일어났을 때 재정 적자는 불어나고 물가도 크게 올랐다. 그러다가 재정 적자가 다시 감소하면서 물가 상승도 억제되었다. 1970년대와 1980년대에도 비슷한 패턴을 보였다. 이 패턴에서 유일하게 벗어난 시기는 대규모 예산 적자와 매우 낮은 물가상승률이 함께 나타났던 지난 10년간이었다.

GDP의 100%를 초과할 정도로 높은 오늘날 미국의 정부 부채 수준은 평시에는 거의 보기 드문 일이다. 그렇지만 이전에도 대규모 정부 적자가 발생했다가 극복된 적이 있다. 그렇다면 중앙은행과 정부가 과거에 어떻게 상호작용했는지, 그 경험을 토대로 통찰력을 얻을 수 있다.

전쟁의 여파와 싸우는 다른 국가들의 접근 방식도 이 문제에 대한 통찰력을 제공한다. 제1차 세계대전에 참전한 모든 국가는 전비

---

* 물가 상승을 가속화하지 않는 수준의 실업률.

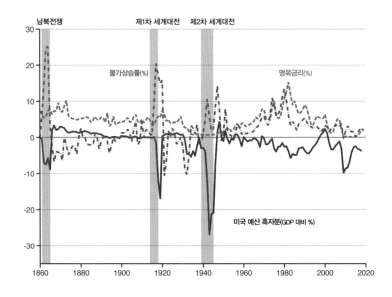

그림 11-8: 물가상승률과 재정 적자 사이의 상관관계. 특히 전쟁 자금을 조달해야 하는 전시에 강한 상관관계가 두드러진다. 이 그림은 미국이 관여한 전쟁들, 예산 흑자분, 단기 명목금리, 물가상승률을 보여준다. 예산 흑자분과 명목금리 데이터는 FRED(2020)에서 가져왔다. 명목금리는 듀레이션이 3개월 이하인 비금융 회사채의 수익률을 합쳐 계산했다. 물가와 GDP 데이터는 각각 Officer and Williamson(2021) 및 Johnston and Williamson(2021)에서 인용했다.

지출 대부분을 부채로 조달했기 때문에 막대한 재정 적자를 쌓았다. 그 여파로 모든 참전국들에 단기 인플레이션이 찾아왔다.[22] 그러나 중장기적으로 독일의 상황은 영미권과 사뭇 달랐다. 미국과 영국은 물가 상승 압박에 맞서고 정부 예산을 건실히 하기 위해 세금을 올렸다. 영국은 심지어 금본위제로 회귀했다. 반면에 독일의 재정 건전화 계획은 실패했고, 1923년 초인플레이션의 빌미만 마련했다.[23] 이로써 **미래의 조세 정책**, 특히 이에 대한 사람들의 **기대**가 중요하다는 점을 알 수 있다. 한 사회와 그 제도가 반인플레이션 조치를 밀어붙이더라도 끄떡없을 만큼 충분히 강한지에 인플레이션의 결과가 달려 있기 때문에, 인플레이션은 언제 어디서나 정치적인 현상이라고 해도 틀린 말은 아닐 것이다.

또 전쟁과 팬데믹은 서로 다른 상황이라는 점도 중요하게 기억해야 한다. 예를 들자면 전쟁 후에는 대규모 수요 부양책이 뒤따른다.[24]

제도적 장치

정부는 예산과 명목금리를 결정한다. 과거 일부 국가에서는 재무부 산하에 통화 당국과 재정 당국이 연계되어 있었다. 그러나 이러한 구조는 정치 경제적 문제를 안고 있었다. 선거를 앞둔 정치인들로서는 선거 후 물가가 급등할 우려가 있더라도 금리를 낮춰 경기를 부양하려는 동기에 이끌린다. 이 같은 정치적 특성의 경기순환은 이미 물가가 높아 금리 인상이 필요한 경우에 특히 해악이 크다.

정부가 사전에 물가 안정을 공약했어도, 선거가 다가오면 정치인들은 약속을 어기고 싶어 한다. 이러한 동태적 비일관성 문제time-inconsistency*의 결과로 이제는 많은 국가에서 중앙은행을 정부와는 독립한 통화 정책을 전담하는 기관으로 두고 있다.[25] 그렇기는 하지만 중앙은행과 재무부 사이에는 중요한 상호작용이 오간다.

---

* 정부 정책의 결정 시점과 실행 시점 사이에 상황이 바뀌어 불가피하게 정책의 수정이 일어나는 문제를 말한다.

가령 인플레이션을 억제하려면 통화 정책과 재정 정책 간의 상호작용이 중요하다. 이러한 역학 관계를 다루기에 앞서 중앙은행과 정부가 상호작용하는 방식부터 살펴보자. 예를 들어 중앙은행이 금리를 인상하면 정부는 재정 지출을 줄이는가?

또 중요하게 고려해야 할 세 번째 핵심 주체로 금융 부문이 있다. 이 장의 후반부에서는 어떤 방식으로 금융 부문이 우위를 점하게 되는 것이 가능한지 또 그 경우 재정 및 통화 정책이 어찌 조정을 받는지를 논한다.

치킨 게임

인플레이션을 통제하려면 중앙은행에게는 경제에 제동을 걸고 금리를 인상할 수 있는 권한이 필요하다. 그런데 금리가 오르면 정부의 이자 부담이 가중된다. 따라서 금리 인상이 효과를 발휘하기 위해서는 정부가 지출을 줄이든지 세금을 인상해야 한다. 이러한 이유로 미국 재무부를 포함해 각국의 재정 당국은 통상 금리 인상을 반기지 않는다. 그 결과 통화 당국과 재정 당국 간에 갈등이 발생한다. 승자는 누가 될 것인가?

재정 정책 우위의 시나리오에서는 한마디로 말해 정부가 중앙은행의 금리 정책을 신경 쓰지 않는다. 쉬운 설명을 위해 이를테면 중앙은행이 금리를 5%로 인상한다고 상상해보자. 그다음 정부는 더 높아진 금리 부담을 충당하기 위해 계속 채권 발행량을 늘릴 것이다. 이는 총수요를 더욱 자극해서 물가 상승을 부채질한다. 이후 중앙은행이 물가를 진정시키기 위해 금리를 더 인상해야 할지도 모르며, 이에 따라 정부는 채권을 더 많이 발행할 것이다. 여기서 정부가 끝까지 물러서지 않으면 중앙은행은 독립적인 통화 정책을 수행할 힘을 잃게 된다.

통화 정책 우위의 맥락에서는 중앙은행이 운전석에, 정부는 조수석에 앉는다. 따라서 정부는 순순히 지출을 줄이거나 세금을 인상해야 한다. 그러면 물가가 안정된다.

현실에서 우리는 통화 당국과 재정 당국 중 누가 운전대를 잡고 있는지 모른다. 두 당국이 충돌하면 두 대의 경주용 자동차가 서로를 향해 속도를 내며 돌진하는 치킨 게임과 비슷해진다. 어느 쪽이 먼저 겁을 먹고 방향을 틀 것인가? 둘 다 똑같이 고집부리지 않는 한, 마지막까지 버티는 운전자가 이긴다. 이런 상황에서는 충돌 사고가 일어날 수 있다.

디플레이션 국면에서 경기 부양에 속도를 내려면 단기적으로 강력한 통화 정책이 필요하다. 마찬가지로 통화 당국이 향후 반대 상황에서 브레이크를 강하게 밟는 것이 가능해야만 한다. 중앙은행은 성능 좋은 제동장치를 갖춰야만 공격적 행보를 펼칠 수 있다. 이러한 긴장은 경주용 자동차 운전자가 자신의 차에 강한 제동장치가 있다고 믿는다면 더 적극적으로 위험을 감수하려고 하는 것과 유사하다.[26] 이 경우 제동장치는 중앙은행의 독립성 그리고 나중에 다시 설명할 거시건전성macroprudential 정책이다.

금융 정책의 우위와 치킨 게임 2.0

앞서 언급했듯이 정부의 통화 당국과 재정 당국 간 치킨 게임에 세 번째 참가 선수가 있으니, 바로 금융이다. 금융 부문의 회복탄력성이 매우 좋다면 정부는 그들과 고통을 분담하면 된다. 예를 들어 스페인은 코로나19 위기 동안 모기지 상환 유예 대책을 내놓았다. 이 덕분에 모기지 대출을 제때 상환하지 못한 사람들도 주택 압류를 면할 수 있었다. 그 대신 은행들 입장에서는 모기지 대출이 전액 상환될 가능성이 낮아져서 잠재적으로 손실을 입었다.

문제는 정부가 회복탄력성이 좋은 금융 부문으로 손실을 전가하면, 은행들에게는 완충장치를 구축하는 대신 배당금을 지급하고 자사주를 매입하려는 인센티브가 생긴다는 것이다. 그러면 금융 부문의 회복탄력성이 약해진다. 반대로 금융 부문이 이미 취약한 경우라면 정부는 보통 그들에 손실을 전가하지 않는다. 오히려 정부는 구제금융을 제공할 것이다.

구제금융의 비용은 누가 지불할 것인가? 여기서 업그레이드된 치킨 게임 2.0 버전이 등장한다. 정부는 말 그대로 다른 곳에서 자원을 끌어와 금융 부문을 구제할 수 있다. 아니면 통화 정책으로 자산 가격의 변동을 유도해 은행 부문의 대차대조표를 재편할 수 있다. 금리를 낮추면 은행의 대차대조표상 자산 가치가 올라가고 부채 가치가 낮아질 수 있기 때문이다.

금융 정책이 우위인 시나리오에서 **거시건전성 정책**은 이러한 구제금융을 막고 금융 부문이 자기자본을 확충하도록 중요한 역할을 할 수 있다. 거시건전성 정책의 취지는 금융 부문에 발생한 문제가 경제 전반에 파급 효과를 일으키지 않도록 예방하는 것이다. 훌륭한 거시건전성 정책은 레버리지 증가와 관련된 위험을 면밀히 감시한다. 또한 스트레스 테스트를 통해 은행에 완충장치가 부족하다고 판명되면 규제 당국이 이들 은행에 배당금 지급과 자사주 매입을 금지할 수 있다.

중앙은행은 다른 영리한 정책 수단을 설계하여 완충장치를 늘리기도 한다. 예를 들어 팬데믹 동안 고배당을 자제하거나 자기자본의 완충장치를 강화한 기업과 같이 재무 위험 관리를 견실하게 수행하는 기업의 채권만 집중 매입할 수 있다. 미국에는 경기대응완충자본* 제도가 없으나 채권 매입 프로그램을 응용하면 자본과 유동성의 완충장치로 기능할 수 있다. 그러면 은행들은 별수 없이 자사주 매입을 줄일 것이다.[27]

매우 장기적인 인플레이션 압력

경제학자 찰스 굿하트Charles Goodhart와 마노즈 프라단Manoj Pradhan은 오늘날의 높은 공공부채 수준과 인구 고령화가 장기 인플레이션 압력을 가중한다고 강조한다.[28] 고령화 사회가 되면 정부에서 사회보장 제도를 강화하고, 노령 인구를 위한 지출이나 의료비를 마련할

---

* 경기에 대응하여 최저 규제 자본 이상으로 미리 자본을 적립하도록 함으로써 호황기에 과다한 신용 팽창을 억제하고 불황기에 완충장치로 쓸 수 있게 하는 자본을 말한다.

재원을 모색해야 하므로 예산 적자가 증가할 가능성이 크다.

일반적으로 대규모 재정 적자를 줄이는 세 가지 방법이 있다. 첫째, 경제를 성장시킴으로써 지출을 감축하지 않고도 세수를 늘리고 적자를 줄일 수 있다. 그러나 지난 20년 동안 성장세는 지지부진했다. 더욱이 고령화 사회에서는 생산 활동의 주축인 젊은 층, 즉 노동인구의 증가율이 낮다.

둘째, 강력하고 지속적인 경제성장이 안 된다면 정부에서 세금을 매만지는 방법이 있다. 셋째, 정부 지출을 줄이는 것이다. 그러나 이 두 가지 접근 방식은 정치적으로 인기가 없기 때문에 결국에는 그나마 국민들의 저항이 가장 덜한 해결책, 즉 물가 상승을 감당하는 선택지만 남게 된다. 그렇게 되면 중앙은행의 독립성이 점점 더 위협받게 될 것이다. 기존 통화 정책의 큰 틀 안에서 보면 물가가 고공행진할 때 중앙은행이 긴축적 통화 정책을 실행할 수 있도록 독립성이 보장되어야 한다. 그러나 커다란 부채 부담을 짊어진 정부로서는 통화 정책의 우위 체제를 순순히 받아들이기 쉽지 않다. 그러다가는 정부의 이자 부담이 확 늘어나기 때문이다.

테일러 준칙을 넘어서는 통화 정책

물가안정목표제는 1990년대에 선진국에서 통화 정책의 표준으로 부상했다. 중앙은행은 물가상승률과 'GDP 갭'이 어떻게 전개되느냐에 따라 금리를 올리거나 내려서 물가 목표치를 달성할 수 있었다. 물가가 목표치를 초과해 상승하거나 GDP 갭이 경제의 잠재적 최대 생산 능력을 초과하는 경우(즉, GDP 갭이 양수) 처방책은 금리 인상이었다. 반대로 저물가 시기이거나 GDP 갭이 음수인 경기침체기에는 금리 인하가 답이었다. 이렇게 기계처럼 작동하는 **테일러 준칙**Taylor rule은 약간이나마 실무에 더 깊이 안착한 방법으로, 중앙은행에 간결한 지침을 제공하는 역할을 했다. 적어도 2008년 금융 위기 전까지는 말이다.

금융 위기 이후로 정부는 비전통적인 통화 정책 수단을 사용해왔다. 그러나 이제는 비전통적 수단이 보편화되어서 금리에만 집중해서는 더 이상 충분하지 않을 정도다. 중앙은행은 고위험 채권 금리를 낮추고 장단기 금리차를 좁히기 위해 대규모로 자산을 매입하며 대대적으로 시장에 개입해왔다. 따라서 중앙은행의 대차대조표와 그 확장세를 예의주시할 필요가 있다.

이러한 모든 정책 수단을 운용하려면 경제를 더욱 총체적인 관점으로 바라볼 필요가 있다. 중앙은행은 과한 인플레이션과 GDP 갭뿐 아니라 재정 및 금융 리스크도 신경 써야 한다. 또 정부의 이자 부담이 갑자기 커질 때 닥칠 위험도 주의해야 한다. 통화 정책의 결과는 정부가 부채를 재조달하는 비용에 피드백으로 돌아온다는 점을 기억하기 바란다. 또한 중앙은행은 통화 정책이 초래할 예측 불허의 피드백 루프와 그것이 국채 발행으로 자금을 조달하는 비용에 미치는 영향도 따져야 한다. 따라서 단순한 테일러 준칙은 경제의 기본적인 투입 및 산출 측면을 고려해 확장되어야 한다. 다시 말해 테일러 준칙의 관점을 넓혀서 금리뿐 아니라 양적완화 같은 기타 비전통적인 도구도 포함해야 한다.

통화 정책의 재분배 효과

마지막으로 통화 정책에 재분배 요소가 있다는 점도 중요하다.[29] 이 것이 전통적인 통화 정책 방식에서도 사실인 이유는 금리가 변동할 때마다 채권 가격이 영향을 받기 때문이다. 금리가 인하되면 채무자는 이득인 반면 예금자는 손해를 본다.

물가 목표치를 겨냥한 중앙은행의 모든 조치는 금리와 스프레드의 변동을 유발하는 직접적인 영향 외에 재분배 기능도 한다. (예상치 못한) 인플레이션은 채무자 입장에서 예금과 같은 부채의 명목가치를 떨어뜨린다. 마찬가지로 중앙은행이 결정하는 금리에 물가상승이 반영되지 않으면, 예상치 못한 인플레이션은 대출 기관에도 손실을 입힌다. 반대로 채무자는 부채의 실질가치가 하락하기 때문에 갑작스러운 인플레이션으로 이득을 보게 된다. 실질금리에 따라 움직이는 인플레이션방어채권TIPS 보유자도 수혜자가 된다.

따라서 통화 정책의 재분배 효과는 대차대조표가 악화된 부문을 안정화할 목적에 도움이 될 수 있다. 2008년 경기침체기 동안 가계와 은행 부문에서 대차대조표의 건전성이 손상되었다. 그런 가운데 통화 정책은 간접적으로 은행 부문의 자본 구성을 재편하고 위험의 대가를 낮췄다. 코로나19 충격 때는 재난지원금을 지급하는 등 재정 정책에 힘입어 가계의 대차대조표가 안정되었지만, 대부분 선진국에서 기업 부문은 큰 타격을 입었다. 통화 정책의 이러한 재분배적 측면은 자연스럽게 다음 장 주제와 연결된다. 다음 장에서는 불평등과 그것이 회복탄력성과 어떤 연관이 있는지를 설명하겠다.

12장
불평등

미국에서 불평등은 수십 년 동안 심화되어 왔다. 코로나19 팬데믹 이전부터 소득 상위 1%가 전체 부에서 가져가는 몫이 점점 커지고 있었다. 그들은 기술 발전이 창출한 이익 중 대부분을 차지했다. 새로운 기술의 발전은 갈수록 최고의 대기업만이 성공하고 가장 큰 이익을 가져가는 승자독식의 역학을 따랐다. 미국의 중위임금은 지난 50년 동안 비교적 제자리를 맴돌았다. 그 결과 많은 미국인들 사이에서 불안감이 퍼졌다. 또한 최근 몇 년 동안 미국 백인 남성의 평균수명이 감소했다.[1] 급속도로 발전한 의료 수준에 비추어볼 때 이는 다른 대부분 국가에서는 보기 드문 암울한 현상이다.

많은 국가에서 불평등이 증가했지만 '전 세계' 부의 분포를 보면 국가 간 불평등이 감소했음을 알 수 있다. 신기술이 발전한 데다가 중국, 동아시아, 동유럽 등 인건비가 저렴한 국가에 아웃소싱을 맡기는 추세로 인해 이들 국가에서 수백만 명이 노동인구로 새로 유입되었기 때문이다. 이 새로운 노동인구가 글로벌 중산층에 편입하면서 국가 간 불평등은 감소했다. 그러나 선진국 노동자들은 수적으로 자기네보다 훨씬 우위인 전 세계 노동자들뿐 아니라 대거 도입된 신기술과도 경쟁하게 되었으므로 인건비 측면에서 입지가 불리해졌다.

이 장에서는 회복탄력성과 그것이 경제의 여러 차원에서 불평등에 시사하는 바에 초점을 맞추고자 한다. 먼저 개인의 회복탄력성과 이질성에 대해 다룬 후 불평등의 다양한 척도와 각 불평등이 어떤 점에서 경각심을 필요로 하는지 논할 것이다. 이러한 통찰력을 바탕으로 그다음으로 사회적 불평등에 중점을 두고 논의를 이어가겠다.

회복탄력성의 개인 간 불평등

부유층과 빈곤층 간 회복탄력성의 불평등은 상당한 사회적 함의를 지닌다. 부유층은 어떤 충격이 닥쳐도 힘든 시기를 견뎌낼 완충장치를 충분히 갖고 있어서 미래에도 부유층의 지위를 유지할 가능성이 높다. 그러나 충격에 더 취약한 빈곤층은 충격을 딛고 다시 일어서기 더 어렵다. 그들은 반복적으로 도태되며 빈곤의 함정에 빠질 위험이 있다. 그래서 부유층과 빈곤층 사이의 격차가 더욱 벌어지는 악순환이 발생한다.

시간이 지날수록 불평등을 악화시키는 효과가 하나 더 있다. 부유층은 불리한 충격 후에도 회복할 수 있다는 것을 스스로 알고 있기에 위험을 감수할 의지가 더 강하다. 예를 들면 이들은 장기적으로 더 큰 수익이 기대되는 위험자산에 기꺼이 투자한다. 그러나 회복탄력성이 떨어지는 빈곤층은 변동성을 견디지 못하므로 고수익, 고위험의 이익을 누릴 기회가 드물다. 행동경제학자 센딜 멀레이너선Sendil Mullainathan과 심리학자 엘다 샤퍼Eldar Shafir는 빈곤층은 하루하루 먹고살기 급급하기 때문에 위험을 감수하려 하지 않는다고 강조한다.[2] 장기적으로 보면, 애초부터 대체로 빈곤층보다는 투자에서 더 높은 수익을 얻는 부유층에 위험을 감수하는 역량이 집중되어 있고, 이 점이 다시 불평등을 더욱 키우는 요인으로 작용한다.[3]

여러 형태의 불평등

회복탄력성의 개인 간 격차가 불평등에 어떤 영향을 미치는지 가장 정확히 분석하기 위해서는 다양한 형태의 불평등을 구분해야 한다. 불평등이 심화되고 있다는 언론 보도를 흔히 들을 수 있지만, 사실 불평등이라는 개념은 여러 가지가 있다. 그중에서도 자주 간과되는 것이 회복탄력성의 불평등이다. 회복탄력성이 있는 사람들은 더 위험하고 수익성이 높은 투자 기회를 잡을 수 있어서 투자 수익을 창출하기에도 유리하다. 그 결과 장기적으로 부의 불평등은 더욱 심각해진다.

소득 불평등

소득은 특정 기간(예: 1년)을 놓고 측정하는 유량 변수다. 그리고 소득 불평등은 개인 간 소득 수준이 분산되어 있는 정도를 가리킨다. 미국에서 최상위 소득 계층은 연간 수백만 달러를 버는가 하면, 그 외 대부분 가구는 3만 달러 미만을 벌어들인다. 코로나19 위기의 영향이 상위 1% 최상위층에는 평준화 효과leveling effect를 일으키지 않았겠지만, 그 바로 밑의 계층에는 일부 평준화를 일으켰을 가능성도 있다. 평준화의 예로 대개 소득분포의 상위 절반에 속하는 수많은 소상공인들을 생각해보자. 팬데믹 기간 동안 다수가 정부 지원금을 받았다는 점을 감안하더라도, 그들은 이미 소득에 상당한 손실을 입었다. 대조적으로 그들보다 아래 소득 계층에 있는 임금 근로자들은 최소한 평소와 같은 급여 수입을 유지할 수 있었다.

부의 불평등

소득 불평등을 평가할 때 한 가계가 보유한 주택, 금융자산, 기타 주식 등의 가치는 포함되지 않는다. 마찬가지로 부의 불평등을 측정한 결과는 특정 연도의 연말과 같은 어느 시점의 불평등에 대한 단면을 제공할 뿐이다. 그러나 부의 척도는 사람들이 여분의 소득을 저축하거나 자산의 가치가 증감할 때 달라진다. 그리고 자산의 가치는 금리 변동에 크게 영향을 받는다. 예를 들어 한 채권 보유자가 1년에 100달러의 수익을 얻는다고 생각해보자. 금리 하락은 채권 수익에 영향을 미치지 않지만 그로 인해 채권의 현재 할인 가치는 상승한다. 이것은 순수한 자본 이득 효과를 나타내며 채권 보유자는 소득이 변하지 않아도 이론상 더 부유해질 것이다.

불평등을 측정하는 작업은 간단하지 않다. 몇 가지 가능한 접근 방식으로는 소득신고 내역을 살펴보거나 상속세 납부액을 통해 재산을 유추하는 방법이 있다. 어떤 데이터를 근거로 삼을지 결정하고 나면 자산 가치를 어떻게 평가할 것이냐는 또 하나의 민감한 문제가 기다린다. 특히 커다란 난제 중 하나는 미래의 사회보장 연금 수급권을 평가하는 방법이다.' 수십 년 후에 지급받을 금액은 현재 가치로 적절하게 할인되어야 하고, 미래에 예상되는 세금과 수급액도 고려해야 한다. 금리가 인상된다고 가정하면 사회보장 연금의 현재 할인 가치는 감소한다. 40년이 넘는 기간 사이에 금리가 오직 소폭만 변한다고 가정하더라도 복리의 마법 때문에 이는 매우 중요한 영향을 끼친다.

또 하나의 난제는 비상장 기업의 가치를 평가하는 것이다. 소득 상위 1% 중 다수가 기업가다. 실리콘밸리 기업가만 있는 게 아니다. 개중에는 개인 병원과 사무소를 운영하는 성공한 의사와 변호사도 포함된다. 그래서 주가를 통해 시장 가치를 유추할 수 있는 상장 기업과 달리 비상장 기업의 가치는 측정하기가 훨씬 어렵다.

이러한 측정상의 문제가 있기는 하지만 대부분 전문가들은 미국에서 부의 불평등이 1980년 이후 심각해졌다는 데 의견을 같이한다. 그러나 그 정도에 대해서는 여전히 논란이 뜨겁다.[5] 미국 이외의 지역에서는 부의 불평등이 심화했는지 여부가 훨씬 불분명하다. 프랑스, 영국, 덴마크는 가장 양질의 데이터를 구축하고 있는 국가이지만 불평등이 훨씬 더 복합적 양상을 띠고 있기도 해서 분석이 어렵다. 그래도 만약 이 국가들에서 불평등이 심화되었다 쳐도 미국만큼은 아니다.

많은 신흥 경제국 역시 불평등이 심각하다. 중국도 지난 30년 동안 불평등이 크게 증가했다. 오늘날 세계에서 가장 불평등한 사회 중 한 곳이 되었을 정도다.[6]

회복탄력성의 불평등

회복탄력성의 불평등은 새로운 개념이다. 여기에는 역경을 딛고 일어서는 '능력'도 사람마다 차이가 있다는 사실이 담겨 있다. 부유층한테는 코로나19 위기가 일시적 충격에 그칠지도 모른다. 그러나 모아둔 돈이 없는 빈곤층(미국인 대부분이 갑자기 1000달러가 필요할 때 이 돈을 쉽게 마련할 수 없다)은 충격 이후 오랜 후유증에 직면할 수 있다. 상처가 치유되지 않은 노동시장에 코로나19 같은 한순간의 예상치 못한 충격까지 덮치면, 빈곤층 노동자들은 회복 불능의 결정타를 입을 것이다. 즉, 빈곤층들은 대개 부유층보다 회복력이 떨어진다. 위에서 설명한 바와 같이 회복탄력성의 불평등은 소득 불평등을 증폭시키고 장기적으로 부의 불평등을 악화시킨다.

계층 이동성

개인의 회복탄력성은 계층 이동성과도 관련이 있다. 한 사람이 생애 기간 동안 어떤 시기에는 고소득층이 되기도 하고 어떤 시기에는 저소득층이 될 수도 있을 때 계층 이동성이 높다고 한다. 이렇게 계층 이동이 언제든 가능하다면 저소득층에게도 함정에서 빠져나올 희망이 있기 때문에 회복탄력성이 높다고 볼 수 있다.

보건 불평등과 회복탄력성

선진국 중 특히 미국은 코로나19 팬데믹이 몰고온 의료 위기에 제대로 준비가 되어 있지 않았다. **보편적 의료보험**을 채택한 캐나다와 유럽과 달리 미국은 인구의 약 10%가 의료보험에 가입하지 못했다.[7] 따라서 미국인들은 바이러스의 확산에 대처하기에는 회복력이 약했다. 팬데믹 초기에 큰돈을 쓰기가 두려워서 검사와 치료를 기피한 사람이 적지 않았다. 더욱이 미국 인구 중에는 예나 지금이나 상대적으로 보건 취약 계층이 많아서 코로나19가 최악의 상황으로 치달으면서 더욱 속수무책이 되었다. 전반적으로 열악한 미국의 보건 환경은 최근 몇 년 동안 미국인의 기대수명이 제자리걸음에 머물고 있는 이유를 설명하는 한 예다. 이에 반해 다른 선진국들에서는 기대수명이 꾸준히 연장되어 왔다.

소득 계층의 하위 50%에 있는 많은 미국 노동자들은 **유급 병가**를 이용할 수 없다.[8] 더욱이 최근 몇 년 동안 노동자의 보호 장치가 거의 없는 **긱 경제**gig economy* 부문 일자리 비중이 커지면서 상황은 더욱 악화되었다.⁹ 이번 팬데믹 동안 코로나에 감염된 노동자를 위한 보호 조치는 미흡했다. 감염된 노동자는 건강상의 부정적인 외부효과를 일으킬 가능성이 있다. 병에 걸린 노동자가 생계를 유지하기 위해 어쩔 수 없이 일터로 나가면 동료를 감염 위험에 빠뜨리게 된다. 이러한 보건 불평등은 코로나19가 이미 열악한 보건 환경으로 고통받고 있던 사람들에게 가장 큰 악영향을 미친다는 점에서 특히 무시할 수 없는 문제다.¹⁰ **의료보험**의 적용 범위와 **의료 서비스에 대한 접근성**을 개선하면 개인들의 회복탄력성, 나아가 사회 전체의 회복탄력성에 기여할 것이다.

특히 미국에서 고용 안정은 일거양득의 기능을 한다. 직장이 있다는 것은 번듯한 생활을 영위하기 위한 소득원임은 물론, 의료보험에 가입할 자격을 얻는 중요한 밑거름이기도 하다. 노동자는 직장을 잃으면 의료보험 자격도 잃는다. 빌 클린턴 전 미국 대통령이 1993년 임기를 시작할 당시 의료 제도를 계획하면서 중점을 둔 목적은 사람들이 직장을 옮기는 공백기에도 의료보험 자격이 유지되도록 돕는 것이었다.

이처럼 불평등은 코로나19의 확산을 억제하려는 노력에 강력한 걸림돌이었다. 미국에서는 부유한 카운티가 **사회적 거리두기** 조치의 효과를 가장 많이 보는 경향이 있다. 아무래도 재택근무로 전환

---

* 기업이 시대의 빠른 변화에 대응하기 위해 정규직보다 필요에 따른 임시직, 계약직 고용을 선호하는 추세를 표현하는 용어다.

할 여유가 있는 노동자가 비교적 많다 보니 직장 내 감염 위험을 최소화할 수 있기 때문일 것이다.[11]

그러나 가난한 사람들은 대부분 재택근무로 전환할 선택권이 없다. 개발도상국의 상황은 더 심각하다. 인도 슬럼가에서는 사회적 거리두기가 그림의 떡에 가깝다. 그곳 주민들은 밀집도 높은 거주 환경에다가 생계의 절박함이 맞물려 사회적 거리두기를 실천하기 어렵다.[12] 또한 적어도 라틴아메리카 국가에서는 아무리 정부가 빈곤 가구에 '보조금 지원'을 확대해 소득 손실을 일부 보전해준다 해도, 빈곤층은 사업장 셧다운으로 인한 소득 손실의 영향을 더 크게 받는다.[13]

지역 간 불평등

보건 불평등에는 지역적 요소가 들어 있는 경우가 많다. 부유한 지역에는 시설 좋은 병원과 1인당 병상 수가 더 많다. 미국의 도심과 교외가 부유한 지역과 빈곤한 지역으로 사실상 양분되어 있다는 점을 감안할 때, 보건 불평등은 각 지역사회에 크고도 차등적인 영향을 미친다. 마찬가지로 브라질도 빈곤한 지역에 제공되는 의료 서비스가 부유한 지역에 비해 열악하다.[14] 여기에다가 빈곤층은 제대로 된 보건 환경에서 지내기 어렵다는 문제도 추가된다. 그 결과 브라질의 빈민가는 코로나19의 영향을 특히 혹독하게 받았다.[15]

코로나19 위기 동안 회복탄력성의 불평등 그리고 그것이 차례로 소득 및 부의 불평등에 미치는 영향에 지역적 요소가 작용했다. 예를 들어 뉴욕 맨해튼에서 소비 지출이 가장 많이 감소한 지역은 어퍼 이스트 사이드 같은 부자 동네였다. 2020년 3월, 이들 지역에서 대면 서비스와 관련한 소비 지출은 거의 증발하다시피 했다.

그림 12-1에는 캘리포니아주의 **부유층과 빈곤층의 소비 패턴**이 드러나 있다. 빈곤층의 소비는 대규모 재정 부양책에 부분적으로 힘입어 3개월 만에 팬데믹 이전 수준으로 회복되었다. 반면 부유층의 소비는 2020년 12월 약 10% 하락한 이래로 별로 반등하지 못했다.

소비와 고용 역시 중요한 지역적 특징을 보여왔다. 부유한 지역에서 저소득층 고용의 감소 폭이 더 크게 나타났다. 그 결과 "부유층 고객에게 서비스를 제공하는 빈곤층"이 코로나19 위기 동안 가장 큰 고통을 겪었다.[16] 팬데믹 전부터 불평등도가 높았던 미국의

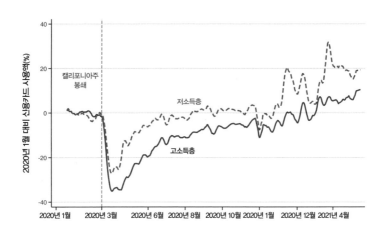

그림 12-1: 고소득층과 저소득층의 개인 소비 비교.

출처: Opportunity Insights(2021)

일부 카운티들에서는 불평등이 더욱 심화되었다. 상대적으로 재택근무로 전환할 여력이 되는 부유층 가구가 감염 위험으로부터 가장 안전했기 때문이다. 반면 제일 큰 부담을 짊어진 집단은 필수 인력 이외의 서비스업 종사자들이었다. 회복탄력성의 불평등 때문에 코로나19 위기는 부유층과 빈곤층 사이의 격차를 더욱 벌릴 것이다. 따라서 빈곤층 가구가 위기에서 어떻게 회복할 수 있느냐가 중요한 관건이다.

로봇 청소기 효과와 상흔 효과

이러한 양극화는 '**로봇 청소기 효과**robot vacuum effect'에 의해 심화될 수 있다. 적어도 백신이 널리 보급되기 전까지 사람들은 대면 접촉 중심의 서비스를 꺼리게 되었고, 이는 노동이 자본으로 대체되는 추세에 불을 지필 가능성이 있었다. 예를 들면 그간 집안 청소를 도맡았던 가사 도우미와 접촉하여 바이러스에 감염될까 우려하게 된 많은 사람들이 로봇 청소기를 구입했다. 그들은 앞으로도 가사 도우미를 덜 이용하게 될 것이다. 그렇다면 코로나19 위기가 종식되더라도 청소 서비스에 대한 수요가 회복되지 않을지 모른다. 더 시야를 넓히자면, 서비스 부문 노동자의 회복이 영영 억제되면서 그들 전체의 회복탄력성이 약화될 수 있다.

교육 불평등: 기회의 불평등으로 인한 상흔 효과

코로나19 위기는 불평등을 완화하기보다는 오히려 확대하고 영구적인 함정을 만들 수 있다. 이러한 가능성을 보여주는 예가 온라인 학습 참여도의 격차다. 저소득층 학생들은 고소득층 학생들보다 일반적으로 수학 문제풀이 앱을 훨씬 적게 사용하고 있다.[17] 심지어 구글에서 온라인 학습 자료를 검색하는 건수도 고소득 지역에서 빈도가 더 잦은 것으로 나타난다.[18] 교육의 주목적이 학생들에게 회복탄력성 계발에 필수적인 지식을 심어주는 것이라는 점에서 이러한 추세는 우리에게 경종을 울린다. 교육으로 습득한 지식은 노동자의 유연성과 적응성을 향상시키기 때문이다.

네덜란드에서는 봉쇄 기간에 기말고사를 치른 학생들이 봉쇄 이전에 치른 학생들에 비해 3%포인트 낮은 학업 성취도를 보였다. 특히 저학력 부모를 둔 학생들일수록 성취도가 현저히 떨어졌다.[19] 이 같은 학업 손실은 미래의 충격 때 회복탄력성에 부정적인 영향을 미친다. 또한 사립학교와 공립학교 체제 사이에도 뚜렷한 격차가 나타날 수 있다. 영국의 사립학교 학생들이 매일 온라인 수업을 받을 확률은 공립학교 학생들보다 두 배 더 높았다.[20] 동시에 저소득층 학생들은 수업에 빠질 가능성이 더 높았다.

어떤 학생들은 영영 함정에 빠질 수 있다. 그렇게 해서 인적자본이 원활히 축적되지 않으면, 팬데믹 동안 학습에 어려움을 겪은 학생들은 더욱 회복하기 어려워진다. 게다가 미국에서는 많은 아이들이 학교에서 급식을 먹는다. 가정 형편 때문에 영양을 고르게 섭취하기 어려운 아이들은 수업이 온라인으로 전환되면 이중고에 시달리게 된다.

이러한 문제는 개발도상국에서 훨씬 더 심각하다. 학교란 평등 사회의 기본 출발점이 될 수 있는 장소다. 그러나 학교가 폐쇄되어 아이들이 집에 머물면 그들이 다시 학교로 돌아오리라는 보장이 없다는 점에 심각한 위험이 도사리고 있다. 인적자본의 형성이 심각하게 손상될 것이며, 이는 장기적 상흔 효과를 낳는 또 다른 원인이 될 것이다. 브라질 상파울루대학 사회학 교수 마르시아 리마 Marcia Lima는 브라질에서 휴대전화와 인터넷을 사용하는 중학생의 비율이 매우 불균등하게 분포되어 있다는 연구 결과를 내놓았다. 이 현상은 특히 대부분 학생이 홈스쿨링에 필요한 기기를 갖추지 못한 브라질 북부 및 북동부의 빈곤 지역에서 뚜렷이 나타난다.[21]

불평등과 사회계약의 회복탄력성

사회계약이 대부분 구성원들 사이에서 널리 받아들여지면 그 사회의 회복탄력성은 높아진다. 공정성, 기회의 평등, 성평등, 인종 평등이 결여된 사회는 사회계약의 회복탄력성이 약하다. 따라서 정치인들은 사회의 특정 집단에게 부당하게 유리한 혹은 불리한 대우를 해서는 안 된다. 모든 개인이 동등하게 회복탄력성을 기르면 사회 전체의 회복탄력성도 한층 강해진다. 이제 이 장의 나머지 부분에서는 코로나19 위기 동안 나타난 성별, 인종, 정책 간 격차를 자세히 살펴보려고 한다.

성별 격차

성별 격차는 불공정의 문제를 넘어서 여성이 위험을 감수하지 못하게 하고 충격 후 회복을 방해한다. 그렇게 되면 여성의 경력과 소득에 오래 남을 상처를 입힐 수 있다.

새로운 연구 결과들에 따르면 2020년 3월 코로나19 충격으로 인해 여성이 훨씬 큰 타격을 입었다고 한다(다음 쪽 그림 12-2 참조). 경기침체기에는 일반적으로 남성이 여성보다 더 고통받는다. 그러나 코로나19에 의한 경기침체는 제2차 세계대전 이후의 어떤 경기침체와도 사뭇 다른 양상을 보였다. 코로나19의 영향은 제조업에 비해 서비스 부문에 더욱 치우쳤다. 그런데 대개 남성 고용률은 제조업과 같은 내구재 산업에, 여성 고용률은 서비스 산업에 편중되어 있다. 따라서 코로나19 위기로 급등한 실업률에 나타난 성별 간 격차는 그 정도의 측면에서 이전과 달랐다. 여성은 대량 실직에 직면했을 뿐 아니라 학교가 문을 닫은 동안 자녀의 홈스쿨링을 포함해 가사와 육아 부담을 추가로 떠맡아야 했다.[22]

인종 간 격차와 회복탄력성

미국에서는 2020년 코로나19 위기 동안 인종 간 격차와 긴장이 증가했다. 아프리카계 미국인과 히스패닉계 노동자는 고위험 직군에서 일하는 경우가 더 많고, 인구밀도가 높은 주택가에 거주할 가능성도 더 크다. 또한 그들은 의료 서비스에 대한 접근성이 낮으며, 동반 질환을 앓고 있는 인구 비율이 높다.[23] 팬데믹 위기 동안 소상

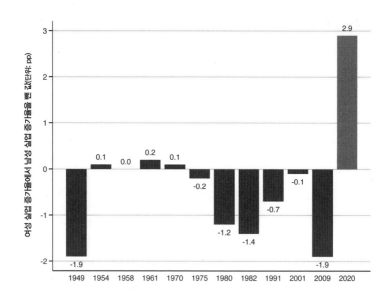

그림 12-2: 전미경제연구소(NBER)가 미국의 경기순환 주기상 각 경기침체기의 첫 달부터 마지막 달까지 여성 실업 증가율에서 남성 실업 증가율을 뺀 값. 계절 변동 조정을 거친 시계열 데이터.

출처: Alon et al.(2020)

공인들이 처한 상황을 살펴봐도 비슷한 패턴이 나타난다. 사회적 소수자, 이민자, 여성 사업가들이 이번 위기 때 유독 큰 타격을 입었다. 2020년 4월 기준으로 사업을 운영 중인 아프리카계 미국인의 수는 41% 감소했다가 이후 서서히 회복되었다.[24] 빨간줄 긋기red-lining*와 주거지 분리가 수십 년 동안 이어졌다는 사실은 미국의 불평등 지형이 인종 양극화를 반영한다는 점을 시사한다.

팬데믹이 개인의 건강에 미친 영향도 **인종 간 다르게** 나타났다. 브라질에서는 아프리카계 브라질인이 직업상의 위험으로 인해 사망률이 더 높았고 바이러스에도 더 자주 노출되었다.[25] 미국에서도 아프리카계 미국인이 유독 극심한 영향을 받았다. 그들은 히스패닉을 제외한 백인 인구와 비교해 코로나19에 감염된 후 입원할 확률이 2.8배, 사망할 확률이 1.9배 더 높다.[26] 이 점을 통해 오늘날에도 미국에 잔재하는 인종적 격차의 깊은 골을 확연히 알 수 있다. 건강, 소득, 교육, 성취도, 폭력, 작업 환경과 관련된 여러 불평등은 특히 아프리카계 미국인들을 집중적으로 괴롭힌다.

2020년 5월 조지 플로이드George Floyd라는 흑인이 백인 경찰 손에 질식사한 사건 이후, 미국 내 인종 갈등은 **정치적 위기**로까지 번졌다. 미시간주립대학 리사 쿡Lisa Cook 교수는 지속적인 구조적 변화를 달성하려면 피상적인 "자유롭고 창의적인 사고"를 넘어 근본적인 변화가 필요하다고 주장했다.[27] 그는 인종차별을 막기 위한 정책과 실천 사항들을 권고하면서 무엇보다 흔히 STEM이라고 불리는 과학, 기술, 공학, 수학 분야에서 사회적 소수자의 과소 대표성을 해결할 필요가 있다고 언급했다. 덧붙여 경찰 구조 개혁도 중요하다고 지적했다.[28] 그리고 눈에 띄게 벌어진 인종 간 부의 격차를 해결할 입법 조치도 필요하다고 말했다(다음 쪽 그림 12-3 참조).[29] 미국에서 시민권운동이 활발했던 1960년대 이후로, 인종 간 부와 소득 격차를 좁히려는 노력은 매우 힘들고도 진척이 더뎠다. 두 집단의 양

---

* 금융기관이 지도에서 주로 저소득층이 거주하는 특정 지역에 빨간 줄을 긋고 대출을 거부하던 관행을 말한다. 1970년대부터 이러한 차별을 금지하는 법안들이 제정되기 시작했다.

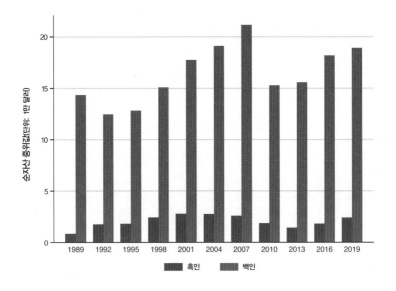

그림 12-3: 히스패닉계를 제외한 미국의 흑인과 백인 사이 순자산 중위값 비교.

출처: Aliprantis, Carroll, and Young(2020),
Federal Reserve Board of Governor(2020), Survey of Consumer Finances

극화는 대략 50년 전과 비교해도 별반 달라진 것이 없다. 백인 남성과 흑인 남성 간 부의 상대 비율은 4~6배 사이를 왔다 갔다 했는데, 바꿔 말하면 백인 남성이 흑인 남성보다 평균적으로 재산이 4~6배 더 많다는 의미다. 소득은 백인 남성이 흑인 남성에 비해 두 배가량 많다. 이처럼 시민권은 평등화를 이룩했지만 경제적 불평등은 아직 해소되지 못했다.

인종 간 부의 격차는 **기업가의 불평등**으로 이어진다. 미국 중소기업 중 3분의 1 이상이 가족이나 지인의 재정적 도움에 어느 정도 의존한다. 그러나 인종 간 부의 격차가 큰 만큼 **아프리카계 미국인** 기업가는 이러한 도움을 받을 기회가 훨씬 적다. 이 문제를 해결하겠다는 목표로 설립된 한 단체가 있는데, 바로 캘리포니아주 샌프란시스코에 기반을 둔 런웨이소셜파이낸스Runway Social Finance라는 곳이다. 그들은 탄탄한 사업 계획이 있다는 조건만 충족하면 아프리카계 미국인을 포함해 소규모 사업체를 운영하는 기업인들에게 자금을 지원한다.[30] 아프리카계 미국인들에게 사업 투자 지원이 전반적으로 인색하다는 것은 회복탄력성의 불평등이 경제적 불평등을 악화시킬 수 있음을 방증한다. 아프리카계 미국인 기업가가 완충장치가 부족해 회복탄력성이 떨어진다면, 사회적 소수자 집단은 일시적인 경기침체만으로도 **영구적 상흔 효과**에 남겨질 수 있다. 회복탄력성이 부족한 사회는 구성원들이 **위험 감수를 꺼리므로** 혁신이 일어나기 힘들다.

팬데믹 기간에 사회적 소수자들이 유독 혹독한 어려움을 겪었지만, 지금까지의 증거를 보면 미국의 재정 구제책은 딱히 이들에게 혜택이 돌아가도록 설계되지 않았음을 알 수 있다. 가령 대표적 정책인 급여보호프로그램PPP은 수혜자가 기업들이며, 관리 주체는 은행이다. 그러나 사회적 소수자 기업가들 중에서 재정을 관리하고 접근하는 도구로 핀테크를 이용하는 비율은 현저히 낮다. 따라서 많은 사람들이 PPP의 혜택에서 제외되었다. 흑인 기업가가 가장 큰 비율을 차지하는 카운티에서는 다른 지역과 동등한 수준의 PPP 지원을 받지 못했다.[31] 설상가상으로 아프리카계 미국인 기업은 코로나19 위기가 시작되기 전부터 더 높은 레버리지 부담으로 대차

대조표가 악화된 상태였다.[32]

이러한 불평등의 일반적인 원인은 **제도적 인종차별**이다.[33] 리사 쿡 교수는 아프리카계 미국인이 **혁신 프로세스**에 동참하지 못하는 현실 탓에 미국이 매년 GDP의 4.4%에 해당하는 손실을 본다는 사실을 발견했다. 이러한 손실은 여성 차별로 발생하는 연간 손실률 2.7%를 넘어선다.[34] 경제적 손실 외에 인종 간 성취도에서도 해묵은 격차가 존재한다는 사실은 기회의 평등 없이 이 사회가 진정으로 자유로운 사회가 될 수 있느냐는 질문을 우리에게 던지고 있다.

역사의 교훈과 미래 전망

훗날 아마도 코로나19 팬데믹은 삽시간에 가공할 만한 파급력을 가져온 보기 드문 비극 중 하나로 기억될 것이다. 그러나 장기적으로 불평등에 미치는 영향은 아직 확인할 길이 없다. 많은 기술 기업과 그 주주들이 팬데믹 동안 큰 수익을 올렸지만 빈곤층 대다수는 극심한 고통을 겪었다. 이미 14세기 창궐했던 흑사병처럼, 전염병이 불평등에 커다란 변화를 일으킨 바 있다.

실제로 오스트리아 출신 역사학자 발터 샤이델Walter Scheidel은 과거에 소득과 부의 불평등이 대중 동원 전쟁, '변혁적 혁명', 국가 실패, 치명적 대유행병 등 엄청난 위기에 의해서만 무너졌다고 주장한다.[35] 그는 이들을 "평준화의 네 기사four horsemen of leveling"라고 이름 붙였다. 그리고 이 기사들 중 무엇이든 평준화 효과를 내려면, 그것들이 동시대인에게 거의 '묵시론적'이면서 대규모로 등장해야 한다고 말한다.

20세기에 일어난 두 차례 세계대전은 상당한 자본을 파괴했다. 그 영향은 자본을 독차지하다시피 했던 부유층이 주로 뼈저리게 체감했다. 생산가능인구에 속한 많은 남성이 사망하면서 노동 공급이 막히자 실질임금이 상승했다. 더욱이 샤이델은 다음과 같이 논지를 이어나간다. "양차 세계대전은 참정권 확대, 노동조합 설립, 복지국가 확산에 불을 지피면서 평등화 정책의 변화를 유례없이 강력하게 이끌어낸 촉매제 역할을 했다. 전쟁의 충격은 선진국 전반에 걸쳐 소득과 부의 불평등이 크게 완화되는 소위 '대압착Great Compression' 시대를 열었다.[36] 세계대전은 대부분 1914년에서 1945년 사이가 절정이었지만, 그 여파에서 완전히 벗어나기까지는 전반적으로 수십 년이 더 지나야 했다."[37] 한편 1917년 러시아 혁명과 오늘날 소말리아의 붕괴는 혁명과 국가 실패가 오랜 후유증을 남긴 예다.

마지막으로 흑사병이 노동에 폭넓은 재분배 효과를 일으킬 수 있었던 것은 유럽 전역에서 인구 수백만이 사망하며 '인적자본'이 급감했기 때문이다. 결과적으로 노동력이 부족해짐에 따라 자본 대비 노동의 상대 가격이 상승했다. 역설적이긴 하지만, 인류의 재앙은 회복탄력성의 평등을 촉진하기도 한다.

비슷하게 코로나19 위기도 소득이나 부의 분포를 뒤엎을 수 있을까? 그러나 이번 사태는 세계대전, 14세기의 흑사병, 국가 실패등과는 다르다. 평준화의 추진력이 될 수 있는 두 가지 주요 경제 메커니즘 중 어느 것도 특징으로 하지 않기 때문이다. 다시 말해, 적어도 지금까지는 물적자본이 파괴된 것도 아니고 인적자본이 크게 손상된 것도 아니다. 그보다 최근 수십 년 동안 더 유의미한 변화는 로봇이 노동 인력을 대체했다는 점이었다. 이러한 자동화 추세는 특히 자동화의 영향에 민감한 영역일수록 노동 임금에 더욱 하방 압력을 가할 것이다.

코로나19 팬데믹은 우리에게 굉장한 충격이었지만 역사상 다른 충격에 비하면 덜 심각할 수 있고, 발터 샤이델이 강조한 네 기사에 비하면 일시적일지도 모른다. 불평등을 평준화하려면 평균으로의 회귀 현상을 억제하거나 막을 만큼 엄청난 충격이 필요하다. 어찌 됐든 회복탄력성이 필요로 하는 것은 불평등이 아니라 평등이다.

4부
글로벌 회복탄력성

13장
신흥 경제국의 회복탄력성을
저해하는 난제들

인류 역사를 살펴보면 지난 1만 년 동안 **세계 인구**는 1970년대 중반까지 약 40억 명으로 증가했다. 이후 지난 45년 동안 거의 40억 명이 더 증가했다. 1970년대에 논의의 화두는 (주로 로마클럽에 의해 촉발된) "성장의 한계"였다. 당시에는 그토록 빠르게 증가하는 인구를 어떻게 먹여살릴지 그리고 그 가운데서 인류의 번영을 어떻게 보장할 것인지 막막해 보였을 것이다.

다소 비관적인 환경 속에서도 인류는 눈에 띄게 도약했다. 지난 40년 동안 세계에서 수억 명이 빈곤에서 벗어나 중산층으로 이동했다. 이 같은 장족의 발전에는 세계화의 확산이 핵심적인 역할을 했다. 1990년대 초반에는 당시 세계 인구의 36%, 약 19억 명이 여전히 극심한 빈곤 속에서 살고 있었다. 그러나 이제는 인구가 증가했음에도 극심한 빈곤층이 약 6억 5000만 명으로 줄었다. 세계 경제는 수억 명을 빈곤에서 구제한 "거대한 반등"을 경험했다.'

20세기 후반에 걸쳐 **전 세계에서 불평등은 상당히 완화되었다.** 인도, 중국, 아시아의 네 마리 용(한국, 홍콩, 싱가포르, 대만)은 수억 명의 인구를 빈곤에서 벗어나게 하며 세계 중진국으로 발돋움할 만큼 경제성장을 이룩했다. 이들 국가는 선진국보다 빠른 속도로 성장해 전 세계 불평등 완화에 크게 일조했다. 그렇지만 이들에게는 앞으로 저성장에 발목을 잡힐 위험이 남아 있다.

빈곤과 중진국의 함정

모든 **신흥 개도국**을 뭉뚱그려 단일체로 취급하는 것이 일반적인 경향이지만 이 나라들도 저마다 제도, 경제 발전 단계, 발전 전략의 측면에서 상당한 **차이**가 있다. 또한 그들은 회복탄력성을 저해하는 많은 난제와 싸워야 한다.

빈곤의 함정

흔히 빈곤을 정의할 때는 이른바 절대적 '빈곤선'이라고 하는 특정 소득 수준의 아래로 떨어지는 것을 일컫는다. 빈곤선은 물질적 행복에 필요한 최소한의 자원을 나타내는 기준이다. **빈곤**을 더욱 동적으로 정의하자면 회복탄력성 개념과 관련지을 수 있다. 예컨대 어떤 농부가 흉작이라는 악재가 닥쳤을 때 자녀를 학교에 보낼 수 없을 정도라면, 그를 빈곤층이라고 볼 수 있다. 그렇게 되면 농부의 온 가족이 충격에서 회복하기가 더 어려워진다. 당장 소득이 증가하지는 않더라도 이 농부에게 충격 후 재기할 기회라도 주어진다면 그의 형편은 한결 나아질 것이다.

빈곤의 함정에 빠진 개인의 상황은 몇몇 최빈개도국LDC에서 특히 심각하다. 사실 최빈개도국의 국민 중 다수가 빈곤의 함정에 거의 다다랐거나 이미 임계점을 넘었다. 전 국민이 빈곤의 함정에 빠지면 총체적 회복탄력성이 결여되어 경제 전체가 빈곤의 구렁텅이에 갇히게 된다.

중진국의 함정

많은 국가들이 경제 발전 초기 단계 때 빈곤의 함정에서 벗어나고 상당한 기술 발전을 이루었다. 그들은 대개 비숙련 중심의 저렴한 노동력을 해외에 공급했고, 씀씀이는 줄이되 투자를 아끼지 않음으로써 놀라운 경제성장률을 달성했다. 이를 통해 기본적인 생존에만 급급했던 저소득 국가에서 벗어나 중진국으로 편입했다. 그러나 이러한 신흥국들은 새로운 도전에 맞닥뜨리게 된다. 빈곤의 함정을 피하고, 중산층을 두껍게 형성하고, 팬데믹 같은 충격이 경제에 몰고올 파장에 맞서 싸울 재정적 여유를 찾을 즈음이 되면, 그들은 흔히 논란의 대상이 되는 **중진국의 함정**에 빠지곤 한다.

따라잡는 입장에 있는 후발국은 기술적 우위에 있는 선도국과 경제를 조직하는 방법이 다르다. 후발국은 대개 투자 중심 성장 전략을 취한다. GDP 대비 투자 비중을 높임으로써 소비를 진작하고 이에 힘입어 자본의 빠른 축적과 국가 성장을 도모한다. 미국은 지난 10년 동안 소비 부문이 1인당 GDP의 약 67.5%를 차지했다.[2] 한편 중국은 50~55%다.[3]

투자 주도 단계에 있는 국가가 새로운 산업을 시작하고 유치 산업을 보호하는 데에는 막대한 고정비용이 든다. 이러한 보호책에는 신산업과 스타트업의 발전을 촉진하기 위해 경쟁에 약간의 제한을 두는 것이 포함되기도 한다.

그러나 후발국의 경제가 선도국 수준에 가까워지면 성장 전략은 혁신 기반 전략으로 이동해야 한다. 후발국들은 산업을 육성하기 위해 많은 자본을 투입해야 한다. 그러나 경제가 첨단기술을 수용할 정도에 이르면, 그다음부터는 혁신이 성장 동력이 된다. 따라서 중진국은 성숙기에 진입하면 다른 성장 모델로 전환해야 한다. 혁신 기반 단계에서는 경제활동의 중심이 되는 관리자 인력을 효율적으로 배치해야 혁신의 이득을 극대화할 수 있다.[4] 기술의 성장세를 유지하려면 가장 노련한 관리자가 가장 중요한 혁신 활동을 지휘해야 한다. 그러나 이 단계에서 경쟁이 제한되면 이처럼 중요한 활동에 실력 있는 관리자를 최적으로 배치하지 못하는 문제가 발생한다. 만약 국가가 경영 인력의 잘못된 배치를 바로잡지 않고 인적자본을 구축하지 못하면, 초기에 저소득 국가에서 중진국으로 도약했다가 이후 저성장에 갇히는 중진국의 함정에 빠질 위험이 있다. 그 결과 선진국을 따라잡겠다는 목표는 당분간 혹은 아예 달성되지 못할 수 있다. 이러한 결과를 맞이하지 않으려면 경쟁과 인적자본에 대한 투자가 더 활발해져야 하고, 첨단산업의 혁신을 촉진하려는 노력이 더욱 필요하다.

교육의 양과 질을 개선해 인적자본을 개발하면 노동자의 능력이 향상한다. 또한 사회가 충격에 직면했을 때 많은 노동자들이 다른 분야로 쉽게 재배치될 수 있으므로 회복탄력성에도 도움이 된다. 반대로 선진국으로 나아가기 위한 핵심 산업을 무시하면 경제가 취약해진다. 그러면 단 한 번의 충격이 회복력을 파괴하거나 국가를 함정에 빠뜨릴 수 있다.

수출주도 산업화와 수입대체 산업화

국가마다 추구하는 성장 모델이 다르다. 그래도 지금까지 국가 발전과 관련해 가장 성공적이었던 접근 방식은 아시아의 대부분 국가에서 채택한 **수출주도형 성장 모델**이다. 이 모델은 중국, 한국, 인도, 홍콩, 싱가포르, 대만에서 수억 명의 사람들을 빈곤에서 탈출하게 할 만큼 놀라운 성과를 거두었다. 경제와 금융의 세계화가 확산하면서 이러한 개선은 더욱 증폭되었다. 그러나 이제는 수출주도형 성장 모델이 위기에 놓여 있다. 선진국이 국내 중심으로 방향을 틀면 무역과 외국인직접투자FDI에 의존하는 개발도상국이 가장 커다란 대가를 치르게 될 것이다.[5] 신흥국의 발전이 지체되면 전 세계 경제에 상흔 효과를 남길 수 있다. 지금까지는 팬데믹이 선진국 기업들의 리쇼어링(해외 진출 기업의 국내 복귀)을 촉발하지는 않았다.

대신 2021년 봄 현재, 전 세계의 추세는 여러 국가의 여러 공급업체에 걸쳐 공급망을 다양화하는 쪽에 무게를 두고 있다.

한편 브라질의 **수입대체 산업화**ISI **성장 모델**은 수입품에 관세를 매겨 국내 기업을 외국 기업과의 경쟁으로부터 보호함으로써 수입을 국내 생산으로 대체하는 것이다. 브라질은 1950년대에 정부 주도로 ISI 모델을 채택한 바 있으나 1980년대 이후 정체되었다.

브라질의 폐쇄형 경제는 지난 수십 년 동안 선진국을 따라잡지 못했으며 정부의 과도한 경제 개입과 심각한 불평등을 초래했다.[6] 부채에다가 저성장, 사회적 갈등, 흔들리는 민주주의 속에서 점점 위기가 고조되고 있다.[7] 사실 브라질은 이미 코로나19 위기 이전부터 자국 상황에 맞지 않는 성장 모델을 따르고 재정 적자가 불어난 탓에 정부의 재정 여력에 한계가 있었다. 그래서 경제가 팬데믹의 충격에서 회복할 수 있는 역량도 쇠약해져 있었다. 더욱이 브라질은 다른 서구 국가들과 달리 막 침체기에서 벗어나려던 찰나에 코로나19 위기를 맞았다.[8]

보건의 회복탄력성

선진국도 마찬가지지만, 신흥 개도국의 회복탄력성에는 보건의 회복탄력성도 포함된다. 신흥 개도국은 전염병 같은 보건 위기를 극복하기 더 어렵다. 이들 국가에서는 보건상 우선순위가 다르고, 봉쇄의 효과도 떨어지며, 인구밀도는 대개 더 높다. 대신 신흥 개도국은 일반적으로 고령 인구 비율이 낮은 편인데, 이는 젊은 층이 대체로 코로나19의 중증 위험에 덜 취약하다는 점에서 1차 대유행 때 긍정적인 요소였다.

보건에 미치는 가시적·비가시적 영향

팬데믹 같은 충격에 대한 초기 대응 방식은 국민의 전반적인 보건 환경에 악영향을 미칠 수 있다. 이는 신흥국의 사망자 발생 건수 중 가시적 요인과 비가시적 요인 사이의 상충 관계가 잘 보여준다. 각국이 코로나19에 대응하느라 공중보건의 에너지와 자원을 총동원하는 동안, 보건의 다른 영역에서 역효과가 나타났다. 다른 질병에 대한 예방접종이 우선순위에서 밀려난 것이다. 인도에서는 영유아 100만 명 이상이 봉쇄 기간에 중요한 예방접종을 놓쳤고, 임신부들이 위험하게도 자기 집에서 출산하는 경우가 많아졌다. 무엇보다 인도의 보건 전문가들이 우려한 것은 결핵이었다. 코로나19 팬데믹 동안 결핵 치료가 제대로 이루어지지 않아 2025년까지 환자 수가 600만 명 이상, 사망자 수는 140만 명에 달할지도 모른다.[9] 따라서 코로나19와의 싸움과 다른 전염병과의 싸움 사이에 우선순위의 딜레마가 생겼다. 코로나19 사망자 수가 많지 않다고 해서 다른 질병의 예방접종과 치료가 미뤄져 발생한, 통계에 보이지 않는 수많은 죽음을 간과해서는 안 된다.

다른 한편으로 2021년 봄 2차 대유행 때 인도가 그랬듯, 코로나19 위기를 너무 가볍게 여기다가는 대참사를 불러올 수 있다. 2021년

5월 초 인도의 일일 확진자 수는 40만 명 이상에 도달하며 안타깝게도 세계 신기록을 세웠다. 심지어 실제로는 그보다 5~30배는 더 많았을 것으로 추정된다.[10] 종교 축제와 정치 집회에 많은 군중이 모여든 점도 참사에 한몫했다. 또 야당이 주정부를 이끄는 마하라슈트라주에서 확진자가 발생하기 시작할 때 중앙정부에서 별 도움을 주지 않았다는 얘기도 있다. 팬데믹이 금세 통제불능이 되면서 의료 체계가 붕괴하자 위기는 더욱 커졌다. 병원에 병상이 부족한 가운데 많은 사람들이 입원하려고 대기하다가 호흡 곤란으로 거리에서 죽음을 맞아야 했다. 일부 의사들은 제때 치료를 받지 못한 환자와 희생자의 가족들에게 습격을 받기도 했다.[11] 어떤 사람들은 코로나의 직격탄을 맞은 수도 뉴델리를 떠나 인도 남부로 이사할 고민도 했을 정도다. 그래도 이러한 비극 속에서 지역 시민들이 내미는 지원의 손길이 빛을 발하기 시작했다. 이러한 사회관계망은 사회의 회복력을 높였으며, 강력한 공동체 정신이 혹독한 위기에 대처하는 데 보탬이 될 수 있음을 보여주었다.

아르헨티나, 르완다, 나이지리아 등 거의 모든 신흥 개도국들이 코로나19로 타격을 받았다. 브라질과 남아프리카공화국은 변이 바이러스가 출현하는 바람에 한바탕 홍역을 치렀다.[12] 인도의 델타 변이는 다른 국가로 퍼져 자국은 물론 전 세계에 엄청난 피해를 입혔다. 지금도 변이 바이러스가 또다시 출몰할 위협과 이에 따른 재유행의 가능성이 가시지 않은 상태다.

정책 조치의 효과가 약한 신흥 개도국

어떤 유형의 충격이든 신흥 개도국에게는 특히 가혹하겠지만, 이 나라들에서는 정부가 정책상 꺼낼 수 있는 카드가 제한적이기 때문에 대응책조차 먹히지 않는 경우가 많다. 예를 들어 신흥 개도국에서는 수많은 노동자가 그날그날 먹고사는 형편이기 때문에 봉쇄 조치를 시행하기가 더 어렵고 치러야 할 대가도 더 컸다. 그들에게는 언제나 기본적인 생계 문제가 가장 급한데, 이를 방치하다간 생계를 잇지 못해 생기는 사망자 수가 코로나19 사망자 수를 넘어설지도 모른다.[13] 이러한 맥락에서 광범위한 사회적 거리두기와 상점의 영업제한은 사람들의 생계와 생존을 보호하기 위한 정책 도구로는 별로 적합하지 않았다.[14]

이 같은 특유의 문제를 무릅쓰고 신흥 개도국들은 엄격한 봉쇄를 단행했다. **봉쇄령**은 국민들에게 공중보건이 심각한 위기에 처했다고 알리는 **신호** 수단이 될 수 있다. 이 신호 기능은 중요하지만, 대부분 노동자들이 재택근무로 전환하기 곤란한 신흥 개도국들에서 봉쇄 조치는 오래가지 못했다.[15] 많은 국가들은 바이러스의 불길이 채 잡히기도 전에 봉쇄를 해제해야 했으며, 결국 상당한 경제적 피해는 물론 때로는 생명의 희생이라는 안타까운 결과를 맞이하기도 했다.[16] 게다가 **열악한 생활 여건** 때문에 사회적 거리두기를 준수하기도 어려웠다. 브라질 국민의 휴대전화 위치추적 데이터를 분석한 결과, 저소득층이 모여 사는 파벨라favela(빈민촌) 거주자들은 다른 지역 거주자보다 **사회적 거리두기를 지키지 않은** 것으로 나타났다.

다닥다닥 붙은 주거 공간과 밀접 접촉이 일어나기 쉬운 환경 또한 방역 조치의 실효성을 떨어뜨리는 요인이다."

재정 정책의 여력

좋은 정책이란 충격 후 사회의 회복 속도를 높일 수 있게 지원하는 정책이다. 다만 비용이 많이 들기 때문에 그 실현 가능성은 국가의 재정 역량에 따라 다르다. 부연하자면 첫째, 충격으로 발생한 손실을 재분배하고 시민을 보호하는 역량을 키우려면 정부의 과세권이 뒷받침되어야 하는데, 신흥 개도국은 과세권에 비교적 한계가 있다. 둘째, 위기가 닥치기 전 여유가 있을 때 미리 완충장치를 구축하면 회복탄력성에 더욱 도움이 된다. 셋째, 차관을 끌어오는 능력은 조세제도의 신뢰 수준과 국제 경쟁력, 그리고 자국 통화가 안전자산 지위를 유지할 가능성 등에 달려 있다.

코로나19 위기의 한 가지 두드러진 특징은 그래도 과거의 위기에 비하면 신흥 개도국에 훨씬 더 재정 역력이 생겼다는 점이다. 이는 미국의 저금리 기조가 신흥 시장으로 꾸준히 자본이 흘러들도록 유도한 결과다. 그렇기는 하지만 여전히 신흥 개도국은 선진국보다 재정 역력이 훨씬 부족하고, 자본 흐름이 역전할 경우 더 큰 타격을 입을 가능성이 있다.

신흥 개도국의 과세권 개선 및 재분배 능력

재정 정책의 실효성은 정부의 과세권에 크게 의존한다. 과세권은 그 국가의 성장 모델, 지하경제, 제도적 프레임워크와 얽혀 있다. 정부는 과세권을 바탕으로 충격의 고통이 가장 심한 사회 구성원들을 위해 재분배 정책을 펴고 보상 대책을 마련할 수 있다. 이처럼 충격에 가장 큰 영향을 받은 취약계층이 다시 일어설 수 있도록 보장하는 것은 사회의 회복탄력성에 필요한 전제조건이다.

코로나19 팬데믹에 정부가 대응하는 범위는 나라마다 사뭇 달랐다.[18] 선진국들은 2020년 평균 GDP의 약 20%를 직접적인 재정 지원과 **정부 보증**에 지출했다(이 둘의 비중은 거의 반반이었다). 브라질, 불가리아, 인도와 같은 신흥국들에서는 전체 재정 정책과 정부 보증이 GDP의 약 6%를 차지했다. 이에 비해 미얀마, 에티오피아, 세네갈 등 전 세계에서 극빈국에 속하는 저소득개발도상국LIDC은 GDP의 2%에 불과했다.[19] 그 결과, 경제 발전 단계라는 사다리 맨 아래에 있는 저소득 개발도상국들이 미래에 사다리 위로 올라설 희망조차 잃을 만큼 상당한 상처를 안을 위험이 있다. **사전적 재정 여력이 부족하다는 것은 팬데믹 같은 큰 충격을 겪게 될 때 회복력도 부족하다는 것을 의미한다.**

팬데믹 동안 각 국가들 사이에서도 재정 정책을 실행하는 방식에 뚜렷한 이질성이 드러났다. 예를 들어 터키는 거의 전적으로 **대출과 정부 보증**에 의존했지만 정부 지출 등 직접적인 재정 정책은 비교적 적었다(각각 GDP의 13% 대 1%). 반면에 칠레는 **직접적인 재정**

정책을 우선순위에 두고 강력하게 펼쳤다(각각 GDP의 8% 대 2%).[20] 정부 보증은 직접적인 지출을 수반하지 않기 때문에 정부에 비용이 덜 들지만 기업의 과잉부채 문제를 악화시킨다.

이러한 지원책에 필요한 재원을 조달할 세금을 어디서 거둘지 국가가 어떻게 결정해야 할까? 노동에서 거둘까 자본에서 거둘까 아니면 양쪽에 다 세금을 매겨야 할까? 램지 이론*으로 돌아가보면 전통적인 선택지는 이동성이 덜한 생산 요소에 세금을 부과하는 것이다. 조세 전가로 인한 왜곡이 적기 때문이다. 노동자는 대부분 쉽게 옮겨다니지 못하지만 자본은 국경도 얼마든지 넘나든다. 따라서 단순히 다른 국가로 이전하면 그만인 자본에 과세하면 별 효과가 없을 것이다. 이는 기술 대기업이 조세 회피처로 주소지를 쉽게 이전할 수 있는 오늘날의 지식경제에서는 특히 그러하다. 이 논거에 따르면 노동에는 높게, 자본에는 낮게 세율이 책정된다. 이처럼 자본에는 이동하기 쉬운 성질이 있지만, 자본에 더 높은 세율을 매기기 위한 한 가지 제안은 역외 소득에도 미국의 현행 세제와 유사한 수준으로 세금을 매기는 것이다. 기본적으로 미국 시민권자의 자본 및 노동 소득은 거주지와 관계없이 미국 세율로 과세된다. 이 제도를 법인에도 적용하면 좋을 것이다.[21]

---

* 수학자 프랭크 램지는 최적조세이론의 선구자 중 하나로 사회적 후생을 극대화하는 조세 수준을 연구하였다. 그는 각 물품에 대한 세율은 수요의 가격탄력성에 반비례하도록 정해야 한다고 주장했다. 당시의 최적조세이론은 초과 부담을 줄이는 것을 목표로 했기에, 형평성보다 효율성에 치우쳐 있었다.

이 목표를 달성하려면 부유층에 세금을 부과하는 방법과 자본에 세금을 부과하고 이를 공유할 방법을 놓고 주요 국가 간에 합의가 이루어져야 한다. 2021년 봄, 미국 바이든 정부는 글로벌 차원에서 기업 이익에 과세하기 위한 범세계적 계획을 지원했다. 이는 파리에 소재한 경제협력개발기구OECD가 오랫동안 옹호해왔던 주장을 재조명하는 계기가 되었다.

기업은 이익을 해외로뿐 아니라 비공식 영역으로도 이전함으로써 세금을 회피하기도 한다. 이 문제는 특히 신흥 개도국에서 심각하다. 브라질에서는 적게 잡아도 경제의 40%가 비공식적인 지하경제인 것으로 추정된다.[22] 많은 신흥 개도국은 지하경제가 만연해서 탈세의 기회가 열려 있고 세금을 징수하기 까다롭다. 합법적 경제 영역에만 높은 세금을 매긴다면 결국 기업은 조세의 사각지대를 찾아 눈을 돌릴 것이다. 이때 **새로운 디지털 도구**를 활용하면 세금을 수월하게 징수하도록 도움을 받을 수 있다. 예컨대 전자결제 방식은 감독하기가 더 쉬우며, 세금 징수를 자동화하면 많은 인력이 없이도 세법을 효율적으로 집행할 수 있는 해결책이 될 것이다.

원자재 가격의 변동도 신흥국과 개발도상국의 재정 여력에 영향을 미친다. 코로나19 충격이 가해지면서 원자재 가격이 크게 출렁거리고 유가도 급락했다. 인도처럼 석유 수입에 크게 의존하는 일부 국가에서는 유가 하락이 득이 되기도 했다. 그러나 석유와 원자재 수출국들은 큰 타격을 입었다.

이주 노동자가 본국에 **송금**하는 돈은 많은 신흥 개도국에서는 또 다른 완충장치이자 수입원이다. 키르기스스탄, 네팔, 온두라스 등 몇몇 국가는 해외 이주 노동자들의 송금이 전반적으로 GDP의 20% 이상을 차지한다.[23] 그만큼 위기 시에 이러한 송금액이 감소하게 되면 국내 경제에도 막대한 영향을 미친다.

경기역행적 정책, 완충장치, 차입 능력

코로나19 위기를 맞아 회복탄력성을 키우려면 믿음직한 재정적 완충장치가 필요하다고 앞서 설명했다. 특히 경기역행적 재정 정책은 회복탄력성을 강력하게 높일 수 있다. 호황기에 세수가 풍족하게 걷히면 정부는 적자를 줄이고 잘하면 재정 흑자를 달성할 수도 있다. 그리고 여유로운 시기일수록 재정을 더 알뜰하게 운용한다면 충격 후에도 경제를 재건하기 위한 재정 여력이 이미 확보된 상태이므로 정부는 차관 한도에 도달하지 않고 거액을 차입할 수 있다. 이는 국가 재정의 회복탄력성에 기여한다.

그러나 일부 신흥국은 코로나19 팬데믹 이전에 완충장치를 구축해놓지 못했다. 그래서 정부가 구호책을 실시하는 데 더욱 애를 먹었다. 예를 들어 브라질은 이미 2014년부터 상당한 재정 적자가 쌓여서 팬데믹 동안 국가의 회복 능력에 한계가 있었다.[24]

이러한 문제들이 선재하기 때문에 많은 신흥국에서 정부의 구호책이 미흡한 실정이다.[25] 공공 부문과 민간 부문을 막론하고 과도한 부채 때문에 회복탄력성이 발현할 가능성이 막혀버렸다. 부채가 잔뜩 쌓여 재정 여력이 부족한 정부들은 경제 회복에 필요한 재정

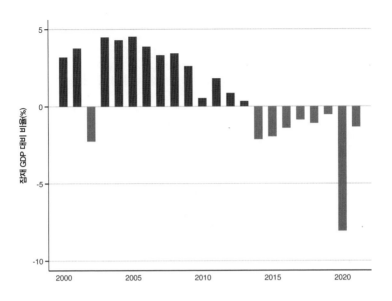

그림 13-1: 브라질의 GDP 대비 재정 흑자 및 적자 비율.

출처: IMF

지원을 제공하지 못했다. 민간 기업도 부채가 쌓이면 투자를 줄일 수밖에 없다. 이는 경제에 더 선명한 상처를 남기며 회복을 늦췄다. 그 결과 저성장이 상당히 길게 이어질 수 있게 되었다. 더욱이 기업이 부채를 감당하려면 신규 대출로 부채를 또 늘려야 하기 때문에 민간 부문의 부채가 나날이 쌓이고 있다. 위기 시에 민간부채는 결국 공공부채가 되기 때문에 부채 위험은 점점 커진다.

일반적으로 신흥 개도국은 체제가 부실한 데다가 비과세, 비공식 특성을 지닌 지하경제가 비교적 큰 비중을 차지하기 때문에 차관 한도에 더욱 제약이 따른다. 이러한 맥락에서 신흥 개도국들은 투명성과 신뢰성을 대외에 입증하도록 예측 가능한 재정 운영 계획을 정착시키는 것이 중요하다. 그러려면 두 가지 조건이 필요하다. 첫째, 정권이 바뀌어도 재정 계획이 지나치게 오락가락하지 않도록 정치권의 폭넓은 협력이 필요하다. 둘째, 정부가 향후 균형 예산을 어떻게 달성할 것인지 국민이 이해할 수 있도록 명확하고 신뢰할 수 있는 계획을 세워야 한다.

하지만 놀랍게도 많은 신흥 개도국들이 정반대의 움직임을 보여왔다. 재정 정책이 경기역행적이 아니라 경기순행적 방향을 따랐던 것이다.[26] 브라질의 사례가 이에 해당한다. 브라질 정부는 호황기에 대규모 재정 지출 프로그램으로 국고를 거의 소진한 탓에 침체기에 대응할 여력이 별로 남지 않게 되었다. 그러면 함정의 문이 열린다. 즉, 침체기에 확장 정책을 충분히 펴지 않으면 침체가 장기화되고 상처가 영영 고착화할 위험이 커진다. 또한 경기역행적 정책은 경기순행적 정책과 달리 위기 시에 대출 금리를 급등시킬 수 있다. 이러한 시나리오에서는 금융시장이 정부의 재정 정책에 압박을 가한다. 그러면 대개 이는 대출 금리가 적정 수준으로 유지되기 위해 필요한 긴축 조치로 이어진다.

정책 재량과 IMF의 특별인출권

이쯤 되면 국제기구가 국가 재정력이 약한 신흥국과 개발도상국을 지원할 수 있느냐는 중요한 질문이 떠오른다. 국제적 지원이 가능하다면 전 세계의 회복탄력성을 키울 수 있을 것이기 때문이다.

한 가지 가능한 조치는 IMF가 전 회원국에 **특별인출권**SDR의 일반 배분을 실시해 즉각적인 구제책을 제공하는 것이다.[27] 이 아이디어는 2021년 2월 말 미국 재무장관 재닛 옐런이 옹호한 바 있다.[28] SDR를 보유하면 IMF의 다른 강대 회원국의 통화로 외환 보유고를 인출할 권리를 부여받는다. 그래서 SDR를 신규 배분하면 신흥 개도국의 외환 보유고가 늘어날 것이다. 또한 SDR는 예컨대 수입 자금을 조달할 목적으로 미국 달러나 그 외 기축통화국의 법정통화로 바꿀 수도 있다.

각 SDR의 가치는 국제통화바스켓*을 반영하며 가중치는 IMF에서 결정한다. 현재 바스켓은 미국 달러, 유로, 중국 위안, 일본 엔, 영국 파운드로 구성되어 있다. 여러 제한이 붙기는 하나 SDR는 다음과 같이 화폐의 세 가지 기능을 수행한다.

첫째, 주요국들의 통화로 구성된 믿음직하고 안정적인 회계의 단위다. 둘째, 가치의 안정적인 저장 수단이다. 실제로 SDR는 중앙은행에서 금전적 가치가 있는 준비 자산이다. 한 국가의 통화가 아닌 여러 주요국의 통화를 기준으로 삼기에 위험이 분산되고 더 안정적이다. 셋째, 교환의 매개체이자 제한적이나마 지불수단도 된다. SDR 계정은 다른 통화나 금융 시스템과는 호환되지 않는 별도

---

* 국제통화제도에서 기준 환율을 정할 때, 적정 가중치에 따라 선정해 구성한 통화의 꾸러미를 말한다.

의 시스템이다. SDR로는 정부, 중앙은행, 국제기구를 포함하는 계정 내 참여 주체 간에만 통화를 주고받을 수 있다. 그리고 공식적으로 이들 간의 지불 결제에만 쓰일 수 있다. 즉, 개인은 SDR에 접근할 수 없으므로 개인 거래 목적으로는 SDR는 이용하지 못한다. 게다가 SDR 계정의 참여 주체들조차도 조건이 따른다. SDR로 지급받는 당사국은 특정 한도 이상의 액수를 SDR로 수령하는 데 동의해야 한다.

SDR가 새로이 배분되고 나면 IMF 회원국은 재정 여력을 보강하기 위해 IMF에 접촉하여 이를 기축통화국의 법정통화로 교환해도 된다. 외환 보유고가 충분한 국가 중 다른 회원국의 SDR 요청을 수락하기로 자원한 국가에서 자국의 법정통화를 제공한다. 지원을 요청받은 이 국가들은 자체 외환 보유고에서 통화(대부분 미국 달러 또는 유로)를 제공해주거나 자국 통화가 통화바스켓에 포함되어 있는 경우라면 그냥 통화를 '찍어내면' 된다. 그러면 요청국은 아무런 조건 없이 그 돈을 사용할 수 있다. 따라서 SDR는 필요한 국가에 추가 외환 보유고를 즉시 제공하는 기능을 한다. 그리고 이 나라에서는 재정 여력을 늘리기 위해 이를 매도하거나 다른 국가의 중앙은행에 지불수단으로 사용할 수 있다.[29] 말하자면 채무를 지고 있는 IMF 회원국이 가령 중국 정부에 만기가 도래한 미결제 부채를 상환하는 식이다.

이 조치의 또 다른 이점은 채무국의 정치 경제에 영향을 미치지 않는다는 것이다. 많은 IMF 프로그램에는 경제개혁을 수행할 의무와 같은 조건이 포함되어 있지만 SDR에는 그러한 조건이 딸려 있지 않다. SDR는 경제개혁 등의 의무를 수행하지 않더라도 모든 국가에 혜택을 줄 수 있다.[30]

본질적으로 SDR는 통화 정책과 재정 정책의 혼합이다. 사실상 통화 정책의 형태를 띠지만, 확실히 재정 정책의 요소도 지니고 있으며 미래의 공적 원조에 대한 합의를 이끌어내는 역할도 한다.

개발은행으로부터 직접 원조를 받는 것과 비교해 SDR의 장점은 무엇일까? 한 가지 주요 이점은 국가 간 조정의 여지가 있다는 것이다. SDR 통화바스켓을 이용하면 많은 국가가 같은 처지에 놓이게 된다. 두 번째 '장점'은 정치적 논거와 관련이 있다. SDR는 국가 예산에 포함되지 않으므로 선진국으로서는 예산의 제약 없이 지원을 제공할 수 있다. 따라서 정치적 갈등과 장기간의 의회 협상을 겪지 않아도 된다. 또한 국가 수반이 국내 자원을 국제 원조에 할당한다며 비판하는 국내 언론 보도가 전파를 탈 가능성도 줄어든다.

그러나 SDR의 사용이 증가하는 추세에 대해 일부 반대하는 목소리도 있어 왔다. 비판 세력들은 SDR가 본질적으로 재정 구제책이 아니라 국제 유동성을 제공하는 것이 주목적이라고 강조한다.[31] 따라서 이들은 SDR가 단기적인 비상사태를 해결하는 가교 전략이 되어야 한다고 주장한다. 또한 그들은 SDR를 통한 암묵적 재정 이전의 규모가 신흥 개도국을 구제하기에 실제 필요한 수준에 미치지 못한다고 지적한다.

채무 재조정

위기 시에 부채의 상당 부분을 가치 할인을 통해 탕감할 수 있다면 국가 입장에서는 한결 숨통이 트이고 회복의 기회가 생길 것이다. 채무 재조정은 회복탄력성의 중요한 요소다. 다만 효율적이고 신속하게 이루어져야 한다. 그렇지만 현재 채무 재조정은 최대 6년이 소요되기도 한다. 이러한 비효율성 때문에 전체 절차의 실용성이 떨어진다. 절차가 길어지면 채무 재조정 기간에 브리지파이낸싱 bridge financing* 조달을 걱정해야 하는 국가들이 생긴다. 코로나19 위기 동안 대규모 재정 적자는 정부 예산을 더욱 압박했다. 따라서 위기 이후에 공공부채의 부담이 상당히 커질 것이다.

지속 불가능한 부채

코로나19 위기는 정부 지출을 늘리는 동시에 세수를 감소시켰다. 당연히 재정 예산은 압박을 받게 되었다. 그러면 신용평가기관으로부터 신용등급이 강등되는 국가도 생기기 시작한다. 2021년 5월 콜롬비아가 이런 상황을 맞았다.[32] 2020년 11월 잠비아도 부분적 채무불이행을 선언했다.[33] 정부 예산의 50%를 이자 지불에 충당했던 가나와 앙골라 등 다른 국가들도 압박을 받았다.[34] 이처럼 전체적으로 팬데믹 기간에 심각하게 악화된 재정 상황은 국채를 새로

---

* 일시적인 자금난에 빠졌을 때 다리처럼 자금을 연결해주는 단기 대출을 말한다.

발행하는 비용을 증가시켜, 부채를 장차 지속 불가능하게 만들 위험이 있다.

일부 경제학자들은 부채 문제를 '좋은good, 나쁜bad, 악성ugly'으로 구분한다.[35] 공모채 가운데 성장성 있는 대규모 투자를 계획하기 위해 채권을 발행한 경우를 '좋은' 부채라고 한다. 결국 투자에 사용된 부채는 국가의 자본을 확장해 잠재 GDP를 증가시킨다. 그에 반해 '나쁜' 부채는 밑 빠진 독에 물 붓기 식으로 쌓인 과잉부채로, 결국 경제에 장기적 상처를 남길 가능성이 있다. 마지막으로 '악성' 부채는 부패성 사업의 자금줄 역할을 하며 대개 해외의 조세 피난처에 있는 개인 계정으로 전용된다.

채권이 자국 통화 표시가 아니라면 채무 부담이 더욱 크다. 1980~1990년대에는 통화 위기를 유발하는 주요 원인을 가리켜 '원죄original sin'라고 불렸는데, 이 원죄의 주범은 바로 정부의 **외화 차입**이었다. 그때는 신흥국의 자국 통화가 평가절하되어 미국 달러 채권의 가치가 갑자기 하늘 높은 줄 모르고 치솟았다. 다행히도 최근 수십 년 동안 신흥 개도국들은 대체로 그 원죄를 극복했다.[36] 그러나 민간부채는 외화로 표시되는 경우가 많기 때문에 여전히 환율 변동의 위험이 남아 있다.

선제적 정책 혹은 시간 끌기

국가는 채무 문제가 발생하면 두 가지 선택에 직면하게 된다. 선제적으로 대응하거나 반대로 시간을 끄는 것이다.[37] 재정 부담을 감당 가능한 수준으로 낮추고 높은 채무 위험을 완화하는 선제적 방법에는 건전한 정책을 마련하거나, 능숙하게 채무를 관리하거나, IMF 구제 프로그램을 받거나, 자발적으로 채무 재조정에 돌입하는 것 등이 있다.

반면 공공부채의 부담을 완화하는 방법으로 사전적 대응 정책보다 훨씬 흔한 것은 **시간 끌기** 전략이다. 그러나 국가들이 채무 재조정을 미루는 습관은 문제를 악화할 뿐이다.[38] 시간을 끄는 이유는 적어도 두 가지가 있다. 첫째, 채무 재조정에 들어가면 정부가 정작 필요한 순간에 국채시장에서 차입할 수 있는 능력이 줄어들지도 모른다. 이럴 때에는 IMF가 브리지파이낸싱으로 정부들이 재협상 과정을 더 빨리 시작하도록, 채권국을 채무 재조정 절차에 끌어들이도록 장려해야 한다. 둘째, 채무 재조정은 아무리 필요한 절차라 할지라도 국내 유권자들에게 거의 환영받지 못한다. 예산을 대폭 축소하겠다는 정부의 발표가 절대 듣기 좋을 리가 없다. 따라서 재정 비상사태를 해결할 대책을 나중으로 미루는 것은 정치적으로 보면 기회주의에 가깝다.

홀드아웃 문제, 집단행동 조항, 파리 클럽

또 다른 문제로는 **홀드아웃**hold-out*이 있다. 중대한 재정 위기를 해결하려면 여러 채권자 간의 조정이 필요한데, 그들은 먼저 양보하고

---

* 채권자가 채무 재조정에 불응하는 일종의 버티기 수법을 말한다.

싫어 하지 않는다. 그러다가는 다른 채권자들이 간접적으로 득을 볼 것이다. 이유는 간단하다. 일부 채권자들이 속칭 '헤어컷haircut'*이라는 것을 받아들여 청구권의 일부를 포기하면, 반대로 다른 채권자들이 전액 상환 받을 가능성이 높아지기 때문이다.

1980년대에 국채는 대개 미국과 유럽의 소수 주요 은행에서만 보유했다. 따라서 주요 국채 보유국을 대표하는 협의체인 파리클럽Paris Club이 채무 협상을 촉진할 능력이 있었다. 그 이후로는 헤지펀드를 비롯한 많은 기관 투자자들도 국채시장에 뛰어들었다. 그 결과 채권자들이 모두 모여 협상에 참여하고 조정하는 일은 불가능해졌다. 예를 들어 아르헨티나가 2002년 채무불이행을 선언했을 때, 헤지펀드인 엘리엇 매니지먼트Elliott Management를 비롯해 미결제 채무의 7%를 보유한 채권자들은 70% 헤어컷을 해주자는 제안을 거부했다. 그 대신 엘리엇 매니지먼트는 10년 넘게 소송으로 아르헨티나를 물고늘어졌다. 결국은 아르헨티나가 부채를 상환하는 데 동의하는 것으로 최종 결론이 났는데, 이런 과정에는 가나에서 아르헨티나 선박이 몰수된 사건을 포함해 숱한 우여곡절이 따를 수밖에 없었다.[39]

현재 한 국가의 파산에 대처하는 통일된 접근법은 없다. IMF 수석 부총재를 지낸 스탠퍼드대학 앤 크루거Anne Krueger 교수는 사례별 접근법에서 탈피하고 전체 프로세스를 공식화하기 위해 2002년에

---

* 담보로 제공된 자산의 가치 할인을 뜻한다.

국가 채무 재조정 메커니즘SDRM을 제안한 바 있다.[40] SDRM의 기본 아이디어는 국가의 파산 처리에 관해 기업파산법에 준하는 전 세계적으로 통일된 지침을 마련하자는 것이다. 그러나 이러한 제안은 아직 실질적인 국제적 합의로 이어지지 못했다. 그 대신 소수의 채권자들이 대다수 채권자들 간의 합의를 방해하지 못하게 하는 계약적 합의 형태의 **집단행동조항**CACs, collective action clauses을 택한 사례는 있다. CACs는 채무 재조정에 대한 합의에서 과반수가 동의하면 모든 채권자에게 법적 구속력이 생긴다. 그러나 CACs는 기존의 채무 계약에는 소급 적용되지 않는다. 그뿐 아니라 요즘 새로 체결되는 채무 계약 중에는 석유 등 천연자원을 담보로 하는 대출처럼 CACs의 적용 범위가 미치지 않는 경우가 제법 있다.

채무 재조정의 또 다른 애로점은 **민간 금융기관**과 **공공 금융기관**의 구분이 모호하다는 점이다. 예컨대 중국국가개발은행Chinese Development Bank은 민간 대출 기관으로서의 지위를 유지하려고 노력한다. 따라서 공공 부문의 부채 감축이나 감면의 대상이 되지 않는다.

홀드업 문제holdup problem*는 일반적으로 총부채 금액이나 대출기관의 정체가 **공개 정보**가 아니라는 점에서 해결하기가 훨씬 복잡하다. 다양한 자금원에서 정부에 제공된 대출에 대한 통계가 없으므로, 채권자들은 채무국 정부가 다른 채권자들과 어떻게 약정을 맺

---

* [감수자] 계약을 재조정하는 것이 전체적으로 효율적임에도 협상력이 센 일부 집단이 자신의 이익을 내세우며 개선을 거절하는 문제를 말한다.

었는지 정확히 알 길이 없다. 피터슨국제경제연구소Peterson Institute of
International Economics의 최근 연구에 따르면 중국에서는 채무국들이 채
무 내역을 공개하는 것을 금지하는 명시적 조항을 두는 경우가 많
다고 한다. 게다가 중국에서 차관 도입을 계속하는 채무국들은 집
단적 채무 재조정에 참여하지 않기로 동의했다. 어떤 국가들은 중
국이 국내외 정책에 간접적인 영향력을 행사할 수 있도록 허용하
기도 했다.⁴¹ 중국이 신흥 개도국의 채권을 다량 보유하고 있는 만
큼, 채무 재조정 과정에서도 중요한 역할을 할 것이다.

리프로파일링

채무 재조정의 특별한 유형 중에 '리프로파일링reprofiling'이라는 것이
있다. 부채를 명시적인 가치 할인으로 상각하는 대신 만기만 연장
해주는 것이다. 부채 수준이 지속 가능하되 국가가 일시적인 롤오
버rollover* 위험에 직면한 경우라면 리프로파일링이 유용하다.

　롤오버는 부채에 대한 지급 청구를 줄줄이 유발할 수 있다는 점
에서 위험하다. 부채가 만기가 되면 정부에서 부채의 일부 또는 전
부를 재조달해야 하는 경우가 많다. 이를 전문용어로는 부채를 이
월한다고 한다. 이번 주에 만기되는 채권을 보유한 A라는 투자자가
있다고 가정하자. 다음 주에 투자자 B가 국채를 롤오버해주지 않을
것으로 예상한다면 A도 롤오버를 하지 않을 것이다. B가 롤오버를

---

* 만기 시 채권을 신규 발행하여 만기를 늦추어 주는 것.

제공하지 않는 가운데 자기만 롤오버를 결정하면, 전액을 상환받는다는 보장이 없기 때문이다. 이것이 그다음으로 일련의 롤오버 중단으로 이어지고, 채권자들의 지급 청구와 정부 파산이라는 결과를 초래하기까지 과정을 상상하기는 어렵지 않다. 반면에 A가 만기를 앞둔 다른 투자자가 모두 롤오버할 것으로 '예상'한다면 결과가 달라진다. 이 경우 A는 웬만하면 롤오버를 선택한 것이다.

이러한 순수한 유동성 문제를 완화하기 위해서는 강제 롤오버가 답이 될 수 있다. 이를 가리켜 **채무 리프로파일링**이라고도 한다. 이 경우 부채는 탕감되지 않고 연장될 뿐이다. 어떤 투자자도 손실을 입지 않으면서 채무국은 만기 구조가 길어진 덕에 즉시 이득을 얻는다.

채무상환 유예 이니셔티브와 새로운 공통 프레임워크

리프로파일링의 구체적인 예로는 2020년 4월 저소득 국가의 국가 채무를 겨냥한 G20의 채무상환 유예 이니셔티브DSSI, debt service suspension initiative가 있었다. 이 계획을 수락한 개발도상국은 2021년 6월 30일까지 정부 간 1대 1로 부채를 상환할 필요가 없었다.[42] 이 계획은 최소한 다른 국가 정부나 국책은행에 진 채무에 대해서는 즉각적인 재정 구제책을 제공했다.[43] 정치적 측면에서 DSSI의 중요한 한 가지 의의는 G20 회원국 중 하나인 중국을 다른 국가들과 함께 채무 재조정 과정에 참여하게 했다는 것이다.

DSSI는 '공공'부채의 리프로파일링에만 국한되었다. 즉, 민간 부채는 포함되지 않았다. 그러므로 여기서 민간부채 채권자는 제때 상환받는 반면 공공부채 채권자는 대기열 아래로 밀려난다. 이를 보완하고자 세계은행과 IMF가 합작한 새로운 **공통 프레임워크**는 DSSI 구조를 더욱 광범위하게 일반화하는 것을 목표로 한다. 이 프레임워크는 DSSI 자격에 맞는 73개 저소득 국가에 대한 채무 재조정에 대한 조정된 접근 방식을 적용한다. 이 새로운 공통 프레임워크에는 주로 북미와 유럽을 중심으로 한 파리클럽의 전통적인 회원국 외에 인도, 중국, 사우디아라비아, 터키도 포함된다. 자격을 갖춘 채무국이 새로운 공통 프레임워크에 합류하면 채무 재조정 부담은 모든 참여 채권국에 균등하게 분담된다. 공통 프레임워크의 또 다른 주요 요소는 **균등 대우** 원칙이다. 이를테면 민간 채권자를 공공 채권자보다 우선순위에서 우대하지 말자는 것이다. 이를 통해 민간 채권자를 채무 재조정 절차에 끌어들이게끔 유도하는 효과를 기대할 수 있다.⁴ 결국 이 새로운 채무 재조정 절차는 다른 채권자의 참여를 독려할 수 있도록 채권자들에게 당근과 채찍을 제시하는 메커니즘이 갖춰져야만 성공할 것이다.

신규 부채

채무 재조정이 기존의 부채 부담을 덜어주기 때문에 '나쁜' 부채나 '악성' 부채를 조장할 것이라고 우려하는 사람도 많다. 채무 재조정이 이루어지면 채무국 정부는 재정력을 일부나마 회복하고 재정 지출을 재개할 수 있다. 그러나 적절한 인센티브가 없이는 신규 부채가 올바르게 할당되지 않을 것이다. 이러한 상황에서는 채무 재조정이 단기적인 해결책은 되지만 미래의 회복탄력성에 추가로 도움이 되지는 않는다. 악성 부채만 새로 생성된다면 채무국은 전보다도 못한 처지에 놓이게 될 수도 있다.

14장
새로운 세계 질서와
회복탄력성의 관계

코로나19 팬데믹으로 인류는 **범세계적인 공동의 적**에 직면했다.' 그러나 이런저런 제안들이 나왔어도 전염병 퇴치를 목적으로 '전 세계'를 아우르는 뚜렷한 이니셔티브가 정해지지는 않았다. 예를 들어 여행 제한이나 효율적인 검사 방법에 대한 범세계적 표준을 조정했다면 우리는 더 단단한 회복탄력성을 갖출 수 있었을 것이다. 그러나 오히려 팬데믹 사태는 기존의 국제적 긴장을 수면 위로 드러냈다.

팬데믹 대응에서 미국 트럼프 정부는 글로벌 리더십을 발휘하는 모습을 전혀 보여주지 못했다. 중국도 2020년 3월 마스크도 지원할 겸 외교적 목표도 달성할 겸 **마스크 외교**를 시도했으나 결국 역효과를 냈다. 2020년 말과 2021년 초에는 같은 맥락에서 중국의 대외 이미지를 개선하려는 **백신 외교**도 등장하기 시작했다.[2] 미국은 처음에는 '미국우선주의America first' 접근 방식을 추구하면서 자국에서 생산한 백신을 해외에 공급하지 않았다. 대조적으로 유럽연합은 역내에서 생산한 백신의 약 40%를 수출했다.[3] 인도도 2021년 봄에 2차 대유행으로 수출을 잠정 중단하기 전까지는 다량의 백신을 수출했다.[4] 중국도 여러 신흥국에 백신을 수출했다.

이러한 전략적 경쟁은 **중국의 부상**과 **세계화**로 인해 한층 달라진 세계 정세를 반영한다. 지난 40년 동안 세계 각국의 상호의존도가 더 높아지면서 무역의 이득이 극대화되었다. 각국의 비교우위가 점차 공업과 상업으로 넘어갔으며, 세계의 교역량이 크게 증가했다. 이러한 추세는 1970년대 후반 중국이 자본주의를 수용하고 1989년 동유럽에서 철의 장막이 무너지면서 더욱 가속화되었다.

그러나 **경제적 통합**은 동시에 **회복탄력성을 약화**했다. 그동안 공급망을 다각화하지 않은 채 외국의 공급업체에 의존해온 기업들이 적지 않았다. 그러다가 2020년 봄에 코로나19가 터지자 많은 국가에서 마스크와 개인 위생용품의 공급을 수입에 의존해온 것을 후회하기 시작했다. 그들은 마스크와 위생용품 재고를 적절히 확보하기 위해 서두르지 않을 수 없었다.

이 장에서는 세계화의 다양한 차원을 탐구하고자 한다. 먼저 지정학적 요인과 **코로나19가 세계 질서를 재편한 과정**에 대해 논하겠다. 이 논의를 바탕으로 **국제 금융**과 **무역**을 집중적으로 다룬 후, 이것들이 회복탄력성과 어떤 관계가 있는지에 대해서도 살펴볼 것이다.

지정학적 요인과 세계 질서

전통적 정의에 따르면 지정학은 자연 요새와 같은 지리적 요인이 국제정치에 미치는 영향을 가리킨다. 그러나 지정학의 현대적 정의는 대개 국가 간 제로섬 게임을 함축한다. 즉, 한 국가의 이익은 다른 국가의 손해로 간주된다. 이러한 제로섬 시나리오로 갈 것인지 관련 당사국 전체에 이익이 되는 국가 간 공조를 도모할 것인지, 두 선택 사이에 자연스레 밀고 당기는 긴장이 있기 마련이다. 코로나19 백신이 대표적 사례다. 백신을 생산하거나 생산 능력에 여유가 있는 국가는 국제적 영향력을 행사하기에 유리하다. 이들 국가에서는 자국 백신을 해외에 공급함으로써 당장의 정치적 이익은 물론 미래에 정치적 호의를 기대할 발판을 다져놓을 수 있다.

지정학적 요인은 세계 질서와 떼려야 뗄 수 없는 관계에 있는데, 다음 두 가지 차원을 살펴보면 이를 이해할 수 있다. 첫째는 합의 방식이 국제기구를 통한 다자주의인지 국가별로 해결하는 양자주의인지의 문제와 관련된다. 둘째는 질서의 형태가 제도 기반인지 결과 기반인지의 구분과 관련된다.

다자주의 및 양자주의, 결과 기반 및 제도 기반

세계 질서는 본질적으로 **다자주의** 아니면 **양자주의**다. 통상 국제기구가 참여하는 다자주의 체제의 특징은 많은 국가들이 광범위한 합의를 이끌어낸다는 점이다. 또한 유럽연합, 아세안ASEAN(동남아시아국가연합) 등 지역적 차원의 다자 간 협정이 체결되기도 한다. 그 반대는 두 개별 국가가 협상해 합의를 도출하는 양자주의 체제다. 양자주의 방식은 양 당사국이 협상할 때 교섭력에서 우위에 있는 강국이 더 유리한 편이다.

제2차 세계대전 이후 세계 질서는 대부분 규칙과 국제기구가 중심이 되었다.[5] 다자 간 국제기구(예: 국제연합UN, 세계무역기구WTO, IMF, 세계은행WB, 세계보건기구WHO)들은 세계 질서를 형성하고 국제사회가 정치, 경제, 사회의 문제를 해결하도록 공론의 장을 제공하는 핵심 역할을 해왔다.

규칙 기반 질서 또는 **제도 기반 질서**는 점점 더 복잡해지는 세계에서 예측가능성을 높인다는 장점이 있다. 또한 무역 전쟁이나 통화 전쟁과 같은 부정적인 피드백 루프를 억제한다. 그러나 규칙 기반 접근법은 융통성이 떨어져 예상치 못한 충격에 적응하기가 비교적 어렵다는 단점이 있다. 특히 불확실성이 높은 요즘 세상에서 규칙을 기반으로 하는 지침은 세계 경제구조가 예상치 못한 영구적인 변화를 겪을 때, 사람들을 잘못된 방향으로 인도하고 회복탄력성을 약화할 수 있다. 또한 어느 국가든 똑같은 규칙이 적용되기 때문에 강국이 권한을 행사할 범위를 제약하는 경향이 있다.

반대로 **결과 기반 질서**는 제도에 비중을 훨씬 덜 두기 때문에 코로나19 팬데믹과 같은 예기치 않은 충격의 여파에 유연하게 대응할 수 있다는 장점이 있다. 대신 이 접근법은 안정성이 훨씬 떨어진다. 예를 들어 무역 또는 국제통화 시스템을 규율하는 국제 규칙이 없으면 통화 전쟁이나 무역 전쟁이 발생할 위험이 커진다. 게다가 결과 기반 질서는 제도 기반 질서의 규칙을 결정할 힘이 있는 강국들을 제약하지 않는다. 중요한 것은 어떤 낯선 충격이 닥쳤을 때, 그 충격의 실체를 파악하기 전이라도 이미 규칙이 정해져 있다는 점이다.

국제 협정은 이 두 가지 차원에 걸쳐 다양한 범주로 분류될 수 있다. 예컨대 파리기후협정은 결과 기반(지구온난화를 2도 이내로 억제하기로 목표를 세움)이자 다자주의 형태를 띤다.[6] 반면에 ECB가 수립한 유럽 역내 통화 정책은 다자주의이자 규칙 기반 형태를 띤다.

다자주의에 대한 '호소'와 백신 개발

코로나19 초기에 국제 협력의 적절한 사례는 두말할 것도 없이 **백신 개발**을 위해 국제적 차원에서 자금을 조달하는 계획이었다. 초기에 백신 실험이 얼마나 성공적일지 미지수였던 만큼, 각국에서 글로벌 공동 자금 및 유통 지원망에 합류함으로써 부정적인 결과에 대비하는 것이 좋은 방법이었다. 이 중 한 국가가 백신 개발에 성공하면 모금에 참여한 모든 국가에 혜택이 돌아간다. 한 경제학자는 각 국가가 GDP의 약 0.15%만 공여하면 된다고 계산했다.[7]

이런 계획은 2020년 12월 여러 백신이 성공적으로 개발되면서 타당성을 잃었다. 그래도 전 세계가 협력해야 할 가능성은 여전히 남아 있다. 국제적 **백신 보급**을 위협하는 위험한 상황이 계속 연출되고 있으며 미국과 그 외 선진국은 확실히 국제적 리더십을 제대로 보여주지 못하는 실정이다.[8] WHO가 택한 국제적 접근 방식 중 하나는 **코백스**COVAX다. 코백스는 여러 공여국, 세계은행, 빌앤멜린다게이츠 재단과 같은 민간 재단 등의 자금 지원을 받아 빈곤국이 백신을 쉽게 확보할 수 있게 돕는 것을 목표로 한다. 2020년 12월까지 190개국이 참여한 가운데 최대 20억 회분의 물량을 확보했다.[9] 또한 자국 인구에 필요한 양보다 더 많은 백신을 구매한 국가들은 백신 계약을 맺지 못한 국가들에 초과분을 보급하거나 코백스에 기부하기 시작했다.[10] 백신을 넉넉히 확보한 국가는 지정학적 목표를 겨냥해 이 같은 수완을 자주 발휘한다.

미중 관계

트럼프 정부 때 벌어진 무역 전쟁과 화웨이 5G, 틱톡 사태 등 기술 표준화 경쟁이 보여주는 미중 **두 강국 간의 갈등**은 글로벌 회복탄력성을 강화하려는 노력에 장기간 찬물을 끼얹을 것으로 보인다.[11] 여기에 더해 중국은 2025년까지 자급자족을 달성하겠다는 계획을 통해 자신들의 입지와 야망을 표출했다.

게다가 기술 경쟁은 데이터의 개인정보 문제뿐 아니라 젊은이들의 생각과 정신에도 영향을 미친다. 디지털 세계에서는 개방 사회와 독재 사회 사이의 교류가 근본적으로 비대칭을 이룬다. 중국은 국내 시장에서 미국의 많은 기술 기업을 차단하면서도 자신들은 틱톡과 같은 자체 개발 앱으로 미국을 비롯한 서구 사회의 젊은 이들에게 영향을 미치고 있다. 그 결과 디지털 세계의 국경은 단방향의 성질을 띠게 되었다. 문제는 이러한 기술이 미래에 더욱 확산할 것인지 여부다. 그리고 그렇게 된다면 중국의 기술이 일방적으로 유입하더라도 서구 사회가 그냥 참을 것인지 아니면 기술의 쌍방 이동을 요구하며 맞불을 놓을 것인지 또한 알 수 없다. 그 외에도 궁금한 문제가 많다. 중국의 폐쇄적인 자체 인터넷망은 경제에 어떤 결과를 가져올까? 그리고 데이터는 누가 소유하는가?

기술 경쟁은 중국과 미국에 국한되지 않을 것이다. 디지털 국경선 문제는 훨씬 더 심각하게 나타날 전망이다. 2020년 5월 히말라야산맥 지역에서 일어난 **국경 충돌** 사건으로 **중국과 인도** 간 긴장이 고조되었을 때, 지금까지 주로 중국 기술 기업이 장악하던 인도 시장에 실리콘밸리 기업들이 진출할 수 있는 기회가 열렸다.[12]

2020년 5월 래리 서머스는 미중 관계를 난파선에서 생존해 하나의 구명보트에 탄 두 명의 선원에 비유했다. 아무리 적대적 관계라 할지라도 함께 노를 저어야 할 운명이라는 뜻이다.[13] 중국은 일대일로 계획을 통해 자신들의 세력권을 해외로 넓히려는 야심을 품고 있다. 상하이의 태평양 해안에서 유럽의 대서양과 북해 해안까지 도로, 다리, 항만 등 인프라를 연결하는 새로운 '실크로드'를 건설함으로써 자국의 영향력을 확대하겠다는 것이다. 이미 스리랑카, 파키스탄, 지부티에서는 이 인프라 구축 계획의 자금 조달을 완료했다.[14] 그러나 한쪽에서는 이 국가들이 들여온 막대한 차관이 미래의 재정 의존도를 높일 것이라고 우려하기도 한다. 밖에 드러나지 않은 공공부채는 채무 재조정이 필요할 때 정보 비대칭 문제를 악화시킨다.

마찬가지로 소위 쿼드quad라고 부르는 4개국 호주, 일본, 인도, 미국 모두 다 인도양, 태평양으로 세력을 확장하는 중국의 움직임을 깊이 우려하고 있어 최근 긴장이 고조되는 분위기다.[15]

2020년 11월, 중국과 14개국이 서명한 역내포괄적경제동반자협정RCEP은 남아시아에서 중국의 영향력이 커지고 있음을 여실히 보여준다. 이 협정은 2016년 오바마 정부 시절에 미국의 주도로 체결되었다가 트럼프 정부 초창기에 폐기된 환태평양경제동반자협정TPP을 대체한다.[16] 그런 가운데 중국이 미국을 더욱 소외시키기 위해 TPP와 유사하지만 그보다는 소박한 형태의 자유무역협정을 수립할지 모른다는 우려가 슬금슬금 나오고 있다. 현재 RCEP는 "세계 경제의 거의 3분의 1을 차지"하는 세계 최대 규모의 자유무역협정이다.[17]

2021년 출범한 바이든 신정부는 트럼프 정부의 양자 간 '미국우선주의' 접근 방식을 폐기했다. 미국은 이제 다자주의적 접근을 추구하고 우방국들과 동맹을 구축하고 있다. 바이든 정부가 가장 먼저 취한 조치 중 하나는 코로나19 백신을 아시아 국가에 보급하는 계획을 진전시켜 '쿼드'의 힘을 강화하는 것이었다. 이러한 노력은 멀리 내다보며 중국의 영향력에 대항하려는 전략의 일부다.[18] 이 계획에서 인도의 백신 생산 능력은 중요한 역할을 차지한다. 미국이 자국 인구를 대상으로 백신을 접종하기 전까지는 백신을 수출하지 않았기 때문에, 그동안 전 세계는 인도가 생산하는 백신 물량에 크게 의존했다. 인도가 백신을 수출하기로 약속한 한 가지 이유는 중국과 견주어 국제적 영향력을 높이기 위해서였다.[19] 아마 인도 정부는 지금 그 결정을 후회하고 있을 것이다. 2021년 4~5월의 2차 대유행 동안 인도가 세계에서 가장 많은 코로나19 일일 사망자 수를 기록하며 고통을 겪었기 때문이다.

미중 간의 마찰은 2021년 3월 알래스카주 앵커리지에서 회동한 미국 앤서니 블링컨 국무장관, 제이크 설리번 국가안보보좌관 그리고 중국의 양제츠 주임, 왕이 국무위원 간의 대결에서 명백히 드러났다. 미국 대표들은 규칙 기반의 세계 질서를 지지한다고 주장했다. 반면에 중국 대표들은 세상에는 두 가지 다른 형태의 '민주주의'가 존재한다고 주장하면서 "미국이 자국의 이미지에서 벗어나고 세계 나머지 지역에 미국식 민주주의를 심어주려는 노력을 중단하는 것"이 중요하다고 강조했다. 그러면서 "서구 세계가 전 세계 여론을 대변하지는 않는다"라고 덧붙였다. 이들의 진술에 비추어볼 때, 우리가 하나로 통일된 세계 질서를 볼 수 있을지 의문이 든다. 세계는 중국 편과 미국 편이라는 **두 경쟁 체제로 나뉜 두 개의 권역**으로 계속 양극화될지도 모른다.[20]

유럽의 역할

이 두 세력 간의 갈등에서 유럽의 역할이 중요하다. 중국은 유로 위기 동안 동유럽의 유럽연합 회원국에 투자하면서 유럽에서 강력한 발판을 확보했다. 예를 들어 중국 해운회사인 코스코Cosco는 유럽에서 일곱 번째로 큰 항구인 그리스의 피레우스 항구를 인수했다. 코로나19 위기 동안 중국의 외교 정책은 수완은 훨씬 떨어지면서도 갈수록 노골적으로 되었다. 특히 이른바 **마스크 외교**로 인해 긴장은 한층 더 고조되었다. 중국은 확진자가 폭증하던 이탈리아에 마스크를 지원하고는 자신들이 다른 유럽 국가들보다 이탈리아에 더 큰 도움을 주었다고 자평했다.

중국 우한에서 코로나19가 처음 발견되었을 무렵인 2020년 1~2월, 유럽 기업들은 중국에 별다른 생색을 내지 않고 묵묵히 의료 장비를 수송했다. 그 후 유럽에 코로나19 위기가 퍼진 초기인 2020년 3월, 세계의 주요 의료 장비 공급처 중 한 곳인 중국은 전 세계에 무수히 많은 마스크, 진단 키트, 산소호흡기를 실어날랐다.[21] 그러면서 이와 관련한 대대적인 언론 보도를 요청하고 일부 유럽연합 국가들 사이를 이간질하려 시도하다가 격렬한 반발과 함께 유럽 외교관들의 분노를 샀다.[22] 2020년 후반에 중국은 코로나19가 유럽에서 발원했다고 주장하기까지 했다.

다른 한편으로 서구권에서는 중국에 민주주의 가치와 인권을 증진하기 위해 노력하고 있다. 그들이 오랫동안 중국을 대해온 방식은 "교역을 통한 변화Wandel durch Handel"라는 독일 격언에 가장 잘 함축되어 있다. 그러나 중국과 서구권의 경제적 유대가 강화되는 동안에도 중국은 민주주의로 나아가지 않았다.[23] 이에 따라 외교적 매파들은 중국에 더 강경한 입장을 취해야 한다고 주장하지만, 지금은 과거 냉전 시대와 완전히 다르게 전 세계가 중국과 강한 경제적 유대를 맺고 있다 보니 어떤 종류의 디커플링도 거의 불가능하게 되었다.

또한 중국의 외국인 투자자 대우가 매우 엄격하다고 생각하는 사람이 많다. 국가가 직간접적으로 소유한 중국의 공기업들은 해외에서 기술을 이전받지만 자국 기업에 대한 외국인의 소유권 지분 획득은 엄격하게 규제한다. 최근에도 긴장을 고조시키는 사건들이 있었다. 2016년 한 중국 기업이 독일의 로봇 제조업체인 쿠카Kuka를 인수했을 때, 독일에서 많은 외교 전략가들은 심상찮은 기운을 감지했다. 기술 유출을 우려한 독일은 서둘러 외국인의 독일 기업 소유에 관한 법률을 더 까다롭게 보완했다.[24]

2020년 말, 독일이 유럽연합 의장국을 맡았을 때 유럽연합은 중국과 포괄적투자협정CAI의 초안을 작성했다. 이 협정은 예를 들어 유럽 기업이 중국 시장에 진출할 때 중국 기업과 합작 투자를 구성해야 하는 요건을 제거함으로써 경제적 유대를 강화하고 중국에 대한 유럽의 투자를 촉진하기 위해 고안되었다.[25] 이 협정이 비준될 것인지 여부는 아직 불명확하다.

트럼프 정권이 물러난 지금, 국제 관계에 관한 핵심 질문은 유럽이 대서양 건너편 미국과의 관계를 강화할 것인지 아니면 중국과의 관계 개선을 시도할 것인지다. 특히 미국과 유럽이 협력하고 공통의 표준을 설정한다면 중국의 영향력 있는 대항마가 될 것이다. 그러나 그 과정은 범대서양무역투자동반자협정TTIP이 실패한 이후 답보 상태에 머물렀다.

2021년 5월, 인도와 유럽연합은 중국의 지나친 영향력을 견제하기 위해 무역 협상을 재개했다.[26] 여기서 중요한 점은 이미 인도가 중국이 아시아·태평양 지역의 주요 이웃 국가들과 맺은 RCEP 협정에 참여하지 않기로 결정했다는 것이다.

국제 금융

정부와 민간 부문 간의 국제 관계는 안정적이고 회복탄력성 있는 국제통화가 뒷받침되어야 한다. 19세기와 20세기 초반에는 영국 파운드가 그 중심에 있었다. 그러다가 제2차 세계대전 이후 미국 달러가 세계의 주축 통화로 떠올랐다.

미국 달러의 역할

달러는 현대 경제에서 세 가지 핵심 역할을 한다. 바로 전 세계에서 **회계의 단위**, 교환의 매개체, 가치 저장의 수단 역할을 한다. 미국 달러는 앞으로도 지배적인 국제통화로 남을 가능성이 높지만, 외국인이 미국 국채 보유에 신중해지는 시점에서는 약세를 보이기도 한다. 이 책 앞부분에서 논의했듯이, 예를 들어 2020년 3월 미국 국채시장이 경색되었을 때 어느 정도 결함이 나타난 바 있다.

미국 달러는 일부 국가에서 회계의 단위로도 사용된다. 자체 통화가 없는 에콰도르는 미국 달러를 완전히 흡수해 통용하고 있다. 그 외의 많은 신흥 개도국에서 달러를 자체 통화로 삼지는 않더라도, 기업들이 달러를 차입하는 경향이 있기 때문에 미국 통화 정책의 영향을 받곤 한다. 또한 석유를 포함한 여러 원자재도 달러로 결제가 이루어진다.

더욱이 달러는 유로존과 그 주변 국가를 제외하고 국제 무역에서 **교환의 매개체** 역할을 한다.[27]

마지막으로 미국 달러는 민간 부문에서 **가치 저장의 수단** 역할을 한다. 즉, 많은 대출 약정이 미국 달러를 기준으로 작성된다. 공공 부문에서도 대부분 중앙은행이 미국 달러를 **기축통화**로 보유하고 있다. 또한 미국 관할권 외부에서 거래되는 미국 달러의 역외시장이 대규모로 형성되어 있다.

미국을 보면 미국 국채의 글로벌 안전자산 지위는 연준이 **헤지펀드처럼 행동**할 수 있음을 의미한다. 저금리로 부채를 발행하고 고위험, 고수익의 외국인직접투자FDI 등에 자금을 재투자할 수 있기 때문이다.

글로벌 안전자산으로의 도피와 국내 통화의 안전자산 지위 상실

많은 국가가 자국 국채의 안전자산 지위를 방어하기 위해 달러 준비금을 보유하고 있다. 이에 따라 시민들은 미래의 충격에 대비하는 차원에서 이러한 자국 국채를 완충장치로 보유한다. 재정 형편이 어려워지면 이 국채를 자국 통화로 매도하면 된다. 그러려면 자국 국채가 그 가치를 유지할 것이라는 신뢰가 전제로 깔려 있어야 한다. 그렇지 않으면 시민들은 더 안전한 자산인 미국 국채로 곧장 달려들 것이다. 특히 미국 금리가 높을 때 이 같은 변심이 일어나기 쉽다. 달리 말해, 미국 연준이 금리를 인하하면 자국통화표시국채의 수익률이 미국 국채의 수익률을 상회하기 때문에 자국 국채의 안전자산 지위를 유지하기에 더욱 유리하다. 반면 미국 금리가 더 높을 때 코로나19와 같은 충격이 세계 경제를 강타하면 글로벌 안전자산으로의 도피가 뒤따를 수 있다.

미국 달러 자산에 수요가 몰리면 현지 통화의 가치가 떨어지고 달러 표시 부채의 실질 가치가 올라간다. 많은 신흥 개도국이 짊어진 공공·민간 부채가 달러로 표시되어 있으므로, 자국 통화가 평가절하되면 경기 회복에 도움이 되기는커녕 오히려 역효과를 일으키고 회복탄력성을 약화할 수 있다. 긍정적인 측면을 보자면 달러 의존도가 높은 경제에서 **자국 통화 가치가 약세**일 경우, 경제 회복을 촉진하는 데 도움이 되기도 한다. 신흥 개도국에서 자국 통화 가치가 하락하면 수출품 가격이 상대적으로 저렴해진다. 그러므로 해외에서 신흥 개도국의 수출품에 대한 수요가 늘어나 단기적으로 GDP가 더 빨리 성장할 것이다. 반면에 수입품 가격은 상승한다. 그러면 수입 의존도가 높은 국가의 가계 예산에는 부담이 된다.

2020년 3~4월 팬데믹 기간에 전례 없는 안전자산으로의 도피 현상이 일어나면서 전 세계 금융 시스템의 회복탄력성이 위협을 받았다. 코로나19 위기가 시작될 무렵 신흥 개도국의 **자본 유출**은 2008년 글로벌 금융 위기나 2013년 '긴축 발작'과 같이 다른 두드러진 기간에 비견할 만큼 기록적인 수준이었다. 2013년 연준이 양적완화 계획에 제동을 걸겠다고 발표했을 때, 미국의 금리 인상과 그 후 신흥 개도국의 재정 압박이 입증했듯이 전 세계 금융계에 냉기가 돌았다. 모두가 준비 자산을 비축하고 싶어 했던 2020년 3월, 10년 만기 미국 국채도 맥을 못 추었다.* 자본 유출 현상은 연준이 신흥 개도국에 달러 유동성을 제공하고자 스와프 협정을 체결하는 등 시장에 개입한 후에야 진정되었다. 연준은 스와프 협정을 통해 사실상 외국 중앙은행들에 미국 달러를 대출해주었다. 어떤 의미에서 연준이 전 세계의 최종 대부자 역할을 한 셈이다.

2020년 후반, 안전자산으로의 초기 도피가 진정되자 신흥 시장으로 역대급의 대규모 자본 유입이 뒤따랐다.[28] 선진국의 금리가 거의 제로 수준을 맴돌자 투자자들은 더 높은 수익률을 좇았고, 그 결과 2021년 첫 3주 동안 신흥 개도국에 170억 달러가 흘러들어 갔다.[29] 연준의 정책은 시정 안정화에 기여하며 마침내 자본 흐름의 방향을 역전했다. 이러한 정책은 신흥 개도국과 국제 자본시장의 회복에 큰 도움이 되었다.

글로벌 금융 사이클

신흥 시장이 달러 의존도가 높으면 **글로벌 금융 사이클**에 영향받기 쉽다. 먼저 글로벌 투자자가 위험을 감수하기를 꺼리는 위험 회피 risk-off 단계에서 금융 사이클이 출발한다고 가정하자. 이때는 위험

---

* [감수자] 상대적으로 만기가 길어서 시장에서 위험자산으로 인식되었기 때문이다.

의 대가가 높다. 그러다 언젠가는 해외 투자자들이 위험도를 낮게 인식하여 위험 선호risk-on 단계로 전환한다. 이때는 신흥 개도국이 해외에서 저렴하게 차입할 수 있는 기회다. 그들은 자국 국채가 고평가되어 안전자산 지위를 얻기를 바란다(저금리로 안전자산을 발행하면 정부의 이자 부담이 줄어든다는 사실을 기억하자). 이 단계에서 국내 시민과 기업들은 각자의 위험을 헤지하는 수단으로 자국 채권을 안전자산 삼아 보유한다. 또한 미국 달러를 저금리로 빌릴 수 있다. 미국 달러를 상대적으로 저렴하게 대출할 수 있으면 경제성장이 촉진되어 고평가된 국채의 안전자산의 지위는 지속 가능한 상태를 유지한다. 그러나 위험 회피 단계가 다시 도래할 것이라는 불안 심리가 시장에 퍼지기 시작하면 버블이 낀 안전자산의 지위가 위태로워진다. 그러면 돌연 위험 선호 단계는 끝나고 다시 위험 회피 단계로 넘어간다. 이 시점에 국내 시민들은 달러를 대출하거나 국내 채권을 보유하는 대신 예비적 차원에서 미국 국채로 갈아탈 것이다. 결과적으로 경제성장이 붕괴되어 버블의 지속가능성은 더욱 약화된다.[30]

미국 통화 정책의 파급 효과

위험 선호와 위험 회피가 돌고 도는 순환 구조뿐 아니라 미국의 금리 정책도 글로벌 금융 사이클을 움직일 수 있다. 미국의 고금리가 위험 회피 단계와 동의어나 마찬가지라면, 미국의 저금리는 위험 회피 단계와 상관관계가 있는 정도라고 표현할 수 있겠다. 그만큼 미국의 통화 정책은 신흥 개도국에 **커다란 파급 효과**를 미친다. 미국 금리가 하락하면 신흥 시장으로 더 많은 자본이 흘러들어 상당한 경제적 산출 효과를 발생하게 한다. 그러나 미국이 긴축적 통화 정책으로 선회하면 이러한 효과는 역전되어 회복탄력성을 위협한다. 이처럼 많은 신흥 개도국이 미국의 통화 정책에 의존도가 워낙 높아서, 그들은 국내 경제 상황에만 대응해서는 역부족이고 미국의 상황에 따라 정책을 조정할 수밖에 없다.

스와프 협정을 통한 글로벌 최종 대부자: 전 세계에서 달러가 부족할 때 회복탄력성의 문제

미국 달러의 세계적인 지배력은 **역외 미국 달러 시장**의 규모에서 가장 잘 드러난다. 흔히 유럽의 은행들에 예금된 달러를 가리키는 이 시장을 통칭해 '유러달러eurodollar' 시장이라고 한다. 유러달러는 실제로 유로화 자체와는 아무 관련이 없다. 그리고 미국 이외의 지역에 예치된 달러여서 미국 국내법의 적용을 받지 않는다. 역사적으로 유러달러 시장은 1950년대에 등장했다. 미국 기업들은 예금금리상한제 등 엄격한 은행 규제 때문에 국내 예금으로 수익을 거두기에는 한계가 있었다. 그래서 해외에 예금을 하기 시작했다. 오늘날 유러달러 시장은 역외에서 미국 달러 자금을 조달하는 시장으로는 규모가 가장 크다. 예를 들어 유럽의 많은 은행들은 유러달러 시장의 저렴한 단기 금리를 활용해 달러를 대출한다. 이는 미국의 규제 대상 밖이기 때문에 국제 무역을 촉진하며, 달러 예금을 저렴하게 이용할 수 있는 한에서 재정적으로도 매력적인 수단이다.[31] 게다가 세금 혜택도 있다.

일반적으로 은행의 업무에는 만기 전환maturity transformation과 유동성 전환liquidity transformation이 포함된다. 은행은 유동성이 작은 장기 자산에 투자하고 단기 유동성이 큰 달러를 발행한다. 그러나 미국 역외에서 달러 대출 업무를 수행하는 은행들은 저렴하게 달러 자금을 확보하는 것이 중요한데, 문제는 위기 시에 달러가 고갈되기 쉽다는 것이다. 이렇게 달러 자금이 고갈하고 유동성 문제가 발생했을 때 일반적인 정책 해법은 중앙은행이 최종 대부자로 나서는 것이다. 예를 들어 ECB는 자금이 부족한 유럽 은행들에 최종 대부자로서 유로화를 공급한다.

그러나 연준은 미국 밖에 있는 은행에는 담보대출을 제공하지 않기 때문에 유럽의 은행들은 달러 자금이 필요할 경우 연준에 최종 대부자로 개입해 달라고 요청할 수 없다. 그런 의미에서 역외 달러는 역내 달러보다 리스크가 크다. 미국 은행들의 경우 최종 대부자인 연준에 '의지할 수' 있으니 말이다.

ECB는 다른 특별 협정이 없는 한 유럽 내 은행들에게만 유로를 공급할 수 있다. 여기서 그림 14-1과 같이 **스와프** 관계가 형성된다. 연준이 달러를 공급하는 대상 범위를 해외의 중앙은행들까지 확장하면 해외의 은행과 기업들은 달러 자금을 조달받는 대상에서 배제될 걱정을 하지 않아도 된다. 스와프 계약에 합류한 자국 중앙은행으로부터 미국 달러를 공급받을 수 있기 때문이다.

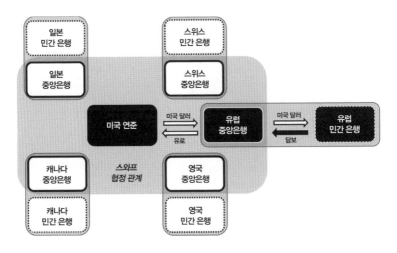

그림 14-1: 연준의 달러 스와프 관계 개요도.

2020년 3월 19일, 연준은 주요국의 중앙은행들과 스와프 협정을 재개했다. 통화 스와프는 2008년 글로벌 금융 위기 때 확고히 정착하게 되었다. 고정환율로 1주일 대출하는 계약이 일반적인 방식이다. 연준은 ECB에 달러를 제공하고 ECB는 그 대가로 연준에 유로를 내준다. 금리는 연준이 정한다. 예를 들어, 오버나이트 인덱스 스와프 금리OIS(1일물 초단기 금리) 위에 0.5%포인트의 가산 금리를 붙이는 식이다. 그다음 ECB는 역내 은행에 동일한 금리로 ECB가 인정하는 일부 담보를 전제로 달러를 대출해준다. 사실상 연준이 ECB를 거쳐 유럽의 은행들에 대출해주는 셈이다.

이러한 중앙은행 간 스와프 협정은 **연준에 위험 요소가 전혀 없다.** 독일의 한 은행이 미국 달러 자금이 필요하다면 연준에서 직접 차입하지 않고 ECB에서 차입한다. 따라서 위험은 ECB가 떠안는다. 마찬가지로 연준은 스와프 협정의 대상이 미국 달러이기 때문에 환율 위험의 부담이 없다. 마지막으로 연준은 달러 대출을 제공하는 대가로 이자 수익을 얻는다. 경제학자 살림 바하이Saleem Bahaj와 히카르두 헤이스Ricardo Reis는 ECB가 은행을 감독하고 기본 위험을 부담하기 때문에 연준으로서는 스와프 협정이 꽤 괜찮은 거래라고 주장한다.[32]

그 결과 연준은 사실상 역외 유러달러 시장의 **최종 대부자**로서 간접적으로 대출을 제공하는 역할을 한다. 해외 중앙은행들은 위기 시 자국 기업에 달러 자금을 제공하고자 할 때 연준의 힘을 빌릴 수 있다. 그러니 해외 기업들도 달러 자금을 공급받을 길이 열려 있다는 얘기다. 여기서 중요한 점은 이 과정에서 글로벌 기축통화로서 달러의 역할이 강화된다는 것이다.

다른 국가의 중앙은행들도 자국 통화를 가지고 유사한 스와프 협정을 체결한다. ECB는 다른 유럽 국가들을 상대로 스와프 협정과 레포 거래를 허용한다. 중국 인민은행은 위안화의 국제적 지위를 공고히 하기 위해 2015년까지 위안화를 대상물로 한 100건의 스와프 협정을 체결했다.

또한 유동성을 확보하고자 하는 외국인 투자자는 미국 국채를 연준과의 레포 거래에 사용할 수 있다. 여기서 투자자는 연준에 미국 국채를 맡겨두며 달러 자금과 교환한다. 레포의 만기는 보통 1~2주에 불과하다. 만기에 도달하면 투자자는 연준에 달러를, 연준은 투자자에게 국채를 돌려준다.

글로벌 안전자산

신흥 개도국의 중앙은행들은 일반적으로 연준과의 스와프 협정에 포함되지 않는다. 따라서 신흥 개도국의 경제가 갑자기 마비되고 신용 유출이 발생해 어느 순간 **자국 통화의 안전자산** 지위가 흔들리면 아주 큰 손실을 입을 것이다. 이때 연준이 통화 스와프를 통해 간접 대출을 제공하며 최종 대부자로서 적극 개입한다면, 갑작스러운 경제 마비를 예방하는 한 가지 방법이 될 것이다.

그보다 더 나은 대안은 적극적인 정책 개입 없이도 자정 능력을 갖춘 회복탄력적인 글로벌 금융 구조를 설계하는 것이다. 일반적으로 핵심 문제는 안전자산 자체가 부족한 것이 아니라 안전자산이 전 세계적으로 균등하게 공급되지 않는다는 사실이다. 현재는 미국, 독일, 일본과 같은 몇몇 선진국만 전 세계에 안전자산을 공급할 수 있다. 안전자산으로의 도피가 발생하면 항상 전 세계에 자본 대이동이 일어난다. 이러한 경우 전 세계에서 안전자산이 부족해지는 문제를 해결할 잠재적 방안은 진정한 글로벌 안전자산global safe asset, 즉 GloSBies를 만드는 것이다.[33]

신흥 개도국을 위해 그들의 채권을 가지고 글로벌 안전자산을 생성하는 과정은 두 단계를 거친다. 첫 번째 단계는 여러 국가의 국채의 일부를 한데 모으는 이른바 **풀링**pooling 과정이다. 신흥 개도국의 국채를 안전자산으로 만들기 위해 중국, 인도, 브라질, 동남아시

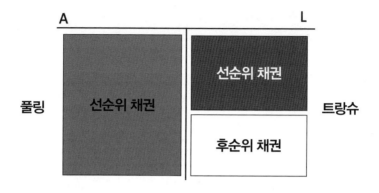

그림 14-2: 국채를 풀링한 후 선순위 채권(GloSBies)과 후순위 채권 트랑슈로 나눈 특수목적기구의 대차대조표.

아, 아프리카, 러시아 채권 등을 통합하는 것을 생각할 수 있겠다. 그다음에 이들 채권을 별도의 **트랑슈**로 나눈다. 설명을 단순히 하기 위해 선순위 채권과 후순위 채권으로 표시된 두 가지 트랑슈가 있다고 가정해보자. 이렇게 묶어놓은 채권 중 하나라도 채무불이행이 발생하면 후순위 채권 보유자가 먼저 손실을 부담한다. 그러면 선순위 채권 보유자는 후순위 채권에 채무불이행이 발생한 경우에만 손실을 입을 것이다.

간단한 예를 통해 선순위 채권이 풀링에 포함된 개별 국채보다 어떻게 해서 더 안전해졌는지 살펴보겠다. 브라질이 모든 국채에 대해 채무불이행을 선언했다고 가정해보자. 이 와중에 브라질 채권을 보유한 투자자는 큰 손실을 입을 것으로 예상된다. 반대로 글로벌 안전자산의 선순위 트랑슈를 보유한 투자자의 경우는 브라질의 채무불이행으로 인한 손실을 후순위 채권 보유자가 먼저 흡수하게 된다. 만약 브라질을 제외한 모든 국가가 전액 상환한다면 선순위 GloSBies 보유자는 손실을 입지 않을 것이다. 결과적으로 선순위 채권은 안전자산 지위를 얻을 수 있고 그에 따라 금리는 더 낮을 것이다. 이러한 일련의 과정은 결국 신흥 개도국을 위한 재정 여력을 확충하고 회복탄력성에 기여할 것이다.

안전자산으로의 도피 현상이 일어나면 투자자들은 후순위 채권 대신 미국 국채나 독일 국채와 같은 선순위 채권으로 도피할 수 있다. 다시 말해서 국제적 자본 흐름은 국경을 넘어 후순위 채권에서 선순위 채권으로 방향이 재조정된다.

GloSBies의 구조는 유로 지역에서 유럽안전채권ESBies이라는 명칭으로 제안된 바 있는 국채담보부채권SBBS, Sovereign Bond Backed Securities과 비슷하다.[34] 유로존 내에서 특히 위기에 취약한 주변국들은 유로 위기 때 안전자산으로의 도피 현상이 발생하자 어려움을 겪었다. ESBies의 목표는 이러한 자본 흐름의 방향을 재조정하는 것이었다. 유로존 내에서는 환율 위험이 없기 때문에, ESBies의 후순위 채권에서 선순위 채권으로 자본이 이동하는 게 아니라 글로벌 GloSBies 후순위 채권이 환율 위험을 흡수해야 한다는 것이다.

디지털 형태의 새로운 화폐: 디지털 화폐 분야

전통적으로 미국 달러는 미국(및 일부 교역국)에서, 유로는 유럽 등지에서 통용된다. 그러나 우리가 금융 거래를 수행하는 방식은 이제 점점 더 디지털화되고 있다. 그러면서 화폐의 전통적인 역할이 변화하고 있다. 미래에는 사람들이 디지털 지갑에 37가지 디지털 화폐를 넣고 1초도 안 되는 찰나에 이 돈을 서로 교환할 수 있게 될 것이다. 지금도 비트코인, 이더리움, 그리고 페이스북이 곧 출시할 디엠(구 리브라)과 같은 디지털 화폐가 넘쳐난다. 중국의 결제 서비스 업체인 알리페이와 위챗페이도 동종 영역에서 경쟁하고 있다. 그렇다면 새로운 디지털 화폐가 또 하나의 글로벌 화폐로 자리매김하거나 심지어 달러의 점유율을 일부 가져갈 수 있을까? 그리고 이 모든 디지털 화폐가 글로벌 통화 시스템의 회복탄력성을 떨어뜨리게 될까?

예를 들어 미국의 일부 중식당에서는 이미 디지털 기기로 위안화를 결제하는 것을 허용하고 있다. 미국 정부는 2021년 1월에야 미국에서 알리페이와 위챗페이 사용을 불법화했다. 디지털화가 진행될수록 화폐 및 통화 영역의 본질이 바뀔지도 모른다. 전통적으로 화폐에는 세 가지 기능이 있다. 바로 회계의 단위, 교환의 매개체, 가치 저장의 수단이다. 이 세 가지 기능은 항상 붙어다닌다. 그러나 디지털 화폐가 대중화되면 이 세 기능은 해체되거나 아니면 확장될 수도 있다.[35] 쉽게 교환할 수 있는 디지털 화폐가 널리 보급됨에 따라 개인들은 각 기능에 따라 서로 다른 화폐를 사용할 것이다. 예를 들어 금리가 높은 국가의 통화는 가치 저장의 수단으로는 훌륭하겠지만, 다른 플랫폼에서 거의 허용되지 않는다면 교환의 매개체로는 별 쓸모가 없을 것이다. 교환의 매개체로 널리 사용 가능한 디지털 화폐는 매력적인 이자 수익을 제공하지는 못할 것이다. 한편 다른 새로운 디지털 화폐는 개인정보 보호 기능이 더 뛰어나다는 이점이 있을 것이다.

이렇게 디지털 화폐가 발전하면 화폐 영역에 대한 기존의 개념이 바뀔 것이다. 즉, **디지털 화폐 영역**이 등장할 수 있다. 전통적인 화폐 영역이 지리적 경계에 따라 정해졌다면, 디지털 화폐 영역은 국경을 초월한 사용자들의 디지털 네트워크로 규정된다. 따라서 디지털 화폐는 다른 금융 및 비금융 서비스와 통합될 수도 있다.

이러한 새로운 형태의 화폐 영역이 등장하면 '디지털 달러화digital dollarization'라는 부작용이 나타날 수도 있다. 달러화의 원래 뜻은 미국 이외의 국가에서 국민들이 자국 통화 대신 미국 달러를 주로 사용하는 상황을 의미하는데, 디지털 달러화도 이에 못지않은 통화 정책적 영향을 초래할 것이다. 달러화 경제에서는 채무 계약이 달러로 작성되고 거래도 달러로 이루어진다. 따라서 국내 통화 정책은 자국 통화의 단기 금리에만 영향을 미치기 때문에 영향력이 훨씬 약해지게 된다. 마찬가지로 사람들이 새로운 디지털 화폐를 사용함으로써 외국의 통화 정책과 인플레이션이 마치 '수입품'처럼 넘어올 때 디지털 달러화가 발생할 것이다.

알리페이와 위챗페이가 중국을 넘어 동남아시아에서도 점점 더 많이 사용되고 있고, 디지털 위안화는 중국 밖으로 세력을 넓혔다. 이러한 상황이 계속되면 중국의 통화 정책이 디지털 위안화를 사용하는 국가에 영향을 주게 될 것이다. 게다가 중국 인민은행은 약

8년 동안 꾸준히 디지털 위안화를 개발해왔으며 2022년에 대대적 출시를 계획하고 있다. 그리고 민간 부문의 디지털 화폐 및 결제 서비스와 틀림없이 경쟁할 것이다.[36] 이러한 세계에서 개별 국가, 특히 소규모 신흥 개도국의 통화 정책은 효과가 떨어질 것이다. 결국 이들 국가에서 통화 정책의 회복탄력성 기능은 제대로 작동하지 않을 것이다.

세계 무역

세계 무역의 회복탄력성은 확실히 난감한 상황에 처해 있다. 게다가 코로나19 사태 이후 앞날을 예측하기도 어렵다. 팬데믹 이전에도 무역 증가세는 세계화가 절정이던 1990년대 후반에 비해 둔화되고 있었다. 이제 우리는 세계 경제가 일시적으로 마비될 경우를 대비해 공급망의 회복탄력성을 어떻게 키울 것이냐는 문제를 안게 되었다.

무역의 폭발적 증가

신흥 개도국이 부상한 시기는 전 세계 무역량이 급증한 1990년대 후반부터 2008년 글로벌 금융 위기 전까지와 거의 겹친다. 2000년부터 2008년까지 상품 거래량은 50% 증가했다(그림 14-3). 이 무렵에 등장한 글로벌 가치사슬은 특화와 무역을 통해 이득을 극대화한다는 개념이다. 어떤 국가에서는 원자재를 생산하고, 또 어떤 국

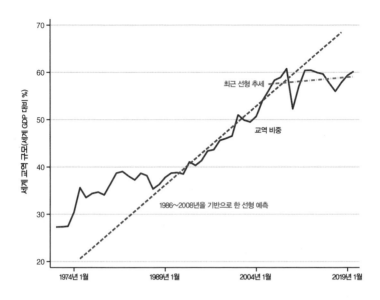

그림 14-3:
슬로벌라이제이션(Slowbalization): 전 세계 GDP 대비 세계 교역 규모. 1980년대 이후 무역이 폭발적으로 증가했다가 2000년대 중반에 진정 국면에 접어들었다.

출처: CPB 네덜란드 경제정책분석국(2021)

가에서는 이 원자재를 중간재로 가공한다. 또 글로벌 가치사슬을 따라 다른 국가들은 최종재를 생산한다.[37] 이와 같은 발전이 일어난 부분적 배경은 각국이 자신들의 비교우위를 최대한 활용하기 위해 극도의 특화 전략을 촉진하면서부터다. 그러나 극단적 특화 전략은 잠재적으로 글로벌 회복탄력성을 약화시킨다. 무역이 폭발적으로 증가하자 신흥 시장은 대체로 이득을 누렸지만 또 한편으로 불평등이 심화하는 등 그림자가 드리우기 시작했다.

슬로벌라이제이션

관점을 더욱 넓혀보자. 코로나19 위기는 국제무역에 어떤 영향을 미칠까? 재택근무와 원격진료 추세를 가속화했듯이 팬데믹 이전부터 발동이 걸린 일부 추세들을 가속화할까?

그림 14-3에서 볼 수 있듯이 세계화는 이미 코로나19 위기 이전부터 주춤하고 있었다. 그리고 그 주춤세는 사실 2008년 글로벌 금융 위기와 거의 동시에 시작되었다. 일부 경제학자들은 1990년대의 급속한 세계화 속도는 미래의 어떤 시나리오에서도 영원할 수 없을 것이라고 주장해왔다.[38] 그도 그럴 것이 국제 교역량의 가파른 증가세가 어느 정도 평평해지리라는 것은 이미 예견된 일이었다. 우리는 이러한 과거를 염두에 두고 코로나19 위기가 세계 무역에 어떤 영향을 미쳤는지 평가할 수 있다. 물론 위기가 시작된 첫 달에는 교역량이 현저히 줄었으나 2020년 가을에는 힘차게 **반등**했다(그림 14-4 참조). 적어도 이 글을 쓰는 현재, 코로나19 위기가 상품 무역의 감소로 이어질 징후는 보이지 않는다.[39]

한편 꽉 막힌 공급망과 컨테이너 하역 인력난 때문에 대륙 간 무역을 책임지는 전 세계의 선박 컨테이너 사업에 차질이 빚어졌다. 이를테면 코로나19로 많은 노동자들이 앓아눕게 되면서 미국 항만에서 컨테이너 하역 작업이 제 속도를 내지 못하게 되었다. 컨테이너들은 곧 저가 공세로 물동량을 끌어모은 중국으로 흘러갔고, 중국에서 하염없이 발이 묶여 미국으로 제때 운송되지 못했다. 그 결과 휴대전화와 자동차 생산에 필수적인 반도체가 부족해졌다.[40] 컨

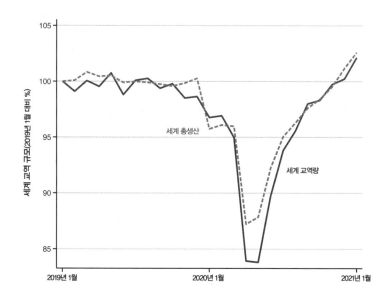

그림 14-4: 2019년 1월 이후 세계의 교역량 및 총생산 추이와 2020년 하반기의 강한 반등.

출처: CPB 네덜란드 경제정책분석국(2021)

테이너 가격이 고공행진하는 부작용도 뒤따랐다. 이 책의 앞부분에서 언급한 전문용어를 쓰자면, 이것은 교역량에 톱니 패턴을 형성했다. 2020년 3~4월에 전 세계의 수요는 위축되었지만, 이후로는 공급 속도보다 빠르게 반등했다. 한마디로 세계 무역의 회복탄력성은 여전한 듯 보인다.

앞으로 디지털화와 로봇공학은 국경을 초월한 아이디어의 흐름을 활성화할 것이다. 특히 로봇공학은 자본 재배치를 촉진할 것이다. 교육과 원격의료 서비스의 세계화도 경제 통합을 채찍질한다.

이처럼 전 세계 무역에 회복력이 있음에도 기업들이 이전에 아웃소싱한 생산 활동을 자국으로 다시 옮겨오는 **리쇼어링**을 고려할 수도 있다. 그러나 리쇼어링에는 대가가 따른다. 해외에 생산기지를 구축하기 위해 이미 큰돈을 쓴 기업이라면, 기존의 오프쇼어링 계획을 철수할 경우 막대한 매몰비용이 발생할 위험이 있기 때문이다. 아마 이런 이유로 설문조사에서 응답한 내용과는 다르게, 경영자들이 실제로는 지금까지 리쇼어링을 거의 실행에 옮기지 않은 것 같다.⁴⁴ 이처럼 리쇼어링이 거의 일어나지 않고 있다는 사실도 무역이 크게 위축될 가능성은 없다는 견해에 힘을 실어준다.

비용 최소화 혹은 회복탄력성

코로나19 위기는 글로벌 가치사슬망의 약점을 드러냈다. 팬데믹 이전에는 전 세계 공급망을 설계할 때 **비용 최소화**가 가장 중요한 목표였다. 따라서 공급업체 선정은 비용에 따라 결정되었다. 그러나 비용에만 초점을 맞추는 근시안적인 기업은 위기에 취약하다. 아무리 비용 효율적인 공급업체라 해도 어떤 특이한 충격으로 문을 닫아버린다면, 그 업체와 거래하던 기업은 노동자 파업이나 자연재해가 발생할 때 자신들이 처한 냉혹한 현실을 자각할 것이다. 팬데믹은 상품 생산 부문뿐만 아니라 서비스 부문에서도 이러한 공급망의 위험을 여실히 드러냈다. 예를 들어 많은 서비스 기업은 특히 인도를 비롯한 신흥 개도국들에 다수의 부차적 업무 기능을 아웃소싱했다. 그러나 2021년 봄, 코로나19 2차 대유행이 인도를 휩쓸자 미국의 몇몇 금융 기업은 기업 활동을 다른 해외 기지로 재

배치해야 했다.[42]

미래의 중요한 질문은 기업들이 앞서 언급한 대로 신흥 개도국에 아웃소싱했던 활동의 리쇼어링을 추진할 것인지 혹은 공급업체를 다각화할 것인지이다. 대개 기업들은 한 공급업체의 협상력에 휘둘리지 않기 위해 공급업체 두 군데 정도와 거래하기를 선호한다. 그러나 이제는 아마 대륙 세 곳에서 각기 다른 세 공급업체를 두는 방향으로 이동할 것으로 보인다. 이를 멀티소싱multi-sourcing이라고 한다. 이는 전반적으로 신흥 개도국의 경제에 해를 끼치지 않으면서 취할 수 있는 전략이 될 것이다.

이제는 글로벌 공급망에 중대한 변화가 불가피하다. 기업이 공급업체를 선택할 때 가장 먼저 고려해야 할 사항은 회복탄력성을 구축하는 것이다. 그저 비용 최소화에만 골몰해서는 안 될 것이다.[43] 다시 말해, 기존의 '**만약의 경우**just-in-case'라는 관점이 이제는 '**만약에 있을지 모를 최악의 경우**just-in-(worst)-case' 관점으로 대체될 것이다.[44] 결과적으로 기업은 지정학적 충격에 대비하기 위해 세계 각지에 두세 군데 공급업체를 이용할 수 있다. 공급망 다각화가 지정학적 리스크, 즉 특정 지역에 한정된 충격에는 대비할 수 있겠지만, 그렇다고는 해도 팬데믹과 같은 전 세계적인 충격에는 별 도움이 되지 않는다.[45]

이처럼 세계화에서 약간 물러서며 공급망의 취약점을 보완하려는 움직임은 단기적으로 경제성장을 둔화시킬 가능성이 있다.[46] 적응하는 과도기 동안 공급망 부족 사태를 겪어야 할 수도 있다.[47] 이런 것들을 고려하더라도 장기적으로 보면 과거의 수출 중심 성장 전략보다 이러한 전략이 더 유망한 결과를 낼 것으로 기대된다.

탈세계화

일부 평론가는 세계화의 둔화를 뜻하는 '슬로벌라이제이션' 개념에 의문을 제기하고 나아가 세계화의 쇠퇴를 예측했다. 그들은 상품 무역이 그동안 매우 발전했고 안정 궤도에 올랐다는 것을 인정하지만, 더 넓은 관점에서 보면 세계화는 후퇴하고 있다고 주장한다. 그리고 이제는 세계화를 정의할 때 "투자, **서비스**, 인적자본, 아이디어, 경영 관리, 네트워크, 인프라, 규범의 흐름"이 포함되어야 한다고 말한다.[48] 이러한 넓은 관점을 바탕으로 한다면 무역, 외국인 투자, 이민, 국경 개방은 쇠퇴하고 보호무역주의와 이민 제한은 강화될 것이다.[49] 예를 들어 입국 절차가 까다로워지면 외국 유학생들의 등록금이 주된 수입원인 미국의 많은 대학들은 즉시 타격을 받을 것이다.[50] 간단히 말해서, 상품 무역은 슬로벌라이제이션을 경험하는 데 그치더라도 **다른 영역에서는 아예 탈세계화**가 일어날 수도 있다.

정치적 압력과 기술 발전

세계화의 미래는 서로 반대되는 두 가지 중요한 힘이 결정할 것이다. 한쪽에서는 기술 발전이 더 깊은 세계화를 재촉하는가 하면, 다른 한쪽에서는 정치적 압력이 탈세계화를 촉진하고 있다.

1990년대 초에는 이른바 '**중국발 충격**China shock'이라고 불린 중국의 경제 개방이 몰고올 영향이 있더라도, 어떤 상황에서도 흔들리지 않고 작동하는 선진국의 노동시장이 완충장치 역할을 해줄 것으로 예상되었다. 하지만 실제로 미국의 산업 중심지와 유럽의 과거 산업 및 광업 강국의 노동자들은 동유럽 국가와 기타 신흥 시장의 노동자들과 경쟁하게 되었다. 선진국의 노동시장은 여러 면에서 심각하고도 지속적인 어려움을 겪었다. 임금은 하락했고 고용률은 세계화의 영향을 덜 받는 다른 노동시장에 비해 침체되었다.[51] 상황이 이렇게 전개되자 최근 미중 무역 전쟁에서 볼 수 있듯이 정치권에서 국제무역에 반발하는 움직임이 일어나기 시작했다.

애덤 포슨Adam Posen 피터슨국제경제연구소 소장을 비롯해 일부 학자들은 이러한 변화에서 **기술**의 역할을 강조했다. 컴퓨터가 출현한 이후 혁신은 대개 고학력자에게 더 유리한 방향으로 진행되었다. 기술이 점점 더 고숙련 위주로 발전한다면 세계화가 확산하지 않았더라도 불평등의 증대는 불가피했을 것이다.

많은 현대 기술은 흔히 인터넷 비즈니스에서 나타나는 네트워크 효과* 때문에 **승자독식**의 역학을 내재하고 있다. 예를 들어 구글은 검색 알고리즘으로 성공의 기반을 다졌다. 사람들이 일단 구글을 사용하기 시작하면 구글은 무료로 획득한 사용자 데이터로 알고리즘을 개선한다. 그러면 자연스레 하나의 인터넷 검색엔진이 독점 시장을 형성하고 경쟁업체들은 내부 정보를 축적하는 양적 측면에

---

* 처음에 어떤 상품에 수요가 형성되면 그 상품의 사용자 수가 많은 것을 본 소비자들의 추가 수요가 몰리면서 해당 기업의 시장지배적 위치가 갈수록 공고해지는 효과를 말한다.

서 밀릴 수밖에 없다. 따라서 기술의 발전은 성공한 기업들의 시장 지배력과 지대 추구, (일부) 직원의 높은 임금 형성을 주도했다. 이런 변화에 적응하지 못한 기업은 뒤처졌다.

무역 협정의 원칙

이러한 변화에 비추어볼 때, 미래에 더 공정하고 회복탄력적인 세상을 만들기 위한 무역 협정을 설계하려면 어떤 원칙이 필요할까? 대부분 사람들은 국경을 초월해 발생하는 정책의 외부효과가 글로벌 규칙을 수립해야 하는 충분한 이유라는 데 동의한다. 그러나 그런 이유만으로는 부족하다. 예컨대 교육과 같이 본질적으로 국내 이슈에 속하는 정책까지 포함해, 대부분 정책에는 외부효과가 따르기 때문이다.[52]

공정성과 회복탄력성을 촉진하는 무역 협정을 설계할 방법을 생각해보자면, 먼저 과거 전통적인 무역 협정의 원칙을 되새겨볼 필요가 있다. 1990년대까지 무역 협정들은 **내국민 대우**와 **최혜국 대우**라는 두 가지 원칙에 중점을 두었다. 내국민 대우는 외국 상품이 국경을 넘으면 국내 상품과 똑같이 취급되어야 한다는 것이고, 최혜국 대우는 각 국가의 상품이 모두 동등하게 취급되어야 한다는 것이다. 특히 최혜국 대우 원칙이야말로 핵심 요소였다.

그 후 1993년 출범한 유럽연합 단일 시장에서 볼 수 있듯이 세계 무역에 대한 **전통적인 틀**이 변하기 시작했다. 단일시장 내에서 국경이 사라지면서 회원국 간 **정책의 통일성**이 필요해졌다. 그러나 한편으로는 내정 간섭이 증가해서 무역에 반발하는 목소리도 불거지기 시작했다. 이후 세계화의 절정기인 1990년대 후반에는 소위 더 **깊은 통합**을 목적으로 무역 협정을 맺는 사례가 점점 더 늘어났다.[53] 여기에는 국내에서 규정하는 규제 범위를 사실상 외부로 확장하고 국산품 우대를 방지하는 규정을 삽입하는 것이 포함되었다. 예를 들어 최근 유럽연합은 메르코수르Mercosur(남미공동시장)와 무역 협정을 맺으면서 동물복지 기준, 인권, 기후 변화를 강력히 강조했다. 미국은 북미자유무역협정NAFTA을 재정비하면서 멕시코가 자동차 업계의 임금을 인상할 수밖에 없게끔 하는 조항을 집어넣었다.[54] 또 다른 예는 미국과 유럽연합 간 자유무역협정이 불발된 사례다. 여기에는 이산화염소로 살균한 닭고기에 대한 논란이 부분적인 이유로 작용했다. 여기서 소비자의 불안 심리는 무역 협정에 반대하는 강력한 내러티브를 형성했다.

이러한 새로운 유형의 무역 협정이 등장함에 따라 우리는 자유무역이 유익하다는 기존의 경제 통념을 재고할 필요가 있다. 깊은 통합의 장점과 잠재적 단점에 대해 경제학자들 사이에서 활발한 토론이 이루어지고 있다. **전통적인 무역 자유화**는 대개 **업계 로비 단체와 노동조합**만 불꽃 튀는 공론의 장에 뛰어들게 했다.[55] 그러나 깊은 통합에는 환경 및 시민 단체까지 가세해 목소리를 내기 시작한다. 게다가 경제 통합으로 기존의 기술 표준이나 규제를 고쳐야 한다면, 관세 인하의 긍정적 효과가 부분적으로 상쇄될 수 있어 깊은 통합이 후생과 회복탄력성에 어떤 결과를 가져올지 훨씬 가늠하기

어려워진다.[56]

무역의 미래

미래의 무역은 어떤 모습일까? 그리고 **만국 공통의 규칙**은 어떤 영역에서 필요할까? 보통 경제학자들은 가령 외부효과 등의 이유로 시장 실패가 발생할 때 정부가 개입해야 한다고 주장한다. 어떤 학자들은 **근린 궁핍화 정책***과 **글로벌 공공재**(예: 세계 보건, 지식 등) 등 좁은 범위의 외부효과에만 국가 간 조정이 필요하다고 믿는다. 근린 궁핍화 정책은 주로 상대국에 피해를 줄 의도가 다분하므로 전 세계에 손실을 초래한다. 그런 의미에서 악의적 목적이 담긴 경제적 외부효과는 본의 아닌 부작용으로 발생하는 외부효과와는 다르다. 전자는 전 세계의 조정과 개입이 필요하나 후자는 그렇지 않다.

국제적 공조를 필요로 하는 또 하나의 경우는 전 세계 차원에서 일어나는 공공재 공급과 연관된 것이다. 공중보건이 그 대표적인 예다. 공중보건에 대한 투자는 수반되는 긍정적 외부효과에 비해 충분히 보상받지 못하기 때문에 사회에 적정 수준보다 부족하게 공급되는 경우가 많다. 예를 들어 전염병의 발병 가능성에 대한 조기 경보 시스템을 마련한다면 사회에 상당한 공익을 제공할 수 있을 것이다.

이런 이유로 만국 공통의 규칙 제정을 옹호할 논거는 상대적으

---

* 다른 국가의 희생을 통해 자국의 경제성장을 추구하는 정책.

로 제한적이다. 국제경제학의 많은 영역에서는 글로벌 규칙이 없더라도 "선행 그 자체가 보상"일 것이라고 가정한다.[57] 즉, 전 세계 차원에서 바람직한 정책이라면 개별 국가 관점에서도 그러할 것이라는 말이다. 그렇지만 개별 국가에서는 이러한 공공재를 잘해봐야 필요한 수준보다도 적게 공급할 유인만 있다. 아울러 근린 궁핍화 정책이나 전 세계 공공재 공급과 관련한 문제를 생각해보면, 1990년대 이후 벌어진 세계화는 다소 왜곡된 방식으로 이루어진 것으로 보인다. 가령 조세 피난처에 관한 글로벌 규칙이 아직도 제정되지 않고 있다는 사실이 이를 방증한다.[58] 또한 반경쟁 행위, 기후 변화, 그리고 지금의 보건 위기에 대한 전 세계적 규제 역시 부재한 상태다.[59]

전 세계에 동일한 규칙을 도입하는 것에는 또 다른 단점이 있다. 만국에 단일 규칙을 도입하려면 결국 각 나라가 **고유의 정책 실험**을 통해 얻은 교훈들을 어느 정도 간과해야만 한다.[60] 예를 들어 디지털 부문을 규제하는 최선의 방법이 무엇인지 불확실한 경우, 각국에서 다양한 형태로 시행된 개별 규제들의 효과를 연구함으로서 적절한 규제의 범위에 관한 시사점을 얻을 수 있다.

글로벌 표준의 정의

기술의 경우 국가 간 공통된 표준이 제정되면 대개 네트워크 효과로 얻는 이득이 막대하다. 글로벌 표준은 자유무역협정을 통해서도 정할 수 있지만 그것으로 충분하지는 않다. 중국 표준 2035China

Standards 2035 계획은 중국의 야망을 잘 보여준다. 중국은 특히 5G 기술, '사물인터넷', 인공지능 등의 글로벌 표준을 설정하는 과정에서 주도권을 쥐고 싶어 한다.[61] 중국의 정책 입안자들은 일반적으로 3등급 기업은 제품을 생산하고, 2등급 기업은 기술을 설계하고, 1등급 기업은 기술 표준을 설정한다고 믿는다. 이 장의 가장 중요한 주제 중 하나인 미중 간의 경쟁 관계를 다시금 확인할 수 있는 대목이다.

15장
기후 변화

기후 변화가 이 시대의 가장 중대한 도전 중 하나라는 것을 누구나 알고 있다. 그러면서도 우리는 인간이 만든 기후 변화가 인류의 회복탄력성에 미칠 잠재적 영향에는 별로 신경쓰지 않는다.

책의 서두에서 사회의 지속가능성에는 두 가지 요건이 필요하다고 언급했다. 첫째, 장기간에 걸쳐 서서히 지구상의 생명을 위협하는 부정적 압력이 '없어야' 한다. 둘째, 역경을 견디고 반등하는 능력인 회복탄력성이 필요하다. 그런데 기후 변화는 이 두 가지 모두에 영향을 미친다.

이제 우리에게 코로나19 위기에서 회복탄력성에 대해 배운 교훈을 토대로 기후 변화에 대처하기 위한 답을 찾아야 할 기회가 찾아왔다.

배출량 감축과 혁신의 증진

지금까지 기후 변화 문제의 해결책으로 제시된 접근법은 크게 두 가지다. 그런데 이 둘은 극과 극이다. 첫째, 경제성장 속도를 지속 가능한 수준으로 되돌려야 한다는 주장이 있다. 이 주장의 목표는 한정된 자원의 사용량을 매년 자원이 저절로 보충되는 양을 넘지 않게 줄이는 것이다. 둘째 주장은 경제성장 속도를 늦추지 않으면서 탄소 중립을 향해 경제활동을 조정할 수 있도록 획기적인 혁신을 추구하자는 것이다.

코로나19 위기 초기에 전 세계에서 탄소 배출량이 감소했다. 그러나 광범위한 봉쇄 조치에 따라 경제활동, 인구 이동, 소비가 급격히 감소했음에도 팬데믹 사태는 전 세계의 탄소 배출량에 사소한 영향을 미치는 데 그쳤다. 오염물질의 감소량은 향후 수십 년 동안 탄소 중립을 달성하기에 필요한 수준에 비하면 미미했다. 2020년 봄에 전 세계 배출량은 겨우 7% 감소한 것으로 추정된다.[1] 이는 에너지 소모만 줄인다고 해서 기후 변화에 영향을 미치기에 충분하지 않으리라는 점을 시사한다. 그보다도 우리의 일상 자체를 워낙 대대적으로 바꿔야 해서 정치적으로 실행하기가 불가능에 가깝다. 프랑스 노동자들이 유류세 인상에 반발해 일으킨 노란 조끼 시위가 이러한 정치적 어려움을 생생히 상기하게 한다.

그렇다면 대안은 우리를 지속 가능한 길로 인도할 수 있는 혁신이다. 혁신은 완화, 적응, 개선 중심의 세 유형으로 나뉠 수 있다.[2]

완화적 혁신은 탄소 배출량을 줄여 기후 변화의 영향을 줄이는 것을 목표로 한다. 전기차가 대표적인 예다. 화석연료 사용을 중단해 탄소 배출량을 줄여 기후 변화의 영향을 완화하는 것이다. 환경을 생각하면 이는 가장 매력적인 접근 방식으로 보인다.

적응적 혁신은 우리가 어차피 피할 수 없는 기후 변화의 영향에 더 잘 적응하는 방법이다. 이러한 혁신의 예에는 침수로부터 저지대를 보호하기 위한 첨단 제방 시설이 포함된다. 이주도 또 하나의 적응 방법이다. 기후 변화의 영향은 지역마다 편차가 커서 이주는 회복탄력성을 제공할 추가적인 방법이 될 수 있다. 해안가나 범람지대에 사는 주민들은 침수 피해를 입을 가능성이 높다. 그렇다면 이들이 이러한 위험에 덜 노출된 지역으로 이주한다면 회복탄력성을 높일 수 있다. 표면상으로는 전 세계적으로 이주를 자유롭게 허용한다면 상당한 이점이 있으리라 추산된다.[3] 그러나 이러한 추산은 일반적으로 대규모 이주가 사회계약을 위협할 수 있다는 가능성을 간과하고 있으며, 이 경우 사회계약의 저변에 깔려 있는 암묵적인 문화적 이해도 놓치게 된다.

개선적 혁신은 지구공학에서 지식의 힘을 빌린다. 특히 주목할 만한 접근으로는 성층권에 에어로졸을 분사해 햇빛을 반사함으로써 태양복사를 제어하는 방법을 비롯해 온실가스 저감 기술 개발, 산림 재조성, 해양 비옥화를 통한 대기 중의 탄소 흡수 노력 등이 포함된다.

이러한 문제들에 접근할 때는 유연한 태도가 중요하다. 어떤 접근법이 가장 효과적일지는 아직 모른다. 그러므로 위 세 가지 혁신을 두루 시도하는 다각화 전략으로 회복탄력성을 확보하는 것이 좋다. 이러한 다각화는 개념상 앞서 논의한 코로나19 백신 개발의 사례와 유사하다. 여기에 유연성을 유지하면 미래의 정보와 충격에 직면하여 최적의 대응책을 계속 수정할 수 있다.

혁신, 외부효과, 함정, 네트워크 효과

기후 변화의 위협이 중대하고 그만큼 대책이 필요하다는 공감대가 폭넓게 형성되었지만 왜 실제로 실천에 옮기는 노력은 그토록 진척되지 못했을까? 한 가지 이유는 국제 협력이 절실히 필요하기 때문이다. 예컨대 벨기에처럼 작은 국가라면 아무리 국내 규정을 뜯어고쳐 내일 당장 완전한 탄소 중립을 달성한다 하더라도 세계 기후에 미치는 영향이 미미할 것이다. 그래서 모든 국가가 참여하는 범세계적 노력이 필요하다. 벨기에보다 대국인 영국의 탄소 배출량도 지구상 오염물질의 1.1%만 차지할 뿐이다.'

이 문제는 경제학에서 '무임승차 문제'로 알려져 있으며 이는 국가에만 해당하지 않는다. 개인들 사이에서도 똑같이 무임승차 문제가 발생한다. 어떤 나라에서 장작 화덕의 80%를 폐쇄해야 한다고 가정하면 화덕이 있는 사람은 각자 자신의 화덕을 치우기보다는 이웃 사람들이 화덕을 치우기를 바란다. 이러한 무임승차 문제의 핵심에는 외부효과가 있다. 즉, 다른 사람들이 환경을 보호하면 환경보호 노력에 동참하지 않는 사람들을 포함한 모두가 혜택을 받는다는 것이다.

더욱이 환경문제는 앞에서 설명한 **피드백 외부효과** 때문에 더욱 골치 아프다. 전 세계 모든 사람들이 좀 더 쾌적하게 지내려고 에어컨 사용량을 조금씩 늘린다고 가정해보자. 에어컨은 전력 소모의 주범이며 그 대부분이 재생 불가능한 에너지로 충당된다. 따라서 에어컨을 많이 사용할수록 더 많은 전력이 소비되고 덩달아 탄소 배출량도 늘어난다. 그러면 전체적으로 기온이 더욱 올라가는 외부효과가 모든 사람에게 발생한다. 이런 식으로 기온이 상승할수록 에어컨 사용량은 더 증가하고 이는 우리를 기후 위기의 임계점에 더 가까이 밀어붙이는 부정적 피드백 루프로 이어질 가능성이 있다.

환경 혁신의 이중 외부효과

친환경 혁신에 대한 R&D 투자가 몹시 저조한 이유 중 하나로 **이중 외부효과**가 있다. 첫째, 환경적 외부효과를 고려해보자. 환경을 보호하기 위한 혁신적 신기술을 개발하는 것은 결과론적 측면에서 외부효과를 초래한다. 어떤 사람들은 혁신에 직접 기여하지 않고도 깨끗해진 환경으로 이 혁신의 혜택을 같이 누리기 때문이다. 다시 말해 그들은 긍정적인 외부효과를 받는다.

둘째, 혁신 관련 장에서 논의한 주제인 혁신의 전형적인 외부효과가 있다. 한 혁신가가 생성한 지식 중 일부는 다른 혁신가에게 넘어가는데, 이는 원래의 혁신가가 내부화하지 못한 것이 밖으로 퍼지게 되는 또 다른 긍정적 외부효과다.

이 두 가지 외부효과가 합쳐져 기후 혁신을 가로막는 이중 외부효과가 된다. 긍정적 외부효과에 관한 적절한 보상이 부재하기 때문에 기후 혁신을 위한 R&D 투자가 턱없이 부족하고, 부정적 외부효과에 관한 적절한 비용 부과가 이루어지지 않아 이를 완화 혹은 적절히 변용하는 혁신 역시 너무 미미하다. 만일 혁신가가 혁신의 결과로 생기는 모든 이득을 내부화할 수 있다면 더 적극적인 투자가 이루어지게 될 것이다.

닭과 달걀 문제의 재등장

이쯤 해서 7장에서 언급한 쿼티 문제라고도 볼 수 있는 닭과 달걀 문제가 재등장한다. 기후 친화적 기술climate-friendly technologies이 채택되지 못하는 이유는 네트워크 효과 때문이다. 전기차 충전소를 예로 들어 보겠다. 전기차 충전소가 상대적으로 적은 만큼 자동차 소유자 중에는 충전소를 찾아 헤매는 불편을 겪기 싫어서 전기차로 바꾸기를 꺼리는 사람이 많다. 그래서 전기차 소유자는 언제나 소수에 불과하고, 다시 같은 이유로 전기차 충전소는 주유소보다 늘 적을 수밖에 없다.[5]

이러한 네트워크 효과는 전략적 보완성에서 비롯된 피드백 루프가 주도한다. 지역에 몇몇 충전소를 설치하면 해당 지역 주민들이 전기차를 구매하도록 유인할 테고 전기차 충전소에 대한 수요가 증가할 것이다. 그러면 전기차에 대한 사람들의 관심도 높아진다.

우리가 앞서 살펴봤듯이 이번에도 균형은 여러 군데 생길 수 있다. 주유소가 충전소보다 훨씬 많다면 대부분 운전자들은 내연기관 자동차를 구입할 것이다. 그러나 대부분 주유소에 충전기가 설치되어 있다면 전기차를 구매하는 운전자가 늘어날 것이다. 주유소가 지나치게 많은 현실은 우리가 '잘못된' 균형에 갇혀 함정에 빠져 있다는 의미다. 그러면 친환경 기술을 채택하기가 더욱 복잡해져 회복탄력성이 저해된다. 기후 변화의 임계점에 가까워지는 상황에서 이러한 함정에 빠지면 위험하다. 작은 충격이 우리를 벼랑 끝을 넘어 부정적 피드백 루프로 몰아넣을지도 모른다.

대규모 네트워크를 구축하려면 상당한 매몰비용이 발생한다. 공급업체와 최종 판매업체 양쪽의 대대적인 선행 투자가 필요하다. 전기차나 수소차가 미래의 자동차 업계를 주도할지 불확실한 마당에 기업이 매몰비용을 쏟고 싶어 하지는 않을 것이다. 아무도 잘못된 전략에 베팅을 걸기 원치 않는 건 당연하다. 잠시 시간을 끌며 관망하는 것이 실질적인 선택 가치를 실현하는 길이다. 그러나 '지켜보며 기다리는' 시간이 너무 길어지면 기후 변화를 완화하고자 하는 노력에 동참할 소중한 시간을 낭비하게 된다. 그렇다면 일론 머스크와 그의 회사 테슬라 같은 이단아들이 총대를 메는 심정으로 전기차에 베팅해야 할 것이다. 아니면 이단아에 기대를 거는 대신 정부가 새로운 네트워크를 채택하도록 업계에 지침이 될 표준을 설정할 수도 있다. 어느 방법이든, 회복탄력성을 키우려면 일단 함정부터 해결해야 할 것이다.

기후 클럽

노벨경제학상 수상자인 윌리엄 노드하우스는 국제적 무임승차 문제에 대한 해결책으로 기후 클럽이라는 아이디어를 제안했다. 이에 따르면 기후 클럽을 구성하고 참여하는 국가들은 야심 찬 배출량 저감 목표에 합의해야 한다. 다른 계획들과 비교하여 기후 클럽의 특이점은 비회원국에 불이익이 주어진다는 것이다.[6] 예를 들면 클럽은 비회원국의 생산품에 보복관세를 부과할 수 있다. 이는 유럽 연합에서 논의된 국경조정세와 유사하다. 결과적으로 비회원국이 클럽에 가입하도록 유인하는 효과와 회원국이 클럽을 떠나지 않도록 붙잡아두는 효과를 동시에 기대할 수 있다. 이 접근법은 무임승차 문제를 해결할 것으로 보인다.[7] 그러나 관세와 국경조정세는 보호무역주의의 탈을 쓴 채 특히 신흥 개도국을 상대로 남용될 소지가 있다.

임계점과 회복탄력성

앞서 언급했듯이 지속 불가능한 상황은 두 가지 이유로 발생할 수 있다. 첫째는 작은 충격에도 부정적 피드백 루프가 발생할 수 있을 만큼 임계점에 가까워지는 경우다. 둘째는 서서히 쇠퇴하면서 임계점으로 향하는 추세가 형성되는 경우다. 두 상황 모두 흐름을 바꾸고 회복탄력성을 더욱 키울 필요가 있다.

기후 변화의 맥락에서 가장 시급한 문제 중 하나는 어떻게 탄소 감축 전략의 수위를 높이고 이를 유지하느냐다. 지금 당장 고삐를 바짝 조여야 할까 아니면 천천히 친환경 기술을 도입해야 할까? 여기에서 몇 가지 중요한 사항을 고려해야 한다. 우선 회복탄력성이 중요하다. 기후 충격에 대한 회복탄력성이 약한 상태라면 얼른 부정적 피드백 루프를 멈추도록 조치해야 한다. 또한 충격이 얼마나 지속되는지도 중요하다. 미래의 기후 충격이 오래갈 것으로 예상한다면 충격 자체를 피하도록 노력해야 한다. 그러지 않으면 충격은 영구적 변화로 굳어져 회복하기 훨씬 어려워진다.

집단적 의사결정을 할 때는 산술적 관점에서 미래의 비용과 편익을 현재 가치로 할인하는 과정이 필수다. 미래의 후생을 중요시하지 않는다면, 당장 비용을 많이 들여 기후 변화를 완화하려 노력하지 않을 것이다. 또한 최근 수십 년 동안 인구 고령화, 과잉 저축, 저성장, 예비적 저축으로 인해 전반적으로 금리가 하락했다. 금리가 낮으면 사회적 할인율도 낮으므로 기후 변화를 조기에 대응하는 것이 시의적절한 선택이라는 결론이 나온다.

임계점과 비가역성

이 책 전반에 걸쳐서 나는 함정과 임계점이 회복탄력성을 해칠 수 있다고 강조했다. 특히 돌이킬 수 없는 함정과 임계점은 우리를 거의 영구적 함정으로 몰아넣는 결정타가 된다. 이를 기후 변화에 적용하자면, 우리는 멕시코 만류의 유속이 저하되는 등 세계 곳곳에서 나타나는 임계점의 이상 징후를 완벽히 예측하기 어렵다. 그 대신 확률론적 측면에서 봤을 때 사회가 임계점에서 충분히 멀리 떨어지도록 미리 안전거리를 확보해야 한다.

그러나 우리가 이러한 대비를 제때 하지 못하는 이유는 외부효과 때문이다. 외부효과는 기후 위기를 임계점으로 몰아붙여 회복탄력성을 감소시킬 위험이 있다. 이러한 과정을 일으키는 주된 원흉은 무임승차와 비슷한 소위 '저임승차cheap-riding' 현상이다. 이 개념을 더 잘 이해하기 위해 사회의 전체 구성원이 한 연못에서 물고기를 잡아 먹고살아야 한다고 가정해보자. 남들이 연못을 고갈시킬지도 모른다는 두려움 때문에 모든 사람이 더 자주, 더 일찍 낚시하러 모여들 것이다. 그러나 저임승차는 임계점을 앞당겨서 전체 구성원에게 충분한 물고기가 남아나지 않는 결과를 초래한다. 무분별한 어획은 이러한 메커니즘을 완벽하게 보여준다. 마찬가지로 기후를 살리기 위한 혁신이 지체되고 '기술적 가외성'이 구축되지 않으면 탄소 감축의 길은 더 요원해진다. 이럴 때는 만일의 사태를 준비하며 그때그때 민첩히 대응하는 자세가 매우 유용할 것이다.

혁신이라고 다 바람직한 것은 아니다. 기후 위기가 급격히 악화할 때 지구공학 기술을 활용하면 유용할 수 있겠지만, 이는 동시에 우리를 새로운 함정으로 이끄는 예기치 않은 부작용을 일으킬 수 있다. 따라서 이러한 기술을 연구할 때는 위험과 부작용을 일찌감치 파악하는 것이 중요하다.

친환경의 역설

탄소 배출 목표라든가 다양한 기후 목표를 단계적으로 설정하려면 몇 가지 고려해야 할 사항이 있다. 독일 경제학자 한스베르너 진Hans-Werner Sinn은 배출량을 제한한다는 목표를 너무 천천히 올리면 석유 및 가스 회사 등 탄소 배출 자원의 소유주들이 자원들을 서둘러 써버리려고 하는 강력한 유인을 제공할 것이라고 주장한다.[8] 그렇다면 역설적이게도 미래의 배출량 목표를 엄격하게 정할수록 단기적으로는 더 많은 탄소 배출량을 유발하여 기후 변화를 부채질할 수 있다.

배출량 목표를 급히 강화할 때 예상되는 역설적 결과는 또 있다. 임계점을 피하기 위해 배출량을 즉시 공격적으로 줄이면 땅속에 더 많은 화석연료가 채굴되지 않은 채 남게 될 것이다. 그러면 미래에 화석연료는 더 풍부해져서 가격이 저렴해질 것이다. 그 결과 나중에는 배출량을 줄이려는 인센티브가 줄어들 것이다. 한마디로 당장 배출량 감축 목표를 의욕적으로 설정했다가 도리어 미래의 배출량이 늘어날 수 있다.[9]

이처럼 정부는 기후 정책의 강도를 높여가는 과정에서 조심스러운 줄타기를 하며 최적 수준을 탐색해야 한다.

사전·사후적 회복탄력성: 계획의 안정성 혹은 유연성

조정과 유연성

대책의 강도를 높였다면 계획의 안정성을 위해 이를 조정하는 것이 중요하다. 한 제철소가 석탄에서 수소 발전으로 사업을 전환할지 고민 중이라고 가정해보자.[10] 이러한 장기 투자는 리스크가 크기 때문에 제철소에서 투자 기간 동안 정부의 환경 정책이 바뀌지 않으리라는 합리적 확신이 서야 한다. 그렇지 않으면 에너지 전환 사업에 쏟은 매몰비용이 편익보다 클 위험이 있다.

명확한 예측을 근거로 한 탄소세는 미래의 탄소 가격에 대한 확실성을 높여줄 것이다. 반면에 배출량을 목표로 하는 정책은 가격 확실성을 별로 제공해주지 못한다. 배출량 중심의 정책 중 대표적인 예는 거래 가능한 일정량의 오염 배출권을 정부에서 발행하는 것이다. 이 경우는 가격 결정 방침이 불분명하여 기업에 배출비용과 관련된 위험이 발생한다.[11] 이에 대해 자크 델플라Jacques Delpla와 같은 일부 경제학자들은 각국 정부에서 개입해 탄소 배출권을 이윤을 남기며 사고팔면서 균형가격을 형성할 수 있다고 주장했다.

계획의 확실성 측면에서는 친환경 기술을 구현할 때 따르는 위험(가격 위험 포함)을 줄이는 것이 중요하다. 그렇게 하면 이러한 투자와 관련된 위험 프리미엄이 낮아져 친환경 기술을 채택하는 비용도 낮아질 것이다.

친환경 기술로 전환하는 방침이 정해지면 계획의 확실성 측면에는 보탬이 되겠지만 회복탄력성을 강화하는 데 필요한 유연성은 감소한다. 임계점이 가시권에 들면 이 임계점을 피하고 회복력을 키우는 쪽에 노력을 더욱 집중해야 할 가능성도 열어두어야 한다. 이처럼 시간의 흐름에 따라 최적의 정책을 재조정하는 것은 성공적인 기후 정책을 위한 핵심 요소다.

동태적 비일관성 문제

점진적으로 최적의 정책을 찾는 과정을 반복하다 보면 동태적 비일관성 문제가 발생할 수 있다. 애초에 규제 당국은 장기적으로 탄소 가격을 어떻게 결정할 것인지 명확한 방향을 약속해 해당 업종 기업들이 미래에 계획을 세우고 친환경 기술로 전환하는 비용을 최소화할 수 있게 해줘야 한다. 그러나 향후 새로운 정보가 생기면 규제 당국은 기존의 규칙을 조정하려 할 것이다. 이러한 유연성은 회복탄력성에는 도움이 되지만 처음에 약속한 탄소 가격에 대한 신뢰를 훼손하기도 한다.

이 때문에 사후적 회복탄력성과 사전적 회복탄력성 사이에 딜레마가 생긴다. 사전적 회복탄력성을 위해서는 강력한 탄소 포집을 장려하는 확실하고 구속력 있는 규제를 마련해야 한다. 그러나 또 한편으로는 나중에 정책의 최적화 지점을 다시 찾을 수 있는 선택권을 둠으로써 사후적 회복탄력성도 유지할 필요가 있다. 이것이 코로나19 팬데믹이 우리에게 주는 교훈이다. 보건 당국은 예상치 못한 전염병 사태가 발생할 경우 이에 맞춰 보건 정책을 상시 조정할 수 있는 유연성을 갖출 필요가 있다.

결론과 전망

인류가 지금까지 성취했고 앞으로 성취할 모든 결실의 대가로 우리는 불가피하게 수많은 충격에 직면하게 될 것이다. 그중 어떤 충격은 예측하고 파악할 수 있겠지만, 나머지 충격은 "우리가 모른다는 사실조차 모르는" 미지의 영역이다. 세상이 발전할수록 우리는 충격을 피할 수 없을 것이다. 그렇기에 사회의 회복탄력성, 즉 다시 일어서는 힘이 무엇보다도 중요하다. 우리가 회복탄력성을 잃지 않도록 항상 집중한다면, 회복탄력성은 미지의 세계를 향해 한 발짝씩 내딛는 개인과 사회를 안내할 믿음직한 나침반이 되어줄 것이다.

최근의 기술 발전으로 인해 팬데믹 외에 다른 예상치 못한 충격이 발생할 수 있다. 지금부터 논의할 각 기술 발전의 시나리오는 추측에 불과하므로 판단은 독자들에게 맡기고자 한다. 그렇지만 이 시나리오들은 커다란 잠재력과 굉장한 위험을 동시에 내포한다. 그리고 위험한 임계점을 우리 곁으로 더 가깝게 앞당길지도 모르겠다. 현 단계에서는 그 임계점이 어디쯤 와 있는지 또는 어떤 결과를 수반할 것인지 확실히 알 수 없다. 따라서 우리가 고민해야 할 중요한 질문은 이것이다. 과연 회복탄력성을 어떻게 지킬 것인가?

사이버 공격은 중요한 기반시설을 마비시키고, 사회에 혼란을 일으키며, 나아가 인명 피해까지 초래할 수 있다. 그렇다면 데이터를 중복으로 백업할 시설을 구축하는 것을 법제화해 회복탄력성을 확보해야 할까? 이러한 가외성은 랜섬웨어 사이버 공격에 대응할 때 중요한 역할을 할 것이다. 위협은 분명 현실화되었다. 2021년 5월 8일 미국에서 동부 해안 지역에서 사용하는 연료 중 거의 절반을 공급하는 송유관 업체 콜로니얼 파이프라인Colonial Pipeline이 랜섬웨어 공격을 받아 운영을 중단해야 했다.[1]

인공지능은 많은 의사결정에서 우리를 대신해 어려운 선택을 하는 데 도움이 되겠지만 그만큼 결정의 자유를 제한할 가능성도 있다. 더 중요한 것은 우리가 특이점singularity을 넘을 때 인공지능이 인간의 우월한 사고력을 넘볼지도 모른다는 것이다. 여기서 특이점은 인공지능이 고도로 발전해 어쩌면 인간의 통제 범위를 벗어날지도 모를 시점을 가리킨다.

어쩌면 우리 인간은 **두뇌와 컴퓨터 성능을 결합**하여 인공지능을 따라잡을 수 있을 것이다. 스마트폰을 들고 다니는 대신 뇌에 직접 칩을 심는 것이다. 그러면 각 개인은 칩을 통해 서로 직접 교신할 수 있게 된다. 이는 단순히 생각하면 19~20세기에 기계를 사용해 인간의 근력을 확장하던 기술의 연장선에 가깝다. 그렇다면 자연스럽게 다음 단계는 두뇌 능력을 확장하는 신기술로 이어진다. 대표적인 예로 기술 스타트업인 싱크론Synchron과 일론 머스크의 뉴럴링크Neuralink 같은 기업들이 현재 뇌에 이식할 칩을 연구 중이다.

마찬가지로 뇌를 자극하는 소위 브레인 도핑brain doping은 인지 능력을 향상할 수 있다. 예컨대 일류 대학에 입학하기 위한 경쟁이 치열한 입시 환경에서는 대개 필기시험이 빠지지 않는다. 이때 프로 스포츠에서 선수들이 도핑을 하듯 어떤 학생이 인지 능력을 향상하는 약물을 복용한다면 친구들보다 우위를 점할 수 있다. 물론 이러한 기술이 발전하면 예측할 수 없는 외부효과와 위험이 따를 수밖에 없다. 그만큼 전에 없던 여러 윤리적 질문이 제기될 것이다.

예를 들어 어떤 사람이 뇌에 칩을 이식했다면 그의 행동을 유발하는 것은 자신의 의지일까 아니면 칩일까? 칩이 해킹될 걱정은 하지 않아도 될까? 개인의 인격을 디지털 형태로 백업하고 재부팅 버튼을 누르면 회복탄력성이 생길까? **개인정보**와 **인격**은 어떻게 보호할 것인가?

또한 우리는 **유전학과 생명공학**이라는 신세계에 진입하고 있다.[2] 현재 이식할 장기가 부족해 많은 사람들이 목숨을 잃고 있다. 미래에 우리는 실험실이나 심지어 시험관에서 새 장기를 만들 수 있을 것이다. 그러면 환자들은 장기 기증자가 나타나기까지 끔찍한 고통 속에서 몇 년을 기다릴 필요가 없게 될 것이다. 게다가 약한(또는 노화한) 신체기관을 '완벽한' 새것으로, 또 어쩌면 더 튼튼한 기관으로 교체할 수 있을 것이다. 결국 각자의 다양한 특기를 한층 업그레이드하여 각 분야를 대표하는 초인들이 등장할지도 모를 일이다. 그런데 이러한 발전은 예측할 수 없는 위험을 초래할 수 있다. 그래서 혹시 뭔가 잘못되었을 때 원래대로 돌아갈 수 있는 능력을 안전하게 보존할 윤리적 완충장치가 필요하다. 중요한 것은 전 세계적으로 이러한 기술 발전을 멈출 수가 없다는 점이다. 왜냐하면 어떤 국가들(아마도 규제 장벽이 비교적 낮은 국가)은 윤리적 문제와 상관없이 앞만 보고 나아갈 것이기 때문이다. 따라서 회복탄력적으로 전진할 방법을 찾으려면 현상 유지는 선택할 만한 답이 아니다.

그다음으로 유전학적으로 설계된 **무기**도 문젯거리다. 현재의 핵 atomic, 생물biological, 화학chemical 무기라는 소위 ABC 무기보다 더 심도 있게 비확산 체제를 논의할 필요가 있을지도 모른다. 예를 들어 핵무기는 개인 한 사람이 만들 수 없다. 게다가 옥스퍼드대학 철학과 교수 닉 보스트롬Nick Bostrom은 미래에 개인이 DIY 바이오 해킹 도구를 뚝딱 만들어 문명을 파괴할지도 모른다고 우려한다. 그러한 위협이 현실이 되면 우리는 절대 돌이킬 수 없는 운명을 맞이할 것이다.[3]

기술의 발전이 몰고올 이러한 어려움에 비하면 코로나19 위기는 그나마 최악은 아닌 듯 보인다. 그렇기는 하지만 앞으로 세계 인구가 증가할수록 **팬데믹**이 더 빈번해질지 모른다.

또한 충격은 대개 **한 번으로 끝나지 않는다**. 한 번의 위기는 다음 위기의 원인이 된다. 충격과 싸우는 와중에 다른 쪽에서 또 다른 충격이 가해지면 우리는 쓰러질지도 모른다. 하나의 위험은 통상 더 많은 위험을 몰고온다. 예를 들어 **기후 변화**는 모기의 증식을 활발하게 해 결과적으로 더 많은 질병과 전염병의 확산을 촉진할 수 있다.

이러한 상황은 다양한 형태로 전개될 것이다. 그 어떤 방법도 그 누구도, 이러한 충격으로부터 우리를 완벽하게 보호해주지 못한다. 그러므로 앞으로 있을 충격에 우리가 무너지지 않도록 준비하는 것이 중요하다. 우리는 강한 타격을 받고도 다시 일어설 수 있는 능력을 지켜야 한다. 우리에겐 의지할 수 있는 완충장치, 가외성, 안전지대가 필요하다.

'우리'라는 단어는 넓게 해석된다. 개인들, 사회계층, 제도, 지구 전체의 글로벌 사회라는 의미까지 모두 담겨 있다. 이 중에서 **개인의 회복탄력성**은 본인과 그 가족에게 중요하다. 개인이 인생을 바꿀 만한 큰일에 직면했을 때 회복탄력성으로 더 단단히 무장할 방법을 다루는 심리학 도서들이 시중에 많이 나와 있으니 참고하면 될 것이다.

그에 못지않게 중요한 것은 **사회구조적 탄력성**이다. 사회계약은 사회를 하나로 묶는 접착제와 같다. 사회계약이 필요한 이유에는 두 가지가 있다. 첫째, 개인들이 때로는 회복탄력성을 파괴해 가면서까지 서로에게 악영향을 끼치는 외부효과를 제한해야 하기 때문이다. 둘째, 충격으로부터 우리를 부분적으로라도 지켜줄 보호 장치가 필요하기 때문이다.

사회계약의 성공적인 이행은 정부, 시장, 사회적 규범의 원활한 상호작용에 달려 있다. 그런데 코로나19 위기는 우리 사회에 존재하는 커다란 균열, 그리고 사회계약과 그 이행 방식의 중대한 결함을 드러냈다. 불공정, 불평등, 인종차별은 사회계약을 압박하고 회복탄력성을 약화한다. 거기에 더해 결정적으로, 회복탄력적인 사회계약은 이단아와 반항아들이 목소리를 낼 여지를 남겨야 한다. 그들이 뜻밖의 충격에 뜻밖의 해결책을 세상에 제시해줄지도 모르기 때문이다. 과학적, 합리적 사고를 믿고 열린 소통 문화가 자리 잡은 사회는 충격에 대비하고 대응할 회복탄력성이 탄탄할 것이다. 우리는 비약적으로 발전한 과학의 힘으로 백신을 개발하면서 코로나19 충격에 대응한 경험을 통해 이것을 확인했다.

사회계약에는 **제도**도 포함된다. 대부분 제도는 무수히 많은 사람들의 상호작용을 지배하고 이에 영향을 미친다. 그리고 이 책에서 논의했듯이, 사전적 회복탄력성과 사후적 회복탄력성이 균형을 이루도록 돕는다는 점에서도 중요하다. 무엇보다 이러한 제도는 개인과 가족들이 뿌리내릴 수 있는 터전을 어느 정도 제공한다는 점에서 그 자체로 회복탄력적이어야 한다. 또 이 시대의 새로운 시련에 적응할 수 있을 만큼 충분한 유연성도 필요하다.

마지막으로 코로나19 위기는 우리가 가까운 이웃(현실에서든 가상공간에서든)에게만 둘러싸인 채 살고 있지 않다는 것을 적나라하게 보여주었다. 동시에 우리는 **지구촌 사회**에 살고 있다. 따라서 모든 인류와 자연이 충격을 딛고 다시 일어설 수 있도록 범세계적 질서를 조정해야 한다. 예를 들어 팬데믹 조기 경보 시스템을 범세계적으로 마련하면 다음 팬데믹이 발생할 때 신속히 통제할 수 있을 것이다. 회복탄력성은 지속가능성의 중요한 일부다. 기후 변화에 효과적으로 대처하려면 우리는 사회를 부정적 피드백 루프로 몰아넣을 수 있는 기후 위기의 임계점과 최대한의 거리를 확보해야 한다. 혁신은 탄소 발자국을 줄이는 동시에 지속 가능한 경제성장에도 도움이 될 것이다.

모래에 머리를 묻는 타조처럼 현실을 외면해서는 안 된다. 현상 유지에 안주해서도 안 된다. 이 두 가지로 문제를 해결하겠다는 생각은 환상이다. 회복탄력성을 위해 우리는 유연한 대응, 충분한 완충장치, 열린 마음으로 무장해야 한다. 그래야 역경을 딛고 다시 일어서기 위한 해결책을 찾을 수 있다. 미래가 다가올수록 더 다양한 생각, 혁신, 유연한 적응이 필요하다. 결국 회복탄력성이 있는 사회를 만들기 위해 우리 모두 지혜를 모아야 한다.

감사의 글

먼저 토마스 크론에게 특별한 감사를 표한다. 그의 도움과 헌신이 없었다면 이 책은 결코 빛을 보지 못했을 것이다. 그는 내게 꼭 필요한 도움을 주었다.

2020년 3월부터 프린스턴대학에서 시작한 웨비나 시리즈 '마커스아카데미'에서 강연한 최고의 과학자와 경제학자들에게서 많은 통찰력을 얻었다. 특히 노벨상 수상 경력에 빛나는 석학 12인 폴 로머, 앵거스 디턴, 조지프 스티글리츠, 마이클 크레이머, 폴 크루그먼, 마이클 스펜스, 로버트 실러, 장 티롤, 크리스토퍼 심스, 벵트 홀름스트룀, 윌리엄 노드하우스, 에스테르 뒤플로에게 특별한 감사를 드린다. 전염병학자 라마난 락스미나라얀과 역사학자 해롤드 제임스에게도 감사드린다. 또한 유수의 경제학자들인 토르스텐 슬록, 넬리 리앙, 올리비에 블랑샤르, 타일러 코웬, 조슈아 간스, 페넬로피 골드버그, 신현송, 대니 로드릭, 대런 애쓰모글루, 제러미 스타인, 존 코크런, 래리 서머스, 기타 고피나트, 대럴 더피, 리사 쿡, 케네스 로고프, 라즈 체티, 베로니카 게리에리, 에릭 허스트, 아르빈드 크리슈나무르티, 리처드 젝하우저, 에스테반 로시한스버그, 루이지 징갈레스, 로버트 홀, 에밀리 오스터, 스티븐 레딩, 제이슨 퍼먼, 니콜라스 블룸, 애덤 포슨, 찰스 굿하트, 제임스 스톡, 앤드류 로, 라세 페데르센, 모니카 드 볼레, 이반 웨르닝, 아미트 세루, 앨런 아우어바흐, 로빈 브룩스, 게리 고턴, 에미 나카무라, 앙투아네트 쇼어, 알베르토 카바요, 필립 아기온, 에드마르 바샤, 비랄 아차르야 등에게도 감사한 마음을 전한다. 그리고 전현직 중앙은행 총재들인 빌 더들리, 필립 레인, 아르미니오 프라가, 라구람 라잔, 제롬 파월, 아구스틴 카르스텐스에게서도 큰 도움을 받았다. 또한 유로그룹의 파스칼 도노후 의장과 금융 전문가 배리 리트홀츠, 리즈 마이어스에게도 감사하며, 덧붙여 에릭 슈미트 등 기술 전문가들에게도 고마운 마음을 전한다. 힘든 시기에 프린스턴대학 웨비나 시리즈를 개설하는 과정을 도와준 델라니 패리시와 켈시 리처드슨도 특별히 언급하고 싶다.

프랑스의 금융계 원로 장피에르 랑도는 상세하고 건설적인 피드백을 제공한 분으로 특별히 언급할 가치가 있다. 조셉 아바디, 카르틱 아난드, 실뱅 차상, 마르틴 뮐라이센, 디르크 니펠트, 피에트로 오르톨레바, 장 피사니페리, 로힛 람바, 히카르두 헤이스, 야닉

티머, 시구르드 바그너, 제로민 제텔마이어, 한스헬무트 코츠, 독일 중앙은행 내 독서회, 그리고 피터슨국제경제연구소 소속으로 판정단을 자처한 익명의 네 분도 유익한 피드백을 주었다.

각 장을 열심히 검토하며 초안을 다듬어준 크리스티나 수, 모한 세티 차리티에게도 깊은 고마움을 전하고 싶다. 돈 노는 이 책에서 데이터를 수집하고 그래프를 만든 공로를 인정받을 자격이 있다. 편집자인 글렌 맥마한, 그리고 표지 디자인과 조판을 담당한 제임스 클라크에게도 감사한다.

끝으로 코로나19 기간에도 힘내라며 응원해준 아내 스미타와 두 딸 안잘리, 프리야에게 고맙다고 말하고 싶다.

미주

들어가는 글

1. 이 우화에는 여러 가지 버전이 있으며 지혜가 담긴 많은 우화들이 그렇듯 그 뿌리는 고대 그리스로 거슬러 올라간다. La Fontaine: https://www.oxfordlieder.co.uk/song/4871 혹은 https://en.wikipedia.org/wiki/The_Oak_and_the_Reed.

2. 예를 들어 OECD의 이전 연구는 거시경제와 거시경제적 제도의 회복탄력성을 더욱 키우는 쪽으로 초점을 좁혔다. 그럼에도 내가 제시하는 회복탄력성 개념은 이 좁은 초점과 유사점을 공유한다. 회복탄력성 개념은 임펄스 응답 함수와 유사하며, 2장에서 더 자세히 설명된다. https://www.oecd.org/dac/ Resilience%20Systems%20Analysis%20FINAL.pdf.

3. Ramanan Laxminarayan, *Markus' Academy*, Princeton University Webinar, March 30, 2020. https://www.youtube.com/watch?v=z1yHjM7szBk&list=PLPKR-Xs1slgSWqOqaXid_9sQXsPsjV_72 &index=31.

1장

1. Christina Farr and Michelle Gao, "How Taiwan Beat the Coronavirus," CNBC, July 15, 2020, https://www.cnbc.com/2020/07/15/how-taiwan-beat-the-coronavirus.html.

2. 안정성(stability) 개념도 다시 원래대로 돌아오는 능력에 초점을 맞춘다는 점에서 회복탄력성과 유사하다. 그러나 안정성 개념은 일상적이고 더 작은 충격에 적용되는 의미인 반면 회복탄력성은 '견고성의 벽'을 뚫고 들어오는 충격도 포함한다.

3. Rueben Westmaas, "World Famous Chicago Skyscraper Sways in Wind," Discovery, August 1, 2019, https://www.discovery.com/exploration/World- Famous-Chicago-Skyscraper-Sway-Wind.

4. 통계학에서 저항은 견고성 개념과 가까운 사촌 격이다. 저항은 개별 이상치 데이터가 분석에 미치는 영향이 미미하다는 사실을 나타낸다. 견고성은 확률분포의 특정화가 잘못되더라도 결과가 이에 영향을 받지 않음을 나타낸다.

5. Joe Miller, "Inside the Hunt for a Covid-19 Vaccine: How BioNTech Made the Breakthrough," *Financial Times*, November 13, 2020, https://www.ft.com/content/c4ca8496-a215-44b1-a7eb-f88568fc9de9.

6. 손실 위험은 통상 99% 신뢰 구간 내에서 최악의 결과에 해당하는 '최대손실금액(value at risk)'으로 측정된다.

7. 물론 금융중개기관들은 유한 책임을 염두에 두고 신용 한도나 이자율을 조정할 수 있다.

8. 그림 1-3을 재무 수익률로 해석하면 변동성이 0이므로 직선 경로의 샤프지수(Sharpe ratio)는 무한대가 된다.

2장

1. 기하급수적인 증가세가 어느 정도인지 감을 잡기 위해, 야외 경기장에서 축구 경기를 관람하다가 서서히 비가 내리기 시작하는 경우를 상정해보겠다. 일반적인 빗방울의 부피는 약 0.05밀리리터다. 경기장에 빗방울이 1초에 한 방울씩 떨어지면(매우 약한 비) 1년에 1576리터가 된다. 이는 기껏해야 바닥이 약간 젖는 정도의 양이다. 이제 강수량이 서서히 늘어나 빗방울의 수가 초당 1.03배 증가한다고 가정하자. 그러면 경기 시작 시 빗방울은 1, 1초 후에는 1.03, 2초 후에는 1.0609 식으로 된다. 10분이 지나면 땅이 다소 축축해질 것이다. 다시 말해 "아, 오늘 선수들이 잔디가 미끄러워서 힘들겠다"라는 말이 나오게 될 것이다. 3분 후, 물은 이미 10센티미터(약 4인치)에 도달한다. 우리는 슬슬 걱정되어 경기장을 나갈지 고민할 것이다. 이때 빨리 나가는 것이 좋다. 불과 3분 후, 즉 빗방울이 처음 떨어진 지 16분 후가 되면 경기장 전체가 물에 잠길 것이기 때문이다. 16분 동안 비가 내린 후 마지막 순간에는 1억 500만 리터의 물이 경기장에 넘칠 것이다.

2. Ramanan Laxminarayan, *Markus' Academy*, Princeton University Webinar, March 30, 2020. https://www.youtube.com/watch?v=z1yHjM7szBk&list=PLPKR-Xs1slgSWqOqaXid_9sQXsPsjV_72 &index=31.

3. 글로벌 차원에서 피드백 루프의 예를 또 찾자면, 크리스토퍼 클라크(Christopher Clark)가 저서 《몽유병자들(The Sleepwalkers)》에서 설명한 제1차 세계대전의 발발로 일어난 일련의 사건들이 있다. 1914년 사라예보에서 페르디난드 대공이 살해된 후, 작은 불씨가 모여 모든 유럽 국가가 임계점에 가까워졌다. 그러다가 일부 국가들이 전시 동원 체제로 들어서면서 임계점을 넘어섰다. 더 많은 국가가 참전하게 되자 마침내 전쟁은 불가피해졌다.

4. Peter Beaumont, "Tanzania's President Shrugs Off Covid-19 Risk After Sending Fruit for Tests," *The Guardian*, May 19, 2020, https://www.theguardian.com/global-development/2020/may/19/tanzanias-president-shrugs-off-covid-19-risk-after-sending-fruit-for-tests.

5. Jake Adelstein and Nathaly-Kyoko Stucky, "Japan's Finance Minister Commits Suicide on World Suicide Prevention Day," *The Atlantic*. September 10, 2012, https://www.theatlantic.com/international/archive/2012/09/japans-finance-minister-commits-suicide-world-suicide-prevention-day/323787/.

6. République Française, "Non-Respect de l'Obligation de Port du Masque: Quelles sont les Règles?" October 21, 2020, https://www.service-public.fr/ particuliers/vosdroits/F35351.

7. Michael Spence, *Markus' Academy*, Princeton University Webinar, July 6, 2020, https://www.youtube.com/watch?v=92-vc238_nI&list=PLPKR-Xs1slgSWqOqaXid_9sQXsPsjV

_72&index=6.

8. 경제학에서 외부효과에 세금을 부과한다는 개념은 영국 경제학자 아서 피구(Arthur Pigou)의 이름을 따서 피구세라고 한다.

9. Raghuram Rajan, "Raghuram Rajan on Covid-19: Is It Time to Decentralise Power?" Coronanomics, July 22, 2020, https://www.youtube.com/watch?v=VU9d5IyudYs.

10. Michaela Wiegel, "Wie Frankreich die Akzeptanz der Corona-Maßnahmen Verspielt," *Frankfurter Allgemeine*, September 24, 2020, https://www. faz.net/aktuell/politik/ausland/wie-frankreich-die-akzeptanz-der-corona-massnahmen-verspielt-16969296.html.

11. Ursula Nonnemacher, "Brandenburger Kreise Haben bis zur 200er- Inzidenz Freie Hand," RBB, March 15, 2021, https://www.rbb24.de/ studiocottbus/panorama/coronavirus/beitraege_neu/2021/03/elbe-elster-corona-inzidenz-massnahmen-eingriff-land-brandenburg.html.

12. 이 논리는 마스크 생산으로 쉽게 설명할 수 있다. 연필에 관한 밀턴 프리드먼의 유명한 예를 간단하게 적용하자면 이렇다. 전 세계 그 누구도 마스크를 처음부터 끝까지 완전히 혼자 제조할 수 없다. 마스크에는 텍사스주나 걸프 연안국에서 생산되는 오일로 만든 가공 플라스틱, 즉 폴리프로필렌이 필요하다. 코 지지대에는 철이나 강철 같은 금속이 필요하다. 또 포장 상자를 만들려면 제지용 펄프도 들어간다. 이처럼 전반적으로 복잡한 프로세스가 작동하고 있다. 코로나19 사태가 터지고서, 마스크 생산에 속도를 내기 위해 필요한 시간 내에 모든 정보를 수집하는 전산 작업은 벅차거나 불가능해 보였다. 확실히 현실적으로 보이지 않았다. 이 마스크 생산 과정의 예는 프리드리히 하이에크의 다음과 같은 주장을 보여준다. 경제는 너무 복잡해서 서로 연결된 모든 상호작용을 어떤 모델 하나에 다 담을 수 없다. 그 대신 글로벌 혁신의 최전선을 따라 진화하는 경제가 최적의 자원 할당을 보장하게끔 매우 중요한 역할을 하는 것이 바로 가격 신호에 담긴 정보다. 가격 신호를 차단하는 것은 과거 유선전화를 사용하던 시절 전화선을 끊는 것과 다름없다는 유명한 말이 있다.

13. Moncef Slaoui and Matthew Hepburn, "Developing Safe and Effective Covid Vaccines—Operation Warp Speed's Strategy and Approach," *New England Journal of Medicine* 383, no. 18 (2020): 1701-1703. https://www.nejm.org/doi/full/10.1056/NEJMp2027405.

14. Riley Griffin and Drew Armstrong, "Pfizer Vaccine's Funding Came from Berlin, not Washington," Bloomberg, September 11, 2020, https://www. bloomberg.com/news/articles/2020-11-09/pfizer-vaccine-s-funding-came-from-berlin-not-washington.

2부

1. Latika Bourke, "International Borders Might Not Open Even if Whole Country Is Vaccinated," *The Sydney Morning Herald*, April 13, 2021, https://www.smh.com.au/politics/federal/international-borders-might-not-open-even-if-whole-country-is-vaccinated-greg-hunt-20210413-p57ixi. html.

3장

1. Ramanan Laxminarayan, *Markus' Academy*, Princeton University Webinar, March 30, 2020. https://www.youtube.com/watch?v=z1yHjM7szBk&list=PLPKR-Xs1slgSWqOqaXid_9sQXsPsjV_72 &index=31.

2. John Cochrane, *Markus' Academy*, Princeton University Webinar, May 18, 2020, https://www.youtube.com/watch?v=H6sSvqD9Xsw&list=PLPKR-Xs1slgSWqOqaXid_9sQXsPsjV_72&index=18.

3. Raj Chetty, John N. Friedman, Nathaniel Hendren, and Michael Stepner, "The Economic Impacts of COVID-19: Evidence from a New Public Database Built Using Private Sector Data," Opportunity Insights. November 5, 2020, https://opportunityinsights.org/wp-content/ uploads/2020/05/tracker_paper.pdf.

4. Raj Chetty, *Markus' Academy*, Princeton University Webinar, June 2017, 2020, https://www.youtube.com/watch?v=ip5pz7gOSwI&list=PLPKR-Xs1slgSWqOqaXid_9sQXsPsjV_72&index=11.

5. Chetty, *Markus' Academy*, 2020.

6. Chetty, *Markus' Academy*, 2020.

7. NBER, *NBER Digest*, August 8, 2020, https://www.nber.org/ digest-2020-08.

8. Lawrence Summers, *Markus' Academy*, Princeton University Webinar, May 22, 2020, https://www.youtube.com/watch?v=cZmRtQCR2ns&list=PLPKR-Xs1slgSWqOqaXid_9sQXsPsjV_7 2&index=17.

9. 경제학에서 외부효과는 개인 i의 행동이 다른 경제주체 j의 효용에 미치는 영향이다. $\partial u_i(a_i, a_{-i}) / \partial a_{-i}$. 대신 전략적 보완성은 교차편도함수에 달려 있다. 경제주체 j가 i에 부과하는 외부효과는 i의 행동에 어떤 영향을 미치는가. $\partial \frac{\partial u_i(a_i, a_{-i}) / \partial a_i}{\partial a_{-i}}$.

10. Peter DeMarzo, Dimitri Vayanos, and Jeffrey Zwiebel, "Persuasion Bias, Social Influence, and Unidimensional Opinions," *Quarterly Journal of Economics* 118, no. 3 (2003): 909-968.

11. 산에서 외친 목소리가 메아리로 증폭되어 들리는 것과 같다. "Schreier vor dem Berg."

12. 하버드대 경제학 교수 리처드 젝하우저(Richard Zeckhauser, 2020)는 기후 변화 정책과 관련해서도 마찬가지라고 지적했다.

13. 라구람 라잔(Raghuram Rajan, 2020)과 존 코크런(John Cochrane, 2020)도 같은 점을 지적하지만 인도에만 해당하는 이야기는 아니다.

14. Franklin Delano Roosevelt, "'Only Thing We Have to Fear Is Fear Itself': FDR's First Inaugural Address," History Matters, 1933, historymatters. gmu/edu/d/5057.

15. Markus Brunnermeier and Jonathan Parker, "Optimal Expectations," *American Economic Review* 95, no. 4 (2005): 1092-1118.

16. Veronika Arnold, "Ansturm auf Skigebiete trotz Lockdown: Nächster Wintersport-Ort nun abgeriegelt - 'Wurden überrannt,'" Merkur, January 5, 2021, https://www.merkur. de/welt/coronavirus-skigebiete-lockdown-oberhof-deutschland-ansturm-nrw-

willingen-eifel-winterberg-90157267. html.

17. 이 가설의 자세한 내용을 알고 싶다면 벵트 홀름스트룀의 다음 웨비나를 참고하라. Bengt Holmstrom, "The Seasonality of Covid-19." Princeton Bendheim Center for Finance (Webinar), October 22, 2020, https://www.youtube.com/watch?v=z95U8FU9gMQ.

18. Google, Google Covid Case Tracker, South Dakota, 2021, https://www. google.com/searc h?q=covid+cases+in+south+dakota &oq=covid+cases+in+south+dakota& aqs=chrome..6 9i57j0l2j0i395l7.4013j1j7&sourceid=chrome&ie=UTF-8.

19. Saxony Government, "Infektionsfälle in Sachsen," March 18, 2021, https://www. coronavirus.sachsen.de/infektionsfaelle-in-sachsen-4151.html.

20. Mitteldeutscher Rundfunk, "Verschwörungstheorien in Sachsen: Ein wilder," Legenden-Mix, April 27, 2020, https://www.mdr.de/nachrichten/sachsen/corona-verschwoerungstherorien-populismus-100.html.

4장

1. Lawrence Summers, *Markus' Academy*, Princeton University Webinar, May 22, 2020, https://www.youtube.com/watch?v=cZmRtQCR2ns&list=PLPKR-Xs1slgSWqOqaXid _9sQXsPsjV_7 2&index=17.

2. Paul Romer, *Markus' Academy*, Princeton University Webinar, April 3, 2020, https://www. youtube.com/watch?v=q9z0eu4piHw&list=PLPKR-Xs1slgSWqOqaXid_9sQXsPsjV_72 &index=30.

3. Romer, *Markus' Academy*, April 3, 2020.

4. Daron Acemoglu, Victor Chernozukhov, Ivan Werning, and Michael Whinston, "Optimal Targeted Lockdowns," MIT Economics Department, May 2020, economics.mit.edu/ files/19698.

5. Daron Acemoglu, *Markus' Academy*, Princeton University Webinar, May 8, 2020, https:// www.youtube.com/watch?v=NqtS8MZBuZ0&list=PLPKR-Xs1slgSWqOqaXid_9sQXsP sjV_72&index=20.

6. Econreporter, "US Needs Large-Scale Covid Testing Urgently: Nobel Winning Economist Paul Romer," June 28, 2020, https://en.econreporter.com/2020/06/its-intellectual-failure-nobel-economics-winner-paul-romer-on-why-us-needs-large-scale-COVID -testing-urgently/.

7. Paul Romer, *Markus' Academy*, April 3, 2020.

8. 인구의 1%가 코로나19 양성이고 검사자의 10%가 양성이라고 가정하자(일반적으로 코로나 대유행이 한창인 국가에 해당하는 상황이다). 그다음 검사 결과가 95% 확률로 정확하다고 본다면, 이는 감염자 중 5%는 음성 판정을 받을 수 있다는 의미다. 관심 있는 독자는 고등학교 수학에 나오는 베이즈 공식을 떠올리면 된다. 무작위로 검사한 결과가 음성으로 나온 사람은 99.94%의 확률로 음성일 뿐이다. 따라서 음성 결과를 얻은 검사자 중 소수는 여전히 바이러스 보균자일 것이다. 정보가 쌓일수록 증가하는 한

계 이익은 양성일 확률이 단지 0.994% 더 낮다는 것이지만, 사람들은 확률이 그보다 훨씬 더 높을 것이라고 잘못 인식할 수 있다.

9. Monica de Bolle, *Markus' Academy*, Princeton University Webinar, February 25, 2021. https://www.youtube.com/watch?v=Ptsg_EjCXxw.

10. BBC, "Coronavirus: Under Surveillance and Confined at Home in Taiwan," March 24, 2020, https://www.bbc.co.uk/news/ technology-52017993.

11. Welt, "Das ist Drostens Plan für den Herbst," August 5, 2020, https://www.welt.de/ politik/deutschland/article212941080/Christian-Drosten-Buerger-sollen-Kontakt-Tagebuch-fuehren.html.

12. Daron Acemoglu, *Markus' Academy*, May 8, 2020.

13. Ramanan Laxminarayan, *Markus' Academy*, Princeton University Webinar, March 30, 2020. https://www.youtube.com/ watch?v=z1yHjM7szBk&list=PLPKR-Xs1slgSWqOqaXid_9sQXsPsjV_72 &index=31.

5장

1. ui (u-i)

2. Moses Shayo, "A Model of Social Identity with an Application to Political Economy: Nation, Class, and Redistribution," *American Political Science Review* (2009): 147-174; Gene Grossman and Elhanan Helpman, "Identity Politics and Trade Policy," Princeton University, July 2019, https://www. princeton.edu/~grossman/SocialIdentityJuly2019..pdf.

3. David McGuire, James EA Cunningham, Kae Reynolds, and Gerri Matthews-Smith, "Beating the Virus: An Examination of the Crisis Communication Approach Taken by New Zealand Prime Minister Jacinda Ardern During the Covid-19 Pandemic," *Human Resource Development International* 23, no. 4 (2020): 361-379.

4. Harold James, *Markus' Academy*, Princeton University Webinar, April 24, 2020, https://www.youtube.com/watch?v=PVIm4BdBmTI.

5. Harold James, Markus' Academy, April 24, 2020, "Morale is a crucial part in fighting any war."

6. Jean Tirole, "Allons-Nous Enfin Apprendre Notre Leçon?" LinkedIn, April 14, 2020, https://www.linkedin.com/pulse/allons-nous-enfin-apprendre-notre-le%C3%A7on-jean-tirole/.

7. 에스테르 뒤플로는 메시지의 출처가 신뢰할 만한 곳이라는 사실이 메시지의 내용 자체보다 중요하다고 지적한다. Esther Duflo, *Markus' Academy*, Princeton University Webinar, February 11, 2021, https://www.youtube.com/watch?v=15PMtvJBI-s.

8. Tim Harford, "Statistics, Lies, and the Virus: Tim Harford's Five Lessons from a Pandemic" (Blog), September 17, 2020, https://timharford. com/2020/09/statistics-lies-and-the-virus-five-lessons-from-a-pandemic/.

9. 2020년 4월 앵거스 디턴의 웨비나 도입부에서 필자가 한 설명을 참고하라.

10. Angus Deaton, *Markus'Academy*. Princeton University Webinar, April 13, 2020, 21:20, https://www.youtube.com/watch?v=2uzASRQz4gM.

11. Angus Deaton, *Markus'Academy*, April 13, 2020, 31:09, 31:51, and 32:02.

12. Abhijit Banerjee, Marcella Alsam, Emily Breza, Arun Chandrasekhar, Abhijit Chowdhury, Esther Dufo, Paul Goldsmith Pinkham, and Benjamin Olken, "Messages on Covid-19 Prevention Increased Symptoms Reporting and Adherence to Preventative Behaviors Among 25 Million Recipients with Similar Effects on Non-Recipient Members of Their Communities," *NBER Working Papers*, no. 27496 (July 2020), https://www.nber.org/system/files/working_papers/w27496/w27496.pdf.

13. Andreas Kluth, "Like a Virus, QAnon Spreads from the U.S. to Germany," Bloomberg, September 21, 2020, https://www.bloomberg.com/opinion/articles/2020-09-22/like-a-virus-qanon-spreads-from-the-u-s-to-europe-germany?sref=ATN0rNv3.

14. David Brooks, *Munk Dialogues*. Peter and Melanie Munk Charitable Foundation, July 22, 2020, 18:50, https://www.youtube.com/ watch?v=W0dbDFJR3A4&feature=youtu.be].

15. Tyler Cowen, *Markus'Academy*, Princeton University Webinar, April 10, 2020, https://www.youtube.com/watch?v=FPsPmkp6sdM&list=PLPKR-Xs1slgSWqOqaXid_9sQXsPsjV_72&index=28.

6장

1. 예를 들어 코로나19 환자 중 많게는 20%가 감염 후 2개월이 지나서도 여전히 흉통에 시달렸다. Columbia University Irving Medical Center, "Long Haul Covid: Columbia Physicians Review What's Known," March 22, 2021, https://www.cuimc.columbia.edu/news/long-haul-covid-columbia-physicians-review-whats-known.

2. Naomi Kresge, "Pfizer-BioNTech Covid Vaccine Blocks Most Spread in Israel Study," Bloomberg, March 11, 2021, https://www.bloomberg.com/news/articles/2021-03-11/pfizer-biontech-covid-vaccine-blocks-most-spread-in-israel-study.

3. 이 수치는 마이클 크레이머의 웨비나에서 가져왔다. 그 외에 2~3달러로 추정하는 학자들도 있다. *The Economist*, "'The Covid-19 Pandemic Will Be Over by the End of 2021,' says Bill Gates," August 18, 2020, https://www.economist.com/international/2020/08/18/the-covid-19-pandemic-will-be-over-by-the-end-of-2021-says-bill-gates.

4. Michael Kremer, *Markus'Academy*, Princeton University Webinar, May 1, 2020, 19:00 and 21:46, https://www.youtube.com/ watch?v=C8W8JQLTECc.

5. Michael Peel and Joe Miller, "EU Hits Back as Blame Game Over Vaccine Procurement Intensifies," *Financial Times*, January 7, 2021. https://www.ft.com/content/c1575e05-70e5-4e5f-b58c-cde5c99aba5f.

6. Lawrence Summers, *Markus'Academy*, Princeton University Webinar, May 22, 2020, 05:50 https://www.youtube.com/watch?v=cZmRtQCR2ns&list=PLPKR-

Xs1slgSWqOqaXid_9sQXsPsjV_7 2&index=17.

7. Michael Kremer, Markus' Academy, Princeton University Webinar, May 1, 2020, 26:39, 27:55, and 28:30, https://www.youtube.com/watch?v=C8W8JQLTECc.

8. Michael Kremer, *Markus'Academy*, 2020, 3:30, 4:25, 4:56, and 8:15.

9. Michael Kremer, *Markus'Academy*, 2020, 20:27.

10. Michael Kremer, *Markus'Academy*, 2020, 37:15, 37:40, 40:00, and 41:05.

11. Michael Kremer, *Markus'Academy*, 2020, 47:20.

12. Ralph Sina and Dominik Lauck, "Warum Israel Genug Impfstoff Hat," Tagesschau, January 23, 2021, https://www.tagesschau.de/ausland/impfstoff-israel-biontech-101.html.

13. Christoph Gurk, "Lateinamerika wird zum Testfeld für die Pharmaindustrie," Süddeutsche Zeitung, August 3, 2020, https://www.sueddeutsche.de/politik/coronavirus-impfstoff-lateinamerika-pharmaindustrie-1.4986326.

14. Bill Gates, "How the Pandemic Will Shape the Near Future," TED, July 6, 2020, 27:00, https://www.youtube.com/watch?v=jmQWOPDqxWA.

15. 다음 논문은 백신의 효능에 대한 전제조건과 함께 관련 논점을 제시한다. Laura Matrajt, Julia Eaton, Tiffany Leung, and Elizabeth Brown, "Vaccine Optimization for Covid-19: Who to Vaccinate First?" Science Advances, 2021.

16. Christian Siedenbiedel, "In der Krise Horten die Menschen Bargeld," *Frankfurter Allgemeine*, September 24, 2020, https://www.faz.net/aktuell/finanzen/meine-finanzen/sparen-und-geld-anlegen/ezb-wirtschaftsbericht-in-der-krise-wird-bargeld-gehortet-16969517.html.

17. 이러한 아이디어를 엄격히 이론적으로 분석한 논문으로 비록 코로나19에 대한 주제는 아니지만 다음을 참고하라. Vianney Perchet, Philippe Rigollet, Sylvain Chassang, and Erik Snowberg, "Batched Bandit Problems," *Annals of Statistics* 44, no. 2 (2016): 660-681, https://arxiv.org/abs/1505.00369.

18. Sam Ball, "'I Won't Take the Risk': France Leads the World in Covid-19 Vaccine Scepticism," France24, November 20, 2020, https://www.france24.com/en/france/20201120-i-won-t-take-the-risk-france-leads-the-world-in-covid-19-vaccine-scepticism.

19. *The Guardian*, "Joe Biden Receives Coronavirus Vaccine," video, December 21, 2020, https://www.theguardian.com/us-news/video/2020/dec/21/joe-biden-receives-coronavirus-vaccine-video.

20. Abdelraouf Arnaout, "Netanyahu to Be First Israeli to Take Covid-19 Vaccine," *Anadolu Agency*, December 9, 2020, https://www.aa.com.tr/en/middle-east/netanyahu-to-be-first-israeli-to-take-covid-19- vaccine/2070779.

21. Tobias Heimbach, "Biden, Netanjahu & Co.: Spitzenpolitiker weltweit lassen sich öffentlich impfen – wann kommt Merkel an die Reihe?" Business Insider, December 23,

2020, https://www.businessinsider.de/politik/deutschland/corona-impfung-joe-biden-wurde-geimpft-merkel/.

22. David Walsh, "Do We Need Coronavirus 'Vaccine Passports' to Get Europe Moving Again? Euronews Asks the Experts," Euronews, December 11, 2020, https://www.euronews.com/2020/12/11/do-we-need-coronavirus-vaccine-passports-to-get-the-world-moving-again-euronews-asks-the-e.

23. BBC, "Covid: EU Plans Rollout of Travel Certificate before Summer," March 18, 2020, https://www.bbc.co.uk/news/world-europe-56427830.

24. Bill Birtles, "China Embraces Coronavirus Vaccine Passports for Overseas Travel, but Other Countries Foresee Concerns," ABC News, March 17, 2021, https://www.abc.net.au/news/2021-03-17/china-embraces-vaccine-passports-while-the-west-mulls-ethics/13252588.

25. *The Economist*, "How Well Will Vaccines Work?" February 11, 2021, https://www.economist.com/leaders/2021/02/13/how-well-will-vaccines-work.

3부

1. Paul Krugman, *Markus' Academy*, Princeton University Webinar, May 16, 2020, 31:05 and 31:58, https://www.youtube.com/watch?v=h1ZiTIou0_8&list=PLll591lvzxc3xwUuEkOVl1PNngFm9cZnH&index=17.

2. Paul Krugman, *Markus' Academy*, May 16, 2020, 46:30.

3. Paul Krugman, *Markus' Academy*, May 16, 2020, 34:23.

4. Paul Krugman, *Markus' Academy*, May 16, 2020, 35:18, 39:20, and 40:15.

5. 제롬 파월 연준 의장도 2020년 코로나19로 인한 경기침체와 2008년의 경기침체가 다르다고 강조했다. Jerome Powell, *Markus' Academy*, Princeton University Webinar, January 14, 2021, https://www. youtube.com/watch?v=TEC3supZwvM.

6. Paul Krugman, *Markus' Academy*, May 16, 2020, 46:30 and 46:50.

7. 이 도표는 컬럼비아대 이토 다카토시(Ito Takatoshi) 교수의 연구를 바탕으로 한다.

8. Olivier Coibion, Yuriy Goridnichenko, and Michael Weber, "How Did US Consumers Use Their Stimulus Payments?" *NBER Working Papers*, no. 27693 (August 2020), https://www.nber.org/papers/w27693.

9. 개념을 이해하려면 다음의 간략한 설명과 6분짜리 동영상을 참고하라. Daniel Rosenberg, "How Digital Coupons Fuel China's Economic Recovery," Luohan Academy, May 27, 2020, https://www.luohanacademy.com/insights/e0d638c3f840e3be.

7장

1. Jared Spataro, "2 Years of Digital Transformation in 2 Months," Microsoft, April 30, 2020, https://www.microsoft.com/en-us/microsoft-365/blog/2020/04/30/2-years-digital-transformation-2-months/.

2. Harold James, *Markus' Academy*, Princeton University Webinar, April 24, 2020, 1:03:05, https://www.youtube.com/watch?v=PVIm4BdBmTI.

3. Tyler Cowen, *Markus' Academy*, Princeton University Webinar, April 10, 2020, https://www.youtube.com/watch?v=FPsPmkp6sdM&list=PLPKR-Xs1slgSWqOqaXid_9sQXsPsjV_72&index=28.

4. Stan Leibowitz and Stephen E. Margolis, "The Fable of Keys," *Journal of Law and Economics* 33, no. 1 (1990): 1-25.

5. Nick Bloom, *Markus' Academy*, Princeton University Webinar, December 3, 2020, 10:55, https://www.youtube.com/watch?v=N8_rvy-hqUs.

6. Adam Green, "Covid-19 Pandemic Accelerates Digital Health Reforms," *Financial Times*, May 17, 2020, https://www.ft.com/content/31c927c6-684a-11ea-a6ac-9122541af204.

7. Eric Schmidt, *Markus' Academy*, Princeton University Webinar, July 27, 2020, 23:30, https://www.youtube.com/watch?v=726B0y1D5ZM&t=31s.

8. Eric Schmidt, *Markus' Academy*, July 27, 2020, 58:10.

9. Devon Carter, "Can mRNA Vaccines Be Used in Cancer Care?" MD Anderson Cancer Center, January 25, 2021, https://www.mdanderson.org/cancerwise/can-mrna-vaccines-like-those-used-for-covid-19-be-used-in-cancer-care.h00-159457689.html.

10. Erika Solomon, "BioNTech Seeks to Develop a More Effective Malaria Vaccine," *Financial Times*, July 26, 2021, https://www.ft.com/content/e112b318-aced-482b-be4f-ec76f39cdc3f.

11. Eric Schmidt, *Markus' Academy*, July 27, 2020, 43:02.

12. Eric Schmidt, *Markus' Academy*, July 27, 2020, 43:02.

13. Jose Maria Barrero, Nick Bloom, and Steven J Davis, "COVID-19 Is also a Reallocation Shock," Brookings Institute, June 25, 2020, https://www.brookings.edu/wp-content/uploads/2020/06/Barrero-et-al-conference-draft.pdf.

14. 걸어서 다른 건물로 가는 것도 '출장'으로 치곤 한다.

15. Nick Bloom, *Markus' Academy*, December 3, 2020, 15:10 and 38:55.

16. Nick Bloom, James Liang, John Roberts, and Zhichun Jenny Ying, "Does Working from Home Work? Evidence from a Chinese Experiment," *Quarterly Journal of Economics* 130, no. 1 (2015): 165-218.

17. *The Guardian*, "Big Brother Isn't Just Watching: Workplace Surveillance Can Track Your Every Move," November 6, 2017, https://www.theguardian.com/world/2017/nov/06/workplace-surveillance-big-brother-technology.

18. Jonathan Dingel and Brent Neiman, "How Many Jobs Can be Done at Home?" Becker Friedman Institute for Economics Working Paper, June 19, 2020, https://bfi.uchicago.edu/wp-content/uploads/BFI_White-Paper_Dingel_Neiman_3.2020.pdf.

19. 이 단락은 주로 맥킨지 보고서의 분석을 참고했다. Susan Lund, Anu Madgavkar, James

Manyika, and Sven Smit, "What's Next for Remote Work: An Analysis of 2000 Tasks, 800 Jobs, and Nine Countries," McKinsey Global Institute, November 23, 2020, https://www. mckinsey.com/featured-insights/future-of-work/whats-next-for-remote-work-an-analysis-of-2000-tasks-800-jobs-and-nine-countries?sid=blankform&sid=c d37a5db-95fb-4455-8ed2-f6b0596b8bcb#.

20. Jose Maria Barrero, Nick Bloom, and Stephen Davis, "Why Working from Home Will Stick," Stanford Working Paper, April 2021, https://nbloom. people.stanford.edu/sites/g/files/sbiybj4746/f/why_wfh_will_stick_21_ april_2021.pdf.

21. Susan Lund et al., "What's Next for Remote Work," 2020.

22. Nick Bloom, *Markus'Academy*, December 3, 2020, 52:50.

23. Nick Bloom, *Markus'Academy*, December 3, 2020, 50:00 and 52:50.

24. Lawrence Summers, *Markus'Academy*, Princeton University Webinar, May 22, 2020, 54:48, https://www.youtube.com/watch?v=cZmRtQCR2ns&list=PLPKR-Xs1slgSWq OqaXid_9sQXsPsjV_7 2&index=17.

25. Elizabeth Schulze, "Robert Shiller Warns that Urban Home Prices Could Decline," CNBC, July 13, 2020, https://www.cnbc.com/2020/07/13/robert-shiller-warns-that-urban-home-prices-could-decline.html.

26. Antonia Cundy, "The Home Buyers Making Their Tuscan Dream a Reality," *Financial Times*, August 19, 2020, https://www.ft.com/content/2a127c83-08ba-4ad7-8a1b-19dcaee5c6ae.

27. Nick Bloom, *Markus'Academy*, December 3, 2020, 51:20.

28. Laura Lombrana, "An Urban Planner's Trick to Making Bikeable Cities," Bloomberg, August 5, 2020, https://www.bloomberg.com/news/articles/2020-08-05/an-urban-planner-s-trick-to-making-bike-able-cities?sref=ATN0rNv3.

29. Tyler Cowen, *Markus'Academy*, April 10, 2020, 13:10.

30. Christian Siedenbiedel, "In der Krise Horten die Menschen Bargeld," *Frankfurter Allgemeine*, September 24, 2020, https://www.faz.net/aktuell/finanzen/meine-finanzen/sparen-und-geld-anlegen/ezb-wirtschaftsbericht-in-der-krise-wird-bargeld-gehortet-16969517.html.

31. Eric Schmidt, *Markus'Academy*, July 27, 2020, 51:55.

32. Nana Yaa Boakye-Adjei, "Covid-19: Boon and Bane for Digital Payments and Financial Inclusion," Bank for International Settlements, Financial Stability Institute, July 2020, https://www.bis.org/fsi/fsibriefs9.pdf.

33. Markus Brunnermeier, Harold James, and Jean-Pierre Landau, "The Digitalization of Money," Princeton University Working Paper, 2019.

34. Markus Brunnermeier, "Money in the Digital Age," Speech delivered at the EBA Research Workshop, November 25, 2020, https://www.youtube.com/ watch?v=QdlSzTnOlkg.

35. Saritha Rai, "Apple Alum Builds App to Help Millions in Indian Slums Find Jobs,"

Bloomberg, August 13, 2020, https://www.bloomberg.com/news/articles/2020-08-14/apna-job-app-aims-to-connect-india-s-workers-with-employees?sref=ATN0rNv3.

36. *The Economist*, "When Will Office Workers Return?" February 20, 2021, https://www.economist.com/business/2021/02/20/when-will-office-workers-return.

37. Chris Arkenberg, "Will Gaming Keep Growing When the Lockdowns End?" Deloitte, July 8, 2020, https://www2.deloitte.com/be/en/pages/technology-media-and-telecommunications/articles/video-game-industry-trends.html.

38. Bijan Stephen, "The Lockdown Live-Streaming Numbers Are Out, and They're Huge," The Verge, May 13, 2020, https://www.theverge.com/2020/5/13/21257227/coronavirus-streamelements-arsenalgg-twitch-youtube-livestream-numbers.

39. Mark Aguiar, Mark Blis, Kofi Kerwin, and Erik Hurst, "Leisure Luxuries and the Labor Supply of Young Men," *Journal of Political Economy*, (2021): 337-382.

8장

1. Jeremy Stein, *Markus' Academy*, Princeton University Webinar, May 11, 2020, 26:10 and 27:12, https://www.youtube.com/watch?v=0iNQNzAUDiw.

2. 1960년대 등장한 에이즈는 WHO가 규정하는 팬데믹과 에피데믹(epidemic, 유행)의 중간선상에 있다. 코로나19 확진자가 2020년에만 8000만 명 이상 발생했다면, 에이즈 감염자는 1990년대 한창 때 연간 약 330만 명이었다.

3. 대공황과 코로나19, 두 상황에 적용되는 경제 메커니즘에 대해서는 다음을 참고하라. Julian Kozlowski, Venky Venkateswaran, and Laura Veldkamp, "Scarring Body and Mind: The Long-Term Belief-Scarring Effects of Covid-19," *NBER Working Papers*, no. 27439 (June 2020). https://www.nber.org/papers/w27439.

4. Solveig Godeluck, "Cette Épargne des Ménages qui Menace de Nuire à la Reprise," LesEchos, July 29, 2020, https://www.lesechos.fr/economie-france/social/Covid-cette-epargne-des-menages-qui-menace-de-nuire-a-la-reprise-1227200.

5. Michael Spence, *Markus' Academy*, Princeton University Webinar, July 6, 2020, 20:00 and 30:13, https://www.youtube.com/watch?v=92-vc238_nI&list=PLPKR-Xs1slgSWqOqaXid_9sQXsPsjV_72&index=6.

6. Ulrike Malmendier and Stefan Nagel, "Depression Babies: Do Macroeconomic Experiences Affect Risk Taking?" *The Quarterly Journal of Economics* 126, no. 1 (2011): 373-416.

7. Nicola Gennaiolo, Andei Shleifer, and Robert Vishny, "Neglected Risks: The Psychology of Financial Crises," *American Economic Review* 105, no. 5 (2015): 310-14.

8. Jose Maria Barrero, Nick Bloom, and Steven J Davis, "COVID-19 Is also a Reallocation Shock," Brookings Institute, June 25, 2020, https://www.brookings.edu/wp-content/uploads/2020/06/Barrero-et-al-conference-draft.pdf.

9. *The Renaissance: The Age of Michelangelo and Leonardo da Vinci*, Documentary film by DW, April 28, 2019, 22:00 to 26:00, https://www.youtube.com/watch?v=BmHTQsxxkPk.

10. Robert Hall and Marianna Kudlyak, "The Inexorable Recoveries of US Unemployment," *NBER Working Papers*, no. 28111 (November 2020), https://sites.google.com/site/mariannakudlyak/home/inexorable_recoveries.

11. Paul Krugman, *Markus' Academy*, Princeton University Webinar, May 16, 2020, 1:03:04, https://www.youtube.com/watch?v=h1ZiTIou0_8& list=PLll591lvzxc3xwUuEkOVl1PN ngFm9cZnH&index=17.

12. Veronica Guerrieri, *Markus' Academy*, Princeton University Webinar, June 19, 2020, 1:14:15, https://www.youtube.com/watch?v=x2npgxzuTVg.

13. Erik Hurst, *Markus' Academy*, Princeton University Webinar, March 20, 2021, 52:15, https://www.youtube.com/watch?v=VG7KS5sLABY.

14. Joseph Stiglitz, *Markus' Academy*, Princeton University Webinar, April 27, 2020, 30:08, https://www.youtube.com/watch?v=_6SoT97wo3g.

15. Joseph Stiglitz, *Markus' Academy*, April 27, 2020, 34:22 and 35:00.

16. Raj Chetty, *Markus' Academy*, Princeton University Webinar, June 2017, 2020, 1:00:41 and 1:01:27, https://www.youtube.com/watch?v=ip5pz7gOSwI&list=PLPKR-Xs1slgSWqOqaXid_9sQXsPsjV_72 &index=11.

17. Philip Oreopoulos, Till Von Wachter, and Andrew Heisz, "The Short-and Long-Term Career Effects of Graduating in a Recession," *American Economic Journal: Applied Economics* 4, no. 1 (2012): 1-29.

18. Jonathan Heathcote, Fabrizio Perri, and Giovannia Violante, "The Rise of US Earnings Inequality: Does the Cycle Drive the Trend?" Princeton University, May 31, 2020, http://violante.mycpanel.princeton.edu/Journals/Draft_05-31-20_JH.pdf.

19. Olivier Blanchard and Lawrence Summers, "Hysteresis in Unemployment," *European Economic Review*, (1987): 288-295.

20. Olivier Blanchard, "Should We Reject the Natural Rate Hypothesis," *Journal of Economic Perspectives* 32, no. 1 (2018): 97-120.

21. Viral Acharya and Sascha Steffen, "The Risk of Being a Fallen Angel and the Corporate Dash for Cash in the Midst of COVID," *NBER Working Papers*, no. 2760127601 (July 2020), https://www.nber.org/papers/ w27601.

22. Ramanan Laxminarayan, *Markus' Academy*, Princeton University Webinar, March 30, 2020, 41:45 and 51:00, https://www.youtube.com/watch?v=z1yHjM7szBk&list=PLPKR-Xs1slgSWqOqaXid_9sQXsPsjV_72 &index=31.

23. John C. Haltiwanger, "John Haltiwanger Describes How New Business Applications Surged during the Pandemic," *NBER*, July 12, 2021, https://www.nber.org/affiliated-scholars/researchspotlight/john-haltiwanger-describes-how-new-business-applications-surged-during-pandemic.

24. Reuters, "Germany to Extend Insolvency Moratorium for Virus- Hit Companies," August 25, 2020, https://www.reuters.com/article/ healthcoronavirus-germany-bankruptcy-

idUSL8N2FR36J.

25. 1990년대 초 일본에서는 은행 위기 이후에도 한계 기업이 끈질기게 존속하는 바람에 건전한 기업의 자원이 한계 기업으로 넘어갔고, 결국 경제성장에 장기적으로 부정적인 영향을 미쳤다. Ricardo Caballero, Takeo Hoshi, and Anil Kashyap, "Zombie Lending and Depressed Restructuring in Japan," *American Economic Review* 98, no. 5 (2008): 1943-77.

26. Robin Greenwood, Benjamin Iverson, and David Thesmar, "Sizing Up Corporate Restructuring in the Covid Crisis," Brookings, September 23, 2020, https://www.brookings.edu/bpea-articles/sizing-up-corporate-restructuring-in-the-covid-crisis/.

27. Tyler Cowen, *Markus' Academy*, Princeton University Webinar, April 10, 2020, 36:08, https://www.youtube.com/watch?v=FPsPmkp6sdM&list=PLPKR-Xs1slgSWqOqaXid_9sQXsPsjV_7 2&index=28.

28. Arvind Krishnamurthy, *Markus' Academy*, Princeton University Webinar, June 29, 2020, 41:00, https://www.youtube.com/watch?v=voVh9BY3Lp4.

29. Arvind Krishnamurthy, *Markus' Academy*, June 29, 2020, 28:40.

30. Arvind Krishnamurthy, *Markus' Academy*, June 29, 2020, 52.18.

31. Joseph Stiglitz, *Markus' Academy*, April 27, 2020, 49:11.

32. Robin Greenwood et al., "Sizing Up Corporate Restructuring in the Covid Crisis."

33. Mark Fehr, "Zombiefirmen könnten Insolvenzwelle auslösen," Frankfurter Allgemeine, April 29, 2021, https://www.faz.net/aktuell/wirtschaft/unternehmen/zombiefirmen-koennten-insolvenzwelle-ausloesen-17312952.html.

9장

1. Nikou Asgari, Joe Rennison, Philip Stafford, and Hudson Lockett, "Companies Raise $400bn Over Three Weeks in Blistering Start to 2021," *Financial Times*, January 26, 2021, https://www.ft.com/content/45770ddb-29e0-41c2-a97a-60ce13810ff2?shareType=nongift.

2. Adam Samson, "Bitcoin's Revival: Boom or Bubble?" *Financial Times*, November 18, 2020, https://www.ft.com/content/a47090ee-fdf5-4cfa-9d17-47c56afad8c3.

3. Paul Samuelson (1966), quoted in: John C. Bluedorn et al., "Do Asset Price Drops Foreshadow Recessions?" (2013), p. 4.

4. Gita Gopinath, *Markus' Academy*, Princeton University Webinar, May 29, 2020, 42:15, https://www.youtube.com/watch?v=GjUBIxR5W78.

5. Gavyn Davies, "The Anatomy of a Very Brief Bear Market," *Financial Times*, August 2, 2020, https://www.ft.com/content/cd8e2299-161b-4f17-adad-ac6d8a730049.

6. Ming Jeong Lee and Toshiro Hasegawa, "BOJ Becomes Biggest Japan Stock Owner with ¥45.1 Trillion Hoard," *The Japan Times*, December 7, 2020, https://www.japantimes.co.jp/news/2020/12/07/business/boj-japan-biggest-stock-owner/.

7. LE News, "The Swiss National Bank Owns More A-Class Facebook Shares than Zuckerberg," April 4, 2018, https://lenews.ch/2018/04/04/the-swiss-national-bank-owns-more-a-class-facebook-shares-than-zuckerberg/.

8. Niels Gormsen and Ralph Koijen, "Coronavirus: Impact on Stock Prices and Growth Expectations," *NBER Working Papers*, no. 27387 (June 2020), https://www.nber.org/papers/w27387.

9. Robert Shiller, *Markus' Academy*, Princeton University Webinar, July 10, 2020, 50:16, https://www.youtube.com/watch?v=ak5xX8PEGAI.

10. Eric Platt, David Carnevali, and Michael Mackenzie, "Wall Street IPO Bonanza Stirs Uneasy Memories of 90s Dotcom Mania," *Financial Times*, December 11, 2020, https://www.ft.com/content/cfdab1d0-ee5a-4e4a-a37b-20acfc0628e3?shareType=nongift.

11. Edward Helmore, "How GameStop Found Itself at the Center of a Groundbreaking Battle between Wall Street and Small Investors," *The Guardian*, January 27, 2021, https://www.theguardian.com/business/2021/jan/27/gamestop-stock-market-retail-wall-street.

12. Lasse Pedersen, *Markus' Academy*, Princeton University Webinar, February 19, 2021, https://www.youtube.com/watch?v=ADnRm5LWCjg.

13. Eric Platt, "Wall Street IPO Bonanza," December 11, 2020.

14. Chris Bryant, "Hedge Funds Love SPACs But You Should Watch Out," Bloomberg, December 9, 2020, https://www.bloomberg.com/opinion/articles/2020-12-09/hedge-funds-love-spacs-but-retail-investors-should-watch-out?sref=ATN0rNv3.

15. Amrith Ramkumar, "2020 SPAC Boom Lifted Wall Street's Biggest Banks," *The Wall Street Journal*, January 5, 2021, https://www.wsj.com/articles/2020-spac-boom-lifted-wall-streets-biggest-banks-11609842601?st =lguw1ftxebizf6e&reflink=article_gmail_share.

16. Liz Myers, *Markus' Academy*, Princeton University Webinar, May 21, 2021, https://bcf.princeton.edu/events/finance-front-lines-in-2021/.

17. Darrell Duffie, *Markus' Academy*, Princeton University Webinar, June 5, 2020, 12:10, https://www.youtube.com/watch?v=04LYVyR3jog. See also comments by Jerome Powell, who stressed the centrality of the US Treasury market for the entire financial system at: Jerome Powell, *Markus' Academy*, Princeton University Webinar, January 14, 2021, https://www.youtube.com/watch?v=TEC3supZwvM.

18. Annette Vissing-Jorgensen, "The Treasury Market in Spring 2020 and the Response of the Federal Reserve," April 5, 2021, http://faculty.haas.berkeley.edu/vissing/vissing_jorgensen_bonds2020.pdf.

19. Darrell Duffie, *Markus' Academy*, June 5, 2020, 19:10 and 21:45.

20. Darrell Duffie, *Markus' Academy*, June 5, 2020, 41:12, 41:40, and 44:27.

21. Darrell Duffie, *Markus' Academy*, June 5, 2020, 44:50.

22. Darrell Duffie, *Markus' Academy*, June 5, 2020, 50:05.

23. 엄밀히 말하면 2.1296%다.

24. Torsten Slok, *Markus'Academy*, Princeton University Webinar, March 20, 2020, 32:10, 38:20, and 40:30, https://www.youtube.com/watch?v=zgxDybynvNM.

25. Torsten Slok, *Markus'Academy*, March 20, 2020, 51:35 and 53:05.

26. Nellie Liang, *Markus'Academy*, Princeton University Webinar, March 6, 2020, 11:58, https://www.youtube.com/watch?v=6NjE-OOUB_E.

27. Arvind Krishnamurthy, *Markus'Academy*, Princeton University Webinar, June 29, 2020, 17:12, https://www.youtube.com/watch?v=voVh9BY3Lp4.

28. Arvind Krishnamurthy, *Markus'Academy*, June 29, 2020, 21:12.

29. Nellie Liang, *Markus'Academy*, March 6, 2020, 18:20.

30. Nellie Liang, *Markus'Academy*, March 6, 2020, 33:35.

31. Nellie Liang, *Markus'Academy*, March 6, 2020, 25:30.

32. Arvind Krishnamurthy, *Markus'Academy*, June 29, 2020.

33. Arvind Krishnamurthy, *Markus'Academy*, June 29, 2020.

34. James Politi and Colby Smith, "Federal Reserve Calls Time on Looser Capital Requirements for US Banks," *Financial Times*, March 19, 2021, https://www.ft.com/content/279c2755-acab-4d9a-9092-d55fe5f518fa.

35. Philip Lane, *Markus'Academy*, Princeton University Webinar, March 20, 2020, 1:07:20, https://www.youtube.com/watch?v=G-8-4hEkkbs.

36. Philip Lane, *Markus'Academy*, March 20, 2020, 1:04:22.

37. Philip Lane, *Markus'Academy*, March 20, 2020, 1:04:50.

38. Philip Lane, *Markus'Academy*, March 20, 2020, 58:21.

39. Philip Lane, *Markus'Academy*, March 20, 2020, 23:56.

40. Philip Lane, *Markus'Academy*, March 20, 2020, 47:28 and 48:36.

41. Philip Lane, *Markus'Academy*, March 20, 2020, 51:16.

42. Bill Dudley, *Markus'Academy*, Princeton University Webinar, June 1, 2020, 37:38 and 40:50, https://www.youtube.com/watch?v=65Y0kRJP_UY.

43. Bill Dudley, *Markus'Academy*, June 1, 2020, 41:42 and 42:32.

44. Sebastian Pellejero, "After Record U.S. Corporate-Bond Sales, Slowdown Expected," *The Wall Street Journal*, October 2, 2020, https://www.wsj.com/articles/after-record-u-s-corporate-bond-sales-slowdown-expected-11601631003.

45. Jeremy Stein, *Markus'Academy*, Princeton University Webinar, May 11, 2020, 21:58 and 22:32, https://www.youtube.com/watch?v=0iNQNzAUDiw.

46. Jeremy Stein, *Markus'Academy*, May 11, 2020, 29:01.

47. Jeremy Stein, *Markus'Academy*, May 11, 2020, 34:20.

10장

1. Philip Lane, *Markus'Academy*, Princeton University Webinar, March 20, 2020, 36:12, https://www.youtube.com/watch?v=G-8-4hEkkbs.

2. Markus Brunnermeier and Yuliy Sannikov, "Redistributive Monetary Policy," Princeton University, August 2012, https://scholar.princeton.edu/sites/default/files/04c%20Redistributive%20Monetary%20Policy.pdf.

3. 그래서 표면상 순부채는 총부채보다 현저히 낮아 보인다.

4. Lawrence Summers, *Markus' Academy*, Princeton University Webinar, May 22, 2020, 1:00:14, 1:02:03, and 1:03:00, https://www.youtube.com/ watch?v= cZmRtQCR2ns&list=PLPKR-Xs1slgSWqOqaXid_9sQXsPsjV_7 2&index=17.

5. Paul Schmelzing, "Eight Centuries of Global Real Interest Rates, R-G, and the 'Supra-Secular' Decline," Bank of England Staff Working Paper 845, (January 3, 2020): 1311 – 2018, https://www.bankofengland.co.uk/working-paper/2020/eight-centuries-of-global-real-interest-rates-r-g-and-the-suprasecular-decline-1311-2018.

6. Lawrence Summers, *Markus' Academy*, May 22, 2020, 1:05:55.

7. Markus Brunnermeier, Sebastian Merkel, and Yuliy Sannikov, "The Fiscal Theory of the Price Level with a Bubble," Princeton University, July 8, 2020, https://scholar.princeton.edu/sites/default/files/merkel/files/ fiscaltheorybubble.pdf.

8. 공식에서 정부 부채의 실질 가치, 그리고 물가 수준 P 대비 명목채권 B의 비율은 정부 부채의 현금 흐름에 편익 흐름을 더한 값의 기대 현재 가치와 같다. B/P = E[PV(현금 흐름)] + E[PV(편익 흐름)].

9. 가치 평가의 어려움을 수학적으로 접근한 다음 논문을 참고하라. Zhengyang Jiang, Hanno Lustig, Stijn van Nieuwerburgh, and Mindy Xiaolan, "The US Public Debt Valuation Puzzle," *NBER Working Papers*, no. 26583 (2021).

10. 일부 독자는 래퍼 곡선을 떠올릴 것이다. 래퍼 곡선은 인플레이션 세금이 너무 높아지면 과세표준이 감소해 정부가 세수로 부채 자금을 조달하는 데 한계에 직면하게 된다는 논리다.

11. 정부 부채를 받쳐주는 현금 흐름은 정부 지출을 초과하는 세입, 즉 기본적 재정 흑자다. 그러나 최근 수십 년 동안 이러한 현금 흐름은 적거나 심지어 마이너스였으며 예측에 따르면 미래에도 현금 흐름이 저조할 것이다. 그러나 정부 부채는 편익 흐름이 정부 부채의 가치 평가에서 중요하므로 기본적 재정 흑자 없이도 가치가 높다.

12. Kenneth Rogoff, *Markus' Academy*, Princeton University Webinar, June 12, 2020, 48:40 and 50:30, https://www.youtube.com/watch?v=0uh4oPjxxq8.

11장

1. Federal Reserve Bank of New York, "SCE Household Spending Survey," April 2021, https://www.newyorkfed.org/microeconomics/sce/household-spending#/.

2. Alberto Cavallo, "Inflation with Covid Consumption Baskets," *NBER Working Papers*, no. 27352 (June 2020), https://www.nber.org/papers/ w27352.

3. Tyler Cowen, *Markus' Academy*, Princeton University Webinar, April 10, 2020, https:// www.youtube.com/watch?v=FPsPmkp6sdM&list=PLPKR-Xs1slgSWqOqaXid_9sQXsPs

jV_72&index=28.

4. James Mackintosh, "Inflation Is Already Here—For the Stuff You Actually Want to Buy," *The Wall Street Journal*, September 26, 2020, https://www. wsj.com/articles/inflation-is-already-herefor-the-stuff-you-actually-want-to-buy-11601112630?st=r6rjsuab2ijc738&reflink=article_gmail_share.

5. Oshrat Carmiel, "Manhattan Apartments Haven't Been This Cheap to Rent in 10 Years," Bloomberg, December 10, 2020, https://www.bloomberg.com/news/articles/2020-12-10/manhattan-apartment-rents-sink-to-the-lowest-level-in-a-decade.

6. Veronica Guerrieri, *Markus' Academy*, Princeton University Webinar, June 19, 2020, 1:01:50, https://www.youtube.com/watch?v=x2npgxzuTVg.

7. Gita Gopinath, *Markus' Academy*, Princeton University Webinar, May 29, 2020, 40:35, https://www.youtube.com/watch?v=GjUBIxR5W78.

8. Raj Chetty, *Markus' Academy*, Princeton University Webinar, June 2017, 2020, https://www.youtube.com/watch?v=ip5pz7gOSwI&list=PLPKR-Xs1slgSWqOqaXid_9sQXsPsjV_72&index=11.

9. Natalie Cox, Peter Ganong, Pascal Noel, Joseph Vavra, Arlene Wong, Diana Farrell, and Fiona Greig, "Initial Impacts of the Pandemic on Consumer Behavior: Evidence from Linked Income, Spending, and Savings Data," Becker Friedman Institute Working Papers, July 2020, https://bfi.uchicago.edu/wp-content/uploads/BFI_WP_202082.pdf.

10. Bill Dudley, *Markus' Academy*, Princeton University Webinar, June 1, 2020, 31:56, https://www.youtube.com/watch?v=65Y0kRJP_UY.

11. Bill Dudley, *Markus' Academy*, June 1, 2020, 30:38.

12. 대차대조표의 팽창은 이제 흔한 일이 되었다. 모든 주요국의 중앙은행은 초과지급준비금에 이자를 지불해야 한다. 이는 은행의 지급준비금 시장에 개입할 때 신중을 기하고 초과지급준비금에 이자를 지불할 필요가 없었던 전통적인 프레임워크와 대조된다. Bill Dudley, *Markus' Academy*, June 1, 2020, 17:22.

13. 2021년 1월 14일 웨비나에서 제롬 파월이 새로운 형태의 유연한 물가목표제를 개략적으로 설명했다. Jerome Powell, *Markus' Academy*, Princeton University Webinar, January 14, 2021, https:// www.youtube.com/watch?v=TEC3supZwvM.

14. Arminio Fraga, *Markus' Academy*, Princeton University Webinar, July 13, 2020, 57:13 and 59:40, https://www.youtube.com/watch?v=mTy2X7zftCc.

15. Markus Brunnermeier, Sebastian Merkel, Jonathan Payne, and Yuliy Sannikov, "Covid-19: Inflation and Deflation Pressures," CESIFO Area Conferences, July 24, 2020, https://www.cesifo.org/sites/default/files/events/2020/mmi20-Payne.pdf.

16. Veronica Guerrieri, *Markus' Academy*, Princeton University Webinar, June 19, 2020, 16:15, https://www.youtube.com/watch?v=x2npgxzuTVg. 학문적 관심이 있는 독자를 위해 모델의 간략한 개요를 설명하자면, 이 모델에서 노동자는 두 부문 중 하나에 특화되

어 있다. 시장은 불완전시장이고, 가계 부문은 대출에 제약이 있다고 가정한다(15:00, 33:30, 34:45). 특히 공급 충격에는 두 가지 유형이 있다. 단일 산업경제를 가정하는 전통적인 모델에서 공급 충격은 자연가격을 상승하게 하고 초과 수요를 초래하는 반면, 케인스식 공급 충격은 재화 전반에 걸쳐 보완재가 많다는 전제하에 자연가격을 하락하게 하고, 수요 부족으로 이어져 결국 총저축이 늘어난다고 한다.

17. Veronica Guerrieri, *Markus' Academy*, June 19, 2020.

18. Olivier Blanchard, "In Defense of Concerns over the $1.9 Trillion Relief Plan," Peterson Institute for International Economics, February 18, 2021, https://www.piie.com/blogs/realtime-economic-issues-watch/defense-concerns-over-19-trillion-relief-plan.

19. 예를 들어 A가구가 플로리다주에서 휴가를 보내기 위해 재난지원금 중 1400달러를 지출하는 것처럼, 이차적 효과가 있다면 1보다 클 것이다. 이것은 A가구가 머물 호텔의 소유주인 B가구, 그리고 A가구가 외식할 식당의 소유주인 C가구의 소득에 1400달러를 더해야 한다는 의미다. 만약 B가구와 C가구가 그 추가 소득의 일부를 다시 지출한다면 승수 효과(소비 지출의 증가)는 1400달러를 초과할 것이다.

20. Warren Buffet, Berkshire Hathaway Annual Meeting, Yahoo! Finance, May 1, 2021, https://www.youtube.com/watch?v=7t7qfOyQdQA.

21. Paul Krugman and Larry Summers, *Markus' Academy*, Princeton University Webinar, February 12, 2021, https://www.youtube.com/watch?v=EbZ3_LZxs54&t=7s.

22. Harold James, *Markus' Academy*, Princeton University Webinar, April 24, 2020, 35:16 and 35:54, https://www.youtube.com/watch?v=PVIm4BdBmTI.

23. Harold James, *Markus' Academy*, April 24, 2020, 47:40, 48:30, and 50:10.

24. Harold James, *Markus' Academy*, April 24, 2020, 36:36.

25. 제롬 파월은 웨비나 강연에서 중앙은행의 독립성이 공익에 도움이 되는 제도적 장치라고 말했다. Jerome Powell, *Markus' Academy*, January 14, 2021.

26. 개념적으로 적자를 10%에서 5%로 줄이는 것은 6%에서 5%로 줄이는 것보다 실행 가능성 면에서는 별로 어렵지 않으나, 정치적 압력 때문에 후자가 더 채택되기 쉽다. 전자는 여러 부처에 걸쳐 큰 폭의 예산 삭감이 필요하므로 저항이 더 크게 일어난다.

27. Nellie Liang, *Markus' Academy*, Princeton University Webinar, March 6, 2020, 41:05, https://www.youtube.com/watch?v=6NjE-OOUB_E.

28. 이 부분은 찰스 굿하트의 '마커스 아카데미' 웨비나와 찰스 굿하트, 마노즈 프라단의 2020년 저서 《인구 대역전》(백우진 옮김, 생각의힘, 2021)에서 다수 인용한다.

29. Markus Brunnermeier and Yuliy Sannikov, "Redistributive Monetary Policy," Princeton University, August 2012, https://scholar.princeton.edu/sites/default/files/04c%20Redistributive%20Monetary%20Policy.pdf.

12장

1. Linda Carroll, "U.S. Life Expectancy Declining Due to More Deaths in Middle Age," Reuters, November 26, 2019, https://www.reuters.com/article/us-health-life-

expectancy-idUSKBN1Y02C7.

2. Sendhil Mullainathan and Edgar Shafir, *Scarcity: Why Having Too Little Means So Much*, New York: Times Books, 2013.

3. Andreas Fagereng, Luigi Guso, Davide Malacrino, and Luigi Pistaferri, "Heterogeneity and Persistence in Returns on Wealth," Stanford University Working Paper, August 2019, https://web.stanford.edu/~pista/FGMP.pdf.

4. Sylvain Catherine, Max Miller, and Natasha Sarin, "Social Security and Trends in Wealth Inequality," SSRN Working Paper, February 29, 2020, https://papers.ssrn.com/sol3/papers.cfm?abstract_id=3546668.

5. *The Economist*, "Economists Are Rethinking the Numbers on Inequality," November 28, 2019, https://www.economist.com/briefing/2019/11/28/economists-are-rethinking-the-numbers-on-inequality.

6. Yu Xie and Xiang Zhou, "Income Inequality in Today's China," *Proceedings of the National Academy of Sciences* 111, no. 19 (2014): 6928-6933, https://www.pnas.org/content/111/19/6928.short.

7. Joseph Stiglitz, *Markus' Academy*, Princeton University Webinar, April 27, 2020, 16:58, https://www.youtube.com/watch?v=_6SoT97wo3g.

8. Torsten Slok, *Markus' Academy*, Princeton University Webinar, March 20, 2020, 1:00:33, https://www.youtube.com/watch?v=zgxDybynvNM.

9. Torsten Slok, *Markus' Academy*, March 20, 2020, 1:02:20.

10. Joseph Stiglitz, *Markus' Academy*, April 27, 2020, 16:58.

11. Caitlin Brown and Martin Ravallion, "Inequality and the Coronavirus: Socioeconomic Covariates of Behavioral Responses and Viral Outcomes Across US Counties," *Proceedings of the National Academy of the Sciences* 111, no. 19 (May 13, 2014): 6928-6933, https://www.pnas.org/content/111/19/6928.short.

12. Kishinchand Poornima Wasdani and Ajnesh Prasad, "The Impossibility of Social Distancing among the Urban Poor: The Case of an Indian Slum in the Times of COVID-19," *Local Environment* 25, no. 5 (2020): 414-418.

13. Nora Lustig, Valentina Martinez Pabon, Federico Sanz, and Stephen Younger, "The Impact of Covid-19 Lockdowns and Expanded Social Assistance on Inequality, Poverty and Mobility in Argentina, Brazil, Colombia and Mexico," Center for Global Development Working Paper 556, October 2020, https://www.cgdev.org/sites/default/files/impact-covid-19-lockdowns-and-expanded-social-assistance.pdf.

14. Thiago Guimarães, Karen Lucas, and Paul Timms, "Understanding How Low-Income Communities Gain Access to Healthcare Services: A Qualitative Study in São Paulo, Brazil," *Journal of Transport and Health* 15 (2019): 100658.

15. ReliefWeb, "Q&A: Brazil's Poor Suffer the Most Under Covid-19," July 14, 2020, https://reliefweb.int/report/brazil/qa-brazils-poor-suffer-most-under-covid-19.

16. Raj Chetty, *Markus'Academy*, Princeton University Webinar, June 2017, 2020, https://www.youtube.com/watch?v=ip5pz7gOSwI&list=PLPKR-Xs1slgSWqOqaXid_9sQXsPsjV_72&index=11.

17. Raj Chetty, *Markus'Academy*, June 2017, 2020, 1:03:22.

18. Andrew Bacher-Hicks, Joshua Goodman, and Christine Mulhern, "Inequality in Household Adaptation to Schooling Shocks: Covid-Induced Online Learning Engagement in Real Time," *Journal of Public Economics* 193 (2021): 204345.

19. Per Engzell, Arun Freya, and Mark Verhagen, "Learning Inequality During the Covid-19 Pandemic," October 2020, https://scholar.googleusercontent.com/scholar?q=cache:Zva2ARtZvlkJ:scholar.google. com/+covid+inequality+statistics+mexico&hl=en&as_sdt=0,31&as_vis=1.

20. Angus Deaton, "Covid Shows How the State Can Address Social Inequality," *Financial Times*, January 4, 2021, https://www.ft.com/content/ caa37763-9c71-4f8d-9c29-b16ccf53d780.

21. Marcelo Medeiros, "Brazil LAB at Princeton University: Inequalities: Poverty, Racism, and Social Mobility in Brazil," Princeton University Webinar, October 15, 2020, 36:00, https://www.youtube.com/watch?v=k3OSo83qFq8.

22. Alon Titan, Matthias Doepke, Jane Olmstead-Rumsey, and Michele Tertilt, "The Impact of Covid-19 on Gender Equality," *NBER Working Papers*, no. 27660 (August 2020); and Erik Hurst, *Markus'Academy*, Princeton University Webinar, March 20, 2021, https://www.youtube.com/watch?v=VG7KS5sLABY.

23. Marin Wolf, "How Coronavirus and Race Collide in the US," Bloomberg, August 11, 2020, https://www.bloombergquint.com/quicktakes/how-coronavirus-and-race-collide-in-the-u-s-quicktake.

24. Robert Fairlie, "Covid-19, Small Business Owners, and Racial Inequality," NBER, December 4, 2020, https://www.nber.org/reporter/2020number4/covid-19-small-business-owners-and-racial-inequality.

25. Kia Lilly Caldwell and Edna Maria de Araújo, "Covid-19 Is Deadlier for Black Brazilians: A Legacy of Structural Racism that Dates Back to Slavery," The Conversation, June 10, 2020, https://theconversation.com/covid-19-is-deadlier-for-black-brazilians-a-legacy-of-structural-racism-that-dates-back-to-slavery-139430.

26. Centers for Disease Control and Prevention, "Risk for COVID-19 Infection, Hospitalization, and Death by Race/Ethnicity," April 23, 2021, https://www.cdc.gov/coronavirus/2019-ncov/covid-data/investigations-discovery/hospitalization-death-by-race-ethnicity.html.

27. Lisa Cook, *Markus'Academy*, Princeton University Webinar, June 8, 2020, 53:57, 56:46, and 57:09, https://www.youtube.com/watch?v=PeKhSsJsW2w.

28. Lisa Cook, *Markus'Academy*, June 8, 2020, 36:24 and 47:18.

29. Lisa Cook, *Markus' Academy*, June 8, 2020, 49:35.

30. RSF Social Finance, "The Runway Project: Loan Provided by the Women's Capital Collaborative," https://rsfsocialfinance.org/person/the-runway-project/.

31. Gillian Tett, "Pandemic Aid Is Exacerbating US Inequality," *Financial Times*, August 6, 2020, https://www.ft.com/content/8287303f-4062-4808-8ce3-f7fa9f87e185.

32. Robert Fairlie, "Covid-19, Small Business Owners, and Racial Inequality," December 4, 2020.

33. Lisa Cook, *Markus' Academy*, June 8, 2020, 10:25 and 11:14.

34. 리사 쿡은 또한 폭력이 혁신과 경제활동을 상당히 위축시킨다고 설명한다. 1860년에서 1940년 사이에 인종 탄압 때문에 아프리카계 미국인이 놓친 특허 건수가 당시 유럽 중진국에서 획득된 특허 건수와 맞먹는다고 한다. Lisa Cook, *Markus' Academy*, June 8, 2020, 18:48, 19:17, and 32:40.

35. Walter Scheidel, *The Great Leveler*, Princeton, NJ: Princeton University Press, 2018.

36. Claudia Goldin and Robert Margo, "The Great Compression: The Wage Structure in the United States in the Mid-Century," *Quarterly Journal of Economics* 107, no. 1 (1992): 1-34.

37. Walter Scheidel, *The Great Leveler*, 2018.

13장

1. Max Roser and Esteban Ortiz-Ospina, "Global Extreme Poverty," Our World in Data, March 27, 2017, https://ourworldindata.org/extreme-poverty.

2. Federal Reserve Bank of St. Louis, "Personal Consumption Expenditures/ Gross Domestic Product," FRED Economic Data, 2021, https://fred.stlouisfed.org/graph/?g=hh3.

3. Daron Acemoglu, Philippe Aghion, and Fabrizio Zilibotti, "Distance to Frontier, Selection and Economic Growth," *Journal of European Economic Association*, (2006): 37-74.

4. Pinelopi Goldberg, *Markus' Academy*, Princeton University Webinar, April 17, 2020, 1:08:50, https://www.youtube.com/watch?v=erq8pqBpFhI.

5. Arminio Fraga, *Markus' Academy*, Princeton University Webinar, July 13, 2020, 16:10 and 18:09, https://www.youtube.com/ watch?v=mTy2X7zftCc.

6. Arminio Fraga, *Markus' Academy*, July 13, 2020, 16:10 and 18:09.

7. Arminio Fraga, *Markus' Academy*, July 13, 2020, 48:29.

8. Arminio Fraga, *Markus' Academy*, July 13, 2020, 15:17.

9. Ragani Saxena, "India's Health Time Bomb Keeps Ticking and It's Not Covid-19," Bloomberg, September 10, 2020, https://www.bloomberg.com/news/articles/2020-09-10/india-s-health-time-bomb-keeps-ticking-and-it-s-not-covid-19.

10. *The Economist*, "India's Giant Second Wave Is a Disaster for It and for the World," April 24, 2021.

11. Sneha Mordani, Haider Tanseem, and Milan Sharma, "Watch: Doctors, Nurses Attacked in Delhi Hospital as Covid Patient Dies Without Getting ICU Bed," *India Today*, April 27,

2021, https://www.indiatoday.in/cities/delhi/story/doctors-attacked-in-delhi-hospital-by-family-of-covid-patient-1795567-2021-04-27.

12. Michael Spence, *Markus'Academy*, Princeton University Webinar, July 6, 2020, 48:08 and 50:25, https://www.youtube.com/watch?v=92-vc238_nI&list=PLPKR-Xs1slgSWqOqa Xid_9sQXsPsjV_72&index=6.

13. Debraj Ray and S. Subramanian, "India's Lockdown: An Interim Report," *NBER Working Papers*, no. 27282 (May 2020).

14. Michael Spence, *Markus'Academy*, July 6, 2020, 50:25; and Angus Deaton, *Markus' Academy*, Princeton University Webinar, April 13, 2020, 49:42, https://www.youtube.com/watch?v=2uzASRQz4gM.

15. Raghuram Rajan, "Raghuram Rajan on Covid-19: Is It Time to Decentralise Power?" (video), Coronanomics, July 22, 2020, 33:00, https://www.youtube.com/watch?v=VU9d5IyudYs.

16. 일부 관측자들은 인도가 "확진자 곡선을 완만하게 하려다 곡선 모양을 엉뚱하게 만들었다"고 주장한다. Raghuram Rajan, July 22, 2020, 38:42.

17. Luiz Brotherhood, Tiago Cavalcanti, Daniel Da Mata, and Cezar Santos, "Slums and Pandemics," SSRN Working Paper, August 5, 2020 (Updated January 4, 2021), https://papers.ssrn.com/sol3/papers.cfm?abstract_id=3665695.

18. Gita Gopinath, *Markus'Academy*, Princeton University Webinar, May 29, 2020, 45:35 and 46:50, https://www.youtube.com/watch?v=GjUBIxR5W78.

19. International Monetary Fund, "Fiscal Monitor Database of Country Fiscal Measures in Response to the COVID-19 Pandemic," April 2021, https://www.imf.org/en/Topics/imf-and-covid19/Fiscal-Policies-Database-in-Response-to-COVID-19.

20. International Monetary Fund, "Fiscal Monitor Database," April 2021.

21. Rachel Glennerster, "Covid-19 Pandemic in Developing Countries: Pandemic Policies for People," International Monetary Fund, September 12, 2020, https://www.imf.org/external/mmedia/view.aspx?vid=6215224981001.

22. Andrew Henley, G. Reza Arabsheibani, and Francisco G. Carneiro, "On Defining and Measuring the Informal Sector," World Bank Policy Research Working Papers, March 2006.

23. Niall McCarthy, "The Countries Most Reliant on Remittances [Infographic]," *Forbes*, April 26, 2018, https://www.forbes.com/sites/niallmccarthy/2018/04/26/the-countries-most-reliant-on-remittances-infographic/?sh=50407d577277.

24. Arminio Fraga, *Markus'Academy*, July 13, 2020, 23:32.

25. 라구람 라잔은 인도도 마찬가지라고 지적한다. 다음을 참고하라. "Raghuram Rajan on Covid-19," July 22, 2020, 49:40. 2020년 브라질의 기본 재정 적자는 12~13%로 향후 대규모 적자가 지속될 것이라는 우려를 뒷받침한다. Arminio Fraga, *Markus'Academy*, July 13, 2020, 53:50, 54:38, and 56:30.

26. Carlos A. Vegh, "Fiscal Policy in Emerging Markets: Procyclicality and Graduation,"

NBER, December 2015, https://www.nber.org/reporter/2015number4/fiscal-policy-emerging-markets-procyclicality-and-graduation.

27. 관심 있는 독자는 IMF 웹사이트에서 자세한 내용을 확인할 수 있다. International Monetary Fund, "Q&A on Special Drawing Rights," March 16, 2021, https://www.imf.org/en/About/FAQ/special-drawing-right#Q4.%20Will%20an%20SDR%20allocation%20give%20countries%20with%20poor%20governance%20money%20to%20waste.

28. Andrea Shalal and David Lawder, "Yellen Backs New Allocation of IMF's SDR Currency to Help Poor Nations," Reuters, February 25, 2021, https://www.reuters.com/article/g20-usa/update-3-yellen-backs-new-allocation-of-imfs-sdr-currency-to-help-poor-nations-idUSL1N2KV1IA.

29. Kevin Gallagher, José Antonio Ocampo, and Ulrich Volz, "It's Time for a Major Issuance of the IMF's Special Drawing Rights," *Financial Times*, March 20, 2020. https://www.ft.com/content/43a67e06-bbeb-4bea-8939-bc29ca785b0e.

30. Kevin Gallagher et al., "It's Time for a Major Issuance of the IMF's Special Drawing Rights," March 20, 2020.

31. Saumya Mitra, "Letter: Why G8 States Are Wary of Special Drawing Rights." *Financial Times*. January 22, 2021. https://www.ft.com.btpl.idm.oclc.org/content/20ca8b0f-9773-43de-9bfc-b09ab9ac5942.

32. Ezra Fieser and Oscar Medina, "Colombia Risks Forced Selling of Its Bonds After More Downgrades," Bloomberg, May 5, 2021, https://www.bloomberg.com/news/articles/2021-05-21/colombia-risks-forced-selling-of-its-bonds-after-more-downgrades?sref=ATN0rNv3.

33. Reuters, "Zambia Requests Debt Restructuring Under G20 Common Framework," February 5, 2021, https://www.reuters.com/article/us-zambia-debt-idUSKBN2A50XL.

34. Marc Jones, "Second Sovereign Downgrade Wave Coming, Major Nations at Risk," Reuters, October 16, 2020, https://www.reuters.com/article/us-global-ratings-sovereign-s-p-exclusiv-idUSKBN27126V.

35. International Monetary Fund, "The Good, the Bad, and the Ugly: 100 Years of Dealing with Public Debt Overhangs," October 8, 2012, https://www.elibrary.imf.org/view/IMF081/12743-9781616353896/12743-9781616353896/chap03.xml?rskey=VXkXsE&result=5&redirect=true&redirect=true.

36. Hyun Song Shin, *Markus' Academy*, Princeton University Webinar, April 20, 2020, 23:40, 35:20, 36:45, and 37:30, https://www.youtube.com/watch?v=LnmMRrzjNWQ.

37. 다음 토론은 IMF의 동영상에서 영감을 얻었다. International Monetary Fund, "Analyze This! Sovereign Debt Restructuring" (Video), December 2, 2020, https://www.imf.org/external/mmedia/view.aspx?vid=6213167814001. 다음 자료도 이 주제를 다룬 또 하나의 훌륭한 출처다. Lee Buchheit, Guillaume Chabert, Chanda DeLong, and Joremin Zettelmeyer, "How to Restructure Sovereign Debt: Lessons from Four Decades," Peterson

Institute for International Economics Working Paper 19-8, May 2019, https://www.
piie.com/publications/working-papers/how-restructure-sovereign-debt-lessons-four-
decades.

38. Julianne Ams, Reza Baqir, Anna Gelpern, and Christoph Trebesch, "Chapter 7: Sovereign
Default," IMF Research Department, 2018, https://www.imf.org/~/media/Files/News/
Seminars/2018/091318SovDebt-conference/chapter-7-sovereign-default.ashx.

39. Renae Merle, "How One Hedge Fund Made $2 Billion from Argentina's Economic
Collapse," *The Washington Post*, March 29, 2016, https://www.washingtonpost.com/news/
business/wp/2016/03/29/how-one-hedge-fund-made-2-billion-from-argentinas-
economic-collapse/.

40. Anne Krueger, "A New Approach to Sovereign Debt Restructuring," International Monetary
Fund, April 2002, https://www.imf.org/external/pubs/ft/exrp/sdrm/eng/sdrm.pdf.

41. Anna Gelpern, Sebastian Horn, Scott Morris, Brad Parks, and Christoph Trebesch, "How
China Lends: A Rare Look into 100 Debt Contracts with Foreign Governments," Peterson
Institute for International Economics Working Paper 21-7, May 2021, https://www.piie.
com/publications/ working-papers/how-china-lends-rare-look-100-debt-contracts-
foreign-governments.

42. Reuters, "Factbox: How the G20's Debt Service Suspension Initiative Works," October 15,
2020, https://www.reuters.com/article/us-imf-worldbank-emerging-debtrelief-fac/
factbox-how-the-g20s-debt-service-suspension-initiative-works-idINKBN27021V.

43. Jonathan Wheatley, "Debt Dilemma: How to Avoid a Crisis in Emerging Nations,"
Financial Times, December 20, 2020, https://www.ft.com/content/de43248e-e8eb-
4381-9d2f-a539d1f1662c?shareType=nongift.

44. Anne Krueger, "A New Approach to Sovereign Debt Restructuring," International
Monetary Fund. April 2002. https://www.imf.org/external/pubs/ft/exrp/sdrm/eng/sdrm.
pdf.

14장

1. Eric Schmidt, *Markus' Academy*, Princeton University Webinar, July 27, 2020, 12:14,
https://www.youtube.com/watch?v=726B0y1D5ZM&t=31s.

2. Emma Graham-Harrison and Tom Phillips, "China Hopes 'Vaccine Diplomacy' Will
Restore Its Image and Boost Its Influence," *The Guardian*, November 29, 2020, https://
www.theguardian.com/world/2020/nov/29/china-hopes-vaccine-diplomacy-will-
restore-its-image-and-boost-its-influence.

3. Niall McCarthy, "America First? Covid-19 Production & Exports," Statista, March 31,
2021, https://www.statista.com/chart/24555/vaccine-doses-produced-and-exported/.

4. Carmen Aguilar Garcia and Ganesh Rao, "Covid-19: India's Vaccine Export Ban Could
Send Shockwaves Worldwide. Should the UK Step in to Help?" Sky News, April 30, 2021,

https://news.sky.com/story/covid-19-how-does-indias-pause-on-vaccine-export-hurt-other-nations-12290300.

5. Dani Rodrik, *Markus' Academy*, Princeton University Webinar, May 5, 2020, 1:10:00 onward, https://www.youtube.com/watch?v=3cRlHugFBq8.

6. 윌리엄 노드하우스는 외부효과를 내부화하기 위해 국가들로 구성된 기후 클럽 구조가 필요하다고 제안한다. 다음을 참고하라. William Nordhaus, *Markus' Academy*, Princeton University Webinar, January 28, 2021, https://www.youtube. com/watch?v=QaXZx_nJ_3I.

7. Michael Kremer, *Markus' Academy*, Princeton University Webinar, May 1, 2020, 37:15, 37:40, 40:00, and 41:05, https://www.youtube.com/watch?v=C8W8JQLTECc.

8. Bill Gates, "How the Pandemic Will Shape the Near Future," TED, July 6, 2020, 19:30 and 27:00, https://www.youtube.com/watch?v=jmQWOPDqxWA.

9. Stephanie Nebehay and Kate Kelland, "COVAX Programme Doubles Global Vaccine Supply Deals to 2 Billion Doses," Reuters, December 18, 2020, https://www.reuters.com/article/us-health-coronavirus-covax/covax-programme-doubles-global-vaccine-supply-deals-to-2-billion-doses-idUSKBN28S1PW.

10. CBC, "Canada Could Share Any Excess Vaccine Supply with Poorer Countries: Reuters Sources," November 18, 2020, https://www.cbc.ca/ news/health/canada-vaccine-supply-share-1.5807679.

11. Lawrence Summers, *Markus' Academy*, Princeton University Webinar, May 22, 2020, 30:14, 31:55, 32:40, and 40:30, https://www.youtube.com/ watch?v=cZmRtQCR2ns&list=PLPKR-Xs1slgSWqOqaXid_9sQXsPsjV_7 2&index=17.

12. Mercedes Ruehl, Stephanie Findlay, and James Kynge, "Tech Cold War Comes to India: Silicon Valley Takes on Alibaba and Tencent," *Financial Times*, August 3, 2020, https://www.ft.com/content/b1df5dfd-36c4-49e6- bc56-506bf3ca3444?shareType=nongift.

13. Lawrence Summers, *Markus' Academy*, May 22, 2020, 30:10.

14. Organization for Economic Cooperation and Development, "China's Belt and Road Initiative in the Global Trade, Investment and Finance Landscape," 2018, https://www.oecd.org/finance/Chinas-Belt-and-Road-Initiative-in-the-global-trade-investment-and-finance-landscape.pdf.

15. Derek Grossman, "The Quad Is Poised to Become Openly Anti-China Soon" (Blog), The RAND Corporation, July 28, 2020, https://www.rand.org/blog/2020/07/the-quad-is-poised-to-become-openly-anti-china-soon. html.

16. Kimberly Amadeo, "Trans-Pacific Partnership Summary, Pros and Cons," The Balance, February 10, 2021, https://www.thebalance.com/what-is-the-trans-pacific-partnership-3305581.

17. Alexander Chipman Koty, "What Is the China Standards 2035 Plan and How Will It Impact Emerging Industries?" *China Briefing*, July 2, 2020, https://www.china-briefing.com/news/what-is-china-standards-2035-plan-how-will-it-impact-emerging-

technologies-what-is-link-made-in-china- 2025-goals/.

18. Demetri Sevastopulo and Amy Kazmin, "US and Asia Allies Plan Covid Vaccine Strategy to Counter China," *Financial Times*, March 3, 2021, https://www.ft.com/content/1dc04520-c2fb-4859-9821-c405f51f8586.

19. Stephanie Findlay, "India Eyes Global Vaccine Drive to Eclipse Rival China," *Financial Times*, January 31, 2021, https://www.ft.com/content/1bb8b97f-c046-4d0c-9859-b7f0b60678f4.

20. Tyler Cowen, *Markus' Academy*, Princeton University Webinar, April 10, 2020, 15:56, https://www.youtube.com/watch?v=FPsPmkp6sdM&list=PLPKR-Xs1slgSWqOqaXid_9sQXsPsjV_7 2&index=28.

21. Alicia Chen and Vanessa Molter, "Mask Diplomacy: Chinese Narratives in the COVID Era," Stanford University (blog), June 16, 2020, https://fsi.stanford.edu/news/covid-mask-diplomacy.

22. Frank Chen, "China's e-RMB Era Comes into Closer View," *Asia Times*, October 28, 2020, https://asiatimes.com/2020/10/chinas-e-rmb-era-comes-into-closer-view/.

23. Erika Solomon and Guy Chazan, "'We Need a Real Policy for China': Germany Ponders Post-Merkel Shift," *Financial Times*, January 5, 2021, https://www.ft.com/content/0de447eb-999d-452f-a1c9-d235cc5ea6d9.

24. Erika Solomon, "'We Need a Real Policy for China,'" January 5, 2021.

25. Erika Solomon, "'We Need a Real Policy for China,'" January 5, 2021.

26. Robin Emmott and Jan Strupczewski, "EU and India Agree to Resume Trade Talks at Virtual Summit," Reuters, May 8, 2021, https://www.reuters.com/world/europe/eu-india-re-launch-trade-talks-virtual-summit-2021-05-08/.

27. Gita Gopinath, Emine Boz, Federico Diez, Pierre-Olivier Gourinchas, and Mikkel Plagborg-Moller, "Dominant Currency Paradigm," Harvard University Department of Economics, June 12, 2019, https://scholar. harvard.edu/gopinath/publications/dominant-currency-paradigm-0.

28. Jonathan Wheatley, "Foreign Investors Dash into Emerging Markets at Swiftest Pace since 2013, *Financial Times*, December 17, 2020, https://www.ft.com/content/e12a1eee-2571-4ae5-bc91-cc17ee7f40d0?shareType= nongift.

29. Jonathan Wheatley, "Emerging Markets Attract $17bn of Inflows in First Three Weeks of 2021," *Financial Times*, January 22, 2021, https://www.ft.com/content/f9b94ac9-1df1-4d89-b129-5b30ff98e715?shareType=nong ift.

30. Markus Brunnermeier, Sam Langfield, Marco Pagano, Ricardo Reis, Stijn Van Nieuwerburh, and Dimitri Vayanos, "ESBies: Safety in the Tranches," VoxEU, September 20, 2016, https://voxeu.org/article/esbies-safety-tranches.

31. 글로벌자원할당프로젝트(Global Capital Allocation Project)의 연구는 이러한 흐름을 계량화한다. 관심 있는 독자는 이들의 웹사이트(https://www.globalcapitallocation.

com)를 참고하기 바란다. 그들은 미국에서 세계 다른 지역으로 직접 흘러가는 자본 외에도 달러 표시 채권으로 가령 영국, 룩셈부르크, 네덜란드, 케이맨제도를 거쳐가는 간접적인 자본 흐름도 많다는 사실을 강조한다. 이들이 무조건 불법인 것은 아니다.

32. Saleem Bahaj and Ricardo Reis, "Central Bank Swap Lines: Evidence on the Effects of the Lender of Last Resort," IMES Discussion Paper Series, 2019.

33. Markus Brunnermeier and Luang Huang, "A Global Safe Asset from and for Emerging Economies," In *Monetary Policy and Financial Stability: Transmission Mechanisms and Policy Implications*, 111–167, Central Bank of Chile, 2019.

34. Markus Brunnermeier et al., "ESBies: Safety in the Tranches," September 20, 2016. Markus K Brunnermeier, Sam Langfield, Marco Pagano, Ricardo Reis, Stijn Van Nieuwerburgh, Dimitri Vayanos, ESBies: safety in the tranches, *Economic Policy*, Volume 32, Issue 90, April 2017, Pages 175–219, https://doi.org/10.1093/epolic/eix004

35. 이 영향에 대한 자세한 내용은 다음을 참고하라. Markus Brunnermeier, Harold James, and Jean-Pierre Landau, "Digital Currency Areas," VoxEU, July 3, 2019, https://voxeu.org/article/digital-currency-areas.

36. Frank Chen, "China's e-RMB Era Comes into Closer View," October 28, 2020.

37. Pinelopi Goldberg, *Markus' Academy*, Princeton University Webinar, April 17, 2020, 18:30, https://www.youtube.com/watch?v=erq8pqBpFhI.

38. Pol Antras, "De-Globalisation? Global Value Chains in the Post- COVID-19 Age," PowerPoint presented at the ECB Forum in November 2020, https://www.ecb.europa.eu/pub/conferences/shared/pdf/20201111_ECB_Forum/presentation_Antras.pdf.

39. Susan Lund, "Central Banks in a Shifting World," European Central Bank, November 2020, https://www.ecb.europa.eu/pub/conferences/html/20201111_ecb_forum_on_central_banking.en.html.

40. Andrew Hill, "People: The Strongest Link in the Strained Supply Chain," *Financial Times*, March 8, 2021, https://www.ft.com/content/ef937903-ed1d-4625-b2ba-d682318a314f?shareType=nongift.

41. Susan Lund, "Central Banks in a Shifting World," November 2020.

42. Rai Saritha, "Wall Street Giants Get Swept Up by India's Brutal Covid Wave," Bloomberg, May 6, 2021, https://www.bloomberg.com/news/articles/2021-05-06/wall-street-giants-get-swept-up-by-india-s-brutal-covid-wave?utm_medium=social&utm_campaign=socialflow-organic&utm_content=markets&utm_source=twitter&cmpid=socialflow-twitter-business&cmpid%3D=socialflow-.

43. Pinelopi Goldberg, *Markus' Academy*, Princeton University Webinar, April 17, 2020, 1:10:20, https://www.youtube.com/watch?v=erq8pqBpFhI.

44. Bomin Jiang, Daniel Rigebon, and Roberto Rigebon, "From Just in Time, to Just in Case, to Just in Worst-Case," International Monetary Fund Conference Paper, October 12, 2020, https://www.imf.org/-/media/Files/Conferences/2020/ARC/Rigobon-Daniel-

et-al.ashx.

45. Pinelopi Goldberg, *Markus'Academy*, April 17, 2020, 46:25.

46. Pinelopi Goldberg, *Markus'Academy*, April 17, 2020, 54:30.

47. Joseph Stiglitz, *Markus'Academy*, Princeton University Webinar, April 27, 2020, 51:45 and 52:04, https://www.youtube.com/ watch?v=_6SoT97wo3g.

48. Adam Posen, *Markus'Academy* (Lecture Slides), Princeton University Webinar, December 10, 2020, https://bcf.princeton.edu/wp-content/uploads/2020/12/posenslides.pdf.

49. Pinelopi Goldberg, *Markus'Academy*, April 17, 2020, 1:07:25.

50. Tyler Cowen, *Markus'Academy*, April 10, 2020, 41:55.

51. David Autor, David Dorn, and Gordon Hanson, "The China Shock: Learning from Labor Market Adjustment to Large Changes in Trade," *NBER Working Papers*, no. 21906 (2016).

52. Dani Rodrik, *Markus'Academy*, May 5, 2020, 36:10.

53. Giovanni Maggi and Ralph Ossa, "The Political Economy of Deep Integration," *NBER Working Papers*, no. 28190 (December 2020), https://www.nber.org/papers/w28190.

54. Martin Sandbu, "Globalisation Does Not Mean Deregulation," *Financial Times*, August 20, 2020, https://www.ft.com/content/a04c186b-ab3f- 4df3-99fb-638b5aa1ce50?shareTy pe=nongift.

55. Giovanni Maggi and Ralph Ossa, "The Political Economy of Deep Integration," December 2020.

56. Giovanni Maggi and Ralph Ossa, "The Political Economy of Deep Integration," December 2020.

57. Dani Rodrik, *Markus'Academy*, May 5, 2020, 42:15.

58. Eric Schmidt, *Markus'Academy*, July 27, 2020, 57:10.

59. Dani Rodrik, *Markus'Academy*, May 5, 2020, 52:40 and 55:30.

60. Dani Rodrik, *Markus'Academy*, May 5, 2020, 34:30 and 34:55.

61. Alexander Chipman Koty, "What Is the China Standards 2035 Plan," July 2, 2020.

15장

1. Piers Forster, "Covid-19 Paused Climate Emissions—But They're Rising Again," BBC. March 12, 2021, https://www.bbc.com/future/article/20210312-covid-19-paused-climate-emissions-but-theyre-rising-again.

2. Richard Zeckhauser, *Markus'Academy*, Princeton University Webinar, July 17, 2020, 23:20 and 24:16, https://www.youtube.com/watch?v=jHTRFizTsFE&list=PLPKR-Xs1slgSWqOqaXid_9sQXsPsjV_72 &index=3.

3. Klaus Desmet, Dávid Krisztián Nagy, and Esteban Rossi-Hansberg, "The Geography of Development," *Journal of Political Economy* 126, no. 3 (2018): 903-983.

4. Paul Bolton, "UK and Global Emissions and Temperature Trends," UK Parliament, House of Commons Library, June 2, 2021, https://commonslibrary.parliament.uk/uk-and-

global-emissions-and-temperature-trends/#:~:text=Taken%20together%20these%20
countries%20accounted,changing%20emission%20levels%20over%20time.

5. 코로나19는 석유 중심 경제에서 녹색 경제로 전환하고 도시 및 대중교통 시스템을 개편할 때 조정 장치 역할을 할 수 있다. Richard Zeckhauser, *Markus' Academy*, July 17, 2020, 9:45.

6. William Nordhaus, "Climate Clubs: Overcoming Free-Riding in International Climate Policy," *American Economic Review* 105, no. 4 (2015): 1339-70, https://pubs.aeaweb.org/doi/pdfplus/10.1257/aer.15000001.

7. William Nordhaus, *Markus' Academy*, Princeton University Webinar, January 28, 2021, 43:00, https://www.youtube.com/watch?v=QaXZx_nJ_3I.

8. Hans-Werner Sin, *The Green Paradox*, Cambridge, MA: MIT Press, 2012.

9. Esteban Rossi-Hansberg, *Markus' Academy*, Princeton University Webinar, October 1, 2020, 58:00, https://www.youtube.com/watch?v=ZsfKRrI2yB4.

10. Leigh Collins, "'World first' As Hydrogen Used to Power Commercial Steel Production," Recharge, April 28, 2020, https://www.rechargenews.com/transition/-world-first-as-hydrogen-used-to-power-commercial-steel-production/2-1-799308.

11. 프랑스 경제학자 자크 델플라의 제안이다. Jaques Delpla, "The Case for Creating a CO2 Central Bank," WorldCrunch, November 12, 2019, https://worldcrunch.com/world-affairs/the-case-for-creating-a-co2-central-bank.

결론과 전망

1. Lauren Fedor, Myles McCormick, and Hannah Murphy, "Cyberattack Shuts Major US Pipeline System," *Financial Times*, May 8, 2021, https://www.ft.com/content/2ce0b1fe-9c3f-439f-9afa-78d77849dd92.

2. Lawrence Summers, *Markus' Academy*, Princeton University Webinar, May 22, 2020, 1:25:24 and 1:25:47, https://www.youtube.com/watch?v=cZmRtQCR2ns&list=PLPKR-Xs1slgSWqOqaXid_9sQXsPsjV_7 2&index=17.

3. Nick Bostrom, "The Vulnerable World Hypothesis," *Global Policy* 10, no. 4 (November 2019): 455-476. https://nickbostrom.com/papers/vulnerable.pdf.

회복탄력 사회

초판 1쇄 발행 2022년 6월 27일

지은이 | 마커스 브루너마이어
옮긴이 | 임경은
발행인 | 김형보
편집 | 최윤경, 강태영, 이경란, 임재희, 곽성우
마케팅 | 이연실, 이다영
디자인 | 송은비
경영지원 | 최윤영

발행처 | 어크로스출판그룹(주)
출판신고 | 2018년 12월 20일 제 2018-000339호
주소 | 서울시 마포구 양화로10길 50 마이빌딩 3층
전화 | 070-5038-3533(편집) 070-8724-5877(영업)
팩스 | 02-6085-7676
이메일 | across@acrossbook.com

한국어판 출판권 ⓒ 어크로스출판그룹(주) 2022

ISBN 979-11-6774-051-9 03320

만든 사람들
편집 | 장원·곽성우
교정교열 | 장원
표지디자인 | [★]규
본문디자인 | 강준선